〔美〕卡梅尔·F.德·纳利克（**Carmel F. de Nahlik**）
〔美〕弗兰克·J.法博齐（**Frank J. Fabozzi**） 著

俞卓菁 译

高级金融学译丛·法博齐精选系列

Finance Textbook Fabozzi Selected

项目融资
金融工具和风险管理

PROJECT FINANCING
Financial Instruments and Risk Management

格致出版社　　上海人民出版社

致已故的彼得·K.内维特(Peter K. Nevitt)——我们十分怀念的同事和朋友

卡梅尔·F.德·纳利克和弗兰克·J.法博齐

前言

"项目融资"这一术语已被用于描述所有类型和种类的项目融资。我们认为一个恰当的定义为：

为特定经济单元提供的融资，其中，贷款人最初满足于将该经济单元的现金流量和盈利视作偿还贷款和维持股权的资金来源，并将该经济单元的资产视作在指定风险框架下的贷款抵押品。

项目融资的起源可以见诸中世纪商业冒险家的例子，他们投资于航海（包括船舶和货物），期望可以从航海收入的清算中获得回报。我们如今可以在传统的项目融资中看到同样的方法，也可以在由投资者和资金提供者共担项目风险的伊斯兰融资技术中看到。项目融资的原则同样也是支撑其他金融活动（如风险投资、贸易融资、杠杆收购和其他重组或金融工程活动）的原则。事实上，项目融资可被视作一种结构性融资。

在我们先前对项目融资的定义中，一个关键词是*最初*。尽管贷款人最初可能愿意将项目的现金流量视作偿还贷款的资金来源，但贷款人还必须确信在最差情形下贷款可以实际得到偿还。这可能会牵涉到第三方的承诺、直接或间接担保，这些第三方受到某种方式的激励以提供这种支持机制。

对任何项目都至关重要的是项目的筹办人或发起人，项目可以有一家或多家发起人。建筑公司担任发起人以从项目的建设或运营中获取利润，运营公司发起项目以从运营设施的收费和/或项目生产的产品的出售中获取利润。一些公司可能会两者都开展，并在每个阶段设立不同的主体担任发起人。项目的设立原因还可能是为发起人提供关键资源的获取渠道，便于发起人需要的基础产品或服务的加工或销售，或确保取得对发起人的业务至关重要的供应来源。

项目融资的目标是为项目安排借款，该借款将使发起人受益，同时对发起人是完全"无追索"的，因而对其财务报表和信用状况没有任何影响。确实，项目融资有时被称为"无追索"或"资产负债表外"融资。然而，在当今的世界中，当负债可能"看似消失"时，监管机构和会计师正在关注组织中的利益相关者（包括投资者）可能面对的信息不对称，因此，项目融资的"资产负债表外"性质未来可能会发生变化。

贷款人和借款人可能在**项目融资的可行性**问题上无法达成一致。借款人更偏好它们的项目是财务独立的并且在资产负债表外。另一方面，贷款人不从事风险投资，也不是股权风险的承担者。贷款人还希望确保它们能够获得还款，最好是通过多种可能的途径，即由项目、发起人或利益相关的第三方偿还。我们可以在这些两难困境中看到设计成功的项目融资以满足所有利益相关者的需求所面临的挑战。成功的项目融资将包含通过发起人或第三方的担保或承诺提供的足够的信用支持,从而使贷款人对信用风险感到满意,并同时将对发起人的追索最小化。

在实践中,很少有项目是凭借其自身的优点独立融资,而不需要发起人提供某种形式的信用支持的。一个普遍的错误认识是:项目融资意味着资产负债表外融资,即项目完全自给自足,而不需要经济责任方的担保或承诺。这会使潜在发起人产生误解,它们认为某些类型的项目可以作为独立、自给自足的项目融资来进行常规融资。这种发起人开展谈判所基于的假设是:它们感兴趣的类似项目也可以在对发起人无追索的条件下进行融资,可以在发起人的资产负债表外,并且无须负有经济责任的第三方提供额外的信用支持。

在本书中,我们将描述任何从事为项目提供资金或财务建议工作的人士可以使用的不同工具和技术。我们所说的项目是指具有一定规模和复杂度的项目(而不是在大学金融学课程中的"资本预算"课题下讲授的较为简单的项目评估),但它不局限于超大型项目。项目融资最终是关于将三个基本原则应用于融资情形的,从这三个基本原则出发,所有其他创意都可以源源不断地产生。首先,项目需要产生融资提供方能够捕获的现金流。其次,需要有一组能被分离和控制的资产,必须确保这些资产不能被其他方夺走。最后,需要有一个在项目期限内被充分理解和动态管理的风险包络。为了做到这点,必须有一个合同网络来支持不同利益相关者的权利及其对项目的合法索偿权。

在《项目融资:金融工具和风险管理》中,我们考察所有这些方面,并提供项目结构和方法的一些例子/微型案例。我们以两个项目的案例研究作为本书的开头和结尾,它们是项目融资的独立示例,在融资时由于不同原因引起了争议。尽管这两个案例时隔近40年,但它们展示了一些现代信息流的影响及其缺陷。

项目融资是一个令人兴奋的领域,尽管受到明显的监管限制,但项目仍需要创新的解决方案。我们希望本书能够为读者提供解决项目融资中遇到的融资相关问题的基础,从而提高项目成功的可能性。

配套册:《项目融资:分析和构建项目》

从项目融资在石油和天然气行业及复杂租赁技术中的现代起源出发,它已演变成数种不同的方法和技术,在发达经济体和新兴经济体中的大公司和小公司、政府及成长中的小公司中被广泛使用。在我们的配套册《项目融资:分析和构建项目》(Project Financing: Analyzing and Structuring Project)中,我们通过说明现金流、抵押品/支持结构和风险管理这三个关键要素,讨论可被用于实现成功的项目融资的方法、结构和工具的基本知识。书中包含将关键要点带入现实情形的案例。

《项目融资:分析和构建项目》有15章。继第1章详尽描述项目融资后,我们讨论项目融资过程(第2章—第5章)、建模和风险管理(第6章—第8章)、政府和社会资本合作(第9章和第10章),以及实践中的项目融资(第11章—第15章)。

在讨论项目融资过程时,我们在第2章中解释项目管理如何能影响项目融资,我们描述清晰的计划对项目的必要性,以及为何描述这项计划的文件是项目成功的核心。第3章的主题是必须准备的文件(项目计划书和发行备忘录),它们包含项目利益相关者需要了解的基本信息。在第4章中,我们阐述成功的项目融资的标准,从项目的不同阶段以及资本提供方在每个阶段的考虑开始,然后描述关键的风险领域。项目融资过程是第5章的主题。

对建模和风险管理的讨论从第 6 章开始,此章描述在项目的成本估算中面临的挑战。第 7 章和第 8 章讨论财务模型,前者涵盖一般原则,后者着重于不同行业财务建模的独特方面。

越来越多的项目融资交易是政府利用政府和私营部门的合作过程改进大型项目的承包、交付和运营的举措的一部分。这些项目融资交易被称为政府和社会资本合作。在第 9 章中,我们从政府和社会资本合作的定义及这些交易的利弊开始,描述了这些交易。实践中的政府和社会资本合作是第 10 章的主题,我们首先讲述它们的不同形式(纯粹的特许权协议,设计—建设—经营—转让和建设—运营—转让项目,设计—建设—融资—运营项目和建设—拥有—运营项目),然后描述为之设立政府和社会资本合作的不同类型的项目——独立合作伙伴关系或商事合伙、合资公司和向公众出售的服务。此章还描述与这些交易相关的棘手的会计问题。

最后五章考察实践中的项目融资。大多数项目都有多个核心利益相关者,并可能有多个所有人。尽管许多公司更偏好对关键的供应和销售项目拥有绝对的所有权和控制权,但随着技术和服务在世界各地传播,由具有共同目标、人才和资源的合作伙伴共同拥有或控制的项目成为常态。在第 11 章中,我们解释共同拥有或发起的项目的结构。第 12 章解释项目发起人或项目公司在建设融资方面的相关目标和考虑(独立于永久融资的类型)。在第 13 章中,我们概述贸易融资,我们考察贸易融资在以下方面的发展:可取得的工具(包括在出口前融资中使用的工具)、与供应链融资相关的具体问题、商品融资、福费廷融资、保理和对销贸易。第 14 章利用以储量为导向的融资,讨论自然资源项目的融资。适用于新的公路、工厂或天然气开发的项目融资的技术同样可在考虑公司重组时使用。该书的最后一章解释了来自项目融资的技术如何被用在公司重组、资产出售及收购和兼并中。

两本书的目标读者群体略有不同。《项目融资:分析和构建项目》不太关注项目融资的技术方面,更加适合更广泛的利益相关者群体。此外,配套册包含更多案例以提供信息。《项目融资:金融工具和风险管理》涵盖项目融资技术性更强的方面,其中包括融资工具和风险管理工具,对技术专家和顾问更有用。

对案例的说明

我们选择这些案例的原因是:它们相对较新,但是在较长时间内撰写的。在某些情形下,这意味着一些情况可能还在持续,如法律调查或其他调查,这可能会使公众能够获得新的信息。我们已尽最大努力确保截至 2020 年相关的信息是准确的。

鸣谢

在两个案例研究中,我们受益于两个人的帮助。第 1 章使用的 LASMO 案例研究的一个版本发表于卡梅尔·德·纳利克与克里斯·杰克逊(Chris Jackson)合作撰写的书中。末尾第 20 章中的天狼星公司(Sirius)案例包含了威廉·莫顿(William Morton)提供的内容。

Contents

目 录

1

LASMO 是如何乘风破浪并一败涂地的 *

引言

    一家新公司在没有任何有形担保的情况下，为获取一个新油区的未经测试的石油和天然气田的少数股权进行融资，它可以当之无愧地成为 1976 年的"年度交易奖"得主。在面临经济的不确定性和主权债务危机的情况下能够做到这点，显示了该公司及其顾问付出了何等大的努力寻找愿意购买贷款票据的投资者，即便这些票据具有非同寻常的基于权益的回报结构。对票据持有人而言，它们成为"持续馈赠的礼物"，一直存续至 2011 年其最终的期满日。我们以这一案例研究开始本书，在本书的最后一章，即第 20 章中，我们将提供一个最近发生在矿业领域的类似交易的例子。结局迥异，但 40 多年来许多事情都发生了变化。许多阅读了本章案例的人士都表示，明显的融资选择应该是通过出售石油远期合约来为该笔交易融资，以及/或使用我们在第 16 章—第 18 章中讨论的各种衍生工具。然而，在那个年代，正如我们讨论的那样，这些选择是无法获得的。在 1976 年，著名的用于石油交易的布伦特基准原油仅刚刚开始生产，布伦特原油的交易直至 1988 年才开始起步。

    这个案例研究展现了在一个面临巨大结构性压力的经济中，发展中的自然资源行业的一个新的本地合伙人所面临的挑战。对于那些现今试图开发此类项目并为项目融资的人士而言，情况同样如此。在本书末尾，我们将考察一个相关行业中的现代 LASMO，并判断用这种交易支持微型的单一项目公司是否可能。表 1.1 总结了该项目。

---

    * 本案例研究的一个版本在卡梅尔·F.德·纳利克与克里斯·杰克逊先前撰写的一本书中已有发表，该内容的使用获得了版权所有者的许可。

表 1.1　LASMO 案例的关键项目特征

特　征	提　要	细　节
融资	14％无担保贷款证券（unsecured loan stock，ULS）1981/3 相关的证券化特许权使用费分拆，被称为石油生产证券（oil production stock，OPS）1976 年 1 月发行	5 750 万英镑的 14％ ULS LSMO 55 万英镑的关联 OPS LSMO 1 750 万英镑的 14％ ULS SCOT 17.5 万英镑的关联 OPS SCOT
借款人	伦敦与苏格兰海洋石油有限公司（LSMO，后称 LASMO）苏格兰—加拿大石油和运输有限公司（SCOT）	
发起人	证券由摩根建富有限公司（Morgan Grenfell & Co Ltd.）承销	
行业	石油和天然气勘探和生产	上游业务
国家	英国	

资料来源：LASMO 募集说明书，1976 年。

项目是什么？

　　乍看上去，你也许会认为这个 20 世纪 70 年代的案例研究是古老的历史；然而，这家羽翼未丰的海上石油公司为开展高风险投资所采用的融资原则在今天仍是很有意义的。LASMO 的案例是一个绝佳例子，它创造性地解决了当时所有利益相关者似乎都认为无法克服的问题，并且是项目融资通过以有条不紊的方式进行谈判所能达到的目标的典范。在不利的环境下，该公司及其规模较小的姐妹公司在一个被认为是困难甚至不可能的市场中筹集了资金。这使其发起人不仅能够"不出局"，而且还能扩大投资发展成为一家大型的国际石油公司。

　　该项目的目的是为英国北海尼尼安油田的两家微型新公司 LSMO 和 SCOT（LASMO 的前身）的 6.9％ 和 2.1％ 的权益分别提供现金。资金需要被用于下列三种关联活动：

- 钻井开发油田；
- 建设管道以将石油运输至设得兰群岛的萨洛姆湾码头；
- 为码头的建设费用提供部分资金。

仅就 LSMO 而言，1976—1983 年（含）间的资本需求估计为 7 860 万英镑（以当时的物价水平估算）。

　　LSMO（LASMO 当时的名称）及其姐妹公司 SCOT 成立于 1971 年 4 月，主要在北海的英国区域勘探和生产石油和天然气。两家公司主要由英格兰和苏格兰的保险公司和投资信托持有——我们如今可以将其理解为类似于风险投资和私募股权投资。1972 年，LSMO 与其他公司一起，在第 4 轮许可招标中被授予北海英国区域的三张勘探许可证。1974 年 1 月，在 3/8 区块有石油被发现，LSMO 在该区域拥有 23％ 的权益，进一步的勘探钻井显示油田（叫作尼尼安油田）延伸至数个相邻的区块，并且在商业运作上是可行的。1975 年，LSMO 通过收购两家规模较小的公司的股份来扩大其权益，获得了油田百分比股权的增加，LSMO 的股份从 4.65％ 上升至 6.9％（尽管与其他交易有所混淆，但该油田的估价似乎为：419 万英镑/2.35％＝1.86 亿英镑）。

截至 1975 年 12 月，LSMO 已为其承担的成本份额支付了 930 万英镑，资金是通过当时很受投资者欢迎的一种债券 ULS 从股东那里筹集的。于是，还需要为 1976—1982 年间的成本筹集 6 930 万英镑（假设或有成本和升级成本的估计值是准确的）。在这一时点，LSMO 已筹集了 667 万英镑的股本，并发行了 1 207 万英镑于 1976 年到期的浮动利率 ULS；SCOT 的处境类似，它有 540 万英镑的股本，并通过 1976 年到期的浮动利率 ULS 筹集了 370 万英镑。我们可以通过对比来进行理解，如果我们考虑 1976 年 6 930 万英镑的短缺（缺口由于成本不可避免地被低估而增加），那么 2019 年的名义缺口相当于 4.64 亿英镑。

表 1.2 显示了截至 1976 年尼尼安油田的总成本估算，表 1.3 显示了最差情形下的"现金消耗"假设。在表 1.2 中，我们可以看到公司对升级成本和或有成本都已计提了费用，费用按平台、管道和码头划分，其中码头的升级成本较为显著。表 1.3 显示了费用支出发生的高峰期为 1976—1978 年。

表 1.2　尼尼安油田总成本:84 个油井案例　　　　　　　　　（单位:百万英镑）

	基础成本	升级成本	或有成本	合计
2 个尼尼安油井平台以及设施	500.20	186.00	31.60	717.80
管道	168.30	45.30	27.40	241.00
码头	97.20	63.00	19.80	180.00
总计	765.70	294.30	78.80	1 138.80

资料来源:LASMO 募集说明书,1976 年。

表 1.3　每一年度的尼尼安油田成本:84 个油井/2 个平台

年份	金额(百万英镑)	年份	金额(百万英镑)
1975*	134.4	1979	72.9
1976	337.3	1980	49.4
1977	331.7	1981	47.1
1978	151.2	总计	1 138.80

注:* 此年为从 5 月开始的成本。
资料来源:LASMO 募集说明书,1976 年。

LSMO 和 SCOT 两家公司（它们于 1977 年合并为 LASMO，此后合称为 LASMO）在油田中的股权份额相对较小，因为它们是由希望参与新兴北海油区的英国机构设立的新投资企业。它们几乎没有为大型石油和天然气生产项目提供资金所需的资本，而且在初始时也确实缺乏这方面的内部专业经验，因此与许多其他新成立的石油公司相似，它们严重依赖于第三方的专业咨询。第三方服务是由一家规模较大的加拿大独立公司兰格石油（Ranger Oil）通过其英国子公司兰格石油（英国）公司提供的，服务提供协议持续至 1999 年，其间兰格不仅每年获取一笔费用，而且在 LSMO 和 SCOT 的董事会上派有直接代表。油田的每一个参与者最终都要承担按比例分摊的成本。

一种选择可能是为油田提供单笔融资，所有权益持有人都为油田提供一揽子方案的融资。英国石油公司（BP）的 3.60 亿英镑福蒂斯油田一揽子融资计划于 1972 年得以实施，并被视作成功之举——但 BP 拥有 100% 的福蒂斯油田。无人愿意承担风险，事实上，据说 BP 的首席地质学家曾主动提出要喝下在北海区域发现的所有石油，这不是一个佳兆。各个参与者混杂在一起的油田融资讨论通常会遭遇问题,因为合伙人的相对信用资质会影响其为银行预计承担的风险提供的补偿的定价。一家规模较小的公司也许希望从一家大型石油公司的更高信用资质所带来的更低债务定价中获益,但大型石油公司也许不太愿意补贴较为弱小的公司,因为这些公司也许会在未来发展成强大的竞争对手。在本例中,兰格石油(英国)公司绝不愿意将其信用资质出借给规模较小的参与者,因为雪佛龙公司(Chevron)正在支持兰格石油公司自身的一揽子融资计划。

尼尼安油田会由雪佛龙石油(英国)公司运营,而不是兰格石油公司,尽管后者向 LSMO 和 SCOT 提供技术咨询。现场运营者将代表多家权益所有者制定应如何开发油田的决策,雪佛龙的母公司——加利福尼亚标准石油公司是当时"七姐妹"(石油公司巨头)的重要成员。

LSMO(和 SCOT)在财务上岌岌可危,仅 LSMO 就需要 7 860 万英镑的借款(在 1976 年)。其关键信用特征如下:

- 薄弱的资产负债表(净资产为 300 万英镑);
- 无盈利历史(它在经历亏损);
- 有限的内部专业经验;
- 基于其自身股东的性质,分散化的投资者群体;
- 来自单一的不明资产的投机性预测现金流量(该资产由海床中的一系列洞穴组成,假如它们被证明是干涸的,则在本质上毫无价值);
- 在技术受到极限测试的陌生环境中运营。

正如你可以想象的那样,简单的答案应该是"说不",然后迅速转移至其他更容易赚钱的事情上。幸运的是,利益相关者未如此轻易地放弃,项目融资人感到他们拥有一个与其技艺相称的挑战。

表 1.4　1975 年的 LSMO 年度审计账目

	金额(英镑)		金额(英镑)
家具	676		
尼尼安油田的资本化费用		融资来源	
勘探	1 615 121		
开发	5 178 334	缴足股款的股份(1 英镑)	2 471 780
		部分缴款的股份(1 英镑)	2 224 602
勘探和开发费用总和	6 793 455	股本总额	4 696 382
递延费用	2 642 389	减去盈亏	−1 576 812
减去核销	1 170 808		
递延费用小计	1 471 581	融资总额	3 119 570
对子公司的净投资	0		
无公开报价的投资	87 118		
流动资产	1 315 001		
流动负债	6 548 261		
净流动资产	−5 233 260		
净资产	3 119 570		
预付费用	0		
净资产总额	3 119 570		

资料来源:LASMO 募集说明书,1976 年。

　　表 1.4 显示了 LSMO 在募集说明书中提供的经审计数字（SCOT 的情况与之类似，但规模更小）。两家小公司的背后没有可被视为支持因素的大型母公司或充分的专业知识来源。LSMO 已通过收购另外两家矿业公司的北海资产，增加了其在尼尼安油田中的原始股份。这两家公司希望在其投资上实现一些价值，但没有能力对一项在很大程度上充满未知的资产作出重大承诺。对这些矿业公司而言，尼尼安油田的北海股份代表了成功的多元化，但不是一项战略性投资。

　　在北海的早期，回溯至地震勘探和其他技术都还相对原始的时期，银行在上游行业交易中根本不承担完工风险。为何如此？关于北海地质的知识仍在收集之中，因此无人能够确定石油像专家在其储量报告中表示的那样大量存在。石油能够经济地回收吗？技术是否适合开采专家所表示的数量的石油？

　　由于当时的经济萧条，英国政府处于巨大的经济压力之下。利率高企，增加主权借款的能力十分有限。在 2021 年，我们难以相信国际货币基金组织（International Monetary Fund，IMF）在 20 世纪 70 年代中期会着手干预英国的事务。由美国住房抵押贷款市场崩溃引发的 2010—2013 年的欧洲主权债务危机（席卷了塞浦路斯、希腊、爱尔兰、葡萄牙，西班牙受到波及的程度较小）提醒新一代，过度使用杠杆所影响的不仅仅是个人和企业。

　　英国政府有两条获取北海收入的潜在途径。

　　（1）政府拥有主张资源的多数股份的权利，从而对项目造成更大的不确定性。这项权利在资源开发中并不罕见，因为"地下"资源属于国家所有。它通常被视作一个展示国家正在为地方经济争取一些利益的政治机制。

　　（2）一项新的石油税收体制正在制定之中，它为苦苦挣扎的政府提供了获得来自北海的现金流的额外渠道。

　　由于这项活动的许多内容对英国来说都是新事物，立法的更新（如要求相关管道获得国务大臣的批准，以作为开发计划的一部分）意味着在融资需求发生和发行为尼尼安油田筹集资金的相关募集说明书时，该油田的全面开发批准尚未到位。

　　然而，另一项重大风险是货币风险敞口。这里的担忧是，费用支出将以美元为单位，石油的销售收入亦是如此，而作为债务发行货币单位的英镑正在贬值。尽管这可以提高以英镑报告的收入，但成本是用美元支付的，资金来源于一种不断贬值的货币，筹集的是固定金额的资金。LSMO 是以英镑报告财务数据的。我们如今理解的货币期货和期权市场在 20 世纪 70 年代并不存在，它们在 20 世纪 80 年代作为对大型公司所受汇率波动影响的反应而出现，并将农产品期货的想法拓展至新的领域。这给银行家带来了严峻的信用挑战，从而限制了公司自行对风险进行套期保值的能力。极有可能的是，即便这些衍生工具是可用的，LSMO 也无力支付套期保值或期权途径的先期费用。

　　至此为止，两家小公司的机构股东已承担了项目开发费用的大部分风险，但由于英国经济的状况，它们需要将资金投入其他领域。尽管它们预备好提供油田所需要的部分债务资金，但没有能力提供全部资金。它们希望分担这项风险并收回其已借给两家小公司的部分资金，因为它们的广泛业务正在受到压力。

　　假如 LSMO 和 SCOT 不能筹集资金为尼尼安油田提供融资，那么它们实际上会丧失其在油田中的股份。那些支持了前期筹资的股东将损失其全部的投资。因此，发起人要么需要现在就出售股份（正如两家矿业公司已经向 LSMO 出售股份那样），假设有愿意购买的买方的话，要么寻找一个融资解决方案。任何处置价格都会反映买方承担的风险/不确定性，这些主体的市场表现十分清淡，因为其他小型参与者也在同时退出。更糟的是，假如两家小公司再不采取行动，尼尼安油田的股份将成为一项负债，而不是资产。公司面临以下真实风险：其他合伙人可以为公司未支付尼尼安油田的开发所需的资金提起诉讼。[①]

宏观环境

在 20 世纪 70 年代早期，英国受到多项相互关联的政治和经济挑战的困扰。这段时期内英国国内的通货膨胀率很高，并在 70 年代后期再次上升，正如表 1.5 显示的那样。历届政府试图通过限制公务员薪酬和国有行业（如煤矿开采、发电和输电）的工资增长率，来管理流向一般公众的涓滴效应（trickle-down）。工业动荡蔓延，并于 1974 年伴随着"三日工作周"措施的实施达到了高峰。当时的情况是：为国家提供电力的以燃煤为主的发电系统受到了旷日持久的为取消工资限制和改善工作条件而举行的矿工罢工的影响。泰德·希斯（Ted Heath）领导的右翼政府试图通过配电控制公众受到的影响，这一举措在议会受到质疑，英国举行了大选。结局最初为"悬浮议会"，没有一个党派占总体多数，保守党通过与北爱尔兰统一主义者（Northern Irish Unionists）结成不稳定的联盟，得以勉强维持局势。随后于 1974 年 11 月又进行了第二次大选，形成了以哈罗德·威尔逊（Harold Wilson）为领导的左翼政府，在设有 635 个席位的议会中占有三席的微弱多数。

表 1.5 1970—1982 年 12 个月的零售物价指数百分比变化（作为通货膨胀率的代理变量）

年份	年百分比变化	1 月	2 月	3 月	4 月	5 月	6 月	7 月	8 月	9 月	10 月	11 月	12 月
1970	6.4	5.0	4.9	5.1	5.6	6.1	5.9	6.7	6.8	7.0	7.4	7.9	7.9
1971	9.4	8.5	8.5	8.8	9.4	9.8	10.3	10.1	10.3	9.9	9.4	9.2	9.0
1972	7.1	8.2	8.1	7.6	6.3	6.1	6.1	5.8	6.6	7.0	7.9	7.6	7.7
1973	9.2	7.7	7.9	8.2	9.2	9.5	9.3	9.4	8.9	9.3	9.9	10.3	10.6
1974	16.0	12.0	13.2	13.5	15.2	16.0	16.5	17.1	16.9	17.1	17.1	18.3	19.1
1975	24.2	19.9	19.9	21.2	21.7	25.0	26.1	26.3	26.9	26.6	25.9	25.2	24.9
1976	16.5	23.4	22.9	21.2	18.9	15.4	13.8	12.9	13.8	14.3	14.7	15.0	15.1
1977	15.8	16.6	16.2	16.7	17.5	17.1	17.7	17.6	16.5	15.6	14.1	13.0	12.1
1978	8.3	9.9	9.5	9.1	7.9	7.7	7.4	7.8	8.0	7.8	7.8	8.1	8.4
1979	13.4	9.3	9.6	9.8	10.1	10.3	11.4	15.6	15.8	16.5	17.2	17.4	17.2
1980	18.0	18.4	19.1	19.8	21.8	21.9	21.0	16.9	16.3	15.9	15.4	15.3	15.1
1981	11.9	13.0	12.5	12.6	12.0	11.7	11.3	10.9	11.5	11.4	11.7	12.0	12.0
1982	8.6	12.0	11.0	10.4	9.4	9.5	9.2	8.7	8.0	7.3	6.8	6.3	5.4

注：这些都未特别指定为国家统计数据。

资料来源：英国国家统计局，来自"表 37：零售物价指数（所有项目）：1948—2013 年"。

① 这个机制十分复杂，在募集说明书的第 27 页中有所描述。在本质上，假如其他参与方承担了 LSMO 未来应分担的那部分成本，那么在生产后，LSMO 将基于一则公式收回其 75% 的权益，这则公式将成本份额用作违约前的所有成本的百分比。然而，假如项目遭到废弃，LSMO 有义务支付直至项目遭到废弃前的其应分担的所有额外成本。换言之，很多！但真正的问题是：尼尼安油田的其他参与者能够承担得起 LSMO 的那部分成本吗？

即将上任的工党（左翼）威尔逊政府包括一位能源大臣，他制定了对北海进行国家干预的激进政策。英国政府利用一个叫作英国国家石油公司（British National Oil Company，BNOC）的载体，试图积极地实施和管理英国政府在北海石油收入中的分成，途径是通过提高和交易其石油份额和/或积极地参与许可证的审批（和决策制定）。

尽管英国政府积极参与石油和天然气收入的政策即将出炉，但在 LSMO 和 SCOT 着手筹集资金时，政府利用所产生的潜在现金流的确切机制尚不清晰。最初的交易是，石油公司"不会变得更好，也不会变得更差"，许多较小的公司（如 Tricentrol，见后续段落）立即签订了协议。

应用于石油和天然气收入的税收体制亦在制定当中。除了向英国政府（作为王室——矿产所有人——的代理人）支付的 12.5％的特许权使用费（这在许多矿产交易中十分常见）外，1975 年的《石油税收法案》（Oil Taxation Act）引入了新增的石油收入税，税率为 45％。这个税率之后上升至 60％，又于 1983 年上升至 75％（对于较老的油田保持在 80％左右）。确实，到 1980 年，LASMO 的董事长表示，英国对来自大型油田的每一桶原油征收的石油相关税款超过了 90％。

勘探和开发的许可证是分阶段发放的。早期的措施通过要求在许可证发生任何变更前获得正式的许可，阻止了任何为公司盈利转让权益或出售个别许可证权益的行为。这与美国许多州的体制不同，后者的土地所有者拥有包括石油在内的矿权，这些矿权可以与土地分开交易。此处，与移动电话经营许可证交易情形的相似度是惊人的，突出了密切监管那些可能具有寡头垄断特征的公用事业型公司的必要性。

绕过石油相关监管障碍的途径是购买或出售持有许可证的公司的股份，在首个关于向提供开发融资的银行授予担保权益的测试案例似乎因担保品的问题而停滞不前时，采取的也是这个方向。在 1974 年的派柏（Piper）油田融资中，银行本身掌管许可证，尽管这几乎是一个单独的个案。在电信业的繁荣时期，监管机构已经非常了解银行规避其监管的花招了。

表 1.6 显示了 1976 年的银行利率，它们代表了对 1973 年的股市暴跌感到不安的储蓄者可以获得的另一个低风险投资回报率选择。注意，与 2011—2012 年英国的基准利率保持在 1％以下并且看来将继续维持现状相比，这些利率的水平如此之高，而且变化极为频繁。

表 1.6　1975—1977 年间英国建筑协会利率和年利率的变动

时　　间	年利率（％）	时　　间	年利率（％）
1975 年 3 月 21 日	10.00	1976 年 3 月 5 日	9.00
1975 年 4 月 18 日	9.75	1976 年 4 月 23 日	10.50
1975 年 5 月 2 日	10.00	1976 年 5 月 21 日	11.50
1975 年 7 月 25 日	11.00	1976 年 9 月 10 日	13.00
1975 年 10 月 3 日	12.00	1976 年 10 月 7 日	15.00
1975 年 11 月 14 日	11.75	1976 年 12 月 17 日	14.50
1975 年 11 月 28 日	11.50	1976 年 12 月 24 日	14.25
1975 年 12 月 24 日	11.25	1977 年 1 月 7 日	14.00
1976 年 1 月 2 日	10.75	1977 年 1 月 21 日	13.25
1976 年 1 月 23 日	10.50	1977 年 1 月 28 日	12.25
1976 年 1 月 30 日	10.00	1977 年 2 月 3 日	12.00
1976 年 2 月 6 日	9.50	1977 年 3 月 10 日	11.00

资料来源：英国建筑协会数据。

然而,到了 1976 年,进一步的不稳定因素影响了贷款人和投资者;70 年代初期,英国经历了一次常规的房地产价格繁荣期。在传统上,需求是由英国建筑协会(基本上是英国互助社)满足的,它们是当时的主要贷款人,1976 年在英国发放的住房抵押贷款占总体的 93%。为了满足需求,一些将资产支持贷款视作具有吸引力的提案的所谓二级银行也加入了市场。然而,这些主体大多通过短期银行间市场的借款来支持其长期贷款账簿,这种错配将被证明是灾难性的。

1973—1974 年间,几个重大全球宏观经济事件对英国产生了影响:

● 将其所有成员国的货币与美元挂钩的布雷顿森林货币体系崩溃了——美国于 1971 年放弃了金本位;

● 在新的浮动汇率世界中,美元相对其他全球货币贬值(英镑的表现略好,但相对邻近的欧元区先导国家的货币仍在贬值);

● 1973 年,石油输出国组织(Organization of the Petroleum Exporting Countries,OPEC)在看到美国石油产量见顶,且依赖汽车的经济体的石油需求丝毫不疲软后,宣布了石油禁运,石油价格也随后上升。

这些事件导致了股市大幅下跌,英国的房地产市场暴跌,从而引发了二级银行的挤兑现象,这些银行如今暴露于其持有的房产抵押品提供的担保价值被低估的风险之中,从而导致了资金缺口。英格兰银行进行了干预并拯救了其中一些银行,其他银行则倒闭了——储户均获得了全额偿付(与 23 年后,2007 年北岩银行倒闭时发生的情况完全相同)。一旦市场开始复苏后,房地产价格会再次上升,从而导致通货膨胀,另一个政治和经济挑战的周期将会开始。

到了 1976 年 3 月,人们认为英镑被高估,并开始在市场上抛售英镑,最终 1976 年 9 月国际货币基金组织以提供 39 亿美元的短期贷款的形式进行干预。国际货币基金组织的支持以干预计划的形式让英国政府付出了沉重代价,这个计划与 2010—2011 年开始的希腊紧缩计划相似。前者包含强制削减公共支出和预算赤字。然而,贷款并未被全额提取,由于以可观的北海石油收入的形式产生的"黑金"开始进入英国政府的国库,经济复苏了。

由于 OPEC 卡特尔施加的压力(1970—1973 年),石油市场在价格方面遭到了多次重大冲击,先前可预测的标准差较小的价格突然呈现了波动性。布伦特原油的名义价格(北海的基准)翻了 4 倍,从每桶 3 美元上涨至 1974 年末的 12 美元,并到 1978 年再次上升至大约每桶 14.5 美元。

当我们想到如今的北海及石油和天然气行业时,我们考虑的是成熟的油田和已经达到生产峰值的石油和天然气行业。许多英国的独立公司都是在 20 世纪 70 年代早期成立的,后来成为颇具规模的国际自然资源公司。然而,在北海勘探初期,该领域是由大型石油公司主导的,其中 BP(在该时点仍由政府部分拥有)和壳牌公司(Shell,英国和荷兰)是仅有的两家规模较大的英国境内主体。

在英国,无论是在陆上还是海上,所有的石油和天然气储量都是国有的。这是由于 1914 年第一次世界大战期间对汽油供应安全的担忧导致的。当时唯一由私人拥有并生产的石油来自德比郡查茨沃斯庄园地下钻出的油井。政府颁发石油和天然气勘探和生产许可证的权利和能力(在北爱尔兰以外)被纳入各项法规中,1998 年的《石油法案》(Petroleum Act)合并了这些法规。

任何希望开发其自然资源,并在长期内最大程度地为其选民创造价值的国家都有多条路径可供选择:(1)向潜在的开发商提供有时限的特许权,并在开发资源时获得实物或现金支付;(2)采用一个产量分享结构吸引外来的专业知识。特许权结构已延伸至自然资源融资以外的其他项目融资领域,如公路、医院和私人融资倡议(private finance initiative,PFI)。

产量分享协议可以采取多种形式。在本质上,政府合伙人更为活跃——生产的资源在开发商和东道国政府之间进行分配,后者选择接受实物(即资源,在本例中为原油)或现金等价物(有时通过将资源的销售委任给其他资源开发商产生)。

许多东道国政府认为,纳入"本地内容"以创建一种将新生成的财富注入本地经济的方式,在政治上是有利的。在某些情形下,其采取的形式是支持性服务,但许多政治家的目标是寻求本土资源开发能力的长期发展。原因在于,它们可以由本地居民开发,技术也可得以真正转移。中东地区大型项目中的抵销付款旨在将资金重新集中到本地经济中。然而,政治家接受资金并将它花费在其他用途上的诱惑总是存在的。

继 1959 年巨大的格罗宁根(Groningen)气田在荷兰近海被发现(该气田于 1963 年投产)后,英国政府开始开发海上石油和天然气资源。地质学家认为格罗宁根气田延伸至英国的大陆架水域。

许可证区域用区块编号标记。区块位于英国的指定油气资源区域,勘探、开发或生产的许可证有固定的期限,是由监管英国石油和天然气资源的政府部门向资质合格的竞标者发放的,竞标者的工作计划必须获得该政府部门的技术专家的批准。这个程序与 1976 年的情形大致相同,区块的授予被划分为一系列正式的许可证审批"环节",而不是临时的。这些区块需要在构成英国油气资源区域的北海区域上覆盖一个理论上的网格结构,由此形成了大多数是矩形的地块。区块勘探许可证被授予一组公司,或是一家经验丰富的公司,它们已经提交了工作计划和财力证明。勘探许可证的期限是固定的,然后开发商需要附上更详尽的计划(俗称附件 B)并重新提交申请,以按照事先协定的费率获得生产许可,生产许可证也是有确定期限的。

自然资源不遵循人工的网格(或事实上是真正的)地理界限。在早期的美国和其他陆上石油和天然气田中,就曾遭遇这一问题,相邻的许可证持有人试图在其许可证区域的油井里泵出最多的石油。[①]为了阻止这种做法,被视为跨越多个网格区域或区块的"多区块"油田成为了"联合协议"的主题。根据这些协议,各方都同意遵循一个联合开发油田计划,并根据每个区块的储量估计,对资源进行名义上的分割。现场运营者为一家经验丰富和财务实力雄厚的公司,承担由联合经营委员会(该委员会由拥有油田权益的所有公司组成)委托的日常运营责任。基于现有的油井表现和地质信息,现场运营者根据每个油田参与者在每个区块中的权益比例及据信位于相应区块下方的石油储量,为其分配所生产的石油产量份额。在获得更好的生产信息和适当支付或偿还石油或货币时,可以对这些石油份额进行调整(或重新确定)。

为了石油和天然气田开发工作的进展,有几项活动需要完成,其中重要的是:

● 为了使联合协议尽可能全面,有必要对油田的边界进行划定;

● 石油开采方法有待确认。

"磕头机"(nodding donkey)油井架在陆地上十分常见,但在水中则不具有技术上的可行

---

① 这被称为"捕获定律"(Law of Capture)。

性，因此试图应对北海深水区的恶劣天气环境是一项具有挑战意义的命题。尽管移动式钻机能够在海下钻井，但它们并非需要大量生产石油和天然气时的长期选择。因此，假如油田足够庞大，那么开展以下工作是合理的：建造一个混凝土装置，将其浮起，并固定在海床上，同时为工作人员提供食宿，并有限地存储石油。这意味着，只有采用尖端技术才能在混乱的环境——腐蚀和风暴——中工作。北海石油尽管以布伦特原油为基准，但不是一种标准商品，它包括轻质（低硫）原油、类似于糖浆从而需要加热才能使其流动的原油（重质原油），以及处理过程有害的原油（高硫原油）等。

最初，与油田相关的规模较小或不具有商业可行性的天然气都被焚烧了。当尼尼安油田开始生产时，甚至进入20世纪80年代后，这种天然气的商业价值都很低，因为英国只有一个垄断的国有买方，即英国燃气公司，所有进入国家气网的天然气都必须符合最低的规格。因此，在此时点，与安装昂贵的生产和处理设施并连接至天然气管道相比，焚烧是更佳方案。近来，随着更多机会的出现，天然气已被重新注入油井以帮助石油的生产，或是被加以生产并通过管道运输。这些机会包括"冲向天然气"（dash for gas），它们带来了20世纪90年代英国燃气发电站的发展。

项目发展的历史

为了委托生产这些庞大的装置，需要调用巨大的制造场地。从巨大的平台拖出成品取决于天气，而且还依赖于合适的拖船供应。这些装配区域通常曾经是造船厂，因此工会组织十分紧密，在当前的政治环境中，进一步增加了价格和交付/安装时间的不确定性，从而给尼尼安油田预算中的或有成本和升级成本的金额增加了不确定性。

另一个早期的复杂问题来自建造一个通往陆上加工终端和处理厂的管道的决策。尽管建造海上管道不会像建造陆上管道那样，涉及复杂的"通行权"问题，但通过他人拥有许可证的区块仍需要协商。在预期的最大产能方面存在规范问题，人们不可能在需要增加产能时轻松地加入另一条海床管道。此外，由于恶劣的天气环境，管道在冬季月份停止铺设。

起初，在1972年1月BP被授予合约后，北海石油于1975年9月通过了其最初的福蒂斯管道；BP保留了管道所有权，直至在20世纪90年代初期对管道进行升级后，最终于2017年将之出售给了英力士公司（Ineos）。水下位置是需要持续监测的——例如，一个意料之外的危险是在2011年3月的一次日常检查中发现管道附近有一个二战时未爆炸的地雷，在2011年8月地雷被拆除时，石油运输已停止了5个月。福蒂斯管道的长度为240英里，根据一名行业观察人士的判断，该管道在2008年输送了英国总产量的大约40%。然而，登陆地点是在格兰杰墨斯（Grangemouth）炼油厂，BP将之出售给了英力士公司，后者在2008年和2013年遭遇了多次罢工。

尼尼安管道的计划是将之建设成一个超出规格的管道，并将约50%的超额运输能力出租或出售给开发附近油田的开发商群体。管道代表着巨大的资本成本（尤其是在使用专业设备铺设海下管道的情况下），然后通过税费或收费安排产生回报。一个独立的实体——尼尼安管道管理委员会（Ninian Pipeline Management Committee，NPMC）——建立了起来，BP被任命代表 NPMC 建造和运营基础设施——这个行动是合理的,因为 BP 拥有管理和建造北海福蒂斯油田海底管道的相关经验。最终,一个完整的管道基础设施得以安装到位,以处理北海的生产,产量于 1999 年达到了每日 270 万桶的高峰。[①]

对尼尼安油田而言,管道的登陆地点和码头位于设得兰群岛,这是一个偏远的依赖于渔业和旅游业的亚北极群岛。1974 年继英国地方政府重组后建立起来的设得兰群岛委员会(Shetland Islands Council,SIC)行事保守,但却很关切这些美丽未受破坏的岛屿能否分得一份预期的石油财富,并同时减小这对他们的生活方式的影响。作为当时利益相关者权力的一个罕见例子,SIC 在魅力超凡的本土人伊恩·克拉克(Ian Clark)的领导下,强迫石油公司在萨洛姆湾仅建造一个码头,而不是为每个运营者都建造一个,并对 SIC 提供的服务征收了一系列费用,比如港口费、登陆费、领航费等。1974 年通过的一项特殊的《议会法案》支持了这些举措,该法案将权力下放给 SIC,并授予其对拟建码头区域内部及周边地区的土地购买和开发的控制权。一个如今被称为设得兰群岛慈善信托(Shetland Islands Charitable Trust)的基金设立于 1976 年,它被作为萨洛姆湾石油码头在此处建造的补偿。多年以来,SIC 和信托已逐渐分离,如今完全相互独立。在 1976—2000 年间,该信托从石油行业获取了 8 100 万英镑的"干扰赔偿"。

码头项目的利益相关者管理十分复杂,其中涉及大约 30 家石油公司在一个依赖于旅游业和渔业的美丽自然区域的权益。为了保障安全并减少事故或泄漏的发生,需要开发和更新复杂的应急计划[②],该计划由一家持股比例为 50/50 的合资公司管理,其中一方股东为 SIC,另一方股东为两家英国主体成立的合资公司,两家主体分别为壳牌公司(代表亦在使用萨洛姆湾码头的布伦特油田)和代表 NPMC 的 BP。[③]活动被划分为 NPMC 控制的加工处理及支持性服务,后者包含土地租赁、港口设施、栈桥,甚至是在建设期间由 SIC 提供的住宿。

尼尼安油田

尼尼安油田发现于 1974 年,是以一位早期的苏格兰神职人员的名字命名的,主要位于区块 3/3,并延伸至区块 3/8。后者是 LSMO 和 SCOT(以及将油田股份出售给它们的两家公司)拥有权益的区块。油田地处水下 137 米,位于布伦特油田南部,后者已经投产并会使用拟建的萨洛姆湾码头的一部分。

为了对冲设计风险和经营风险,两个不同的能够独立运营的平台得以营建,如果其中一个平台发生故障,另一个平台仍能继续顺利地生产石油。一个采用了混凝土重力式基础结构,另一个采用了钢质桩基式导管架。在基本情形下,每个平台都能够钻 42 个油井,假如实

①　协议包含获得区块 3/3 和 3/8(尼尼安油田位于此处)许可证的两个群体之间的初始成本分担协议、单位协议和单位运营协议等。1975 年 3 月,尼尼安油田的全面管理委员会——尼尼安油田管理委员会(Ninian Management Committee)——任命雪佛龙代替伯马石油公司(Burmah)担任运营者。

②　计划在布瑞尔(Braer)号油轮于 1993 年搁浅时被采用,当时,泄漏物由冬季风暴传播,但最终亦被风暴驱散。

③　萨洛姆湾码头包含两个体系:(1)脱气原油(大多来自布伦特和相关的油田,甲烷气体在油田分离出来);(2)含气原油(大多来自 BP 尼尼安和相关油田),气体在萨洛姆湾分离出来。近年来,这两个体系已经合并。

际情形进一步扩大至 104 个油井,则可设想第三个更小的平台。[①]这些油井产出石油、其他液体、少量气体和水的混合物,通过回注水的方式保持最优生产压力。生产预计于 1978 年第二季度启动,并于 1981—1982 年达到产量峰值,随后由于井压下降,且恢复在经济上不具有可行性,产量发生了下降。

一家知名和具有威望的美国石油工程师公司——DeGolyer & MacNaughton 的一份报告显示,利用从前 7 个定界井取得的油田数据,以及其从一些类似或稍更成熟的开发阶段的其他早期油田的研究中获得的专业经验,对尼尼安石油地质储量(并非全部都可以生产)进行估计,总量大约为 29 亿桶,其中 11 亿桶被认为是可开采的。[②]天然气凝液(natural gas liquid, NGL)的估计亦包含在兰格石油公司的生产模型中。表 1.7 和表 1.8 显示了取自该报告的尼尼安油田的规模估计和两个生产方案及概述。

表 1.7　DeGolyer & MacNaughton 的尼尼安油田储量估计(1976 年 1 月)

	石油地质储量(百万桶)		可采石油储量(百万桶)
证实储量	2 576	证实储量	963.32
概算储量	412	概算储量	146.06
可能储量		可能储量	不适用
总石油储量	2 988		1 109.38

注:额外的 2 000 万桶可采天然气凝液未包含在内。这些估计采用的是较老的储量估计方法。
资料来源:LASMO 募集说明书,1976 年。

表 1.8　DeGolyer & MacNaughton 对不同平台情形的尼尼安油田产量估计(1976 年 1 月)

	2 个平台	3 个平台
采收率(%)	29.8	34.4
油田生产年限(年)	22.5	20
日产量峰值(千桶)	313	330
生产峰值持续时间(年)	0.75	3.25
DeGolyer & MacNaughton 使用的兰格石油(英国)公司生产模型		
总产量(石油)的证实值(百万桶)	772.12	890.21
总产量(石油)的概算值(百万桶)	117.42	135.38
总产量(天然气凝液)的证实值(百万桶)	13.97	16.11
总产量(天然气凝液)的概算值(百万桶)	2.12	2.45
总可采储量	905.63	1 044.15

注:天然气凝液还包含天然气凝析油。这些估计采用的是较老的储量估计方法。
资料来源:LSAMO 募集说明书,1976 年。

另外,在 1999 年之前,尼尼安油田的持股情况发生了一些变化,但如表 1.9 显示的,我们可以看到一些参与者[如兰格石油公司和墨菲石油公司(Murphy)]留了下来。最终,尼尼安油田成为北海第三大油田!

---

①　事实上,所采取的是三个平台的路径。
②　注意,这里使用的是旧术语,即证实储量(90%概率或 1P 储量)、概算储量(50%概率或 2P 储量)及可能储量(10%概率),而不是在括号中作为参考显示的当前术语。

表 1.9　1976 年和 1999 年的尼尼安油田所有权情况

尼尼安油田所有权	1976 年 公司名称	%	1999 年 公司名称	%
区块 3/3	BNOC	30		
	雪佛龙公司*	24	Kerr McGee*	63.03
	帝国化学工业集团(ICI)	26	兰格石油公司	11.6
	墨菲石油公司	10	墨菲石油公司	19.41
	Ocean	10	Lundin	5.96
区块 3/8	BP	50		
	兰格石油公司	20	兰格石油公司	55
	LASMO	23	阿吉普石油公司(AGIP)	45
	SCOT	7		

注：＊在油田联合成一体后担任尼尼安油田运营者；BNOC 为英国政府在北海石油开采中的参与载体。
资料来源：作者自己的研究数据，基于英国政府褐皮书(UK Government Brown Book)的统计数据。

发起人

　　LSMO 和 SCOT 都是拥有强大关系网的主体。摩根建富公司为该公司提供咨询。嘉诚(Cazenove)和格雷格(Greig)分别为位于伦敦和格拉斯哥的股票经纪商，董事会秘书是一家总部设于格拉斯哥的公司 James Finlay。LSMO 和 SCOT 把自己介绍成一家总部位于伦敦的苏格兰公司。全职工作人员包括一名执行董事和少数其他工作人员。考察覆盖尼尼安油田的两个区块的其他许可证持有人——在表 1.9 中显示——也十分有用。

　　区块 3/8 有三家参与者——BP 持有 50％；兰格石油公司持有 20％；在收购了两家较小的煤炭公司参与者 Cawoods 和 National Carbonising 的权益后，LSMO/SCOT 持有剩余的 30％。因此，LSMO 的现金状况意味着它需要一个递延支付结构，直至"财富从天而降"。由于兰格石油公司正在挣扎(其尼尼安油田融资是由雪佛龙公司支持的)，BP 正在处理众多开发事宜，因此 LSMO 除了努力重整旗鼓外别无选择。

　　区块 3/3 有一组不同的合伙人，因此面临着一组不同的挑战。中等规模、综合性的伯马石油公司(Burmah Oil)①最初持有 30％的区块 3/3，但在 1974 年经历油轮船队亏损后陷入了财务困境。下文提及了对其西斯尔(Thistle)油田股份的救助，但作为纾困方案的一部分，它被强迫将尼尼安油田的股权让与一家新公司 BNOC，该公司是为持有英国政府参与北海的股权而设立的。然而，后者没有运营经验。大型美国公司雪佛龙持有 24％的股权，成为指定的油田运营者。当时的英国化工巨头 ICI 持有 26％的股权，剩余股权由墨菲石油公司及其拥有 51％的石油钻井平台的附属公司 ODECO 各持有 10％。墨菲石油公司是一家美国的中等规模综合性公司，通过于 1969 年出售 3 400 万美元的可转换债券并于 1971 年 6 月出售 80 万股普通股，为其和 ODECO 的权益份额提供融资。石油危机(确实还包括北海钻井活动)对该公

――――――――――

　　①　确实，英国前首相玛格丽特·撒切尔的丈夫丹尼斯在 20 世纪 60 年代中期(伯马石油公司收购了其家族公司)至撒切尔夫人于 1975 年成为保守党领袖期间担任了伯马石油公司的董事。

司来说是好消息,因为利润出现了飙升,从而它不需要更多的项目融资即能承担其成本份额。雪佛龙公司在兰格石油公司的融资中提供了支持,与 ICI 相似,它的实力也足够雄厚,无须为了承担其成本份额再求助于项目融资方式。

结构

对投资者来说,尽管 14% 的年利息息票可能看上去是仅需承担时间相对较短的风险敞口便可获得的具有吸引力的"类权益"回报率,但当时不是普通的经济时期。银行优先级债务融资绝无可能,因此公司及其顾问开始考虑创新的筹资方式。在发生二级银行危机后,投资者也不愿将资金存放在银行,这提供了一个机会。

其他完成的交易包括西方石油公司(Occidental)和汤姆森北海公司(Thomson North Sea,一家大型加拿大报业集团)在派柏油田中的参与股份,它们向银行让渡了特许权使用费权益以作为额外部分的回报。当时,与美国石油融资机制的相似性可能是驱动该结构设计的主要因素。以特许权使用费为基础十分重要,因为它是从收入中扣除的第一笔费用,并且是一个固定比例,因此相对具有可预测性和透明度。[①]重要的是,它不受抵销款和石油收入税及其他征税变化的影响。LSMO 当时的司库路易斯·史密斯(Louis Smith)提出了一个基于特许权使用费的潜在解决方案。LSMO 已收到以下咨询意见:OPS 将被视作利润的分配,因此是股息,伴有税收抵免,公司不得在支付石油收入税和公司税款时扣除 OPS 支付的款项。

1976 年发布的融资募集说明书的发行标的是全额包销的于 1981—1983 年到期的 14% ULS,以票面价发行,与所称的 OPS 单位相关。这些被描述为"一种新型证券"。[②]投资者每认购 100 英镑的贷款证券,就可以获得一个新"单位"的这种证券,这种证券每半年支付一笔与油田产量挂钩的款项,该款项就税收目的而言被视作股息。最终,当 OPS 终止(在从尼尼油田安生产了 13.5 亿桶石油后)、油田被废弃时,或在 2010 年 12 月 31 日,OPS 将以 10 便士的面值被赎回。在尼尼安油田生产期间,750 万个单位 OPS(这则计算中加总了 SCOT 和 LSMO)的持有人参与了 LSMO 持有的 6.9% 的尼尼安油田生产权益中的 8.75%,其中需要扣除起重、加工和其他运营成本,以及向政府支付的特许权使用费。OPS 与伊斯兰金融中的风险共担理念有许多相似之处。

融资决策

LSMO 遇到一个问题,因为尼尼安油田无产油历史,这个远离英国海岸线的油区仍处于未开发状态。因此,没有可以用来进行准确预测的数据库。这个困境在自然资源勘探项目中始终存在,即便石油已在大多数主要油区生产了一段时间。因此,政府应该支持小型石油公司吗?英国政府通过向 Tricentrol 石油公司收取 5% 的特许权使用费并作为回报向所有的贷款人提供担保,帮助它在西斯尔油田开发中的权益获得了融资。

---

① 政府也对油田征收特许权使用费,这种从现金流中多重扣费的结构也存在于其他行业,如酒店。
② LSMO/SCOT 贷款证券和 OPS 募集说明书,1976 年,第 21 页。

债务决策

即使伪装成企业货款的形式,向 LSMO 提供的用于支付尼尼安油田开发成本所需的贷款规模,与 LSMO 的总资产和总负债相比,也过于庞大。它将是"事实上的"无追索信贷,理论上提供的追索权几乎一文不值。一般而言,银行不会向一家小型石油公司发放新油区大型开发项目的无追索贷款——尽管对大型公司而言,它们可能会采取有限追索方法,直至"完工检验"。后者包括能够表明油田从技术上讲已经完工,并且正在如所提交计划的预期那样正常运营的证据。银行还会要求一家信用资质良好的信用增级方(如强大的母公司)或者其他(有评级的)机构同意支持完工前的信用,以防出现差错,从而使银行的风险最小化。

即便如此,在采用有限追索方法时,也需要从某方获取抵押品以提供追索。在当时现行的政治和经济环境下,为 LSMO 和 SCOT 寻找这样的信用增级方断然成功无望。

BP 成功地以高于伦敦银行间同业拆放利率(Libor)1.25% 的利差完成了福蒂斯交易,但银行押注的是 BP,并且最终押注于持有其大量股份的政府股东——即便如此,当时苏格兰银行的董事会仍认为定价过低,尽管伦敦的银行接受了这个价格。银行被要求为了优先级贷款人的利差承担股权类风险。即便是在考虑油田权益担保品(假设政府会允许将其作为担保品抵押给贷款人)的情况下,它也仅对其他石油公司具有价值,并且可能会受到为开发油田而签订的合伙协议的约束,协议通常会赋予其他许可证持有人优先购买权。将此应用于尼尼安油田,假如 LSMO 不支付其被催缴的现金,其合伙人将无须支付任何代价即可获得 LSMO 在尼尼安油田中的权益,因而它们几乎没有任何明显的动机去救助 LSMO。因此,这个项目是一个风险更大的优先级贷款机会,尤其是在与 BP 和福蒂斯油田比较的情况下。

在优先级贷款中,贷款人获取的唯一收益是其收取的利息。在回报具有不确定性和当时的银行业环境下,清晰的是,几乎没有银行可能会参与进来,以高于基准资金成本 2% 的利率承担如此水平的风险。其他在那时前后签约的项目包括为汤姆森北海公司提供的 1.4 亿美元派柏油田一揽子债务融资计划,银行被赋予优先支付的 5% 的特许权使用费以作为额外报酬。

投资者对如今所谓的零售债券(个人而非机构投资者持有的低面值债券)的兴趣,或将零售债券作为替代性债务工具的现象,彼时尚未产生。

股权方面?

下一个可能性——即为融资提供方承担的风险给予适当的回报率——存在于股票市场,但 LSMO 再次面临着一个问题。这个项目具有准股权风险,但新的 IPO 市场受到了先前几年的经济问题的限制。IPO 的稀释效应对先前的股东而言也是难以接受的。因此,挑战在于找到潜在的投资者群体。来自普通人的新投资不太可能纯粹地用股权方式支持 LSMO。构成 LSMO 现有股东的机构正在应对经济衰退的影响和其资产组合中的财产损失。因此,IPO 仅能为 LSMO 筹集到有限金额的所需资金。

那么,考虑到萧条恶化的经济环境、有限的资金来源和投资的高风险,处于 LSMO 境地的公司采取了什么行动? 当时,存在几个选择。

伯马石油公司(前文曾提到过)——一家规模较大的石油产品公司——为其在西斯尔油

田中的权益获得了政府担保(如 Tricentrol 所做的那样)，这是一种代价相对高昂的为其在油田开发中的股份提供资金的方式。(伯马石油公司退出了尼尼安油田合伙团队，将权益转让给了政府参与载体 BNOC。)

另一个开放的选择是说服其他合伙人之一在整个开发阶段支付 LSMO 的所有成本，用生产收益偿还贷款，在贷款全额偿还后，权益比例将重新分配。这被称为"附带"(carry)，LSMO 会拥有"附带权益"(carried interest)。这个术语源自规模更大、财力更雄厚的公司附带小公司这一想法。

"转出"(farm-out)或转让权益以获得对价(可以是钻井或承担某些钻井义务)是一个类似的概念。转出与附带的差异在于许可证权益的转让。在偿还成本之前，所有的生产收入被分配给"附带者"，但每家公司都保留其许可证份额。"转入"(farm-in)的公司在首日即分割许可证的权益，每家公司负责提供其分担的成本份额。因此，现有业主(在本例中为 LSMO)"转出"的对价可以是某些义务形式的支付，在这里需要监测将其作为一种收入所涉及的税收问题，并且为新的许可证持有人寻求国家许可。

最后一个这种类型的选择叫作"净利润权益"。在此情形下，许可证持有人交出其在许可证中的所有权益，以换取在回收开发成本后产油收入的一个比例。这是风险最低的一种参与石油和天然气开发的形式，但没有控制权——公司确实是一个权力极小的利益相关者。这个行业中的多家规模较小的公司已采用这个战术。

这些选择是 LSMO 可以采用的，但对现有股东有利的唯一方式是"附带权益"而非"净利润权益"，因为假如情况好于预期，前者将使公司能够保留所有的上行收益。

远期石油销售是另一种经常被提出的可能方案，但在既定的不确定性下，这个油田的石油销售的交易对手将会如何呢？1975—1976 年，期货和期权市场并不存在。假如它们存在的话，唯一具有吸引力的选择是来自 LSMO 的看跌期权(卖权)，其中 LSMO 可以自行决定是否将石油"卖"给交易对手。卖出日可以是一个既定日期(欧式期权)或在最后日期前的一段时间内(美式期权)，但在如此水平的不确定性下，购买期权的价格可能会十分昂贵，而 LSMO 的现金极少。期货合约则可能会使 LSMO 被锁定于出售无任何产油历史的石油的合约，因此交割时间是不确定的，可能需要进入现货市场购买石油以履行其作为交易一方的义务。因此，现实地说，这对本油田并不适用。

拟议的 OPS 关联解决方案符合多项标准，具体如下：

● 它立即筹集了资金；
● 它确立了 LSMO 是一家有意思并且创新的小公司；
● 它恰当地分配了风险，从表面上看，通过将回报与尼尼安油田产量关联起来使风险得到了正确定价。

投资者状况

证券的发行在全国媒体上得到了广泛宣传，这在当时是非同寻常的。其背后的思路是：从个人投资者那里吸引资金，这些投资者可能会有兴趣直接投资于北海，并获取本质上是固定利率债券的利息。尽管该证券是包销的,但购买方分散在不同投资群体中,令人大感吃惊的是数量众多的较小的个人股东,他们倾囊而出投资于 LSMO,或后来的 LASMO(如表 1.10 所示)。个人几乎占 ULS 和 OPS 的持有者数量的 95%。①

在 20 世纪 80 年代早期,公司的年度大会有很多人参加,这些人强烈地感到其与公司密切相关,并且总是会提问——关于石油和海洋生物,包括海豚目击事件。董事会非常尊敬他们,因为董事会铭记是这些人在公司需要的时刻提供了资金,这是人们可以看到的城市显要人物(以及惊愕的银行家)饶有兴趣、感情真切地与穿戴他们最好的西装和帽子、希望了解"他们的公司情况如何"的老年绅士和女士交谈的罕见情形之一。这些个人投资者的数量在 80 年代保持稳定。

表 1.10　1978 年 3 月 LASMO 的股份和债券持有人细分

	持有者数量			所持有金融工具的价值		
	普通股	14% ULS	OPS	普通股(%)	14% ULS(%)	OPS(%)
保险公司	22	21	14	13.4	20.5	16.7
投资公司	63	34	30	15.4	4.7	13.3
养老基金	25	36	26	1.8	5.6	5.3
银行和名义持有人	272	196	164	25.9	29.9	34.5
其他公司	331	176	115	33.8	22.9	14.9
教育和慈善机构	24	38	19	0.7	2.9	2.2
个人	10 691	8 482	6 848	9	13.5	13.1

注:此表显示了大量的个人股东,每个人都持有一小部分股份或 OPS。数据是在股份的首次公开发行日之后统计的。数值可能基于名义价值。

资料来源:LASMO 年报,1978 年。

出人意料的结局

尼尼安油田的权益使 LSMO 成为北海的竞争者。(1976 年末 LSMO 与 SCOT 的合并创建了 LASMO。)在两年后的 1978 年,尼尼安油田在经历了因恶劣天气和拖出延误导致的推迟后,终于开始投产。最终,三个平台的方案(104 口井)得以采用。成本上升了——仅从 1977 年至 1978 年就上升了 13%——继提出出售 LASMO 股份和它在伦敦证券交易所上市后,1977 年安排了一笔 3 000 万英镑的银团定期贷款。

表 1.10 是关于三种不同形式的 LASMO 证券(ULS、OPS 和股份)的所有权细分的首张公开报表。在此时点,LASMO 拥有大约 11 000 名股东,其中许多投资者自 OPS 时期起就一直追随公司,股份所有权的分割大致为投资公司 29%、银行和其他名义持有人 26%、其他公司 33.81%,33.81% 中包括向 LASMO 出售区块 3/8 的股份的两家小公司持有的略高于 19% 的股权。LASMO 从油田获取了其第一笔收入,并在 1979 年结束的财政年度实现了税

_____

① 对英国政府参与尼尼安油田的份额增加的情况也事先作出了安排。

前和税后盈利。

最初,LASMO 的董事会包含机构股东和大型石油公司(尤其是来自壳牌公司和 BP)的退休人士。公司的借款能力稳步上升,BP 甚至为最高 1 920 万英镑的新增未来借款提供了担保,作为合伙人之间重新确定油田份额的一部分(根据最新的油井表现数据,LASMO 的股份被高估了,降低至 7.88%,从而要求公司偿还过剩的石油)。尼尼安份额的重新确定仍在继续:在 1979 年结束的财政年度为 9.3%,在 1980 年结束的财政年度为 9.9%,从而需要在收到新增石油后,偿还与油田份额增加相关的新增成本。BP 为其马格纳斯(Magnus)油田购买了部分尼尼安油田的设施——码头和管道,这笔交易对 LASMO 的价值总共为 800 万英镑,从而缓解了部分财务压力。

14% ULS 在 1982 年末得以偿付,但各种试图说服 OPS 持有人出售证券的努力是徒劳的。LASMO 继续采用创新融资方法,发行了 7 500 万美元的 9.5% 7 年期浮动利率票据,该票据附有权证,使持有人有权等价认购以美元或英镑计价的 13% 固定利率 10 年期债券。继此之后为 4 400 万美元的 9.25% 可转换担保债券,它于 1999 年到期,并可转换成普通股。司库和石油交易活动凭借自身的实力成为了利润中心,公司开始发生变化。

更多的兼并促进了 LASMO 的发展:1979 年的油力士公司(Oilex)(股份),它还带来了强大的专业技术经验及其他生产权益;1976 年的美国贝茨石油公司(Bates Oil)(尽管这在 1980 年之前并不需要,此后它才开始收购和开发更多的石油资产①);以及哈得逊湾公司(Hudson's Bay)的非加拿大资产。在与 RTZ 石油和天然气公司(RTZ Oil and Gas)开展的一笔复杂交易中,LASMO 还持有了安特普莱斯石油公司(Enterprise Oil)的股权(后者是拥有勘探资产的私有化后的 BNOC),之后将股权出售给了埃尔夫阿奎坦公司(Elf Aquitaine)。

在拥有这些新权益后,集团实现了收入的地理分布多元化:美国,然后是荷兰和菲律宾。1980 年,LASMO 在英国成为一家海上和陆上许可证运营商。更多的海外业务接踵而至:印度尼西亚、澳大利亚、加蓬、挪威、埃及、意大利和巴西。在 20 世纪 80 年代,它转向勘探和覆盖更广泛的地理范围,这反映了新首席执行官克里斯·格林特里(Chris Greentree)的兴趣,他是原 LASMO 董事会的兰格石油公司代表,在离开董事会后又返回 LASMO 担任首席执行官。

1981 年,第一次有人提及位于区块 3/8a 的一个新油田正在等待开发许可。哥伦巴(Columba)油田毗邻尼尼安油田并在其南面,有权享有单独的纳税地位,这是判断其开发在经济上是否可行的一个重要考虑因素。1988 年,BP 将其在尼尼安油田和两个其他油田的权益转让给了 LASMO 并换取股份,尽管这未使 OPS 持有人获益。汤姆森北海公司的北海权益(在一家子公司中持有,包括派柏油田的权益)也以 3.58 亿英镑的价格被出售给 LASMO。

1988 年发生在派柏油田的派柏阿尔法平台灾难对北海石油界造成了巨大冲击。由于许多在现场的人已经亡故,卡伦调查(Cullen Inquiry)是部分基于重构的叙述之上的,它发现一系列沟通失误导致了爆炸和随后的火灾。在派柏阿尔法平台交接班时的协调不力,以及与两个附近油田的协调不力,导致未能关闭管道中输往派柏阿尔法平台的天然气,这些天然气为火提供了燃料,导致 167 人死亡。一些人的英勇行为确保了其他人幸存,行业安全实践也由

---

① 许多英国石油公司收购了美国的石油和天然气权益以确立其在石油行业中的地位,从而符合获得更优惠的石油税收抵免的资格。

此转型。LASMO 在购买汤姆森北海公司时，获得了由派柏阿尔法平台灾难引起的索赔的赔偿，但结果是未来的油田审批受到更加严格的审查，资金被用于加强安全措施，以防止类似于这场灾难的悲剧再次发生。调查报告让人们清醒地认识到，该行业中的一些成员已经在保障安全方面变得自满。

1992 年 1 月，继一场恶意收购战后，LASMO 收购了规模较大的乌尔特拉马公司（Ultramar）——一家英国的综合性独立石油公司，使其规模翻倍（并且剥离了不需要的下游资产），股份收购价格达 22 亿美元。一份与哥伦巴油田相关的独特的特许权使用费偿还协议最终扫清了其开发道路上的障碍。然而，开发遭到了延后，因为石油价格于 1993 年 12 月下跌至每桶 13.56 美元，并且 LASMO 继收购乌尔特拉马公司后开始对其资产组合进行合理化调整。

随着 LASMO 在新的低油价体制中确认价值减值，并采取措施对其资产和工作人员进行合理化调整，1993 年结束的财政年度出现了亏损。由勘探引领的时代结束了。新的首席执行官是汤姆森北海公司的前主管，新的董事长来自统一金矿公司（Consolidated Goldfields）。新的首席执行官希望 LASMO 成为一家专注的小公司。公司为了抵御一次不受欢迎的安特普莱斯石油公司（LASMO 先前持有这家公司的大量股份，后来将之出售给了埃尔夫阿奎坦公司）的收购，付出了高昂代价。

作为新的合理化措施的一部分，LASMO 将其在尼尼安油田和哥伦巴油田的权益出售给了太阳石油公司（Sun Oil）和兰格石油公司，生效日为 1994 年 1 月 1 日，价格为 8 400 万美元，分割比例为 75：25。因此，一定程度的轮回再次出现，兰格石油公司如今拥有尼尼安油田资产，它最初为羽翼未丰的 LASMO 提供了关于该油田的技术咨询。作为转让价款的一部分，LASMO 获得了与 OPS 单位具有完全相同条款的非上市证券。来自这些证券的收入等于 OPS 的付款，被包含在应收利息和类似收入项下。OPS 最终于 2011 年 4 月 28 日赎回——LASMO 自身于 2000 年被 ENI 公司（意大利最大的工业公司，意大利政府持有其"黄金股"）收购。

2013 年 6 月，尼尼安油田被赋予棕地①性质，这激励了对次级商业区进一步开发的投资。兰格石油公司的新母公司 CNRI 表示，它计划支出 4.7 亿美元的资金在尼尼安油田进一步钻井，并延长油田期限。截至 2013 年，CNRI 持有 87% 的尼尼安油田份额（与 ENI 分享）和 94% 的哥伦巴油田份额［与丸红株式会社（Marubeni）分享］。在本书撰写之时，尼尼安北方平台已被拆除并运回设得兰群岛退役分拆，尼尼安北方油田已于 2017 年停产。

然而，最大的未知数是剩余平台上已使用将近 30 年的老旧设施的持续寿命有多长，以及油田的最终退役成本有多高。

吸取的教训

这个案例研究几乎是独一无二的，通过研究它，读者能够了解一个项目融资方法"从摇篮到坟墓"的故事，以及一家在十分不利的环境下创建该方法的公司，这家公司看到了获得北海

---

① 棕地在英国是指以前开发过的土地，具体指曾经利用过的、后闲置遗弃的或者未充分利用的土地。——译者注

石油财富机会的可能性，唯一缺乏的就是资金。

它叙述了原始的 LASMO 如何记住其卑微的出身，但之后一系列的兼并使其脱离草根阶层，并进入一个竞争激烈的新的海外勘探竞技场（在这个领域，尼尼安油田作为一项资产并不十分重要）。成功导致了过度扩张。收购改变了公司，它最终在被迫紧缩开支后被收购。

它也间接叙述了国家开发一种关键资源的故事。重工业正在重组，包括煤炭开采领域——在这个领域，20 世纪 80 年代初期的工会被玛格丽特·撒切尔成功地挑战，她确信北海天然气将会减小矿工使工业停滞不前的影响力。

此外还有政策影响：税收变化和资源价格的变化需要步调一致以保持开发势头。在成熟的资源区域，可能有必要采取像哥伦巴油田那样的创造性征税解决方案。在北海，新的开采期限仍在继续，开发更加深入海底，并且对先前被认为不具经济意义的油田进行了再开发（石油价格上升至超过每桶 100 美元，然后在 2021 年初下跌至每桶 60 美元）。哥伦巴油田的发现以及关于这项收入是否构成 OPS 的辩论本可能是棘手的问题。幸运的是，后来发现哥伦巴油田是一系列小型的断裂阶地，从而使生产延后至 20 世纪 90 年代，因此没有出现这些问题。然而，哥伦巴油田的税收处理至关重要；它被证实为不属于尼尼安油田的一部分。假如这两个油田未被单独处理的话，OPS 持有人可能会享有更高的回报率，尽管他们会受到不能享受作为一个新油田的适用免税额的影响。

繁荣的英国石油行业拓展到了海外进行勘探并开发石油和天然气田，因而技术和经验诀窍也发生了转移。技术的改进能够延长油田期限，但在油田开始钻探并进行彻底勘探前，仍存在许多未知因素。在 1976 年，几乎无人预期到 OPS 在 21 世纪仍然存在，因为对 OPS 消失时间的原始预测为 1998—2000 年（根据平台数量有所变化，并且基于每桶 12.5 美元的价格）。

最重要的是，它是一个真实项目融资的故事。作为风险被正确分配的长期无追索融资的一个例子，几乎没有比这更佳的案例了。许多现代项目融资都希望尽可能快地对项目贷款进行再融资，以减少利息支出。然而，贷款人在初始时承担了巨大风险，并且是基于对债务期限的预期计算回报率的。这是为何在许多交易中，借款人在一段指定时期内不得提前还款的原因。LASMO 按时赎回了 ULS，并表示在息票上节省了 3%。

但是，它无法将最初的风险承担者——OPS 持有人——从其自身的北海石油或黑金的份额中分离开来！

2

与所有利益相关者保持良好关系

引言

过去,银行家与客户之间的关系是具有高度信任的个人之间的关系。指定的银行家担任向客户提供各种服务的协调者。如今,客户与银行的互动可能会十分零散,协调不佳。在竞争激烈的企业银行业务领域,银行业务关系的不同方面可以通过不同的银行进行交易,因此一家银行办理外汇业务,另一家银行办理项目贷款业务。在某些经济体中,可能有少数占主导地位的本土银行:当将来自外国的任何形式的新竞争都拒之门外的监管限制了竞争格局时,情况尤其如此。

关注成本结构,尤其是与监管所要求的资本准备金相关的成本,可能意味着银行会认为小型公司(它们在传统上是由意在培养未来大客户的银行扶持的)是不那么有利可图的客户,它们要么支付溢价,要么被鼓励转向其他地方。获得债务融资(它们的定价总是包含风险溢价)的途径也受到了限制。小型公司需要获得与大型公司同等的银行支持,甚至更多,但也许无力支付代价。这已驱使许多小型公司考察替代方案,并解释了项目的众筹和点对点贷款(参见第 8 章中的"包括点对点贷款人在内的当地利益相关者"一节)的发展。尽管拥有人脉广泛的司库的大型公司总是能够获得大规模的点对点贷款,但规模较小的借款人市场是一个相对较新的现象。

在本章中,我们将考察项目中的利益相关者关系(包括与银行的关系)是如何演变的,以及与关键利益相关者的良好关系是什么样的。作为起点,我们将考虑所谓的利益相关者是指什么,以及为何基于利益相关者的方法的发展已改变许多公司考虑其关系的方式。

利益相关者的不断兴起

随着 20 世纪管理科学发展成为社会学、经济学和心理学的混合学科,这三个核心学科都试图解释个人或公司之间的关系是如何运作的。社会学利用对社会的研究来解释这点;经济学家研究理性和基于契约的关系；心理学家则利用几个不同的方法来解释关系的概念从何而来，并对其发展方向作出假设。尽管这是一个应对庞大复杂且经过充分研究的知识体系的十分简单且确实是简化论的方法，但认可这个方法也很重要，因为它推动了今天的思考。

管理学家和组织学理论家将组织视为等级结构、有组织的系统、指挥和控制，并将市场视为决定组织反应的主导因素，认为管理人拥有某种形式的自由选择权，认为组织是被组织成动态重新配置的功能的资源包，认为竞争格局中的格局环境控制了生存或失败，当前的关注焦点是决策和行为。尽管这是对大量研究和关注的十分简短而精炼的概要，但它让读者得以一窥过去 40 年间驱动高级管理层人员行为的不同思想和方向。

现代项目管理认识到在项目的成功交付中，利益相关者及理解其权力和要求所扮演的重要角色。项目管理人利用大量方法评估它们在项目交付过程中的不同关键时点的重要性和利益。考察利益相关者的研讨会可以是一项十分有用的管理开发工具，但列举每个参与方的详细清单不太具有帮助，而且需要在相关考察时期内对不同利益相关者的角色进行动态评估，并充分考察利益群体的"真正权力"。如果不这样做的话，项目可能会偏离正常轨道，给发起人和融资提供方带来不利后果。在本章后面，我们将讨论一个考察利益相关者的模型，尽管还有其他模型。此类模型的重要性在于：它们得到更新，且结果得以交流，从而使项目团队定期为尽可能多的不测事件作好准备。

对于那些为项目提供资本的主体而言，理解项目利益相关者及其行为的组合和动态同等重要。这可能包含地方市政当局因不能获得任何地方利益而反对项目，或者项目合伙人之一的股东因认为项目不利于环境而反对项目。这些仅是关于利益相关者行为的两个例子，尽管可能在经济上影响不大，但可能会因在媒体上采取激进的宣传行动而导致项目停止，从而"超出自身的重量级"。

项目计划也可能因为以下原因脱轨：一家被忽略的小利益相关者在项目时间线上的某一时点突然名声大噪，可能会导致项目活动完全停止。一个相关的例子是项目现场附近的村民堵住了项目通道，因为他们反对项目对其正常生活的打扰，或是因为项目没有雇用本地员工。

尽管这些是项目管理人的顾虑，但资本提供方亦需警惕，因为任何负面的宣传都可能会反作用于它们，这可能会对项目现金流和项目回报产生重大影响。利益相关者问题构成了项目嵌入其中的风险格局的一部分，但并非所有的利益相关者风险都很容易消除，解决方案可能需要最高层次的外交技巧。经济、社会和公司治理（environment，social and governance，ESG）标准作为股权和债务资本提供方的最佳实践和道德标准，其重要性的上升也已改变了人们看待许多项目的方式。我们将在第 19 章中考察 ESG，并在下文讨论具体与项目相关的赤道原则。

谁是利益相关者？它们的利害关系是什么？利害关系与索偿权相同吗？

利益相关者不能与股票持有者或股东混为一谈，前者构成了范围更广泛的利益方，对其在各个时点的处境和权力的分析可以揭示应在哪些地方最好地配置稀缺资源。

理解利益相关者的挑战之一是此概念并没有一个统一的定义——利益相关者是指在某种情况下拥有利益的某方，可以是个人或组织——假如该利益是以投资（金钱投资、非金钱投资或道德权利)形式存在的,那么利益相关者在企业中拥有"利害关系"。假如利益是或有的,那么它们更有可能拥有"索偿权"。因此,利益相关者拥有利害关系并且还能影响结果,而拥有索偿权的群体(索偿者)没有权力施加影响,但其要求可能是合法的。

利益相关者通常被划分为三大群体,这些群体是按权力、合法性及代表索偿权优先顺序的紧迫性等标准定义的。正是紧迫性标准使得动态且频繁地匹配利益相关者的利益如此重要,而不是仅在项目开始时开展这项工作。①

其中一个例子也许是工会的角色。在一些国家,某些活动的参与者大多数都加入了工会,而在其他国家,工会在被视作为专业领域的行业中几乎是不可见的,被限于制造业中,只能支持从事蓝领工作的工人。来自几乎没有工会的国家的管理层也许并不认为当地工会是重要的,并且也许会试图直接与劳动力成员就薪酬和工作环境进行谈判。这种策略可能会导致权力十分强大的工会未被征求关于工会代表所认为的关键人力资源事务的意见。假如公司不迅速开展调停,报复就可能会发生,形式可以是立即罢工、持续多日将所有本国雇员撤离项目,以及缩减其他服务,如电力供应或公路通道服务。

一个较小的利益相关者可以绑架项目——在一个农村地区陆上钻井的决策中,一家本地权威机构识别出一张清单上有超过 200 家利益相关者均拥有明显的利益,尽管这张清单作为一项企业工作的成果是值得称赞的,但它在区分清单上的组织和个人方面并不十分有用。并非所有的利益相关者都是平等创建的——利益相关者格局不是平坦的。

人们已开发了几种方法来考虑权力和利益相关者,并在各种背景下和各个时点考察利益相关者的分组及其权力。矩阵或圆圈可被用以提供图形描述——重要的特征是:这个方法捕捉了随着时间的演变,并定期得到一组拥有项目知识和更广泛经验的人员的更新(以避免"群体思维"或在未经历外部挑战的情况下形成的观点)。

表 2.1　利用不同阶段的角色的简单利益相关者匹配表

项目阶段	利益相关者角色			
	关键角色	核心角色	投入角色	偶然角色
审批前				
建设				
完工(开始运转)				
运营				
关闭				

资料来源:本表由本书两位作者制作。

关于如何考察利益相关者和匹配它们有很多不同的方法。表 2.1 显示了一个有助于这个目的的方法。此表考察了项目阶段的高层次细分,并将利益相关者划分为以下主要群体:

- 关键角色是一个不解自明的类别——这些是为使项目成功完成所需要的利益相关者。
- 核心角色是指十分重要并且拥有影响力的利益相关者,但在此时刻可能不扮演关键角色。
- 投入角色是指在项目的成功完成中有相关利益的利益相关者,但在此时点可能尚未积极参与。

---

① 例如,Ronald K. Mitchell, Bradley R. Agle and Donna J. Wood, "Towards a Theory of Stakeholder Identification and Salience: Defining the Principle of Who and What Really Counts", *Academy of Management Review*,22(4), 1997,pp.853—886。

● 偶然角色是指在项目中可能没有直接经济利益的利益相关者，但也许能在任何时点叫停项目。它们在其他利益相关者分类中有时被称为"危险角色"，通常会遭到忽视，从而给项目带来风险。

在一个庞大的利益相关者团体中，这项利益相关者匹配工作可以从一个研讨会开始，并邀请每个参与者在便条贴上列举利益相关者，然后将它们转移到匹配图上（作为较小的小组练习）。这项工作可以在未来计划的不同关键阶段重复进行，并考察不同利益相关者的角色，同时，需要考虑对利益相关者格局变化的认识并改变策略，以及在这些时点为管理特定利益相关者和利益相关者团体而投入资源。

赤道原则

赤道原则协会①制定了大型建设项目的私人融资提供商自愿采用的一组准则，这些准则直接来自世界银行和国际金融公司（International Finance Corporation，IFC）的标准和准则，后者支持积极考虑大型项目对关键利益相关者的影响，尤其是本地居民。这个协会的成立目的是协调和制定所称的赤道原则，最新的原则为 2020 年 7 月发布的 EP4（于 2020 年 10 月生效），有 37 个国家的 114 家金融机构同意该原则。在本质上，赤道原则是一个风险管理体系，它适用于五组协助提供债务融资或咨询的活动：（1）项目融资咨询服务；（2）项目融资；（3）项目相关企业贷款；（4）过桥贷款；（5）项目相关再融资和项目相关收购融资。前两组活动包含涉及 1 000 万美元以上融资的项目，第三和第四组涉及期限至少为两年且在抛售前规模至少为 5 000 万美元的项目。出口信贷不包含在内。

赤道原则金融机构团体的所有成员都同意遵守十项核心原则，它们如下所示：

原则 1：项目的审查和分类。

原则 2：环境和社会评估。

原则 3：适用的环境和社会标准。

原则 4：环境和社会管理体系及赤道原则行动计划。

原则 5：利益相关者的参与。

原则 6：申诉机制。

原则 7：独立审查。

原则 8：契约条款。

原则 9：独立监测和报告。

原则 10：报告和透明度。

若干非政府组织和其他利益相关者群体已对原则的力度和会员组织对原则的执行提出了批评，尤其是在两个具有争议的管道项目案例中：巴库—第比利斯—杰伊汉（Baku-Tiblisi-Ceyhan）管道和达科他州输油管道。

位于中亚地区的巴库—第比利斯—杰伊汉管道，其长度为 1 100 英里，成本大约为 11 亿美元，在 2002 年建设开工时获得了多家赤道原则签约方（包括 IFC 和出口信贷机构）提供的

---

① 赤道原则网站：https://www.equator-principles.com/。

资金。它是将石油从中亚地区输往欧洲的运输体系的一个重要部分。由于对环境和腐败等方面的考虑,它受到了诟病。它还处于政治敏感地区,过去曾遭遇库尔德军队的攻击。

达科他州输油管道从北达科他州延伸至南伊利诺伊州,穿过了美国原住民宣称拥有主权的土地。这个项目有1 172英里的管道,大部分在地下,穿过了几个圣地。项目公布于2014年,在测试后,第一批石油于2017年5月流过该管道。其成本为37.8亿美元,其中25亿美元由17家银行提供,其中多家银行是赤道原则的签约方。在建设期间发生了抗议行动。一个美国原住民团体提起了法院诉讼,此案于2020年3月审理,表明美国陆军工程公司需要开展一项新的环境影响研究,该公司基于先前一项违反《国家环境保护法》的研究授予了跨越一条河流的地役权。2020年7月,法院作出最终决定,在取得这项再评估的结果前,管道必须于2020年8月初关闭并且清空石油,同时强调了法院支持经济制裁的能力。截至2021年2月,华盛顿特区巡回上诉法院支持了美国原住民团体的复审请求,但管道仍在运营。人们预期拜登政府可能会优先重新审理这个案件。

政府或大型公司不再能忽视利益相关者的权力了。与莫桑比克的一个项目相关的复杂政治欺诈案件导致了在伦敦和美国审理的法律诉讼,揭示了曾一度被掩盖的不当行为。

银行和其他企业关系是如何演变的

我们已经提出了利用匹配法考察利益相关者的方法,但理解利益相关者之间的关系也至关重要,因为它们在项目中不是孤立存在的。此外,每个利益相关者在其各种各样的活动中也会有其自身的利益相关者群体,包括面向外部和内部的,这些都会在任何既定情形下影响

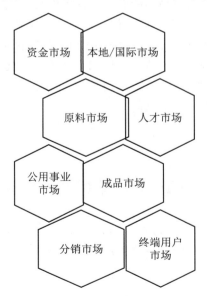

图2.1 所有项目都应考虑的不同市场

资料来源:此图由卡梅尔·F.德·纳利克制作,大致基于对"六个市场模型"的发展和使用,参见Adrian Payne, David Ballantyne and Martin Christopher, "A Stakeholder Approach to Relationship Marketing Strategy", *European Journal of Marketing*, 39(7—8), 2005, pp.855—871.

其行为。考察这点的一个简单方法是考虑一个组织的不同"外表"或方面，下一个模型将之总结为"市场"（见图 2.1）。

对银行而言，这些"市场"与公众和监管的认知相关。对项目合伙人而言，它们可能会影响资源的获取，包括融资。其中，注意人才市场十分重要，以便持续为项目吸引和发展人才。

融资市场有时被视为非同寻常的，因为从历史视角来看，它们基于我们开头所说的个人一对一指定联系人——由于新技术的出现，这种情况最近已发生了较大变化。过去，事实上在许多国家仍是如此，银行占据了一座位置优越且象征着信赖和长寿的重要建筑。银行家一般不拜访客户，客户来到银行与其银行家会面，这是一个需要得体着装和行为规范的正式场合。银行经理是当地社区的一个重要成员，因此与各种重要的社会和商业网络存在关联，这使他（经理通常为男性）能够接触到关于其客户群的不同成员的信用状况的非正式信息。因此，他在当地享有相当大的权力，能够决定一家企业和一个项目未来是否能繁荣发展。

在这个有两个参与者的模型中，在简单的双方关系中明显只有两个利益相关者：银行家和客户，尽管事实上其他利益相关者也存在，但是无形的。因此，客户的家庭成员、邻居等可能是利益相关者，银行家的总部和银行业务体系也可能是独立但隐形的利益相关者。

由于为客户指定的联系人频繁地发生变化而导致的这种关系的变化，使得银行与客户过去可能存在的密切关系疏远了，在没有文化制衡的艰难经济环境中，客户很可能会转移至交易型方法，从而提高了双方的风险，因为双方都不完全理解对方的需求。这可能适合某些交易，但一个项目通常具有较长的存续期和持续性，因此是重要的。

在如今交易高度分散化的世界中，观察者（包括客户）假设内部信息体系能够使银行捕获高质量的客户数据，从而可以成功协调一组看上去无缝的个人交互。然而，记笔记和保留记录并非总是娴熟的技能，会议和决策的记录可能会十分粗略或不完整，因此围绕项目或融资团队的信息的"无缝管理"或流动似乎不能奏效。这可能会产生问题，人们对在会议上说了什么或未说什么，以及同意了什么具有不同的认知。在交易室的背景下，可以重放录像带，但并非所有商业客户都乐意让其银行家公开或秘密地进行录像，因为它们希望保密地讨论未来计划，这些未来计划对竞争者具有价值，从而支持无道德的内幕交易。因此，数据的质量和控制十分重要——已经发生了太多关于存有敏感信息的 USB、电脑或其他移动设备丢失，以及系统被黑客入侵或其他在媒体中泄露信息的故事。

什么会造就银行与其客户的良好利益相关者关系？

尽管本书是为从事项目融资（作为资金借款人或提供者）的人撰写的，但在这里，我们考察银行家的视角，并在本章中讨论关于风险的其他技术方面。

客户从银行寻求什么？

尽管我们可能会谈论信任，但银行与客户的关系通常是以条款和条件的形式，由正式合同定义的。与出现在软件中的相关条款和条件相同，这些合同并非总是被研读和清晰地理解,直至问题出现。尽管银行可以要求客户签字以表明其已阅读并理解条款和条件,但与软件情形相同,这可能通常是一种形式。许多银行业务合同受到美国、英国或欧盟的政府法律,或从三者之一衍生而来的商业法律制度的管辖。原因十分简单——这些国家的银行业体系存在的历史最长,从而拥有大量的判例法、习惯和惯例支持银行业务的实践。因此,尽管信任也许是重要的,但细节通常在代表银行业务的基础合同中得到详细说明,而信任和其他因素则代表了关系。这些合同通常在性质上相当具体和完整,我们将在本章中考虑不完全合同和代理行业务时,回到这个属性上。

下列因素绝对不是一个全面清单,但覆盖了客户从其银行寻求的一些一般标准:

(1)最重要的因素可能是银行代表与客户或客户代表之间的工作关系。为了建立这种关系和信任,双方的人员不应该经常发生变化,并且双方都需要进行投资。

(2)银行的规模十分重要,需要与客户的规模良好匹配,因为这清晰地展示了其应客户要求提供融资的能力。

(3)与此相关的是银行在这个领域及客户认为重要的市场中的经验。

(4)这是一家会努力解决问题,还是一家会导致失败的银行?考察银行在当地市场的历史将会揭示它们在压力下是如何表现的。

(5)银行对客户业务的态度是怎样的?它会试图干涉吗?对于一家雇有年轻和雄心勃勃的工作人员的银行而言,影子董事及其附带的法律责任可能是一个问题。理解作为银行家应该做什么,与在担任这个角色时识别潜在的互惠互利的机会和干涉业务这两者之间的界限,并不总是那么容易的,这通常伴随成熟而来。保留相同的客户管理团队的不利之处在于,团队成员与客户的关系可能会过于密切,这会引发一组不同的问题。

(6)银行和客户对文件记录的态度有多么一致?贷款交易需要用文件记载,从而存在双方协定的内容的记录。当一个过于热情的客户经理向借款人承诺根本不可能完成的事项时,困难就会产生。由于交易有文件记录,"唱白脸"的角色转移到了其他地方,也许是银行的法律部门,但仍可能会导致相当大的摩擦,这在一个相对较小的社区范围内又可能进而会广为人知。当然,反之也成立,高效和提供支持的银行会受到客户的欢迎。

一些缺乏经验的客户可能会对贷款协议的部分内容缺乏信心,因此会质疑一切,从而导致法律费用极其高昂而收益寥寥。文件记录的大部分内容是标准的,反映了对双方的保护。

银行客户还需要理解银行内部审批程序的性质,其客户经理也许没有自行批准一笔大额交易的权力,即便有的话,这笔交易也很可能需要受到在信贷审批结构中更高层级的审查。这需要时间,尤其是当交易报告不清晰时。随着交易开始进行,商业计划可被用作形成讨论文件的基础,从而使各方都理解对它们的期望,但疑问总是存在的,因此双方的耐心十分重要。

(7)与这点和规模密切相关的是理解银行为了风险管理,对在行业、板块和国家中的各类金融风险敞口(包括直接和或有的)的内部限制。假如一种特定类型的交易的额度已满,那么突破限制不是一件恰当和有男子气概的事情,而会带来监管机构干预的风险,尤其是在如今更为严格的监管环境下。

银行从客户寻求什么?

在如今监管日趋严格的环境中,了解你的客户(know your customer,KYC)原则仍然至为重要。国际清算银行(Bank for International Settlements，BIS)于 2001 年发表了一份文件——《银行的客户尽职调查》("Customer Due Diligence for Banks")，尽管这也许看上去有些过时,但这些原则如今仍然保持不变:

> 银行在 KYC 计划的设计中应包含某些关键要素。这些要素应从银行的风险管理和控制流程开始,包含以下各点:
>
> (1) 客户接受政策;
>
> (2) 客户识别;
>
> (3) 高风险客户的持续监测;
>
> (4) 风险管理。

银行不仅应确定其客户的身份,而且还应监测客户的活动,以确认那些不符合该客户或账户的正常或预期交易的交易。KYC 应该是银行风险管理和控制流程的核心特征,并被辅以定期的合规审查和内部审计。在这些基本要素以外的 KYC 计划的强度应根据风险程度进行调整。[①]

为了考察对此的详尽实施,以下总结在此处也许是恰当的。

(1) 银行会对在其行为和交易中表现出专业性的客户感兴趣。

(2) 银行会考察当前管理层的业绩记录和公司历史,并试图理解其在公司内部的关系。

(3) 银行寻求明确授权的证据,以避免混淆。

(4) 银行寻求深思熟虑的计划、制定健全的备用策略的能力,以及积极应对突发事件的应变能力。

(5) 银行寻求证明管理层理解其市场及市场轨迹,并且制定恰当应对计划的证据。

(6) 银行会谨慎考察在系统和资源方面的财务稳健性。

(7) 银行会考察能够与其发展双赢互利关系的组织(我们刻意将这点列在最后)。

银行不会寻找猎物或软目标——不幸的是,多个备受瞩目的案例显示,在某些情形下情况也许确实如此。对银行来说,服务客户必须是有利可图的,因而银行家会考察客户带来的收入总额,并在制定定价决策和确定处理客户需求的优先顺序时考虑这个因素。

噩梦客户是以下这样的:他们不理解自己的需求是什么,会派遣不同的人员参加每次银行会议,频繁地打电话聊天或讨论不会促成业务的信息(从而占用了宝贵的银行时间),不听取建议并且(基于强烈的权利感)花费大量时间抱怨银行家不招待其工作人员参加昂贵的社交活动。

什么会造就银行与其他银行的良好利益相关者关系?

银行出于各种原因与其他银行建立关系。它们也许受到与其他银行交易大宗商品、外汇、衍生产品或其他工具的需求的驱动。近年来,银行间交易的利润已占据银行收入的很大部分。银行也可能会因为以下原因加入这些关系:它们为其企业或个人客户,或不能直接进

---

① BIS 网站(http://www.bis.org)也刊登了与客户识别、了解你的客户风险管理,以及关于洗钱和资助恐怖主义的健全风险管理相关的多份文件。

入某些市场的其他银行担任代理人。假如业务涉及信用风险或任何其他风险敞口,那么信用额度需要到位以对其提供支持,因此会定期受到规模、用途及盈利能力方面的审查。

这种关系的一种特定形式可以将银行之间的服务和/或产品链接的几个方面组合起来,这便是代理行关系。美国堪萨斯城联邦储备委员会的约翰·巴兰坦(John Ballantine)提出,历史上,在美国的分散化银行业市场中,货币市场代理行从较小的地方性银行获得了超额度信用。[1]事实上,这种交易可以是双向的,因此代理行担任了贷款资产的导管。

在考察从已建立关系的代理行中选择一家银行作为合作伙伴的决策时,决策的频率十分重要。在某些情形下,它是一个单笔非经常性交易的决策,如一次性即期合约,尽管这种情况十分罕见。在其他情形下,决策可能会涵盖多笔代表不同产品或服务领域的交易,甚至会呈现以下趋势:发展该合作伙伴关系所独有的,并且更加专注于关系型合同的高度特异的方面的关系。最后,决策也许是重复即期型交易,其影响是在数年内双方建立了合作历史,换言之为经常性的即期型合同。这种关系的性质也十分重要:这是为其他银行进行的简单处理或清算,还是"过手"关系(其中代理行 A 为银行 B 的客户提供支票或其他贷款服务)?

在当今世界,通过代理行进行洗钱已成为人们关注的焦点。几家大型跨国银行组成的沃尔夫斯堡集团于 2014 年为代理行业务制定了反洗钱原则,其中反洗钱包括反恐怖主义融资和逃避制裁方面的措施。[2]

监管机构还期望银行"逐一查看"代理行的分支机构网络,以确保没有洗钱发生。金融行动特别工作组(Financial Action Task Force, FATF)[3]是一家政府间机构,它在洗钱、恐怖主义融资和其他威胁银行业系统稳定性的领域制定标准并监督这些标准的有效实施。意料之中的是,FATF 也已考虑加密货币的使用。那些反洗钱监管机构对这些项目总有潜在兴趣。

在代理行关系中,银行面临的最大风险可能是声誉风险。这是由两个问题导致的。第一个问题是,合同可能是"不完全"的,因为它未指明关系的所有方面。因此,这不仅严重依赖双方之间的信任,而且还为其中任何一方的博弈行为打开了大门。一家道德败坏的代理行可能会试图将其资产组合中质量较差的部分转移给其代理行,以改善其总体的风险权重。假如两家银行之间存在信息不对称(也许因为贷款处于一个专业领域,无论是在类型还是在地理位置方面),那么我们就很容易看到这会如何发生,以及信任如何被破坏。

第二个问题产生的原因是:银行未意识到其代理行可能是其品牌在那个国家的"脸面",因此假如当地的代理行遭遇负面报道,那么将会严重损害银行的声誉。同样,假如当地银行的海外代理行因为不道德或其他行为登上了头条,那么当地银行也会遭到损害。这将我们带回到我们先前在图 2.1 中提到的模型以及考虑所有这些市场(包括客户市场和转介市场)的重要性。

这两个问题可能会存在关联,因为不完全合同可能会导致缺乏与每个品牌一致的行为的规范。因此,问题一导致了问题二。过去,银行在加入这些关系时并不总是会考虑到声誉损害的风险,因为关注点是交易本身,而非围绕交易的更软性的特征,监管银行行为的《巴塞尔协议》(Basel Accords)如今考虑了这点。

---

① 约翰·巴兰坦的《代理行的作用:一个货币中心的视角》("The Role for Correspondent Banking: A Money Center Perspective"),此文发表在 1980 年 12 月 8—9 日由美国堪萨斯城联邦储备银行发起的专题研讨会"未来农业银行的可贷资金来源"上。

② 沃尔夫斯堡原则的网站:http://www.wolfsberg-principles.com。

③ FATF 网站:http://www.fatf-gafi.org/。

学术研究显示，合资和联盟中合作伙伴的选择通常是基于两种关键类型的特性决定的：一种与任务相关，一种与组织之间的关系相关，后者在实践中通常表现为双方人员之间的关系。在某些文化中，信任优先于合同，此时不完全合同可以被十分有效地管理，因为双方的代表互相熟悉并且可以互相信任。当合同优先于信任时，正如在某些文化中存在的那样，代表无足轻重，但两个组织都需要保持一定的谨慎，因为合同可能是不完全的。当这种关系中的工作人员发生变更时，那么尽管也许存在一些剩余的信任，但信任必须重新建立。在社交媒体日益重要的世界中，声誉损失可顷刻发生，因此对不完全合同的管理变得十分重要。当以下情况发生时，可能会产生挑战：代理行关系的一方来自合同占主导地位的文化（C），而另一方来自关系占主导地位的文化（D），在组织 C 再次进行定期更换工作人员的某个时点发生了合同未涵盖的事件。假如先前的会议和决策未被充分记录存档，这会使情况变得更糟。如果组织 D 中能够调解分歧的关键人物即将退休或者变更职位，那么情况会进一步恶化，两组人员对先前决策的轨迹一无所知，但却有一个问题需要解决。

由于技术的变化，代理行业务被认为会在 20 世纪 90 年代末消失，或至少变得不太个人化（换言之，从关系转变为任务），但结构性变化和监管及全球金融体系的动荡已使得其继续存在和发展。在有关机构的信息不如在大型经济体中那样完善（或较少编制成册）的国家，建立实地关系对保留一个主要客户可能会十分重要，因此这部分银行业务看上去不太可能在近期消失。

何时引进外部顾问及业务约定书的用途

聘请独立的财务顾问在本质上是一个经济上的和公司治理上的决策。假如顾问为增值服务收取的费用低于最终节省的成本，那么这个策略是有益的，它还提供了一个代表发起人和其他利益相关者进行谈判的中立第三方。顾问可以协助设计交易结构、与融资提供方进行谈判、引进关于市场中的交易和参与者的独有深入信息，并通过审查支持性文件帮助提高项目的可信度。

从公司治理的角度而言，将财务顾问的角色与组建贷款人银团为项目融资提供债务的银行的角色分开也很重要。向独立顾问支付溢价是为了确保公司获得公正的意见。然而，在不同的国家和不同的行业，"财务顾问"这一术语可能会有许多不同的含义，尤其是在项目融资的背景下。因此，财务顾问可以是某一个人的税务顾问、项目建模者、贷款经纪商或一家银行，该银行不参与融资，但会管理来自银行或银行团队的报价，以提供融资要素并为公司选择最佳的一揽子融资方案提供意见。人们对担任财务顾问的银行是否亦应参与最终的项目融资这一问题持有不同观点，因为它被视为具有"利益冲突"。

人们还会混淆财务顾问在项目融资中的角色和顾问银行的角色。一些项目融资会包含一家对行业拥有专业知识的银行，即"顾问银行"，假如该银行被要求为银行团队提供项目的专业报告，那么它的报酬将会增加。

任何拟议的融资都需要吸引已确定的在可接受的条件下可能会提供资金的贷款人和投资者。募集说明书或募集备忘录必须准确、真实并巧妙地针对投资者和贷款人，并且这些资金提供方承诺的坚定与否必须被加以仔细判断。项目公司的发起人或管理层也许会认为做到这些较为困难,尤其当项目或发起人是新的时,因此,选择一个拥有良好记录的知名项目顾问可以增加项目成功完成一揽子融资计划的机会。

对于顾问(和发起人一起)而言,项目融资可被分解为四种不同类型的任务:

(1)与发起人发展关系;

(2)设计和承包初步可行性研究;

(3)规划和选择最优融资结构和主要提供商;

(4)监督和管理贷款协议。

与发起人发展关系

项目顾问除了承担与公正性期望有关的更为正式的角色外,还可能在争端发生时处于担任调解人的独特地位。顾问可能会采用广泛的外交技巧告诉发起人某个"宠儿"项目无法获得融资,因此不可行,所以技能高超的顾问会花费时间与发起人发展关系,而不是采用交易型方法。确实,一个对银行内部的关系管理的批评是人事变动相对较为频繁,因此顾问在一段可能较长的时期内起到了核心的稳定性作用。顾问会频繁与发起人发展关系并为其众多项目开展工作。

设计和承包初步可行性研究

任何项目都需要可行性研究以证明投资和利益相关者回报的合理性。可行性研究可以是一项简单的投资评估计算,也可以涉及支持长篇叙述性文件的复杂模型。目的是确定拟议项目是否有足够的优点来证明进一步花费时间和努力是合理的,因此开展可行性研究可被视作购买进一步的信息,以便更好地对继续开展项目的选择权进行评估。

在此阶段,顾问的功能是:

(1)确定发起人的目标;

(2)审查发起人的计划;

(3)提出必须获得解答的疑问和问题;

(4)提出完成发起人目标的替代方法的建议。

尽早为项目决策提供一个良好的财务输入变量十分重要,因为一些质量较差的项目在被提交给未来的出资人前可以被改进或重组。一些拟议项目可能会在早期即被拒绝,理由是不能安排融资,而专家意见也许能使项目进行重组并克服融资障碍。

行为金融学领域可以解释"宠儿项目"的发生,这些项目尽管在经济上和运营上不具有可行性,但仍可能要求数万或甚至数百万美元的投资。在这种情况下,顾问需要引导发起人认识到继续开展项目的基础原因,以及这将对任何外部融资决策的影响。

一些项目在考察替代融资方案(如设备融资来源、基于税收的租赁替代方案、政府支持的激励计划,以及出口融资计划)前就已经完成建设——结果是项目的债务成本和股权成本可能比在早期阶段考虑的替代方案的融资成本要高。一旦合同签订并且与供应商的合作关系形成后,为了满足项目融资目标而对这些协议进行再谈判是十分困难和昂贵的。平行运作项目管理和项目融资活动是明智的。

规划和选择最优融资结构和关键提供商

这个阶段包括从审查初始可行性研究到安排融资和对选择哪些银行或其他资金提供商担任关键角色提供顾问服务的所有事务。这个阶段包含对项目的分析，其中评估了完整的可行性研究包含的所有相关因素。

正如前面提到的那样，财务顾问通过帮助准备并实际上核准财务预测，提供了可信度。一个实力雄厚的财务顾问还能协助客户与政府机构和供应商进行谈判，并与私人债务市场中的各类资金提供商进行初步谈判。它拥有专业知识和经验以提供所需的股权支持和借款的金额，以及这些市场中的关键提供商和参与者。

专业顾问可以通过提供可行性研究采用的对利率、汇率风险和通货膨胀风险等因素作出的有用假设，为财务顾问提供支持，或者发行人可能会发展其内部的情景假设。它们还能够帮助制定会计目标和预测为项目融资所需的资本金额。它们可以提供评估并审查其准确性。

财务顾问可以合成这些信息，以提供关于项目融资安排的最优方式的意见，考虑因素包括项目将产生的资金的货币单位、项目的地理位置和所需的资本。它们可以建立项目的财务模型，并测试各种财务计划在各种风险情景下的可行性（如被要求提供）。

根据这些信息，财务顾问可以基于项目成本、预期利率、预期通货膨胀率、项目运营的经济效益预测和预期现金流量制定拟议的贷款条款清单，以构成信息备忘录基础。

信息备忘录

通常，财务顾问会准备信息备忘录（叫作募集备忘录），其中会讨论以下几点：

（a）备忘录确定了项目的发起人和筹办人。它描述了主要管理人员的背景和业绩记录，以及经验和声誉。目的是为发起人建立具备专业知识、负有责任感和正直的形象。尽管这些信息是事实性的，并且发起人通常对其内容负有法律责任，但财务顾问可以提供事实以支持发起人完全有资格承担项目的前提。

（b）备忘录确定了项目的其他利益方。这确定了发起人以外的第三方担保人和利益相关者，它们将为项目的成功作出重要贡献。这些可能包括项目设备的供应商、项目原料的供应商、项目产品的购买方、承包商，以及各种利益相关的政府机构。备忘录包括对每个利益方、其相关资质及其预期对项目作出的贡献的描述。

（c）项目的地理位置和设计。该节包含了与项目地理位置相关的问题及先前使用过本项目的任何技术或设计的实例。

（d）建设成本估算。这里包含了建设成本的估算及这些估算的合同依据。该节解释了建设进度计划和预期的利息成本，其中包括任何建设贷款延期罚金。该节的目的是建立对必须获得融资的项目的资本化成本总额的最佳估计，以及可能需要的任何成本超支信贷安排。

（e）财务计划。备忘录的该节回顾了项目的现金流量预测和这些资金的预期用途，包括债务的本金和利息还款。它解释了采用的假设，以及公司的营运资本需求。该节讨论了股权出资、供应商贷款和其他借款。此外还回顾了在一些关键假设不正确的情况下的应急计划。

（f）拟议的融资期限。这是备忘录的核心，概述了融资的金额、优先顺序、期限和时间安排。

监督和管理融资

尽管在某些情形下,一旦项目融资协议完成签署后,财务顾问的角色可能会消失,但发起人可能也会认识到其需要合格的专家继续管理一组复杂的项目融资提供方,并将这个角色重新承包给财务顾问,而不是保留在公司内部。对发起人团队而言,将监督和管理工作委派给一家外部财务顾问可能尤其有用,除非这个角色可以由项目管理团队的成员担任。与项目融资相关的监督和管理任务与以下三个阶段相关联:

(1)建设。建设期间的项目监督和管理要求将债务的提取与财务计划和建设进度计划匹配起来。假如贷款协议允许选择替代的货币或条款,那么财务顾问或牵头银行家可以就不同财务策略的优劣势提供建议。财务顾问也可能会给出套期保值建议。重要的是,建设必须按计划进行,并且不出现因建设的延迟和超支风险敞口而使贷款人感到意外的情形。在内部会计师的帮助下,财务顾问不时地编制对距离完工的时间和预算的估计,并且可能会得到独立会计师事务所的验证以使这些研究更具真实性,从而能够精确地跟踪项目。

(2)开始运转。项目融资协议在开始运转时期的监督和管理,牵涉到对照财务计划和生产目标监控实际的运营成本和生产的经济效益。财务顾问将所生产的产品或服务已占据或预期占据的市场及所实现的销售收入,与原始的财务计划进行比较。财务顾问会跟踪可能对项目经济效益产生影响的意外问题,如监管机构施加的额外成本,或未能预见的税收。假如销售产品或服务产生的是不同的货币,财务顾问可以提供通过互换或其他机制管理这种货币风险敞口以偿还债务本息的方法的建议。

(3)运营。一旦能够明确工厂按照运营计划和财务计划规定的预测成本、产量和效率运行,并且指定的独立专家签准了工程的竣工后,项目将开始呈现持续经营企业,而不是项目融资的特征,并且完工担保将被允许退出项目。于是,财务顾问的职责将变成监督运营、现金流量、财务比率以及其他可能会对公司产生正面或负面影响的进展的传统责任(亦见第4章,我们在该章中描述了一个风险分类体系)。随着风险变为已知并且对项目成功的信心不断增长,可以探索通过再融资节省成本的机会,尽管许多贷款人感到如果它们承担了所有风险,那么它们希望有一个稳定的回报期,并要求在指定时期内不得进行再融资。

在所有阶段,相互之间充分沟通信息对各方都是有利的。假如困难发生,那么一个具有建设性的相互支持的态度将大大减小使各方陷入斗争激烈并且没有赢家的诉讼的可能性。假如贷款人未被提前通知而仓促得知重大进展情况,并且信任开始消失,那么它们可能会鲁莽地收回贷款(也就是说,宣告其立即到期并应该偿还)或强制重新安排还款进度表,或甚至是强制破产。

外部顾问的选择

假如发起人聘请一家外部财务顾问帮助其开展项目融资谈判,合适的候选对象也许包括:(1)商业银行;(2)商人银行或投资银行;(3)大型承包商;(4)大型金融公司;(5)独立顾问。

发起人应考虑的潜在财务顾问的特征包括:声誉、市场中的地位、行业知识、项目融资的经验、过去与发起人的关系、专业技术知识、对任何国家风险的熟知程度,以及是否能与被指派给项目的管理人员和睦相处。

是否将顾问银行角色与大型贷款人或安排行角色分开,应由每个项目发起人根据其自身的具体情况来决定。不参与贷款的独立顾问角色是有优点的;使用承担一小部分融资的顾问也是一种可能;最后,选择能够在不需要独立顾问的情况下承担或包销部分或全部项目债务的实力雄厚的贷款人,也是许多经验丰富的项目发起人采取的路径。理想情况是:富有经验的成熟发起人设计和安排项目的一揽子融资计划,向内部利益相关者提供建议并将交易呈交给银行,从而将所有的代理成本控制在公司内部。这些情况十分罕见,但确实存在。

近年来,随着银行业的重塑,投资银行(在传统上担任公正的顾问并为此收取费用)与商业银行(利用其吸收能力包销交易,然后出售它们)的界限已经模糊了,甚至在同一银行集团内也是如此。在英国,两个角色更为正式的分离再次处于讨论之中,预示着回归类似于美国《格拉斯—斯蒂格尔法案》(Glass-Steagall Act)的规则。无论有什么争论,发起人需要对项目及其技术基本面、决策动态、供应商和客户、计划具有充分理解的银行。这些知识和关系不是顷刻就能形成的,需要所有各方的信任和承诺。

业务约定书

一旦聘请一家财务顾问的决策已经作出后,或者是为了将与项目融资资本提供方的关系正式化,发起人应与顾问或资本提供方签订业务约定书。应仔细协商该约定书,以列明顾问或提供融资的主体应交付的服务,以及在各种情形下和各个时点向发起人收取的费用。顾问为赚取这些费用所开展工作的范围、拟参与工作的人员及这些工作的时间表亦应清楚说明。假如顾问将负责筹集债务和/或股本,那么约定书应描述这项工作的费用、费用的支付方,以及这些费用的支付时间。还应商定终止合约的权利及在终止合约的情况下各方的责任。

业务约定书的最重要的目的是记录协定的内容,以防止未来出现误解。

顾问可能会在认真考察拟议项目前,要求签署初步业务约定书并收取一笔预付费用,因为这将认真的项目筹办人或发起人与随意的非诚心参与者区分开来,并认可了顾问在项目中的投资。初步业务约定书的范围可能有限,以使各方能够更加互相熟悉,并且如果项目看上去可行的话,它总是能在后来被修订为一份更正式的业务约定书。

3

贷款人一般而言是如何评估信用风险的

引言

迈克尔·波特(Michael Porter)提供了一个分析行业和价值链的框架[1]，它使人们能够深入了解项目公司的相对优势及其潜在的盈利能力。项目公司在行业中的排名与以下因素有关：(1)行业和经济内部的趋势；(2)公司在其行业中的地位；(3)竞争情况；(4)历史业绩(如果

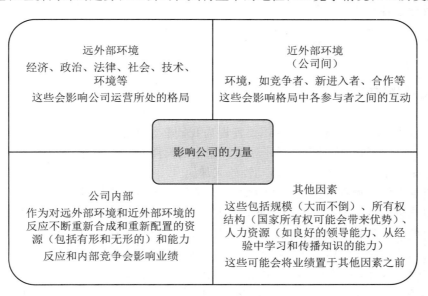

图 3.1　影响公司的力量

资料来源：此图由卡梅尔·F.德·纳利克根据本章页下注中的 Porter(1980)和 Grant(1991)的想法制作。

---

①　Michael E. Porter，*Competitive Strategy：Techniques for Analyzing Industries and Competitors*，New York，NY：The Free Press，1980.

图 3.2　一个石油和天然气生产商的简单价值链分析示例

资料来源：同图 3.1。

适用的话）。通过对迈克尔·波特的行业和价值链的五力（或其变体）及对竞争格局或战略集团地图进行分析，能够获得对公司在行业中的相对优势，从而对其盈利能力的深入见解。图3.1结合波特模型、STEP环境分析和其他方法，说明了影响一家公司的力量。图 3.2 提供了一个石油和天然气生产商的简单价值链分析示例。

波特的分析注重于行业结构和竞争定位，而罗伯特·格兰特（Robert Grant）则提供了对公司的资源和技术与其战略的关联的深入见解。[①]为了考察项目公司的竞争优势，将行业的成功因素与项目公司自身的资源和能力联系起来考虑也十分有用，这个理论被称为"资源基础管理"。格兰特描述了一个制定战略的五阶段流程。尽管这项指导是为以项目的形式来管理公司战略提供的，但贷款人为了理解项目的管理层应如何运营项目，也能从这项指导中获益。

根据参与方的不同具体利益，正在考虑向项目公司提供资金的贷款人或投资者开展的财务分析的目标也各不相同。

利益相关者的利益

在上一章中，我们将项目的利益相关者视为我们必须考虑的一个更广泛的群体，对它们进行了讨论。在这里，我们考察一揽子融资计划中的具体利益相关者。

贸易债权人主要对公司的短期流动性感兴趣。

定期贷款发放人拥有长期信用风险敞口，对项目公司内部产生的现金流在长期内偿还债务的能力更感兴趣。定期贷款发放人通过分析公司的资本结构、资金的主要来源和用途、公司在一定时期内的盈利能力，以及对未来盈利能力的预测来评估这项能力。

项目公司普通股的投资者主要关心当前盈利和预期的未来盈利，以及这些盈利在不同时期内的稳定性。因此，投资者会集中分析盈利能力，具体而言为公司的息税折旧摊销前利润（earnings before interest, tax, depreciation and amortization, EBITDA）和现金流量。投资者关心财务状况，因为这项状况会影响公司未来盈利的稳定性。

项目公司的管理层还会对可以为其带来额外回报的业绩考核指标感兴趣，因此需要向外

---

① Robert M. Grant, "The Resource-Based Theory of Competitive Advantage: Implications for Strategy Formulation," *California Management Review*, 33(3), 1991, pp.114—135.

部经济利益相关者(如贷款人和投资者)披露这些指标。在英国,新近披露了在政府和社会资本合作资本项目的融资方案中存在回报的不对称[①],发起人赚取了被视为暴利的利润,而在该方案项下融资的医院的病房则被关闭,这显示了利益相关者需要在每个项目中考虑该领域。管理人应对外部利益相关者(包括资本提供方)在评估公司时使用的财务分析的所有方面感兴趣。此外,项目公司的管理层还应采用类似的财务分析,以达到内部控制和确保公司各项资产投资的盈利能力的目的。

从定期贷款发放人角度出发的信用分析

从分析的视角而言,银行一般更偏好将实力雄厚、稳健的资产负债表作为向借款人提供定期融资的起点。然而,项目公司本质上具有高杠杆。因此,内部产生的预期未来现金流在拟议的项目融资中极其重要,因为这是偿还贷款的资金来源。因此,在定期贷款(尤其是项目融资)中,销售收入的稳定性和增长、成本费用的稳定性,以及盈利能力与销售额的关系十分重要。

贷款人将会详尽分析借款人产品的市场和竞争、与供应商的关系、原料或关键部件的来源,以及借款人业务的重要成本构成的稳定性。这项历史分析举足轻重的唯一原因是:它关系到未来需要产生用以偿还贷款的现金。

同样,在项目融资的情形下评估定期借款人的前景时,对未来销售额、盈利、现金流量和资产负债表的预测也至关重要。制定预测的假设与预测数值本身同等重要。贷款人需要批判性地审查预测,并仔细考虑和测试基础假设的正当性。

在审查预测时,考察公司的总体现金流需求十分重要。贷款还款和资本支出都需要大量现金。定期贷款人在项目融资中最经常地会犯下的一个错误是:它们为购买固定资产提供了资金,但却未为交易性资产提供足够的营运资本资金,而这些交易性资产是为支持新固定资产产生的销售额所必需的。这就是在项目初始时分解现金流的重要原因之一,这样可以通过正确指定的流动资金安排来管理"期内"融资峰值。人们很容易忽略为支持销售增长而增加的应收账款和存货所需的现金,或不能认识到公用事业账单和工资需要在第一笔现金流进入银行账户前予以支付。

在对潜在借款人的信用分析中,银行会同时考虑一般管理问题和详尽的财务数据。

信贷决策中的一般考虑

管理层

在项目公司的信用风险评估中,对管理层能力的总体评估极其重要。管理层的目标是什

---

① 见《项目融资:分析和构建项目》的第 10 章。

么? 他们如何计划完成这些目标? 管理层的财务政策和运营政策是什么? 假如现任管理层团队已在过去一起合作,这些政策的实施是否有效? 管理层是否为不可预见的事件做好了准备? 管理层是如何得到报酬的?

盈利的水平和稳定性

项目公司必须展示它能够持续产生高额收入并维持足够的财务保障倍数和利润率。未来盈利的水平和稳定性与未偿长期债务总额(=现有债务+新发行的债务+后续债务融资的估计)的关系在达成信贷决策中十分重要。盈利的稳定性一般比盈利水平更为重要。一家未来盈利微薄但相对具有可预测性的项目公司要比一家回报率高但不稳定的项目公司更受青睐。

行业和公司

迈克尔·波特提供的行业和价值链分析框架使人们能够深入了解项目公司的相对优势及其潜在盈利能力。

波士顿咨询集团的创始人布鲁斯·汉德森(Bruce Henderson)在 1989 年说道:"你最危险的竞争者是那些与你最相似的公司。你和你的竞争者的差异就是你的优势的基础。"图 3.1和图 3.2 显示了我们所说的这些分析的含义。

任何分析都需要被加以审查和更新,因为行业的动态可能会被扰乱。作为这项背景分析的一部分,在这种类型的项目的生产成本图上绘制一个新项目(即将一个新金矿的生产成本与现有金矿的生产成本进行比较,以考察可持续竞争优势)通常会十分有趣。

财务资源。项目公司当前的流动性十分重要。无论是从相对规模(如流动比率、净流动资产),还是从质量(如存货周转率、应收账款周转率,以及用来为存货和应收账款估值的会计程序)的角度而言,现金流量关系和流动资产都十分重要。

资产保护。这也许可称为"抵押品保护"。计算长期债务总额与厂房净值的比率及有形资产净值与长期债务总额的比率,是为了确定公司资产所能提供的保护程度。根据行业的性质,贷款人对资产保护的注重程度有所不同。例如,对于房地产公司和自然资源公司而言,这也许十分重要。

契约条款。与所发行债券相关的现有和拟议的契约条款必须被加以审查,以确定在公司破产清算情况下的还款进度计划,以及管理层是否能在不违反发行条款的前提下,保留足够的行动自由对竞争环境的变化作出反应。

担保和担保品。当存在具体担保(如母公司担保、银行信用证)或债务由有形资产留置权担保时,就需要进一步分析以确定这些担保或留置权的价值,以及其可被强制执行的速度。

现金捕获。利用一个第三方保管账户将来自销售项目的产品或服务的部分或全部现金流用于债务的还本付息,这个账户的目的是在现金流抵达项目公司前截获现金流。

财务比率

财务比率在项目融资中十分重要,因为它们提供了一个维持项目公司(可能对担保人亦是如此)的财务状况和结构的机制。这些比率将在所有贷款协议中明确定义,构成在提取债务资金前的先决条件测试的一部分,并以常规契约条款(比率需继续得以维持)的形式构成维持测试。

财务比率分析牵涉到两种类型的比较。首先,分析员可以将当前比率与同一家公司的历史比率和预期的未来比率进行比较。第二个比较方法涉及将一家公司的比率与同一时点类似公司的比率或行业平均值进行比较。Datastream、路透社及信用评级机构和行业协会发布各种行业的总体财务比率,股票分析员的报告也包括这些比率,还可以通过 Bureau van Dijk 及其 FAME 和 OSIRIS 数据库提供的服务获得它们。

潜在贷款人可以利用财务比率考察拟议项目财务状况的四个维度:流动性、财务杠杆、盈利能力和活动。

流动性比率

流动性比率被用来判断公司履行短期债务的能力。可以在一年内转换为现金的资产被称为具有流动性的资产。具有流动性的资产在资产负债表中显示为流动资产。由于流动资产代表了日常运营所需要的资源,因此它们被称为营运资本。流动资产被用于履行短期债务(或称流动负债)。流动资产超出流动负债的金额被称为净营运资本。

这些流动性比率中最普遍并且使用最为频繁的比率之一是流动比率:

$$流动比率＝流动资产/流动负债$$

流动比率越高,公司支付账单的能力就越大。

流动比率未考虑流动资产的个体构成部分(如存货、应收账款以及类似科目)的流动性。酸性测试比率(亦称速动比率)能够更加准确地反映流动性,其表达式如下:

$$酸性测试比率＝(流动资产－存货)/流动负债$$

由于酸性测试比率不包含存货,它关注于现金、可售证券及应收账款与短期债务的关系,因而比流动比率提供了一个更佳的流动性度量。

当然,流动比率或酸性测试比率的其他构成部分也需要验证。这些包括应收账款和存货的流动性。这些必须与行业经验结合起来考察。

财务杠杆比率

财务风险是债务融资相对股本的使用程度。项目在其资本结构中使用债务的程度越大,财务风险就越高。由于在项目融资中债务的使用程度远大于股本,因此发起人具有较大的财务风险敞口。贷款人使用财务杠杆比率来评估项目所承担的财务风险的大小。两种类型的财务杠杆比率为成分百分比和偿还能力比率。

成分百分比财务杠杆比率通过将债务金额与公司的资本总额或股权资本进行比较，表达了项目对债务融资的依赖程度。总债务与资产比率衡量了用债务（包括短期债务和长期债务）提供融资的资产的比例，其计算方式如下：

$$总债务与资产比率＝总债务/总资产$$

长期债务与资产比率是用长期债务提供融资的项目资产的比例，其计算方式如下：

$$长期债务与资产比率＝长期债务/总资产$$

债务与股本比率亦称债务比率，表明了债务和股本作为项目资产融资的资本来源的相对使用程度，它用资本来源的账面价值进行评估，其计算方式如下：

$$债务与股本比率＝总债务/总股东权益$$

偿还能力比率

除了使用关于债务是如何与资产或股本相关的信息的杠杆比率外，有多个财务杠杆比率能够反映项目履行其债务的能力。项目融资中的债务契约条款通常使用偿还能力比率以保护债权人，因为它们要求"覆盖"借款成本（即利息），并具有一定的缓冲。有许多比率可以做到这点，但两个最常用的比率是利息保障倍数和固定费用保障倍数。

利息保障倍数亦称已获利息倍数，它将可用于履行付息义务的盈利与付息义务进行比较，所用的盈利指标为息税前利润（earnings before interest and taxes，EBIT）。于是，偿还能力比率的计算如下：

$$已获利息倍数＝EBIT/利息$$

注意，偿还能力比率强调了项目履行所有固定利息义务的重要性，无论索偿权的优先顺序如何。

已获利息倍数等偿还能力比率的一个主要缺陷在于：项目偿还债务的能力同时与付息和还本相关。这些还款本身并非来自盈利，而是来自现金。因此，一个更合适的偿还能力比率可将公司的现金流量（由 EBITDA 近似）与本息还款总额联系起来。现金流偿债能力比率可被表达为：

$$\frac{EBIT}{利息＋本金还款[1/（1－所得税税率）]}$$

由于本金还款是税后支付的，我们需要通过[1/（1－所得税税率）]调整这个数字，从而与税前支付的利息还款相对应。假如税率为 21％，每年的本金还款为 1 000 000 美元，那么需要 1 265 820 美元的税前利润"覆盖"这些还款。

一种范围更广的分析会评估公司支付与其现金流量相关的所有固定性质的费用的能力。除了债务的本息还款外，优先股股息、租赁付款，甚至可能是某些基本的资本支出均被包含在内。这种类型的分析在确定公司是否有能力偿还其长期债务时，是比一个简单的利息保障倍数更切合实际的估测。这些比率的常见例子包括贷款期限内的债务偿付保障比率，其计算方

式如下:

$$贷款期限内的债务偿付保障比率 = 经营性现金流量/未偿债务$$

还有偿债保障比率的变化形式(它是每年计算的):

$$既定年度的经营性现金流量/当年的本息还款$$

盈利能力比率

尽管根据定义,项目公司可能是初创公司(即便是在一个知名的经营领域),并且本书的重点基本上是现金流量,但盈利能力比率在两个领域也十分重要:评估项目公司自身的财务健康状况和寿命,以及评估发起人公司的财务健康状况和寿命。

"盈利能力比率"这一术语涵盖了在使用项目融资的不同行业中具有不同重要性的多个比率,但有几个比率是关键指标,如经营费用比率或经营费用比例:

$$经营费用比例 = 经营费用/净销售额$$

其他比率考察了随着资金向利润表下方移动的不同层次的盈利能力。

项目融资提供方感兴趣的其他传统比率包括围绕所用资本回报率的度量指标:

$$EBIT/所用资本$$

以及一个资产回报率的度量指标,比如:

$$EBIT/总资产$$

在项目融资中传统的正面和负面契约条款,通常会禁止在未事先征询公司的贷款银行意见的情况下出售资产或开展售后回租。此外还有关于不得在未事先征询贷款银行意见的情况下处置资产或进一步购买资产的条款。最后,通常还有条款规定,不得在未事先征询贷款银行意见的情况下减少公司股本或发行任何新股,通常这些新股可能会为了公司贷款银行的利益而被抵押,以作为担保品的一部分。较不明显的是限制给予第三方信贷或向第三方提供担保的契约条款,这些当然会在财务报表的注释中报告。

活动比率

活动比率是项目的资产利用效率的度量指标。活动比率可被用于评估特定资产(如存货或应收账款)所带来的效益。它们还可被用于评估项目资产集体产生的效益,这被称为总资产周转率,其计算方式如下:

$$总资产周转率 = 销售额/总资产$$

这个比率表明了总资产投资创造销售额的程度。计算出的数值为所产生的销售额对总资产投资的乘数。

通过比较所用资产的总效益,可以构建一个周转率来评估任何资产集合的利用效率。例如,假如关注点是项目的固定资产,那么我们可以计算固定资产周转率,它是销售额与厂房和设备净值的比率。

商业债务评级

在美国以外利用公共债券市场开展项目融资的情况有所增加。为了使投资者取得风险指标，这些债券通常附有一家或多家公认的评级公司指定的评级，以估测这些债券的信用资质。项目融资的大型国际信用评级公司为：标准普尔公司、穆迪投资者服务公司和惠誉评级公司。评级体系使用类似的符号（见表3.1）。

两个使用最为广泛的债券评级体系为标准普尔和穆迪的评级体系。在这两个体系中，高等级这一术语意味着信用风险较低，或相反而言，未来还款的概率较高。穆迪用字母 Aaa 标示等级最高的债券，标准普尔则使用 AAA。次高等级为 Aa 或 AA。两家评级机构都用 A 表示第三个等级。下面三个等级分别为 Baa 或 BBB、Ba 或 BB，以及 B。此外还有等级 C。在每一级别中，标准普尔使用加号或减号提供更窄的信用品质细分，穆迪则使用 1、2 或 3 达到相同的目的。评级为3A（AAA 或 Aaa）的债券被称为优质债券；双 A 级（AA 或 Aa）债券为高品质债券；单 A 级债券是中高等级债券；3B 级债券为中等级别债券。评级更低的债券被称为具有投机成分或明显具有投机性的债券。

表 3.1 公司债券评级体系和符号概述

穆迪	标准普尔	惠誉	
Aaa	AAA	AAA	债务人履行其偿还债务的经济义务的能力极强
Aa1	AA＋	AA＋	评级为 AA 的债务与评级最高的债务的差异程度很小。债务人履行
Aa2	AA	AA	偿还债务的经济义务的能力很强。
Aa3	AA－	AA－	
A1	A＋	A＋	评级为 A 的债务比评级更高的债务更易受到环境和经济状况的变
A2	A	A	化的不利影响。然而，债务人履行偿还债务的经济义务的能力依然
A3	A－	A－	较强。
Baa1	BBB＋	BBB＋	评级为 Baa 或 BBB 的债务呈现足够的保护参数。然而，不利的经济
Baa2	BBB	BBB	状况或环境的变化更有可能导致债务人履行偿还债务的经济义务的
Baa3	BBB－	BBB－	能力减弱。
Ba1	BB＋	BB＋	评级为 Ba 或 BB 的债务比其他投机性债券较不容易出现无力还款的
Ba2	BB	BB	情况。然而，这类债务面临着重大的持续不确定性，或对不利的商
Ba3	BB－	BB－	业、金融或经济状况的风险敞口，这可能会导致债务人履行偿还债务
			的经济义务的能力不足。
B1	B＋	B＋	评级为 B 的债务比评级为 BB 的债务更易出现无力还款的情况，但债
B2	B	B	务人目前拥有履行偿还债务的经济义务的能力。不利的商业、金融
B3	B－	B－	或经济状况可能会削弱债务人履行偿还债务的经济义务的能力或
			意愿。
			（评级低于 B 的债务具有高度的投机性，或正在债务重组中。）

资料来源：本表由弗兰克·J.法博齐制作。

新的《巴塞尔协议》鼓励这种形式的外部基准化，以使金融机构能够对其资产质量作出经外部验证后的决策。

被赋予前四个类别的评级的债券被称为投资级债券。具有低于前四个类别的评级的债券被称为非投资级债券，或更普遍地被称为"高收益率债券"或"垃圾债券"。因此，公司债券市场可被划分为两个板块：投资级和非投资级市场。

这点在考虑哪些金融机构有资格投资项目时变得十分重要。某些大型投资者（如养老基金）在其能够投资具有哪些评级的债务方面可能会受到限制，因此不能投资评级低于投资级的债务。

债务评级的过程要求评级机构成为一个"内部人"，并能够取得极其详尽的关于项目或发起人公司的信息。因此，评级过程需要时间，是进一步的项目成本。一些项目可能会寻求一个"影子评级"，以获得一个委托外部人士提供但不公开发布的对债务的意见——这可能有助于项目的财务管理，项目会着眼于更长远的目标，并将银行融资转换为可能的公开债务发行，从而可能会降低成本。一些传统贷款人不相信可以用单个评级评估与项目相关的所有风险。据一个匿名消息人士透露：

> 你不能用一组数字或字母为项目进行评级。有太多的风险存在。项目的好坏取决于其最薄弱的环节。这会是终极问题。当项目出现差错时，它们会做什么？

尽管评级机构在项目融资中是重要的利益相关者，但评级过程也在国家层次运行。因此，资金提供方在制定支持项目的决策时，将考察国家和主权风险，以及项目的具体风险。

全球银行监管的变化对项目融资的影响

对"大而不倒"的担忧仍然是当前全球银行业监管机构的关注点，它们试图能够约束机构，以使这些机构在陷入财务困境时更易于管理。通常，其采取的形式是试图将"由纳税者保险的部分"（通常为零售银行业务和企业银行业务）与"赌场银行业成分"（投资银行业务）分离开来。这将我们带回到 1933 年美国最初的《格拉斯—斯蒂格尔法案》改革，它正式拆分了这两项功能，因为美国国会认为它们互不相容。美国和其他国家的监管机构多次试图重新引进修正形式的《格拉斯—斯蒂格尔法案》，但遭到了银行游说团体的抵制。

银行的资产配置决策总是在不断变化。每个决策都会带来产品组合的选择，这可能会增加现有的资产组合，并使现有头寸的投资缩减或扩张。在每种情形下，引致制定资本配置决策（包括财务资本或人力资本）的新法规将会产生现实的影响，这可能会增加或减少每家机构内部对项目融资资产的需求。这些变化可能会使银行成为具有竞争力的潜在资金提供者，从而使咨询业务、融资安排业务和贷款业务之间的平衡发生变化。

在 1991 年，基础框架是《巴塞尔协议Ⅰ》和欧盟的《资本要求指令》（Capital Requirement Directive，CRD）。两者都提议采用一个相对简单的风险加权矩阵，使资本充足率水平能够在国际上进行比较，这是通过对银行资产负债表中的资产进行风险加权，然后将风险加权资产（risk weighted asset，RWA）的水平与资本水平［无论是一级资本（股本），还是二级资本（类股本）］进行比较做到的。本书的作者之一对当时的规则开展了一些研究，该项研究的主要发现似乎与现今的情况有关：

- 资本充足率不得低于 8%的资本规则将推动未来的资产配置行为;
- 国际标准与欧洲标准之间需要具有一致性,以将银行的监管成本负担最小化;
- 欧洲银行在其既定业务组合的情况下满足新标准的能力存在差异;
- 随着某些产品变得边缘化或无利可图,基础融资供应将会受到影响。

《巴塞尔协议Ⅱ》采用了最初的一套规则并试图在 RWA 的计算中纳入其他资产,比原始的规则更加微妙。它于 2004 年公布,并于 2007 年 1 月实施。银行之间的差别限制了向更具规定性的方法的转变,这些银行能够在多年的经验证据及技术精深程度较低的方法的基础上,执行它们自己更为复杂的风险加权体系。然而,摩根大通银行伦敦分部因一位交易员的活动而导致的重大交易损失,引发了假如这种损失是会出现的,那么这些银行体系的技术精深程度真正如何的相关问题。这个体系在 2011 年实施的"巴塞尔 2.5"中得到了升级,包括了新的与交易账簿相关的资本要求,并加强了信息披露。

《巴塞尔协议Ⅲ》试图撤回《巴塞尔协议Ⅱ》中的一些不太规范的要素。这个变化明确承认了其试图管理的主体远比简单地发放贷款和收取存款的公司复杂。金融创新的步伐确实绕过了先前的规则。《巴塞尔协议Ⅲ》自 2013 年起逐步实施,到 2019 年要求各成员方完全遵守相关规定。

不出现在任何金融机构的资产负债表中的"导管载体"和无追索结构突然成为在美国内爆的次级房产抵押贷款市场的头条新闻,雷曼兄弟公司遭遇了财务崩溃。金融巨头的管理层团队意识到这些数量激增的、在理论上破产隔离的载体,并不如他们最初被引导相信的那样无追索权,因为银行对导管载体担负着或有的承诺义务。

安排人当时同意创建这些载体,以在商业票据市场不能使每 90 天到期的导管载体融资得以滚动的情况下提供备用流动性。银行的义务最初被视为"软风险敞口",它们能够为承担纯粹或有的风险获得看上去具有吸引力的回报。毕竟,为何商业票据市场会突然停止所有房产抵押贷款渠道的系统运作呢?

突然,就在导管的资产质量迅速下降的时候,银行的信贷团队发现这些备用额度都被要求提取。导管发现它们自身违背了其资产保障义务,被迫在一个下跌的市场中出售资产,从而使其损失情况发生了恶化。最终结果是银行贷款人发现它们控制着违约的导管。它们拥有担保品,但其抵押品正是它们在将资产置入导管,而不是在其自身的资产负债表上持有的时候,它们以为是最后一次看到的资产。

监管机构在试图将下列因素纳入资本充足率框架中的时候,这个教训它们谨记在心:

- 逆周期资本缓冲;
- 围绕对手信用风险敞口的强化规则;
- 杠杆比率;
- 流动性比率;
- 为"系统重要性银行"制定更高的比率要求。

银行在项目融资市场中保持占有率的理由,因较长期的低收益率资产所受到的待遇不合理而持续削弱,这使其作为总体业务组合的一部分的吸引力降低(因为它们与其他贷款资产具有同等资本权重)。为了降低资产负债表内风险敞口的数量,许多银行都采取了导管结构以缩减它们的资产基础,并专注于在债券市场为其客户执行交易,因为它们可以将所有的债券分配给第三方。

在现实中,银行通常在其交易账簿中持有部分债券,监管机构长期以来一直在讨论对保留或待出售的资产是否需要进行逐日盯市的利弊。

拟议的新要求将会影响下列领域:

- 企业信贷的成本和可获得性;
- 在资本市场中银行自身受到的来自定期资金的竞争;
- 场外(over-the-counter,OTC)衍生工具的成本和可获得性;
- 现金管理;
- 结构性问题(假如某些主体被判断为金融行业公司)。

显然,这个范围远远超出了在20世纪90年代初期设想的原始的简单资本充足率模型。这些新规则并不是孤立的,欧盟和其他国家的金融指令也十分重要。

随着形式更加新颖的资本提供者进入市场,就监管目的而言,什么构成银行的问题也被提出(见第8章)。

我们面对着西欧政府的政治变化,英国脱欧带来的不确定性,致力于取消部分银行业监管规则的美国特朗普政府(新拜登政府仍是未知领域),以及在海外发放贷款以支持中国政府发起的基础设施项目的中国银行的兴起,监管领域将会继续不断地发生变化。

4

项目融资中的信用评估

引言

在前两章中,我们总体讨论了利益相关者和信用评估。本章将探索具体的项目贷款,并扩展第 3 章中的部分内容。

在考虑发放一笔项目贷款对银行的总体贷款资产组合的影响时,银行会采用一个贷款分类体系。这个体系涉及基于所认识到的项目风险和其他相关特征(在银行业界的经验中,人们认为这些特征对于评估违约的可能性十分重要),将项目贷款划定至不同的信用品质类别。

在每个检查周期内,银行的监管机构会审查银行的贷款资产组合。例如,在美国,货币监理署(Office of the Comptroller of the Currency,OCC)是国家特许银行的主要监督者(州特许的银行受州银行监管部门监管)。这些审查的三个主要目标如下:

首先,检查者会评估银行是否有合格的系统来识别、衡量、监测和控制其贷款资产组合中的信用风险数量。这种系统的一个关键成分是银行用以监测其贷款的相对风险并为之评级的过程。其次,检查者会评估银行的财务报表是否准确地反映了其贷款资产组合的状况,并符合在贷款损失准备金、应计利息收入和问题债务重组报告方面的一般公认会计准则(generally accepted accounting principles,GAAP)。最后,检查者会评估银行是否拥有充足的资本缓冲以支持银行的贷款活动和信用风险敞口。[1]

尽管银行监管机构拥有一个标准化系统,要求银行为报告目的使用该系统,但银行为内部目的采用的贷款分类体系通常会更为复杂。[2]这种风险分类体系的一个例子是评估违约概

---

[1] OCC 的中型和社区银行监督部门高级副审计官詹妮弗·凯利(Jennifer Kelly)在美国众议院金融服务委员会的金融机构和消费信贷下属委员会的听证会上的证词,2011 年 7 月 8 日,第 2—3 页。

[2] 关于对银行信用风险评级体系的进一步讨论,参见 Office of the Comptroller of the Currency,*Rating Credit Risk:Comptroller's Handbook*,April 2001。以下文章提供了一项对贷款分类体系的使用的调查:G. Majnoni and A. Laurin(eds.),"Bank Loan Classification and Provisioning Practice in Selected Developed and Emerging Countries",Washington,D.C.:The International Bank for Reconstruction and Development/The World Bank,World Bank Working Paper No.1,2003。

率的内部风险评级体系。为了协调外部和内部系统,银行试图确保与监管体系达成一致,尤其是在"合格"和"不合格"贷款间的分界点上。然后,银行使用其自身的内部风险分类体系开展贷款的分析、比较和定价。

本章的目的是为项目发起人提供一个银行在为贷款分类时所考虑的因素的概观。然而,在最终的分析中,竞争和对业务的渴望将决定定价和条款。尽管如此,通过使用风险分析对贷款、定价和条件进行比较,为评估风险和开始项目贷款的谈判提供了一个客观的起点。

项目贷款的信用风险

在最广泛的意义上,项目贷款的信用风险的定义是贷款不能根据原始条款获得清偿的可能性。这可能会引致损失全部或部分本金或已赚取的利息,或两者的延付。然而,还存在其他附属的项目贷款风险。这些包括:

- 债务重组的可能性(处于债务回收状态,但交易仍可能继续);
- 需要提供额外资金以巩固原始贷款;
- 将本金和/或利息转换为另一种形式的债务或担保品;
- 对原始贷款条款的简单修正。

一笔可能会成功地通过债务重组收回全额本息的项目贷款附有风险要素,因为这种贷款将会造成机会损失,如需要信贷员和高级管理层花费过多时间、法律费用和回收费用、诉讼风险、因还款延迟导致的金钱的时间价值损失,以及可能会对贷款人的声誉造成的损害。

由于风险评估在很大程度上取决于判断,因此可以预期实现的评估结果的一致性程度有限。对判断的严重依赖是项目融资的固有特点,每个项目都具有独特的特性,并不总是能够容易地与其他项目进行比较。[1]这是为何项目团队的稳定性对于建立一个"专家评判小组"来说非常重要。然而,通过对风险分类进行仔细评估,可能会至少确保所有银行信贷员都对所有贷款考虑相同的风险相关因素,尽管每种因素的适用程度会因具体情况而异。

风险分类体系的目的

风险分类体系旨在帮助信贷员评估一笔现有信贷或潜在信贷固有的风险程度。由于风险在贷款的定价和条款中应该是一个重要变量,这种分类在制定与损失风险对等的定价决策和贷款条款时也可以是一个有用的标准。这种分类体系还可以有助于比较项目融资贷款与向成熟公司发放的传统贷款。

风险分类体系不能代替判断。信贷员会取得相对全面的风险标准描述,必须确定在每种情形下哪些因素是相关的,以及它们在多大程度上是有效的(即对每个风险因子设定的相对权重)。

---

① 这与其他形式的信用风险分析(如零售客户信用评分)形成了对比,后者依赖于统计方法或计算机分类系统。

　　尽管风险分类标准（详见后文）在本质上着重于借款人（在项目贷款的情形下，还包括其他关键的利益相关者）的特征，但该体系的目的是对贷款进行分类。然而，在大多数情形下，对借款人、发起人或其他关键利益相关者（如签有承购协议的公司、租船公司或其他资金支持的提供者）的分类会有助于决定贷款的分类。另外，在某些情形下，会出现导致项目贷款的评级不同于借款人评级的情况（如正式担保、抵押品、贷款条款）——这些是在借款人违约风险以外会影响贷款回收风险的因素。在少数情形下，银行可能会用不同的条款向同一借款人发放两笔或多笔贷款，这时分拆分类可能是恰当的。

　　我们在本章中展示的风险分类体系旨在使我们更能够容易地将风险标准应用于具体的项目贷款。一个既定的借款人在所列举的所有标准上都属于相同的风险分类，是非同寻常的。

　　显然，在评估信用风险及借款人偿还债务和遵守贷款协议条款的能力时，借款人的财务状况首先应得到考虑。假如信贷员对贷款的偿还持有任何怀疑，那么就不应发放这笔贷款。风险分类分析的目标是确定附属风险，以及这些风险在评估贷款的可取性、贷款的定价和条款时应产生的影响。

风险分类的标准

　　应该完成的对项目及其关键经济利益相关者的分析将指出下列表格中的风险领域，进一步对之进行讨论也是有意义的。风险会对资产拨备及资本充足率产生影响（正如上一章提到的那样），项目会由于其内在风险较大而被赋予更高的权重。

　　主要风险因素有三个：行业风险、公司/项目风险和风险分类修正因素。表4.1—表4.3列举了这三个主要因素。

表4.1　行业风险因素

结构和经济因素
- 竞争（垄断、寡头垄断、供应商的实力及类似因素）
- 监管和立法的角色
- 行业在经济中的重要性和地位
- 行业参与者对需求、销售价格实施控制的程度
- 行业对其他行业或政府的经济依赖程度

成熟度
- 行业所处的生命周期阶段
- 进入行业的容易程度
- 产能的增加速度

稳定性
- 对商业周期的敏感度
- 对信用周期的敏感度
- 供求的平衡
- 是否易受技术创新的影响
- 是否易受生产变化和销售变化的影响
- 是否易受消费模式变化的影响
- 破产率

资料来源：此表由弗兰克·J.法博齐和彼得·K.内维特制作。

表 4.2 公司/项目风险因素

一般特征
- 在行业等级中的地位和角色(如引领者)
- 销售额、资产和利润的绝对规模及相对行业标准的规模
- 市场份额
- 市场和产品的范围
- 收入来源的多元化程度
- 业绩的声誉和记录
- 对供应和原料的可获得性和价格的控制
- 是否易受不可控制或不可预测事件(如不可抗力)的影响
- 产品特征——差异化程度、替代产品、专利、品牌忠诚度等

管理层
- 行业经验
- 管理的广度和管理人员资质
- 管理的深度和管理人员更替率
- 董事会的能力和结构
- 管理层的控制和未来规划
- 管理层的声誉

财务状况
- 债务和资本化比率
- 流动性比率
- 现金流量和偿还能力比率
- 盈利能力比率
- 资产质量
- 盈利质量

资本来源
- 权益
— 是否能同时使用公募市场和私募市场,或仅仅是私募市场
— 公众持股的程度
— 持股所有权的广度
— 权益证券市场的流动性和稳定性,对比市场对公司股票的需求
- 长期债务
— 是否能同时使用公募市场和私募市场,或仅仅是私募市场
— 债券评级
— 对公司债券的投资需求
- 商业票据
— 商业票据的评级
— 备用额度是否存在
— 投资接受度和二级市场流动性
— 商业银行关系
— 牵头行的规模和地位
— 对一家或少数银行的依赖程度
— 关系的牢靠程度
- 投资银行
— 投资银行公司的地位和规模
— 范围、规模和财务状况

财务报告
- 会计实务的可接受性和健全性
- 审计公司的声誉和地位
- 审计意见(上一点中涵盖了这项评估的质量)

资料来源:同表 4.1。

表 4.3　风险分类修正因素

协议

- 类型
- — 现有额度
- — 循环信贷
- — 定期贷款
- — 其他
- 担保品条款
- 偿还或摊还条款
- 限制性契约条款(restrictive covenant)
- 贷款人在信贷中的地位(牵头行,不具影响力的地位)
- 其他贷款人的品质和声誉

抵押品

- 类型
- — 存单
  - (1) 贷款人
  - (2) 其他银行
- — 短期政府债券
- — 长期政府债券
- — 市政债券
- — 公司债券
- — 权益证券
  - (1) 普通股
  - (2) 优先股
- — 应收账款
- — 库存
  - (1) 产成品
  - (2) 在制品
  - (3) 原料
  - (4) 商品
- — 固定资产
  - (1) 不动产
  - (2) 厂房
  - (3) 设备
- 估值考虑
- — 证券

(1) 适销性:全国性交易所、场外市场、市场需求
(2) 价格的稳定性
(3) 注册
(4) 义务人的品质
(5) 交易成本

- — 应收账款
  - (1) 应收账款的类型(公司、政府、个人)
  - (2) 债务人的品质
  - (3) 担保和或有事项
  - (4) 审计(监测和报告的频率)
- — 库存
  - (1) 适销性
  - (2) 转换成本和销售佣金
  - (3) 过时风险
  - (4) 易腐性风险
  - (5) 物理位置
  - (6) 审计
- — 固定资产
  - (1) 实物状况
  - (2) 适销性
  - (3) 销售佣金
  - (4) 转移费用
  - (5) 转换成本
  - (6) 所有权的可转让性(法律上和实操上)
  - (7) 物理位置
  - (8) 留置权或转让
  - (9) 过时风险
- 法律考虑
- — 美国《统一商法典》(Uniform Commercial Code, UCC)文件与对抵押品的控制
- — 留置权的登记完善
- — 存在冲突的留置权
- 担保
- — 有抵押品或无抵押品的
- — 存在冲突的留置权的可执行性(法律管辖权考虑)

资料来源:同表 4.1。

风险分类标准网格的描述

表 4.4 显示了一个风险分类标准网格。网格中的各列是质量类别,我们在下文中描述了每个类别。各行显示了"风险分类标准"一节中解释的风险分类标准。

表 4.4 风险分类标准网格

行业特征	最高质量(1)	最高质量(2)	良好质量(1)	良好质量(2)	良好质量(3)	中等质量
结构和经济	垄断或竞争极少的紧密寡头垄断	竞争有限或寡头垄断制有的寡头	公司数量有限，竞争适度	程度减小→	众多公司参与不受限制的竞争	行业高度分散化，存在不健康的竞争
	由于存在强大的游说团体，监管和/或立法环境是有利的	监管和/或立法是有利的，至少不是具有限制性的	程度减小→	监管无足轻重或是中性的	监管和/或立法环境略有不利	监管和/或立法十分厉害并且不利
	基础行业	主要行业	重要行业	中等重要行业	适度重要的边缘行业	可能会受到需求大幅下降影响的非基础行业
	卖方对需求和价格拥有很强的控制力	卖方拥有一定的价格决定权，并且能够影响需求	程度减小→	供应，需求和价格是由一个实型自由市场决定的	程度减小→	买方能控制需求
	与其他任何一个行业都没有相互依赖	程度减小→	拥有正常的供应和销售相互关系，但没有集中的相互依赖	程度减小→	与另一个行业有限的相互依赖	对另一个行业有超乎寻常的依赖
成熟度	接近或处于，但未跨过生命周期高峰的成熟行业	强大的进入壁垒，新进入者极少	程度减小→	已经历历淘汰期，没有重大发展问题的成熟行业	刚刚完成淘汰期，或完全成淘汰但尚未重衰退的成熟行业	受到发展问题，淘汰或衰退影响的不成熟或过度成熟的行业
	禁止性进入壁垒			中等进入壁垒，有一些常规的进入	无进入壁垒	进入极其容易
稳定性	不受经济周期的影响	一般被认为能够很好地抵御经济衰退	销售额和利润受到经济衰退的影响，该衰退仅限于行业的一小部分	销售额和利润对严重的经济衰退十分敏感，但未发生实际损失	可能在严重的经济衰退期间遭遇问题	以繁荣和萧条时期为特征的高度周期性
	不受生产或销售周期变化的影响	已经启动了这种变化，并从中获益	这种确实会发生的变化不对严重的经济衰退构成威胁	程度减小→	仅易受到非预期的革命性变化的影响	非常容易受到生产或销售变化的影响
	在所有时期供求失衡有利	除了严重的经济衰退期以外，供求失衡有利	除了严重的经济衰退期以外，供求平衡	在正常时期供求平衡	甚至在正常时期也有一定的产能过剩	长期的供求失衡不利，反映了产能的大量过剩
	破产率为零	破产率可忽略不计	破产局限于最新成立和规模最小的公司，并且仅限于内部因素	程度减小→	与其他行业相比，破产率适中并且较为稳定，或者比其他行业低，但正在上升	破产率很高，也许反映了一些外部因素

续表

	最高质量(1)	最高质量(2)	良好质量(1)	良好质量(2)	良好质量(3)	中等质量
行业特征	不易受到消费模式的变化或替代产品引进的影响	对消费模式的变化拥有强大的控制力	模式的变化较长时期内演变,从而能够充分作出反应	模式的变化有时不可预测,但行业拥有良好的反应记录	模式的变化难以预测,从而带来了一些不确定性	消费模式发生了巨大的革命性变化,从而使公司是否能作出足够的反应具有高度的不确定性
公司特征						
一般特征	其所属行业中的领军者	被视为名副其实的主要参与者	程度减小 →	被视为正常的	地位平凡	声誉不佳
	在其所属行业中拥有高度的主导地位和影响力	公司的合作对行业中新倡议的成功颁布十分重要——拥有否决权	新倡议的颁布需要这个类别中大多数公司的合作,但没有一家公司拥有否决权	程度减小 →	没有独立行动能力,对其他公司的倡议作出反应	程度减小 →
	在销售额、利润和资产方面是规模最庞大的公司之一	程度减小 →		中等规模	程度减小 →	小型公司
	市场份额最大的公司之一	程度减小 →	市场份额较大的公司之一或增长显著的公司	在行业中占有平均市场份额	市场份额略低于平均水平或正在下降	市场份额较小
	一般为跨国公司或全国性公司	程度减小 →	全国性公司或显著的区域性公司	程度减小 →	一般为地方性或区域性公司	
	十分多元化的收入来源	程度减小 →	无对单一产品或服务的重大依赖	程度减小 →	严重依赖于有限的收入来源	单一产品线或被买方/高度控制的专属供应商
	卓越的业绩声誉	被视为无瑕疵的	也许有一些小问题	也许有正常的经营问题	也许有高于平均数量的经营问题	频繁遭遇严重的经营困难,业绩呈现重大波动
	对供应来源的可获得性和价格拥有很强的控制力	适度的供应控制	无供应控制,但供应商之间的竞争确保了公平价格和足够的可获得性	程度减小 →	程度减小 →	供应受到常规短缺的影响,偶尔需要配给,供应商拥有强大的价格控制

续表

行业特征	最高质量(1)	最高质量(2)	良好质量(1)	良好质量(2)	良好质量(3)	中等质量
	不受不可控事件或自然灾害的影响	去中心化会在很大程度上缓和这些事件的影响，程度减小	程度减小 →		不可控事件和自然灾害可能会产生严重但不致命的影响	这种事件可能是致命的
	高度差异化的产品，可比的替代产品极少，强大的专利保护和消费者垄断、卓越的质量声誉	程度减小 →	可能有一些差异化的产品，可比的替代产品数量有限（也许是因为产品复杂度较高），一定的品牌忠诚度和良好的质量声誉	程度减小	产品无差异化，可以获得一些可比的替代产品，质量声誉良好	产品无差异化，存在众多可比的替代品，无品牌忠诚度、产品质量平庸
管理层	拥有在各种环境下的丰富的行业经验	程度减小			→	行业经验有限，未广泛接触过正常的行业问题
	优秀的管理层资质反映在业绩中，部分是以先前风险分类别中的评级衡量的	程度减小			适当的管理层资质，存在一些缺陷 →	适当的管理层资质，存在一些缺陷
	非凡的管理深度，内部提供了所有职能部门的继任安排	程度减小	适当的管理深度，每项关键职能都由至少一名合格的继任者负责 →		深度不足，需要开展一些外部招聘以填补次要职能的空缺	深度存在问题，关键职位存在空缺，从而导致严重的风险敞口
	活跃的董事会（由全国公认的商业领袖构成）提供了对管理层的有力制衡	程度减小	一些地位较为重要的外部董事对管理层实施平常的控制 →		外部董事（如有）不能对管理层进行有效的制衡	不能履行正常职责的内部董事会
	严格、全面的管理控制体系	相同	十分良好、及时的控制体系	设计健全的管理控制和信息	控制体系能够发挥作用，但存在技术缺陷，在少数情形下存在一定的控制失效的风险	控制薄弱，系统在反应性和报告程度上很大，需要进行重大改造
	因无可置疑的正品质量享久负盛名	相同			→	无任何理由质疑管理层的正直或声名，尽管其产品声不广为人知

行业特征	最高质量(1)	最高质量(2)	良好质量(1)	良好质量(2)	良好质量(3)	中等质量
财务状况	流动性比率、资本化比率和债务偿付保障比率处于行业的最高水平	比率远高于行业平均水平，至少处于前四分之一	比率接近但不低于行业平均水平	比率处于行业平均水平左右	比率略低于行业平均水平	比率不尽如人意但仍可接受、当然不低于第三个四分位数
	利润率处于或接近行业最高水平	程度减小	程度减小	利润率处于行业正常水平	程度减小	长期业绩不佳
	高质量的盈利可持续的速度稳定增长	存在稳定的业绩记录，可持续增长趋势优于平均水平	程度减小	→	盈利至少在呈现适度的上升趋势，尽管可能存在一定程度的变化性	盈利记录平平，但展示了盈利能力
	在所有时期都拥有庞大的超额举债能力	程度减小	→	维持适度超额举债能力的一贯政策	程度减小	资本化不足、严重依赖于债务
	估值健全、高质量的资产	程度减小	→			资产质量存在问题、难以估值
资本来源 (1)股本	在所有市场状况下都能利用权益市场	可以出售股票，但在市场严重下跌的情况下除外	能够在正常市场状况下出售股票	只能在牛市期间出售股票	在大多数情况下成功出售股票的可能性很小	公司所处的情形使得出售权益不具有可行性
	股权被广泛持有，在全国各地都有销售	相同		有一定的持股集中度，也许是区域性的	持股相对封闭	持股十分封闭
	在几乎所有情形下，该股票的市场都有很高度的流动性并且相对稳定；在纽约证券交易所 (New York Stock Exchange, NYSE)交易	在主要交易所交易	在二级交易所交易	在场外市场交易，有一定程度的交易商支持	场外市场交易清淡，无交易商支持	无法取得报价

续表

行业特征	最高质量(1)	最高质量(2)	良好质量(1)	良好质量(2)	良好质量(3)	中等质量
	市场需求强劲，在几乎所有时期交易都十分活跃	在大多数市场状况下，都有充足的投资者兴趣	投资者兴趣反映了总体市场状况	零星的投资者兴趣	几乎没有投资者兴趣	无投资者兴趣
(2) 长期债务	在所有市场状况下，都能在公募或私募市场相对具有优势地出售长期债务	只有严峻的信用环境才会影响投资者在公募或私募市场对债务的良好接受程度；即便在这种情况下，债务仍然能够出售，但利差会加大	在正常的信用市场状况下，能够以公募方式出售私募债务	在大多数信用市场状况下，能在信用扩张时期同能使用公募市场	难以使用商业银行市场以外的市场，但一般仍可以接受	不能筹集额外的长期债务资金
	债务将被评定为 AAA 到高 AA 级	债务将被评定为 AA 到高 A 级	债务被评定为 A 级	债务将被评定为低 A 到高 BBB 级	无评级或投机性评级	无评级
	证券对投资者具有有很强的吸引力	投资者会对证券产生大量兴趣，但在市场疲软的情况下除外	在正常市场情况下，不需要过度的销售努力	一般需要销售努力，仅能吸引特定类别的投资者	证券的吸引力十分有限	不适用
(3) 商业票据	在所有时候都能使用商业票据市场	在除了最短紧缩期外的所有时期，都能出售商业票据	在除了最极端的市场紧缩期外的所有时期，至少能够延长期，至少能偿商业票据的期限	能够在正常环境下出售商业票据	在市场紧缩期同也许不能延长商业票据的期限	商业票据市场是一个不确定的资金来源，或者公司不适合发行商业票据
	优质商业票据评级 (A1, P1)	相同	中等商业票据评级 (A2, P2)	较低商业票据评级 (A3, P3)	低于 A3, P3	无评级
	维持备用信用额度	相同 →—————				
(4) 商业银行关系	交易商维持二级市场，投资者的接受程度很高	相同	普通程度的交易商支持和投资者兴趣	被视作在市场中较不活跃的品种	无二级市场，投资者兴趣有限	不适用
	与众多大型银行建立了良好的长期关系，其中包括数家排名前十的银行	相同 →—————	与数家大型银行关系良好，牵头行知名度高，具有威望并且可能排名数家前十	与一些具有适度规模和影响力的银行保持良好，其中包括至少一家大型货币中心银行	与一家具有中等规模和影响力的银行维持令人满意的关系，并且能够通过代理行系统接触到一家大型货币市中心银行	与一家具有较小规模和影响力的银行关系较好

续表

行业特征	最高质量(1)	最高质量(2)	良好质量(1)	良好质量(2)	良好质量(3)	中等质量
(5) 投资银行关系	维持远远超出最高预期需求的银行承诺	相同	维持超出预期需求的银行承诺	程度减小		广泛使用信用额度,超额承诺仅是名义上的
	与一流的大型公司维持工作关系,财务状况良好,并且享有品质正直和业绩优秀的声誉	相同	与活跃、知名度较高的公司保持每年一度的联系	在需要时与公认较好的公司进行联系	与较小的地方性或区域性投资银行的关系处于休眠状态	无投资银行
财务报告	遵循在行业中被认为正常的健全的会计实务	相同			遵循在行业中被认为非同寻常的激进的会计实务	
	八大审计公司	相同	享有盛誉的审计公司	相同	审计公司的质量和声誉无法确知	
	无保留意见	相同			在例外情形下会被给予保留意见,但严重	

资料来源:此表由彼得·K.内维特制作。

最高质量(1)

这个类别是为那些无论按照何种标准衡量都真正优秀的少数公司保留的。它们是成熟行业中的领军者,实力尤其雄厚,可能是垄断或寡头垄断,对重要的世界经济体至关重要。而且其所属行业几乎不受外部力量的影响,其中包括监管和立法、技术创新、商业周期和信用周期,以及生产或消费模式的变化。公司自身在其所属行业中占据主导地位,无论按绝对标准还是相对标准来看都十分庞大,在研究和开发、生产及营销方面都十分创新和富有想象力。它们一般跨国经营,因卓越的业绩而享有无与伦比的声誉,在客户、产品和供应商方面同时具有广度和深度。无论用何种方法检验,它们都拥有非凡的财务实力,几乎可以不间断地使用公募和私募债务市场与公募和私募权益市场,并且其所有债务都拥有最高的可能评级。最后,这些公司拥有优秀的管理人才,因其专业管理知识和领导能力得到了全球的公认。

最高质量(2)

这个类别的公司也是质量最高的公司,但采用的是更为寻常的标准。它们被视为强大、健康的行业中的名副其实的主要参与者,这些行业有可能是寡头垄断的,对经济具有高度的重要性。它们所属的行业对外部力量(尤其是经济周期和信用周期)表现出很强的应变能力,并且在供求平衡、监管和立法等方面前景良好。这些公司在其所属行业中是规模最大的公司,因优秀的产品享有盛誉,并且在数个关键领域十分创新和富有想象力。它们是跨国经营或全国性经营的,享有卓越的业绩声誉,拥有广泛的客户群、产品和供应商。它们的财务状况比率远好于行业平均水平,它们能够在正常时期无保留地进入公募和私募的债务市场和权益市场,并且其债务拥有优秀的独立评级。管理层拥有相当丰富的行业经验、优秀的管理资质、非同寻常的深度及公认的领导能力。

良好质量(1)

这个类别适用于在强盛行业中优于平均水平的公司。它们所属的行业通常竞争有限,在经济中具有中度至高度的重要性,并且相当成熟。这些行业还对外部力量(经济周期、技术变化、消费和销售模式的变化等)具有相当大的应变能力,并且拥有总体上对参与者有利的供求平衡状态。公司会受到好评,无论是作为规模较大的参与者之一,还是作为重要性日益增长的公司。它们一般是全国性公司或极其强大的区域性公司,没有对单一产品或服务的重大依赖性,并且极少出现问题。财务状况比率略优于行业平均水平,利润一般在持续增长,它们拥有一些超额举债能力,在正常时期能够相当不受限制地使用债务市场和权益市场。此外,它们与银行的关系良好,它们拥有良好的信用记录和信用评级。它们的管理层拥有广泛的行业经验和较强的深度,并且在打交道时相当专业。公司将会清晰地展示其安然渡过困难时期的能力。

良好质量(2)

这个类别适用于在健全行业中的大部分处于平均水平的公司。它们所属的行业中有众多公司开展正常的竞争,行业在经济中的重要性适中,而且监管不是高度不利的。行业已达到淘汰期以后的成熟期,并且没有重大的发展问题。它们在正常的经济环境下较为稳定,供求将大致处于平衡状态,并且在一定程度会受到其他外部力量的影响。公司在其所属行业中被认为是正常的,它们具有中等规模和足够的市场份额,并且可能会存在一些正常的经营问题。它们的财务状况比率处于行业平均水平。它们遵循在正常时期维持超额举债能力的政策,拥有相当稳定的盈利业绩的记录,利润率处于行业的典型水平。它们使用债务市场和权益市场的机会有限,拥有良好的信用记录,它们与银行的关系良好。最后,它们的管理层十分专业,拥有合格的管理资质和广泛的行业经验。

良好质量(3)

这个类别适用于在竞争激烈的行业中落后于平均水平,但仍然健康的公司。它们所属的行业中有众多公司参与不受限制但不具破坏性的竞争,行业在经济中的重要性适中,监管和立法可能会带来一些不利。行业通常已达到高峰以后的成熟期,但仍未衰退下去,它们在经济滑坡时期会呈现出一定的不稳定性,在经济衰退期会有超额供应,并且受到其他外部力量影响的程度为中等。公司在其所属行业中被认为是正常的,它们具有中小规模及较小至平均水平的市场份额,并且存在正常的商业问题。它们可能是区域性公司,拥有防止市场份额受到侵蚀的公平保护。财务状况比率处于或略低于行业平均水平,除了在迅速和非预期的经济扩张期或紧缩期以外,它们会拥有一定的超额举债能力,其使用债务市场和权益市场的机会有一定的不确定性。然而,它们与银行的关系还不错,它们拥有相对无瑕疵的信用记录及中等的信用评级。它们的管理层拥有充分的行业经验,但可能在某些领域缺乏深度或广度。公司安全渡过困难时期的能力有限,但基本上是健康的。

中等质量

这个类别适用于在分散化、竞争激烈的行业中的边缘公司。它们所属的行业中有众多竞争者开展略具有破坏性的竞争,监管可能十分严厉和不利,行业在经济中的重要性较低,并且略为不成熟。行业可能会遭受成长的阵痛或正在衰退,进入行业相对较为容易,它们在一定程度上会受到外部力量的影响,尤其会受到经济周期和技术变化的影响。破产率可能会相当高,并且可能存在庞大的产能过剩,行业也许会高度依赖于另一个行业以获得供应或开展销售。这个类别的公司在其所属行业中通常平平无奇,规模可能小于行业平均水平,市场份额较小并且略为不稳定。它们一般是地方性或半区域性企业,产品有限并且正受困于一些严重的运营问题。它们的财务状况比率也许远低于行业平均水平,不尽如人意但仍可接受。资产在很大程度上不具有流动性,公司一般资本不足并依赖于债务融资,盈利能力不稳定且不确定。它们拥有相对较少的融资来源,也许仅依赖于一家银行,但信用记录良好。信用评级一般较弱或不存在。它们的管理层只有有限的行业经验,也许有一些职能上的缺陷,深度有限,并且董事会的影响力较弱。然而,从外部迹象来看,他们是诚实的。这些公司前途未卜,但能在一些鼓励和帮助下存活下去。

其他类别

尽管属于"最高质量——1"和"良好质量——3"之间的贷款被归类为合格类别,但 OCC 进一步明确了数个信用较弱的类别:关注类、次级类、可疑类和损失类。第一类提出了对贷款资产质量的担忧及对偿还贷款的潜在担忧,因此等同于"中等质量"类别。继关注类之后的是以下三个更严重的类别——次级类、可疑类和损失类,它们亦称特定分类贷款。这要求银行采取行动,将被归为可疑类或损失类的资产放在非应计项目登记簿上,并用短期的审查周期考虑核销仍处于逾期状态的贷款,从而会直接影响盈利能力。某些类别的次级贷款亦被要求放在非应计项目清单中。

许多银行如今对内部风险评级体系进行微调,以进一步区分违约概率、违约损失金额和预期损失(前两个数字的乘积)。此外,一些银行正在选择重新制定它们的贷款分类,以更紧密地与评级机构制定的标准保持一致。

5

贷款人可能承担的风险

引言

如果不讨论过去数年间银行与贷款机构之间日益加剧的竞争及多起信贷危机对银行借贷的影响,那么任何对贷款人可能会承担的风险的讨论都是不完整的。

在传统上,私营商业银行是项目融资的主要资金来源。新进入项目融资领域并急于发展新关系的银行,在试图发放贷款时尤其激进。在准政府性银行的情形下,情况更是如此,这些银行有时比私营商业银行愿意接受更高的项目相关风险。这种竞争导致了定价的侵蚀、抵押品要求的降低、期限的延长,以及贷款人承担的信用风险的提高。

向由银行承担更多风险并且回报降低,从而使项目融资的条件更为宽松的方向的转变,对于从私人来源长期、有序地获取资金不一定是有利的。私营银行领域的重大损失将会导致资金的枯竭及贷款条件的收紧,从而使未来项目的融资更加困难。因此,需要一些平衡。假如贷款人想要继续经营下去的话,就必须在相当无风险的基础上,为其资金的使用获得充分补偿。此外,正如我们在先前章节中看到的那样,一些银行已因风险的加剧和资本充足率成本的上升而退出了项目融资市场。这意味着项目融资市场中的银行群体比过去缩小了,随时间的推移,工作人员的变动也可能会导致银行失去从跟踪交易组合获取的特定主题知识的储备。这种不对称性可能会助长风险(由于缺乏经验)和导致相关主体不愿承担风险(更为保守的贷款资产组合管理)。

贷款人只有在高度确信贷款的本息将会得以偿还时才会提供资金,利息反映了资本成本(从而反映了对等的风险)和适当的利差。任何基于其他原因提供资金的银行将会濒临破产,因为这些杠杆程度已经很高的贷款机构在其贷款资产组合中,承担了更高水平的权益型风险。投资公司(如负有政治任务的主权财富基金或希望从成熟的基础设施项目中获取稳定长期回报的养老基金)的杠杆水平较低,可以在项目中承担权益风险,但相比之下,诸如银行之类的贷款人具有高得多的杠杆,因此不适合承担权益风险。

在旷日持久的贷款谈判中,借款人面临着贷款人似乎无休止的对契约条款、违约情形和财务比率的要求,恼怒的借款人也许会质问贷款人:"你们在交易中从来不承担任何风险吗?"大多数贷款人试图优雅地用礼貌用语表达的坦诚回答是:"是的,我们不承担任何风险,因为我们的利益相关者要求我们在有任何迹象表明我们不能获得还款的情况下,拒绝发放贷款。"

然而,尽管贷款人一般会拒绝承担风险,但在某些情形下,贷款人可能会对承担特定的交易风险感到放心。这种风险敞口采取的通常是在特定情形下补充提供融资的形式。这种风险敞口也可能会给借款人带来较高的成本。

国家风险

贷款人在项目融资中承担一定的国家风险的压力越来越大。这种国家风险由出于政治动机对项目、债务偿还或产品运输的禁运或抵制组成,它们也许反映了相关国家的外交政策。国家风险还考虑了东道国因其自身的经济问题禁止转移资金用于偿还债务的情形。

在某些情形下,如果出现这些问题,贷款人可能会对承担解决此类问题的全部或部分责任和风险感到放心。

贷款人不愿意参与位于某个特定国家的特定项目的贷款,并不一定意味着它们对该项目或国家缺乏信心。大多数贷款人偏好尽可能分散其贷款资产组合的风险,并限制其对特定公司、行业、国家或地区的信用风险敞口。不参与贷款也许仅反映了风险敞口已达到上限。

一种鼓励贷款人接受更高程度的国家风险的机制是,让世界银行等多边贷款人参与被视为具有较高国家风险的国家的关键项目。这些贷款通常规模相当小,可能是劣后级贷款,但如此规格的贷款人的出现可能会使其他商业贷款人对项目产生信心。交叉违约条款确保了一国的借款人承受十分真实的偿还这笔贷款的压力,以免世界银行在该国提供融资的其他项目被冻结,并且这家超国家组织未来将停止提供贷款。

主权风险

习惯于为了向(作为主权实体的)国家发放贷款进行信用评判的贷款人,通常会在项目由国家的政府机构完全或部分拥有或担保时作出贷款决策。然而,政府机构的确切所有权和法律地位并不总是容易确定的。由于这个原因,至关重要的是潜在贷款人应阅读这些主体的章程和/或宪章,以确保不出现意外。假如一个被认为是政府机构的主体在其章程中清晰表明了事实并非如此,那么其债务也许不能被视作主权国家的债务,贷款人需要完成不同的财务和风险评估。在新兴、发展迅速的经济体中,对看上去可能具有主权国家完全支持的借款人的信用资质的假设和困惑,可能会给外国贷款人带来困难,一旦麻烦产生的话,这些假设和困惑可能会升级为更大的国际或贸易相关问题。

政治风险

政治风险和监管风险是开展经营所固有的风险。它们会影响项目的所有方面，从选址、建设至完工，以及运营和营销。它们难以评估。在可能的情况下，这些风险是由发起人承担的。在不可能由发起人承担风险的情况下，贷款人有时会承担这种风险。在发展中国家中的石油和天然气生产的生产付款合同是承担政治风险的例子。

终极政治风险是没收所有权，借款人有时会蓄意使银行承担这种风险敞口，以降低被没收的可能性。在本书撰写之时，新闻中的一个例子是在一个非洲国家运营的金矿公司。该公司被指控少报了黄金的出口价值以避税。政府对黄金和铜精矿实施了出口禁令，它们占该公司产量的 50％左右。[①]《项目融资：分析和构建项目》进一步讨论了这个案例。同一个国家的一家钻石开采公司也面临着财务挑战，其价值 1 500 万美元的钻石遭到了没收。出售不由政府所有的股权的行动进一步恶化了关系。在本书撰写之时，关于侵犯人权行为（发生原因是非法采矿者入侵项目场地，遭到了来自国家警察和第三方安保公司的现场安保人员的攻击性对待）的指控仍在调查之中。这些显示了与处于低收入地区的高价值自然资源项目相关的风险。第 19 章对此有进一步的描述。[②]

国家风险与政治风险的差异很小。在商业的政治风险保险市场中的机会窗口时开时闭，因此这些风险可以在保险承保范围内，尽管需要付出一定代价。将风险转移至保险市场需要专业的知识和建议。（第 12 章提供了对这个主题的更多讨论。）

外汇风险

只要资本支出、运营费用、收入和借款都以同一货币计价，外汇风险就不存在。

当这种情况不可能或不可取时，贷款人可能会被要求通过提供多货币贷款来承担部分风险，贷款赋予了借款人基于固定汇率以不同货币还款的选择权。但是，借款人和贷款人都需要记住，多货币贷款的实操机制可能会十分复杂，因而在交易完成前清晰地理解其在实践中如何运作是十分重要的。贷款人有时能够利用第 16 章到第 18 章所描述的工具来对这项风险进行套期保值。

同样值得记住的是，债权人的等级制度可能是一个国家的法律管辖权特有的，不同于贷款人所在国的情况。与外国贷款人相比，本地贷款人（它们可能为项目公司提供薪酬服务）在债权人等级中可能享有优先权。假如项目需要本地货币的营运资本（大多数项目都会有这个要求），那么所有融资参与方都需要清晰地了解在最差情形下，债权人等级制度是如何运作

---

① 该公司为阿卡西亚矿业公司（Acacia Mining），后来被其大股东收购，并与政府谈判达成了和解。

② 该公司为佩特拉钻石公司（Petra Diamonds），在其网站（http://www.petradiamonds.com）上有更新信息。

的。没有一家大型外国贷款人愿意在最差的项目现金流情形下,因规模较小的本地贷款人排在它们前面而延迟获得还款。使用债权人间协议(inter-creditor agreement,ICA)可以有助于达成这点。

通货膨胀风险

贷款人最终必须依赖于对项目建设成本和运营成本的预测。

在估算这些未来成本时使用正确的通货膨胀因子这一领域,拥有经济学专家部门的贷款银行可能比项目公司或其筹办人拥有更丰富的专业知识,尽管项目管理人的专业化总体上提高了现金流量预测报告的质量。因此,通过建议使用什么样的通货膨胀因子(贷款人在制定预测和之后基于这些预测发放贷款的过程中使用了这些通货膨胀因子),贷款人承担了在交易中存在的通货膨胀风险,基于其在贷款审批时对通货膨胀的认识作出了决策。假如因通货膨胀率高于预期而需要金额更大的借款,贷款人可能必须提供额外贷款并承担额外的信用风险敞口。

利率风险

浮动利率贷款(利率以高于资金成本的一个利差衡量)可能会被用于建设贷款和长期融资,以及营运资本和短期需求。所用的对未来利率、资本化建设成本和未来偿债要求的预测都依赖切合实际的利率假设,贷款人可能会试图利用第 16 章到第 18 章讨论的利率互换和其他金融工具来对此进行动态管理。

从实践的角度来看,无论项目发生什么,套期保值合约所要求的款项仍必须被支付。一个好的办法是:确保银行内部那些参与套期保值计划的部门完全理解项目产生的现金流的情况,并且这些现金流适合于履行在任何所用的套期保值合约项下交付资金的义务。

评估

一些为石油和天然气生产提供融资的项目贷款,是基于资源的评估价值及经营者开发这些资源的能力发放的。有时也会为煤炭或其他矿物的开采发放类似的贷款。在这种贷款中,贷款人承担了资源是否存在并且是否能以预测产量开采的风险。在发放此类贷款时,贷款人必须依赖内部评估者和独立的外部评估者的意见。

这种类型的融资在北美地区及一些北海项目的大型融资中得以广泛采用,正如我们在第 1 章的 LASMO 案例研究中看到的那样。

这种评估基于在不同地质背景下的经验及贷款人在发放生产贷款时愿意提供的金额之上，随着贷款人之间竞争的加剧，评估的准确性有了提升。构建这些贷款所要求的专业知识已经通过专业的项目融资银行人员群体传播开来，从美国扩散至欧洲、亚洲、非洲和南美。加拿大和澳大利亚等资源丰富的国家也建立了拥有这种专业知识的银行。

许可证和执照的可获得性

由于在厂房运营前，项目必须先取得和更新许可证及执照，因此贷款人实质上承担了是否能在合理时间内取得这种许可证和执照的风险。此外还有发起人将会支付相关成本的假设。然而，在对最终获准日和许可证颁发作出乐观估计的情况下，通常会发生严重延误。

运营业绩风险

一旦某项目完工并按规定运营后，它将开始呈现一家成熟的运营公司的特征。随着完工担保的退出，许多项目融资的贷款人转向依赖于项目的持续不间断运营及其产品或服务的销售来提供偿还项目贷款所需的现金流。

在项目被精心规划的情况下，贷款人会通过在完工担保终止前，要求项目公司严格遵守运营规定和成本预算来保护自身。贷款风险类似于向从事类似业务的独立公司发放的商业贷款所遭遇的风险。

展望至项目被认为完工并且发起人的支持消失的时点，项目公司未来的现金流可能会受到异常运营成本、原料成本的增加、监管风险及产品所在市场的影响。然而，贷款人只有在将原料和市场风险转嫁给供应商和用户之后，才能得到保护。贷款人可以通过要求项目公司维持财务比率，并遵守关于维持营运资本、支付股息和积累现金的贷款契约条款，来进一步保护自身。贷款人可以定期"扫荡"现金，并利用超额现金偿还本金或为第三方保管账户提供资金用于未来的贷款还款，正如我们在前面的章节中看到的那样。

产品价格

在项目生产的商品在很大程度上是在公开市场销售，而非根据任何长期合同提供的情况下，贷款人必须评估商品的未来市场，并判断此类价格预测是否切合实际。假如项目贷款是基于这种价格预测所生成的现金流量发放的，那么贷款人显然承担了项目的商业风险。拥有商品专业知识的贷款人有时会愿意承担这种风险，因此一些银行可能会专门从事（举例而言）黄金开采融资。

另一个将商品的价格风险转嫁给贷款人的方法是,规定贷款的还款完全或部分取决于商品的未来价格。对贷款人而言,这种安排既有收益潜力,也有损失风险。这种风险确实并非寻常的贷款风险。在第 16 章—第 18 章中,我们将描述贷款人可以用以控制这种风险的工具。

产品合同的可执行性

即便项目是由附有适当升级条款的照付不议合同支持的,仍会产生合同是否可执行,以及签订合同的另一方是否可靠并会履行合同义务的问题。必须考虑可能出现的对履约的不可抗力抗辩。例如,是否应该基于向一家公用事业公司出售煤炭的长期合同发放贷款? 这家负有责任的公用事业公司是否可能会在一个未来日期宣布合同是不可执行的?

对所有的合同签订方履行其合同义务的财务实力、能力和正直品质的评估,将形成项目审批的一个组成部分。

原料和能源的价格

在项目依赖于其以某个价格购买原料或能源的能力,从而以具有竞争力的价格生产产品的情况下,贷款人可能会基于其对市场的了解,愿意假设这种原料或能源事实上能够以预测的成本获得。

原料合同的可执行性

假如项目具有长期的原料合同,并且这些合同被用于基础的财务预测,那么仍会存在合同的可执行性以及签订合同的另一方是否可靠并会履行承诺的问题。假如原料是进口的,那么必须考虑进口限制或出口国的不可抗力事件。假如价格与市场相比具有吸引力,它们是可持续的吗?

再融资风险

假如项目是按照短期建设融资由一组贷款人提供的,而自建设阶段完成起的长期一揽子融资计划是由另一组贷款人提供的方式安排的,那么建设贷款人面临不被长期贷款人置换出来的风险。建设贷款人偏好在建设贷款发放时安排好长期的一揽子置换融资。然而,由于提前期较长,这并非总是可能的。

建设贷款人可以通过为发起人安排长期债务提供激励来保护自身。例如,这可以通过逐渐提高利率、触发额外的发起人担保或要求发起人置换融资来完成。

在项目融资中,建设贷款和长期贷款通常是由同一组贷款人提供的。

贷款人越来越感到担忧(并且与整个项目的再融资直接相关)的另一种不同形式的再融资风险是,在项目生命周期的早期,一旦项目的建设风险和运营风险降低,借款人就对项目贷款进行再融资。这是因为,贷款人为项目提供长期融资的基础是,它们在项目早期承担相当大的风险,但可以在项目贷款的整个期限内获取回报。

然而,借款人会倾向于认为,一旦项目的困难部分已经结束,并且项目处于稳定状态,风险将会降低,超出资金成本的利差也应该降低。因此,借款人可能会在项目生命周期的早期以更低的利率为项目进行再融资。

为了确保初始贷款人能够获得它们在项目起始时预想获得的回报(它们可能同意为项目提供长期融资,如 20 年),可以在贷款协议中插入条款禁止在项目初期的特定封闭期内开展再融资,或允许再融资但需要向现有贷款人支付高额罚金,因为这些贷款人将会蒙受潜在收益的损失。

不可抗力风险

不可抗力风险是由超出项目融资各方控制以外的事件导致的(见第 12 章)。贷款人的目标是通过合同义务或保险保护,将各种不可抗力风险转嫁给发起人或发起人的供应商和采购商。只要这些风险不被转嫁,贷款人就承担了不可抗力风险。

法律风险

项目的东道国可能不是发起人或贷款人的所在国。完善的项目融资领域的判例法已经在西方司法辖区发展起来,假如项目的东道国政府参与项目并希望采用在这个领域不太完善的本地法律,这可能会存在问题。重要的是讨论协议的可执行性,从而使它们不是以在东道国或该国家的相关司法辖区无效和不可执行的方式起草的。在过去 20 年间,仲裁程序有了很大改进,这一途径可以帮助解决棘手情况。贷款人总是应聘用当地律师仔细检查相关方面,以确保外国方与本地方对项目及其一揽子融资计划在东道国内部如何运作的认识没有冲突。

6

与发起人保持良好关系

引言

与发起人保持良好关系对任何项目融资的成功都是至关重要的。在项目融资中，所有不同的利益相关者之间都需要有高度的信任，这种信任只能通过相关个人之间的反复、深入讨论发展起来。项目融资不是一个放之四海皆准的学科——不同的团队拥有不同的长处；不同形式的项目融资可能在历史上处于不同的地区，如得克萨斯州的石油和天然气、洛杉矶的电影融资（由于好莱坞工作室的存在），以及雅典、香港和新加坡的船业贷款（因为它们集中了大量的船东和船员）。在当今互联网和线上会议的世界中，建立项目一揽子融资计划的专业人才可以位于任何地方，但为了应对现在的交易规模，需要有良好的进入主要资本市场的渠道。

尽管在理论上，借款人有大量银行可供选择，但并非所有银行都拥有构建和安排复杂的项目融资的能力。资本充足率规则的收紧意味着大型项目的资金供应减少了。尽管这可能会鼓励新进入者进入市场，但从发起人的视角来看，经验是区分一系列顺利谈判（摩擦会减少，律师费用等代理成本也会降低）与旷日持久的谈判（缺乏经验的银行家以借款人为代价边学边干）的重要因素。此外，值得指出的是：当一家银行同时担任财务顾问和牵头（贷款）行角色时，可能会出现治理冲突。当事情进展顺利时，这不是一个问题，但在未来的挑战导致各方必须围绕谈判桌坐下来重新谈判的情况下，该银行将面临冲突。

了解发起人

通常，与发起人的关系和为新的大型项目提供融资的请求是从一个有时看上去像是十分漫长的"求爱"的过程发展起来的。这项关系也许始自相对较小的活动，如管理支票账户、支付、信用证、外汇和其他司库管理产品，两家机构可借此相互了解并理解对方的运作方式。许多银行都设有客户关系经理,与特定客户开展的所有活动都必须向其报告,并且他负责确保对所提供的银行信贷的审批。客户关系经理协调银行对机构的服务,并向机构营销银行的服务,具体而言是向那些在机构内部负责基于银行的支持制定决策和交付服务的个人进行营销。这可能意味着客户关系经理相当资深,已与机构内部的个人打了多年的交道。这可能还意味着他(或她)是一个多面手,因此不是组织专业项目融资的关键参与者。我们很容易认为银行的这种内部政治能够自动顺利运行,但情况并非总是如此。客户关系经理小心翼翼地保护他们的联系人——这是他们的职业资本的一部分——因此不太可能与他们不认识或不信任的其他人共享客户。

尽管如此,管理客户关系并不总是一帆风顺的,而是可能有点像走钢丝——在某些文化中,会通过赠送礼物,也可能通过接受恩惠来标志关系的巩固。大多数金融机构都采取了相关措施,比如对这种交换设置金额上限,将礼物汇集在一起抽奖,或与支持人员(另一个重要并经常被忽视的利益相关者群体)分享礼物。

1997 年,经济合作与发展组织(Organisation for Economic Co-operation and Development,OECD)制定了《反贿赂公约》(Anti-Bribery Convention),公约于 1999 年生效,并于 2019 年受到了审查。它旨在处理对外国公职人员的引诱,所有 37 个 OECD 成员国* 和 8 个其他国家(在本书撰写之时,为阿根廷、巴西、保加利亚、哥斯达黎加、秘鲁、俄罗斯和南非)都签署了该公约。公约是通过同行评议来运作的,多个国家也制定了新的法律和法规以支持或效仿公约。许多公共和私人机构都有关于赠送礼品和接受礼品的正式政策,比如设定金额上限,将礼物汇集在一起抽奖,或与支持人员(另一个重要并经常被忽视的利益相关者群体)分享礼物。

过去,交换礼物通常是文化规范,可以生产出贵重的礼品,它们的价值在不断上升。尽管有形的礼物可以申报,但帮助某人的子女进入大学呢?或者,馈赠方对"便利费"或"代理费"的期望呢?非政府组织也是利益相关者,如透明国际组织(Transparency International)。透明国际组织发布了一系列国家报告和关于公职官员的年度全球清廉指数,并指出没有一个国家是完美的。[1]2020 年,新西兰和丹麦排名最为靠前,索马里和南苏丹位列最后。更佳的信息流动使得有关礼物、腐败、贿赂等方面的争议性问题在媒体或其他公开会议中的曝光增加,但尽管人们呼吁增加透明度,很多腐败行为仍在继续,通常得到高级管理层的默认甚至是支持,并希望不被抓住。一旦这发生后,值得认真思考的是,"重力原则"将会适用——当你寻找可以依靠的肩膀时,麻烦会向下蔓延!

在实践中,这意味着,正如合同理论告诉我们的那样,在经济学和法学中存在即期合同和关系型合同,在银行与其支持的机构之间也存在即期合同和关系型合同。这是指即期合同在本质上是一次性的,或换言之有效期较短。这种合同通常是基于价格的,合同各方都没有兴趣建立任何形式的关系。相比之下,关系型合同是伴随思想上的长期联系建立的,双方都会投入时间和开展信息交换。这个理论是基于西方数据的,未考虑其他文化对任何形式的双方联系的预期,因此文化规范也必须被尊重。对于任何作为新利益相关者进入这种情况的一方来说,难以接受的事情是:这些合同未书写成文。它们经过长时期的演变,有一段必须受到尊重的默契历史。

---

* 截至 2020 年底,OECD 共有 37 个成员国。——译者注

① 透明国际组织的网站:www.transparency.org。

同样,关于合资和联盟的理论告诉我们,在双方加入一笔交易时,需要令双方都满意的与任务和关系相关的标准。不同各方之间已经悄悄商谈过许多这些标准(作为"互相了解"过程的一部分),但它们不会被记录在案。

这也解释了为何拥有良好的会议记录如此重要。"我和某某人见了面"在当今是不够的。"我和某某人见了面并讨论了信用证"也需要更加详尽,这样一旦出现任何差错或有人从两家机构之一消失,一切都可以继续顺利地无缝进行,而不是引发不确定性和潜在的问题。尽管许多年轻的专业人士认为法律行动将会解决所有问题,并主张执行合同条款,但这并非总是好主意,原因有两个。首先,合同可能是不完全的——因此所涉及的问题也许未被提及;其次,即便主合同是由美国和英国法律管辖的,但执行可能受到当地法院的管辖,没有相同的判例法保护。

在非本土发起人的法律制度与东道国的法律制度(以及管辖融资协议的法律制度)存在重大差异的情况下,仲裁途径具有吸引力,并且可能为关于选择哪一管辖法律作为项目主权代理的争论提供了折衷方案。然而,在"海外"提供的任何判决都需要在当地具有可执行性,以便为项目利益作出改变,这并非总是事务的正常状态,尤其是因为国家不乐衷于让其他法律制度或法院告诉其司法机构或公民如何行事。

这能与金融机构内部较为频繁的人员阵容的变化相互调和吗?回答是"不太行"。一方面,已经共事很长时间的个人之间存在缺乏视角的危险,他们与项目的关系过于密切,可能还有存在既得利益的友谊,无法冷静地看待问题。在另一个极端上,存在团队的新到成员因举止在文化上不恰当而打乱微妙关系的危险。

因此,一个例子也许是:文化规范采取的是一种看上去不那么专注的方法,强调在讨论业务前先通过讨论家庭和社会事务来增进各方互相了解。我们可以将之与一个不同的文化规范进行对比,后者推崇直截了当,想法是尽可能快地结束会议。这些文化规范也可能被视为不与文化相关,而是个人行为——"我不与人打交道"的方法!第一个群体惊讶于他们所看到的对方不够世故(以及缺乏礼貌),因为对方不试图理解当地的"游戏规则",更无须说视对方为不想建立更长期的关系了。第二个群体对闲聊感到厌倦,不能理解为何不立即讨论正事,并可能会犯下低估对方能力的致命错误。

另一个例子也许是:项目经理或牵头银行家开始将项目称为"我的项目",并用"我们"语句将自己与发起人拉到同一条战线上。这也显示了视角的缺乏,在项目恶化的情况下可能是一个潜在的危险信号。

与发起人建立健全的关系是最先了解到新项目的方法,但希望这是以不会使发起人产生交易已经敲定的预期的方式来实现的。其他棘手的结局包括:所设想的交易不能达成,或交易是以一个"价格"或对价(可能不是金钱的)取得的,但在交易变得更广为人知时(通常是当项目陷入困境时)将会困扰所有各方!

交易是关于什么的?(目的)

这里需要的是对项目目的、结构和资金用途的简明扼要的总结,并按照每个项目阶段的不同时间、目的以及股本和债务，分解为不同的份额和层级。

不幸的是，可能出现的只是一份杂乱无章、前后难以一致的清单，或者是单个句子。两者都不能有助于投资决策——在任何项目中，第一个问题总是：如何管理成本超支？

一个良好的目的陈述会向读者展示发起人已经深入思考了当前状况，任何感兴趣的潜在投资者都会立即将不同的成本要素与其他项目进行比较。因而在这个领域，可信度可以建立，也可能会丧失。一个拙劣或不完整的目的陈述可能会显示可信度较差且不完整。为支持资金来源分解的证据添加脚注可使潜在的资金合作伙伴能够看到资金来自何处，并据此同意、引导或质疑它们。

贷款需要的期限有多长？在不同时期，根据其贷款账簿状况（资产／负债管理）及其在市场中为了套期保值而获得的各种衍生产品，银行对不同的贷款期限会有或多或少的兴趣。

让我们考虑一个 10 年期大额项目融资的例子。这需要银团贷款——在多家不同银行之间拆分，机构可能会对邀请哪些银行参与持有相当强烈的看法。在这个简单的句子中蕴含了多个可能十分困难的挑战。

首先，某机构也许会决定，它希望通过邀请为其服务的银行团体中的部分成员参与收益率可能略微更高的项目融资来回报它们。这一姿态是由良好的关系管理驱动的，但未自动考虑这些银行参与项目融资的能力（即其特定的专业经验）。将非该领域专家的银行纳入该银团，可能会给牵头行及发起人带来各种各样的问题，尽管后者可能会假设问题在于两个银行之间的摩擦，不能充分领会其微妙之处。

其次，10 年也许超出了市场对该风险进行定价的期限。这形成了不同的挑战。一个方案是试图将贷款分解为两个 5 年期的部分并在项目中期自动滚动贷款；另一个方案是将交易结构设计为前期阶段的还款较低，但"气球"还款较高，并且在项目进展顺利的情况下能够为之进行再融资。对比这两个方案，哪个更佳呢？在两种情形下，都有重新谈判的余地，这意味着银行收益的降低。为了处理这点，在交易前开展一些相当坦诚的讨论是明智的，以使发起机构能够理解银行对期限的态度，银行家亦应了解银行在任何时候愿意开展何种业务，这样会议才会富有成效。一家天真的发起人机构也许会认为银行预期从项目融资获取的溢价是不合理的，它应支付与普通企业信贷类似的价格。在这里，项目融资团队有客户关系经理站在其一边十分重要，这样精明的借款人就无法从中坐收渔利。对期限的操纵行为亦不是未知的——采用 367 天期限的贷款以符合长期负债的条件是一个例子，采用 364 天期限的贷款以符合短期负债的条件同样如此——但各方都应记住：资产的类型和期限应与不同的资产组合配置相适应，它们可能会导致不同的资本充足率要求，从而会对定价产生影响。

额外支持或担保品

第 12 章会详尽讨论担保的内容。假如项目提供了担保或合同支持，那么我们需要评估提供支持的主体的财务实力，并审查合同。安慰函和知会函均不同于担保文件，许多银行已经不情愿地发现这点。

将所有这些合同、财务信息，以及适当的信息发布或保密协议的副本准备好提交给融资提供方总是好的，以使交易进程不会遭到拖延。尽管安慰函或知会函不是可执行的，它们也许具有一定的道德说服力，但不应依赖它们。

在多个国家中，人们相信不动产抵押品是最佳形式的担保品，因为土地价值总会上涨（因为它们过去总是如此）。在当今的社交媒体世界中，银行强制执行没收房产（尤其是国家资产）以补足还款差额的画面，并不能起到正面的宣传效应。接受一家工厂作为抵押品并"实现"担保、接管商品仓库、扣押船舶或飞机也可能会导致其他负债，如未付的工资、税款或保险，这些都是银行为收回贷款本金支付的成本和管理时间。外国贷款人并非总是能够取得在国内房地产中的合法担保权益，因而需要对以下假设进行核查：一家主体对其提供的担保品拥有所有权，并且资金提供方理解接受资产所有权所涉及的风险。贷款人试图接管国家形象项目的努力是万不得已的最后策略，应仅在所有其他谈判均已失败的情况下考虑，并且需要大量的政治和法律指导。通常，所需要的也许是一个创新的问题解决途径，但有时即使这样做亦不能奏效。

值得始终记住的是，担保权益永远是第二还款来源——假如现金流不够强劲，那么这可能是一笔贷款人或投资者应该放弃的交易！此外，资金提供方还可以很容易地通过让借款人使用一个资金提供方可以监控的账户支付保险费，来核查担保品是否有保险。

借款主体

预期项目融资可能通过一系列特殊目的载体（special purpose vehicle，SPV）来开展是正常的。由于这些主体的资本可能不足，项目的管理（包括在建设和运营方面）对项目的成功至关重要。因此，确保贷款人对这些管理人员抱有完全的信心是合理的。这意味着，需要尽可能全面地考察他们。尽管许多国家都有集中化的信用评级主体，但情况并非总是如此，尤其是在新兴国家。对于过去经历过破产的人员，存在不同的文化和组织态度。一些人可能会认为经验教训已被吸取，其他人则认为这预示着使用别人的钱走向第二次灾难。简历和领英上的个人经历描述可能会被夸大。在多个案例中，自称拥有资质和经验的个人受聘为机构中的高层，但后来却被发现这些描述是不真实的。一个最近在英国发生的例子是围绕一笔相对较小的个人欺诈的，其中，受到欺诈的一方对另一方在 Facebook 个人资料中的信息感到放心，但后者最终被识别为骗子。这里的信息是，应该总是开展核查，当感到事情不太对劲时，就要调查下去。

来自一个更大的机构团体的支持需要被明确（见第 12 章）并记录在案。这是一个间接的还款来源——还款的第一来源将是成功项目产生的现金流。

关于资本投资审批、借款、销售、购买、资产租赁、股息等事项的文件记录和政策，提供了良好治理的证据，并使资金提供方能够了解这些决策是如何制定的，以及谁是决策者。公司可能设有董事会，但假如权力掌握在一个个人或派系手中，那么董事会也许将无力否决可能会改变公司财务结构的决策。任何待购买的资产的估值都需要得到资金提供方所接受专家的估值的支持，因此这是一项潜在成本。

最后，发起人母公司的详尽财务历史需被纳入考虑范围。财务报表应经过审计，这将我们带到了目前关于审计机构轮换和利益冲突（审计机构同时向机构提供其他形式的咨询或顾问服务）的辩论中。这仍是悬而未决的辩论。

项目背景

尽管一个专业的项目融资团队会对行业背景和项目背景拥有清晰的理解，考察发起人对这些领域的想法亦十分有用，尤其是将发起人过于乐观的预期与专家团队更为务实的理解进行比较。这也是为何一家或多家发起人"保证"或在本质上"支持"有关项目的声明是有意义的。它还可能会揭示为支持融资请求在未来需要考察的缺口或领域及专家意见。

尽管对于内部记录的"正常"银行业务交易，项目背景分析可能会采取 SWOT/PEST 分析的形式或专家组内部报告的形式，但对于项目融资（尤其是持续期较长的项目），还需要纳入更多的细节信息。发起人必须理解竞争的性质。竞争也许不限于本地——它可能来自新的颠覆性技术，这些技术在项目起始时可能仍处于萌芽状态。竞争还可能来自规模考虑——大并非总是最好！

一些项目发起人深入行业，拥有可以为项目增加价值的丰富知识。然而，大多数银行家在其职业生涯中的某个时点都会遇到一个拥有"极好想法"的项目发起人，但最终却在一个永远也不能发展为"真正的交易"的项目上花费了大量时间。最令人失望的发起人是如此深入行业，以至于不能考虑任何形式的竞争或其项目不会取得重大成功的可能性的人。

除了完成环境分析（清晰地解释项目地理位置的动态，包括其当地的监管环境、项目原料和产品竞争的性质，以及完成转型所需要的资源和能力）外，还需要利益相关者匹配图（要求开展详尽审查，以理解利益相关者在项目成功中的重要性可能会上升的压力点）。这个利益相关者匹配图可以在与发起人的定期讨论中纳入和更新，因为利益相关者格局是动态和不平坦的。

如今，大多数项目都需要现场环境评估（environmental site assessment，ESA）和/或环境影响声明（environmental impact statement，EIS），尤其是在多边贷款人可能投入部分资金的情况下。这是额外的项目成本。这些报告不是无关紧要的，它们有权叫停项目或改变项目的走向——受保护群体、受保护物种或受保护栖息地都是重要的利益相关者。ESA 还会揭示历史上是否有过污染（如来自石棉的）并考虑到清理成本，使项目的成本估算更为准确。在规模较小的项目方面，幸运的是，房屋建在污染场地上，而购房者只是被告知不要在花园中种植水果或蔬菜的日子已经一去不复返了。

为获得项目通行所要求的所有方面的许可需要时间和耐心，这也意味着需要确保一个经验丰富的法律团队自项目初始就参与进来，并且团队有足够的当地人士的参与。

最后，需要仔细检查项目关键设备供应的合同结构（这可能与出口信贷及负责提供这些出口信贷的银行相关，也可能不相关）。

即便是在所有这些事情都令人满意的情况下，环境的随机不利变化或所谓的"天灾"仍可能会使项目脱轨。与发起人保持良好关系可以确保脱轨只是暂时的，所有人都在一起努力寻找富有成效的解决方案。

组建银团和项目参与

尽管我们将在第 9 章中再次讨论银团贷款，但本节会更深入地解释其过程。《项目融资：分析和构建项目》中也包含了这些内容。

许多大型的拟议项目融资都会接近贷款人的贷款额度上限，因此将贷款拆分给数家贷款人是最符合借款人利益的，贷款人可以共担风险，并且借款人可以建立多重银行关系，从而不对某一家银行具有依赖性。它还使银行团队（乃至参与融资的所有项目利益相关者）能够发展良好的工作关系，以在未来需要时为发起人的经营提供额外融资。纳入多组对交易的观点可以增强所有各方对交易的理解，因为每家资金提供方对交易的处理方法略有不同。

对一揽子融资计划进行拆分的过程被称为"组建银团"，如今在许多债务和股权融资的背景下采用，尽管其起源是银团贷款市场。组建银团可以采取数种形式，涉及大量的专业角色。

首先，银行可以为包销整个一揽子融资计划或其中的一层进行"投标"——正如我们后面将要看到的那样，许多项目融资都有多层债务和/或股权。这个"买进交易"方法意味着成功的银行中标者将承担包销风险，并依赖于其自身吸收交易的能力或找到其他银行参与者的能力。买进交易将会规定条款和条件，包括定价，曾经出现过银行未能以谈判协定的价格为指定交易找到接受方的例子。在一个案例中，发起人同意重新谈判，但第一轮不能成功地组建银团贷款推迟了项目的启动。因此，涉事银行在市场中丧失了可信度。

或者，银行也许会同意承担"尽最大努力"组建银团贷款的角色。管理和协调银团组建过程（根据具体的交易，甚至可能会承担一些包销风险）被称为"簿记管理"。安排或构建交易的银行被称为"安排行"，可能与顾问银行是同一家，也可能不是。

无论这个过程如何开始，一旦需要与其他银行进行讨论，贷款即被分拆为份额或层级，规模不同的各个部分附带有不同回报。因此，份额的规模越大，潜在的回报也越高。对银团贷款事务的投票权也与份额的规模相关联。根据每个参与者接受的份额规模大小，可能会存在"牵头经办人"和其他角色。担任专家角色的银行也会获得其他回报，其任务包括协调融资、为定价目的提供参考，以及担任专业知识的提供者。显然，这可能会存在利益冲突，作为良好治理过程的一部分，这些应予以公告。

在寻找参与银团贷款的银行时，可能会涉及牵头行的盟友，甚至是其竞争对手；一些发起人利用这个机会与在其他活动领域为其提供支持的银行建立更紧密的关系。一些发起人已组建了美国和英国的银团，它们十分了解发起人，因此能够迅速对其项目融资请求作出反应。让一家新银行熟悉发起人需要时间，并可能会推迟信贷审批。银团规模不宜过大，因为该团队需要对项目中发生的事件快速地作出反应。

谈判的文件记录也可采取数种形式——记录文件来自发起人的律师并且银行被要求签署文件的日子在很大程度上已是历史。没有发起人希望出现重大延误或与天真的贷款人开展将会导致项目延迟的琐碎谈判。然而，贷款人总是会对条款持有略微不同的观点，这使得一揽子融资计划的谈判更为耗时，后续的变更也更为困难。

最后，需要尽早明确与项目公司和/或发起人的沟通机制。假如发起人需要仅仅为处理与银团成员的沟通雇用一名工作人员，那么成本将会上升。尽管理想情况似乎是所有沟通都通过牵头行进行，但银团成员也希望觉得它们与项目公司和发起人具有直接关系。

在首笔提款前所需的各种信息处理通常是由律师为各方办理的，但一旦首笔提款已经发生或任何所需的债券已经发行，交易的管理将被移交给一个不同的团队，该团队将处理未来的运营事务。一些银行会保留参与一家机构的所有相关交易的客户关系经理，并希望客户关系经理会监督项目公司向贷款人或贷款人团队提供的各项信息证据，以及这些证据是否符合交易条件。另一方面，其他银行则会将整笔交易转移至一个交易后管理团队手中，这个团队拥有合适的系统来收取还款并监督给银行带来财务风险敞口的机构的财务健康和运营状况。

对于客户机构而言，谨慎处理任何一笔此类交易十分重要。世界上最糟糕的事情莫过于，在交易合同签署之前，存在一个看上去娴熟但虚有其表的营销运作，之后借款人则被丢弃给一群漠不关心、置身事外的人员，这些人员丝毫没有明显的兴趣建立任何形式的关系。尽管我们可以辩称这对即期交易也许是恰当的，但在银行（银行团）或借款人需要寻求豁免贷款的一些契约条款的情况下，这对任何一方都不太可能产生善意。不可抗力同时适用于银行和借款人。

同样重要的是，处理与银行业务关系相关的持续财务文件记录的团队成员，必须拥有超出在电子表格中输入数字以外的技能——换言之，要有研究和解释财务报表的能力。正是在这里，财务评分和技术的使用可能会掩盖本来很重要的问题，因为这些问题可能是关于未来潜在业务的消息（如一家新设施在银行分行所在的城市开张）的来源的，或者是关于潜在困境的消息来源的。银行对此类挑战的关注越多，就越容易考虑双方如何在未来共同管理它们并向前迈进。

假如看上去存在贷款不能偿还或合同不能履行的可能性，那么几乎肯定会召集债务重组团队进行整改。这个团队通常包含技能高超的律师和财务分析师，以及为特定交易召集的行业专家。其关注点不是持续中的关系，而是将任何形式的潜在损失最小化，尽管能够看到社交礼仪，但其重要性劣后于关注回收资金。重组团队的成员应该具备一组特殊技能，并不是所有银行家都能胜任——一些银行偏好于通过这个团队轮换有发展前途的工作人员，以使其能够体验不良决策的后果并理解如何纠正错误。

最后，大多数机构每年都有一个交易后信贷检查过程，尤其是监督交易是否符合各种监管机构的预期，以确保在突击检查的情况下，档案是最新的，并且银行清晰地理解交易所处的状态。尽管这个团队的成员也许与（和银行建有关系的）机构没有直接联系，但他们可能会要求获得一些信息，这些信息需要交易后管理团队或客户关系经理返回机构请求提供。重组团队的成员通常在银行内部拥有相当大的权威和影响力。这个团队的部分人员可能与审计职能相关联，以便对银行的运营和分支机构进行定期的内部检查，以确保内部规定和外部法规得到遵守，并确保任何外部突击检查都不会发现令人不快的意外。亦见第9章的"银团信贷便利"一节。

7

股权资本和债务的类型

引言

资本市场是十分务实的。对资本市场而言,项目融资不过是一种待纳入投资组合的候选投资,必须满足投资目标和投资组合的限定条件。因此,项目融资必须基于风险水平、收益、期限和流动性与其他潜在的贷款和投资进行竞争。

在项目融资中使用的资本和贷款有三大类别:

(1)股权。

(2)劣后级债务(有时被称为夹层融资或准股权)。

(3)优先级债务,在项目融资中通常是有担保品的或以资产为基础的。这个类别还可以包括大型设备租赁和未来现金流的资产证券化(尽管它们不是正式债务),以此来确认这些项目融资现金流的优先级别。

股权

项目融资中的股权投资代表了风险资本。它构成了贷款人或投资者决定为项目提供优先级别更高的资本的基础。股权投资在还款上具有最低的优先级别。然而,收益潜力十分巨大:这是激励投资者提供股权资本的因素。对某些项目而言,一些国家的税务机关提供的有利税收优惠(如投资税收抵免和奖励折旧)增强了收益潜力。

股本通常被描述成投资者为普通股或优先股支付的认购价格。股本的主要来源是当地投资者和战略合作伙伴。一些国家的税法规定为非传统的股权投资者作为股权投资者参与项目提供激励。一个例子是美国的可再生能源项目,税务机关为股权投资者提供了重大税收激励以支持"化石燃料的绿色替代品"。这些投资的税收待遇吸引了被称为"税收权益"(tax equity)的投资者。①这是项目开发者可以取得的债务与股权的混合融资工具，它们没有能力利用税收优惠，但可以将之提供给能够利用这些税收优惠的其他主体（通常为纳税的金融机构，如银行、保险公司及公用事业公司），以换取这些主体提供的股权资本。这与租赁结构具有共鸣，我们将在第13章中对之进行描述。

贷款人将股权投资视为能够提供一定安全边际的投资。它们要求对其提供融资的项目进行股权投资，有两个主要动机。

（1）贷款人期望项目产生的预测现金流足以支付运营费用和偿还债务，并提供十分宽松的安全边际以应对可能会产生的诸多突发事件。偿还债务对项目现金流量的负担越大，贷款人的风险也越大。

（2）贷款人不希望投资者能够轻易地退出项目。它们希望投资者有足够的利害关系以激励其成功地完成项目。

既定项目的适当债务股本比率是需要发起人与优先级贷款人进行谈判的事项。需要考虑许多因素，包括所涉及的特定行业和国家中的惯常债务股本比率、市场预期和风险，风险考虑因素包括商品或产品是向一个有保证的市场提供的（由无条件的长期合同证明），还是会受到未来总体市场环境不确定性的影响。正如在持续经营的情况下那样，项目融资的债务股本比率可能会从低于一比一跨至高达三比一或四比一，对优先级贷款人而言，劣后级债务被视为与股权等价。

一些潜在的项目发起人普遍持有的误解是：项目融资几乎或完全不需要项目的所有者或发起人提供任何股权投资，项目可以基于乐观的预测和财务规划得以完全融资。不愿意提供此类融资的贷款人，被这些发起人告知它们根本不理解项目融资。然而，除非能够从信用资质优良的担保人那里获得担保，贷款人总是会要求项目中有大量股权投资。即便是在可以获得这些担保的情况下，贷款人仍会希望发起人或投资者在项目中承担足够的股权投资风险，以确保其对项目的完工、运营和使项目取得成功保有持续的兴趣和关注。

尽管金额可能不大，但持有大量债务的贷款人可能会结合其劣后级贷款获取与股权关联的回报，这被称为"权益激励"（equity kicker）。（后面的一节对此进行了进一步讨论。）

股权可以采取优先股和普通股的形式。优先股可能会支付股息，并具有一家愿意提供担保，但出于某些法律原因或其他原因不愿拥有股票的发起人的担保。

劣后级贷款

劣后级贷款（或准权益贷款）优先于股权资本，但劣后于优先级债务和有担保债务。劣后级债务通常具有期限较长和无担保品的优势，在计算债务股本比率时，优先级贷款人会将之视作股权。

投资者可能会提供劣后级债务，将其作为项目的原始投资的一部分。发起人通常会使用劣后级贷款为项目提供资本，以支持第三方贷款人的优先级贷款。例如，发起人可能是项目的所有者、提供劣后级贸易信贷的供应商、迫切希望让项目运作起来的用户、在项目建成中有

---

① 在美国，"税收权益"这一术语被用以描述在资产或项目中的被动所有权利益，投资者获取的回报不仅仅基于资产或项目产生的现金流量，还基于税收优惠。

相关利益的政府。劣后级债务的使用有时可以有利于投资者、发起人或担保人预先获得所需要的款项，以支付建设成本超支费用，或其他维持债务股本比率所需要的款项，或其他经保证的款项。

如果项目公司的所有或部分资产是从一家现有公司以二手财产的形式收购的，那么出售方是一个合乎情理的劣后级债务来源。这种情形下的项目公司通常在讨价还价中处于强势地位，可以在价格上作出一些让步，以获得对方在条件、利率、期限、契约条款和权益激励方面的让步。

劣后级债务的其他传统来源包括：金融公司、风险资本公司及保险公司的风险投资组合管理人。

劣后级债务可以在总体上或在特定方面处于劣后地位。总体劣后被称为"总括劣后关系"（blanket subordination）。"特定劣后关系"（specific subordination）详细说明了其劣后于哪些类型的债务。通常，特定劣后关系可能仅限于特定的优先级第三方贷款，这意味着此类劣后级债务与其他无担保贷款或贸易债权人具有相同优先等级。在破产清算的情况下，劣后级债务对资产的索偿权位于非劣后级债务之后。

劣后关系的表达决定了确切的劣后程度和情况，包括本金的偿还、利息的支付、劣后关系的条款及对贷款劣后于哪些贷款人和债权人的描述。发起人的劣后级债务相对资本出资具有以下优势：

（1）作为债务，假如项目成功的话，借款金额将最终得以偿还，且没有税收后果，而从公司和税务的角度来看，股权资本的偿付则更为复杂。

（2）劣后级债务含有利息支付和本金偿还的特定时间表。股票的股息则是可选的。

（3）项目公司可能对股息的支付设定了限制，这些限制不适用于债务。

（4）发起人/贷款人可以通过劣后级贷款协议中规定的认股权证或股票转换权利，保留持有股权的优势和收益潜力。

（5）风险债务贷款资金比风险股权拥有更大的市场。

（6）劣后级债务与权证权益激励或转换权利的组合，使发起人兼贷款人能够协调发起人为税务和财务会计目的掌握控制权的时间点。

（7）在反垄断法和监管公用事业公司的法律等监管法规的管辖下，股票头寸可能会产生劣后级贷款所不会产生的问题。

（8）为债务支付的利息可为所得税目的进行税前扣除。

（9）供应商为满足项目公司的采购需求，以劣后级贸易信贷形式提供的劣后级贷款，也许不太可能对供应商自身造成任何负面影响，然而仍可以在借取营运资本和提供营运资本来源方面，提供有助于项目的一定程度的劣后关系。

（10）出于政策原因不能持有股权的利益相关的政府机构发起人，也许能够提供劣后级债务作为吸引优先级债务的种子资本。

劣后级贷款人是现金流贷款人。它们没有担保。假如劣后级贷款人需要获得还款，那么项目公司必须已经赚取足够收入以摆脱优先级债务。一家经验丰富的劣后级贷款人必须对项目公司持续产生营业利润（即现金流）的能力感到满意，从而使项目公司可以做到以下两点：

● 偿还优先级债务的本金和利息；

● 营建权益。

劣后级贷款人在债务偿还期间对项目管理层的维持生产和获取市场份额的能力尤其敏感。

杠杆收购中的劣后级贷款人通常使用收益偿债能力测试(考察税后利润与利息之和占未偿债务的比例),并将 20%—25% 作为目标范围。劣后级贷款人和长期贷款人通常不加回折旧,因为长期而言,公司需要这些资金更换厂房和设备。

用来吸引投资者的甜头(下面将描述的权益激励)包括在贷款时以低于市场价格的价格取得股票、购买股票的权证,或以合理价格将债务转换为股权的权利,从而提供了收益潜力。

权益激励

在信用较弱的情况下,贷款人可能会在相对较高的利率以外,还要求其他激励,以使融资具有足够的吸引力。这种激励被称为权益激励。权益激励有五种常用的类型。

(1) 可转换债务。这些债务通常劣后于优先级债务。融资的所有或部分本金可以基于一个对债务提供人(它持有转换的选择权)有利的指定公式,被转换为借款人的普通股或优先股。通常,转换价格(即贷款人为普通股支付的价格)会比债务发放时借款人普通股的市场价格高出 20%—30%,因而隐含的假设是股票价格将会进一步上升以使转换具有吸引力。根据情况,贷款人通常会要求借款人对转换产生的股票进行登记,假如它们被要求如此做的话。

(2) 附认股权证的债务。这与可转换债务相似。债务本身可以是劣后级或非劣后级的。简单地说,权证是以指定价格购买公司普通股的买权,在股票公开交易的情况下,指定价格通常至少比现行市场价格高出 15%。当然,任何数量的权证都可以附债务发行。通常,贷款人拥有用债务支付权证执行代价的选择权。过去,权证是最受贷款人欢迎的一类权益激励。主要原因有两个:

● 在许多情形下,与利用可转换债务相比,权证的使用使贷款人能够通过谈判达成更为有利的总体交易。在附权证债务的情况下,利率与股权特征之间的关系不如在可转换债务情形下那么明显。因此,通过要求获得权证,贷款人更容易确保在高利率以外获得额外的补偿。

● 附权证的债务赋予了贷款人更大的灵活性,因为债务和股权特征通常是分离的。贷款人可以保留融资中的债务部分,同时出售权证或执行权证,并出售由此产生的普通股。

(3) 原始发行股票。在原始贷款发放时,贷款人获许基于财务预测以便宜的价格购买普通股股份。这赋予了贷款人在项目成功的情况下分享潜在收益的机会,并且几乎没有损失风险。

(4) 或有利息。尽管这本身不是权益激励,但或有利息安排要求借款人支付高于息票率的利息付款。额外的利息付款通常与某个变量(如净利润、净营业收入或销售额)的上升挂钩。通常会指定一个最高的总体利率,主要是为借款人的成本设定上限。

(5) 与 LASMO 的 OPS 相似的股权或产品参与(见第 1 章),旨在提高像 LASMO 的无担保贷款证券这样的债务工具的收益率。

财务契约条款

几乎所有的项目融资劣后级债务都是私募的,因此包含了各种财务契约条款(它们与优先级债务一致),以确保公司的运营与其预测一致,或使贷款人能够在问题产生时迅速意识到这些问题。假如还款前景发生恶化,那么只要各方同意,契约条款就可被放松,条款的放松通常需要定期重新审核,而不是永久性的一次性条款变更。

第9章提供了对财务契约条款的进一步讨论。

利率和条件

项目融资劣后级债务的利率取决于现行市场利率与贷款协议中的条款。"贷款定价"这一术语针对的是贷款的利率和其他费用,最终针对的是贷款人获取的总回报。在决定基础贷款利率(或资金成本)时使用的基准利率是互换利率曲线,这在本质上是这个时期内高品质银行向其他高品质银行发放贷款所使用的利率,因此是该时期内的 AA 评级利率。一个通用的利率并不存在,而是存在一个利率结构,其中"结构"意味着每个期限都有一个利率,并按信用评级划分。

劣后级债务的利率通常是浮动利率。利率取决于贷款的条款和借款人的信用评级。项目发起人可以通过利用互换市场将浮动利率转换为固定利率(只要存在交易对手),创建合成的固定利率融资。项目融资的互换期限通常是 3—10 年,以在情况变化时维持一定的灵活性。(第 17 章讨论了互换。)

债务市场是高度有效的。借款人取得"低廉"或利率低于市场水平的融资的现象极为罕见。所取得的利率反映了信用风险、条件和其他条款。降低贷款人所提供的利率只可能在借款人放弃一些条件的情况下发生,如给予贷款人权益激励或内嵌的利率期权。

发起人的无担保贷款

发起人的无担保贷款为项目融资提供了另一种准股权融资来源,尤其是在优先级债务受到关键资产担保权益的保护的情况下。

利息拆离债务或零息票无担保贷款亦可被用于提供在劣后级债务与优先级债务(优先级债务的期限较短)之间的融资地带。

优先级债务

项目融资的优先级债务通常构成了最大部分的融资,并且通常是最先募集的债务。一般而言,优先级债务会占整个融资的 50% 以上。项目融资中大多数来自商业银行贷款人的借款采取的是优先级债务形式。

优先级债务是不劣后于任何其他负债的债务。在借款人陷入财务困境的情况下,它拥有从借款人的一般收入获取还款的第一优先权。[①]然而,优先级债务有两个类别,按优先权顺序排名如下:(1)有担保贷款,(2)无担保贷款。由于在破产清算的情况下,有担保优先级债务的持有人比无担保优先级债务的持有人更具优势,这一区分十分重要。

优先级债务的支持或担保可以采取多种形式。

● 债务可能会得到以下两种现金流的支持并得以偿还:一是通过转让照付不议合同的收入而受到法律保护的专用现金流,二是被专门汇入一个第三方保管账户以偿还优先级债务的销售现金流。

● 作为辅助支持机制,债务可能会得到对借款人关键资产的留置权或押记的担保,这些措施在贷款人提供贷款资金时制定。

● 债务可能受到担保协议的保护,在违约事件发生的情况下,如未能满足财务比率要求或违反了一些其他契约条款,这份协议即被触发。在这种类型的安排中,一旦违约事件发生,各方都会收到正式通知,这种情形未被"治愈"或纠正;提供担保权益之法律证据的留置权、押记和抵押可能会被"登记完善"或安排到位,于是贷款变成有留置权担保(这可能也需要进行登记)。一些更为严重的违约事件可能会导致优先级债务持有人立即有权登记完善支持其贷款的担保权益。"消极担保"(借款人承诺不向任何债权人提供担保品)对贷款人而言是一个弱得多的安排。

● 假如根据条款还有较之劣后级别更低的其他债务,那么债务可能没有担保,但仍保留优先级债务的地位。

● 债务可能没有担保,但受到消极担保的保护,这个条款防止借款人将其关键和有价值的资产抵押给一些其他债权人,从而为优先级债务持有人保全了这些资产。

无担保贷款

一些类型的优先级债务被称为无担保贷款。通常,这种贷款是由借款人的总体信用支持的,不具有任何资产或资产池的已登记完善的担保权益的担保(见图 7.1)。这种无担保贷款通常含有资产的消极担保条款,以禁止公司优先于无担保贷款人将其具有流动性和有价值的资产抵押给第三方。贷款协议也许包含财务比率契约条款,以及为在借款人的财务状况开始恶化的情况下,能够加速贷款的偿还或触发担保协议制定的条款。无担保贷款的协议有可能还包含限制借款人开展投资和其他类型的贷款、租赁或举借其他债务的负面契约条款。常见的正面契约条款包含以下协定:借款人将恰当地管理企业、保管适当的账簿或记录、提供财务信息、保持保险承保范围的有效性,以合法经营业务。只有信用资质最佳的公司(它们拥有在财务上成功经营的悠久历史,以及与其贷款人的良好关系)才能获得大额的无担保贷款。

由于项目通常是没有经营历史的新公司,为了在金融界立足,它们依赖其发起人、所有人和管理人的声誉。在发起人、所有人或管理人实力雄厚并且已在金融界建立了长期的良好

---

① 法律法规也许会将某些债权人(如政府税务部门和员工的工资索偿权)排在优先级债权人前面。全球各地的破产法各有不同。此外,在有强大的破产法能够保护债权人的情况下,破产法院需要遵循这些法律。

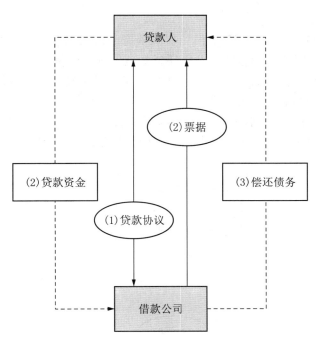

图 7.1 无担保债务

注：(1)借款人与贷款人签订协议。(2)借款人签署票据并向贷款人交付票据，贷款人向借款人支付贷款资金。(3)借款人直接向贷款人偿还债务本息。

资料来源：本图由弗兰克·J.法博齐和彼得·K.内维特制作。

声誉的情况下，项目可能会获得无担保贷款，其中，项目已获得足够的资本或劣后级贷款以满足项目的股权风险资本需求，并有证据显示项目将产生强大、风险较低的现金流。

银行和商业金融公司是项目融资中优先级债务的常见来源。在传统上，银行是基于资产负债表和财务比率发放贷款的贷款人，许多银行都拥有项目融资专家和行业专家来跟踪和管理贷款。最重要的是，银行一般是代价最低廉的项目融资来源。

项目的无担保贷款通常是由发起人提供的。在项目打算通过有担保贷款或租赁筹集大量资本时，无担保贷款能够起到与劣后级贷款类似的作用，因为它劣后于租赁债务和有担保贷款的担保保护。发起人发放的无担保贷款未来可以劣后于来自第三方的新优先级贷款，假如该笔贷款变得必需并具有可行性的话。

项目的无担保贷款可能会含有认股权证或股票转换权利，以提高贷款对发起人兼贷款人或第三方贷款人的收益潜力。

有担保贷款

如果为债务提供担保的资产作为抵押品具有价值（这意味着这些资产是可售的，并且很容易转换为现金），那么大多数项目都能获得有担保贷款（见图 7.2）。银行（尤其是其基于资产发放贷款的贷款团队）是一个有担保贷款的良好来源。商业金融公司是另一个良好来源。在项目融资中，以下各项辅助的抵押品支持均能被用作担保品：不动产、动产，以及通过转让产生收入的合同权利（包括对照付不议合同项下应付款项的权利）进行的基本还款和偿还债务。

在有完全担保的贷款中,为债务提供担保的资产的价值高于借款金额,因为出售任何资产时都需要支付与没收资产、出售资产及偿还贷款项下所有应付款项相关的成本。贷款人主要依赖项目的现金流获得还款,抵押品的价值提供了辅助支持。然而,项目管理人和发起人的声誉及地位,以及项目成功的可能性也是贷款决策的考虑因素。贷款人不会向它们预期将不得不没收并出售担保资产以收回其贷款的项目或公司发放贷款。担保权益被贷款人视作在(不太可能发生的)贷款不能在正常业务过程中得以偿还的情况下,对贷款还款的辅助保护,但主要依靠永远是现金流。

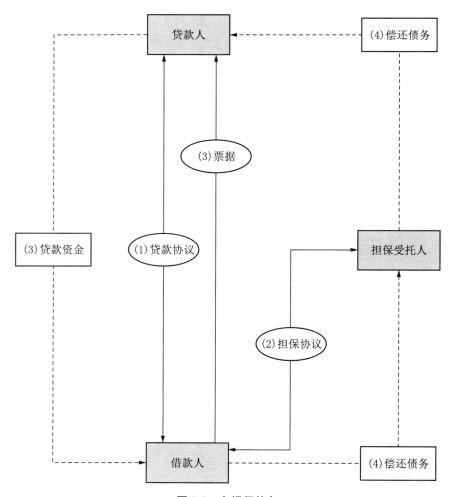

图 7.2　有担保债务

注:(1)借款人与贷款人签订协议。(2)借款人与担保受托人签订担保协议,将特定资产的担保权益转让给担保受托人。(3)借款人签署票据并向贷款人交付票据,贷款人向借款人交付贷款资金。(4)借款人向担保受托人支付债务本息还款,担保受托人进而将债务本息还款分配给贷款人。

资料来源:本图由弗兰克·J.法博齐和彼得·K.内维特制作。

担保权益的存在使得有担保贷款优于无担保债务、贸易债权和其他无担保债权。在借款人陷入财务困境的情况下,控制项目关键资产的有担保债权人可以要求借款人继续偿还其债务的本息,尽管无担保债权人未获得任何还款。此外,有担保债权人还可以在无担保债权人可能发现自身被迫向借款人提供额外资金的同时,坚持要求借款人还款。

由于有担保贷款人拥有优先权,因此项目能在无法获得其他资金来源的情况下,以有担保的方式进行借款。然而,考虑到有担保贷款的存在及有担保债权人的权利,以无担保的方式从其他贷款人那里借款是更为困难的。

有担保贷款项下的担保品可以由单项资产、资产池、合同权利,以及正在发生变化的资产类别(如应收账款)组成。

有时,有担保贷款可以用无追索方式构建,其中贷款人将仅依赖担保品以获得贷款的本金还款。项目公司可以将由资产担保的真正无追索贷款置于资产负债表外。

担保权益的可执行性需要谨慎对待。缺乏经验的贷款人有时会想当然地以为在借款人的财务状况开始恶化时,担保协议可以很容易地被登记完善和执行。情况并非总是如此。银行不喜欢成为"持有资产的债务人",因为与项目资产所有权相关的义务也可能会转给银行。在登记完善担保权益和实际取得对担保协议项下资产的控制权的过程中,可能会遭遇到相当大的困难。在财产位于法律制度尚不完善的发展中国家的情形下,情况尤其如此。由于这个原因,有时会使用设备租赁,而不使用有担保贷款,因为出租人的权利更容易执行。

优先级债务担保的性质

在项目的优先级债务持有人持有项目关键资产的担保权益的情况下,担保权益是由部分或全部资产的第一留置权、押记或抵押证明的:

- 房地产;
- 矿业权;
- 设备;
- 原料合同和服务合同;
- 地役权;
- 营销合同;
- 代表财产所有权的股份;
- 设备租赁;
- 房地产租赁;
- 运营项目或设施所需要的执照、许可证和特许权。

担保权益的目标是使优先级贷款人在项目遇到麻烦的情况下,能够介入并控制项目。投资者也可能会被要求抵押其股份。

如果消极担保被用于无担保贷款,以保护该协议项下贷款人未来对借款人资产主张优先担保权益的权利,那么消极担保应延伸至所有上述资产。

房地产在通常作为优先级银行债务担保品的资产中可能是个例外,因为房地产的融资期限通常要长得多。(房地产贷款是一种不同性质的有担保债务。)

只有在担保权益的持有者能够确保所有权的可转让性和对资产或财产权益的有效控制的情况下,担保权益才会有效。贷款人应查明拟议的抵押品在管辖贷款协议和项目的法律制度下,是否构成了可以设立、登记完善和行使合法留置权的财产。

优先级债务的担保代理人

在涉及数家贷款人的情况下，可以指定担保受托人代表全体有担保贷款人行事：持有资产的担保权益，回收现金流，并根据获得还款的优先顺序将债务本息还款分配给有担保贷款人。任何这种信托安排都应与债权人间的协议一致（见本章"债权人间协议"一节）。通常，担保代理人会根据由多数或三分之二的优先级贷款人形成的团体的指示行事，每家优先级贷款人都拥有与其未偿贷款金额成比例的投票权。

优先级债务以外的有担保贷款和租赁

优先级债务以外的有担保贷款可用于为项目的特定设备或财产提供融资，其中包括：
- 房地产抵押；
- 特定设备物品的设备贷款（由供应商提供的与由第三方提供的）；
- 房地产租赁；
- 设备租赁。

由于优先级贷款人的目标是控制项目的关键资产，从而使其在项目遇到麻烦时可以介入并运营项目，优先级贷款人与出租人（或由某项特定资产担保的贷款人）之间可能会存在利益冲突。通常，优先级贷款协议会规定项目可以加入此类交易，并为优先级贷款人担保品池以外的设备开展融资的程度。

优先级贷款人的关注点

项目的优先级贷款人通常会关注以下内容：

（1）贷款人希望在项目起始时安排的融资足以提供项目所需的资金。它们不希望未来新加入的贷款人对公司的新资产和旧资产中的担保权益提出新的要求。

（2）贷款人希望担保的优先顺序在优先级贷款人之间是平等的。在出现问题的情况下，它们希望按比例分享项目资产。一家优先级贷款人不能比另一家更具优势。

（3）优先级贷款协议应包含交叉违约条款。一份贷款协议的违约将触发所有优先级贷款协议的违约。

（4）优先级债务的任何提前还款都应与所有优先级贷款人在项目中的贷款比例相称。

（5）经验丰富的贷款人知道，在出现问题的情况下，并非所有贷款人都会同意采取正确的行动路线。一些贷款人可能有对项目发起人之一发放的其他贷款，或对东道国发放的贷款（在项目位于海外的情况下）。一些贷款人也许会发现要求某个特定项目偿还贷款在政治上不具有可行性，因为贷款人所在国与项目的东道国之间存在政治关系。担保协议项下的投票权和违约条款可能会将这个因素考虑在内。经验丰富的贷款人不希望自身在投票上被具有政治动机的贷款人压倒。

（6）优先级贷款人希望得到保护，防止销售产生的现金流从专用于偿还债务转向其他用途。

债权人间协议

任何涉及多家独立贷款人向一家借款人提供贷款的融资都要求签署债权人间协议。债权人间协议的当事方包括不同贷款协议项下的贷款人、不同期限贷款的贷款人，以及不同级别的贷款人（如优先级贷款人和劣后级贷款人）。债权人间协议的目的是为以下事项提供程序、一致意见和谅解：
- 协调贷款还款的优先顺序；
- 加速贷款的期限；
- 制定损失的分担机制，如果有损失的话；
- 贷款抵消款的分担机制；
- 为所有贷款人的利益协调抵押担保品的止赎。

债权人间协议的目的是防止在债权人之间产生可能会危及所有债权人利益的争端。假如贷款的质量开始恶化，贷款人会试图用尽可能最佳的方式保护其利益，并取得一些相对于其他债权人（包括其他贷款人）的优势。债权人间协议的目的是提供预防这种情况发生的程序。

项目贷款通常比商业贷款更为复杂。由于项目贷款的贷款风险高于寻常，法律文件中对违约触发事件的定义相当严格，以使贷款人能够控制项目。个别贷款人宣布违约事件发生并加速其贷款，将引发其他贷款人宣布类似违约，并采取适当措施保护其在项目中的抵押品权益的连锁反应。①假如这是骤然发生的，那么将对所有贷款人造成危害。债权人间协议的目的是防止这种情况的发生。

根据债权人间协议，通常没有一家贷款人可被允许在该协议外采取法律行动。要采取法律行动，必须至少有一半或三分之二的贷款人（基于本金余额确定）的同意。一家代理行或贷款人被指定代表项目的所有贷款人（债权人间协议当事方）行事。

对于不熟悉债权人之间可能会产生的问题的人而言，一个例子也许会有助于理解。假设一家深陷财务困境的借款人有 1 年期银行贷款、5 年期票据和 10 年期债券，所有这些都是优先级形式的债务。假设违约事件发生并且借款人出售了一个分部以换取现金。谁将得到现金？现金应被用于已到期的本金还款吗（这意味着短期债务将被全额偿还）？还是应由长期债务和短期债务按比例共享收入？对每一种方式都可以作出令人信服的论证。

债权人间协议应在涉及多家债权人的大型项目融资的早期即予以确定。在显然存在问题后，债权人间协议将非常难以协商。

债权人间协议对项目借款人来说也具有优势。对借款人而言，在产生财务问题的情况

---

① 比起蒙受贷款损失，贷款人更痛恨的一件事是：它们的银行蒙受了损失，而另一家类似的贷款人则获得了还款。为了防止这种情况发生，贷款人会采取非理性且有悖于其自身利益的行动。

下,通过代理行或代理贷款人与贷款人打交道要比试图与各个贷款人或各级别的贷款人单独打交道更易管理。借款人不能从与其贷款人的争吵中获得任何好处。贷款协议通常会规定,与协议条款执行相关的律师费由借款人支付。在贷款人之间发生争执,并进行旷日持久的谈判以确定其优先顺序,或就债权人间协议进行谈判的情况下,律师费可能会十分高昂。由于各个律师事务所及其各自的客户都预计律师费将由第三方(借款人)支付,为了防止律师事务所在办理业务过程中不实施有效的成本控制并按小时收取巨额费用,可以协商确定一个律师费金额上限。

8

权益与债务的来源

引言

项目有类型广泛的融资来源可以选择。项目公司也许有能力获得在其国内金融市场或东道国金融市场以外的融资机会。

全球金融市场没有统一的分类体系，表8.1提供了一个可能的体系。从既定国家的视角来看，金融市场可被划分为外部市场或内部市场(亦称国家市场)。内部市场又可被进一步划分为两个群体：本国市场和外国市场。一个国家的本国市场被在该国注册的发行人用于发行证券，证券随后在本地交易。而一个国家的外国市场则被不在该国注册的发行人用于证券的发行和交易。管辖外国证券发行的法规是由证券发行地的监管当局实施的。

例如，非美国公司在美国发行的证券必须遵守美国证券法律中的规定。一家寻求在日本发行证券的非日本公司必须遵守日本财政部实施的日本证券法律和法规。人们已用昵称描述各种外国市场。例如，美国的外国市场被称为"扬基市场"，日本的外国市场被称为"武士市场"，英国的外国市场被称为"斗牛犬市场"。

表8.1　全球金融市场的分类

项目融资可能的债务和股本来源
- 多边开发机构
- 国际金融公司
- 政府出口融资机构和国家利益贷款人
- 东道国政府
- 商业银行
- 机构贷款人
- 货币市场基金
- 商业金融公司
- 租赁公司
- 私募股权提供人

- 内部管理层收购基金、外部管理层收购基金，以及外部和内部管理层联合收购基金
- 债券市场
- 富有的个人投资者
- 当地利益相关者（包括点对点贷款人）
- 产品或原料的供应商
- 新的产品购买者或服务用户
- 承包商
- 贸易债权人
- 设备的供应商融资
- 发起人贷款和预付款
- 项目抵押债券和贷款债务池
- 由私人保险公司提供的保险
- 伊斯兰金融

这些可能的贷款或股本来源可被进一步细分为两个提供项目资本的重要群体——贷款人和发起人

- 商业贷款人
  - 银行
  - 机构投资者（当地的股票和债券市场）
    - 保险公司
    - 养老基金
  - 商业金融公司
  - 租赁公司
  - 储蓄贷款社
  - 个人
  - 投资管理公司
  - 杠杆收购基金、货币市场基金和资产基金
- 商业发起人
  - 需要产品或服务的公司
  - 为项目供应产品或原料的公司
  - 承包商
  - 贸易债权人
  - 设备的供应商融资
- 多边开发机构
  - 世界银行
  - 欧洲复兴开发银行（European Bank for Reconstruction and Development，EBRD）
  - 亚洲开发银行（Asian Development Bank，ADB）
  - 非洲开发银行（African Development Bank，AfDB）
  - 其他地区性开发银行
- 政府出口融资机构和国家利益贷款人
  - 进出口银行
  - 其他政府机构
- 东道国政府
  - 政府机构
  - 中央银行

资料来源：此表由彼得·K.内维特、弗兰克·J.法博齐和卡梅尔·F.德·纳利克制作。

外部市场(亦称国际市场)包含具有以下鲜明特征的证券:

- 在发行时,它们是向多个国家的投资者同时发售的;
- 它们是在任何单一国家的司法管辖范围以外发行的。

外部市场通常被称为离岸市场,更通俗的名称是欧洲市场(因为尽管这个市场不限于欧洲,但起源于欧洲)。[①]

项目公司可以发行的"索偿权"或证券工具可能是一个固定的货币金额(通常以美元计价),也可能是一个变化的(或剩余)金额。在前一种情形下,金融资产被称为债务工具。贷款和债券是债务工具的例子。

权益索偿权(亦称剩余索偿权)使项目公司有义务在向债务工具的持有人偿还债务后,向权益索偿权的持有人支付基于项目盈利的一定金额(假如有盈利的话)。普通股是权益索偿权的一个例子。合伙份额是另一个例子。

一些金融资产同时属于这两个类别。例如,优先股是一种使投资者有权获得固定美元金额款项的权益索偿权。然而,这个款项是或有的,只有在债务工具持有人获得偿付后才应该支付。另一个例子是可转换债券,它使投资者能够在特定情形下将债务转换为股权。

本章逐一讨论了贷款或股本的每一种可能的来源,包括涵盖伊斯兰金融的内容。

多边开发机构

世界银行、EBRD、ADB、AfDB 以及其他多边开发机构为项目融资提供债务或股权与债务的混合。

这些多边机构发放的贷款具有某些优势:

- 贷款通常比可以获得的其他来源的贷款具有更长期限;
- 利率通常低于可以获得的其他来源的贷款的利率,利率可能是固定的;
- 世界银行、EBRD、ADB、AfDB 或其他类似机构的参与向其他潜在贷款人提供了信用背书;
- 可能有共同融资安排或补充融资安排,其中商业银行贷款与多边机构的贷款挂钩,并附有交叉违约条款。

这些贷款的缺点在于:

- 审批程序冗长,可能会使项目延迟数月或数年;
- 所提供的资金可能是以难以套期保值的货币为单位的,从而会产生重大的货币风险。

以下是可以担任贷款人的其他国际机构。有时,这些机构会为项目的股权资本提供担保。

- 英联邦开发公司(Commonwealth Development Corporation,CDC)。

---

① 我们采用的分类绝不是普遍公认的。一些市场观察者和市场活动统计数据的汇编者认为外部市场由外国市场和欧洲市场组成。

- 美洲开发银行(Inter-American Development Bank，IDB)。
- 国际复兴开发银行(International Bank for Reconstruction and Development，IBRD)——世界银行。
- 国际开发协会(International Development Association，IDA)。
- IFC。
- 欧洲投资银行(European Investment Bank，EIB)。

世界银行有意鼓励通过提供种子资本并使项目能够获得共同融资和补充融资，来为发展中国家来自私营部门的项目提供贷款。〔戴维·沙布洛夫斯基(David Szablowski)的 *Transnational Law and Local Struggles：Mining Communities and the World Bank* 提到了一个世界银行干预某采矿项目的例子，在这个案例中，本地利益相关者直接向世界银行求助，因此这些利益相关者不是被动投资者。〕

国际金融公司

IFC 是世界银行的一个分支，专攻私营部门。IFC 不为可以获得私营部门资金的项目提供融资。它专注于为不能获得其他融资来源的项目筹集资金。IFC 是世界银行成员中的发展中国家的私营部门项目融资的最大股权和债务融资来源。其网站上列有一个排除在外的项目的清单，其中包括武器、烟草相关项目、赌博和赌场、放射性材料的贸易，以及某些类型的渔业等。

IFC 贷款计划由通过使用所称的"A"贷款和"B"贷款开展的共同融资构成。一份单一贷款协议同时管理了两组贷款。

IFC 为其自有账户发放固定利率和变动利率的"A"贷款(尽管"A"贷款的参与份额已被出售给商业银行)。"B"贷款是为参与的贷款人(包括私营部门贷款人)的账户发放的。"B"贷款通常由商业银行、保险公司贷款人和租赁公司组成银团贷款。IFC 负责管理"B"贷款，其工作内容包括归集还款和向贷款人进行支付。参与 IFC"B"贷款对一些私营贷款人具有吸引力，因为它们认为这样可以防范多种风险。它们可能获得的好处包括：通过增强与 IFC 的联系来防范国家风险和资产征用风险；能够豁免于银行监管机构实施的国家风险限额(这些限额是作为第 15 章提及的银行风险管理程序的一部分实施的)；就资本充足率计算目的而言，贷款的风险评级更为有利；在国家债务全面重新安排的情况下，IFC 债务能够免于重新安排的历史传统所带来的好处。IFC 债务的期限通常为 7—12 年。

所谓的平行贷款也可能作为总体债务结构的一部分出现，它们通常来自不符合参与"B"贷款的资格的开发金融银行或当地银行。合格的金融机构必须从一家评级机构获得投资级评级，并且不在项目所在国或借款人所在国注册成立或居住。第三个标准为：它们不能是出口信贷公司、政府机构或多边机构。不出人意料的是，IFC 已创建了一个主合作协议，来说明交易在实践中是如何在各个不同的交易群体之间运作的。

此外，IFC 还以可转换债务或可能具有固定偿还时间表的劣后级贷款投资的形式，提供准股权或"C"贷款。它还可提供偿还时间表更为灵活的优先股和收益票据投资。为了确保项目的健全融资,在必要时,它会提供准股权投资。

所有多边机构都提供旨在支持发展和变革以改善其成员国的公民生活水平的建议和融资,尽管它们的融资结构可能不同于 IFC。

政府出口融资和国家利益贷款人

政府出口机构的出口融资一般有两个来源:
- 进出口银行;
- 外国援助。

外国援助又进而包括两种形式:
- 来自提供援助的政府所在国的私营部门;
- 来自受援国购买商品和服务的来源。

几乎所有此类外国援助都必须被用于从提供外国援助融资的国家的私营部门购买商品和服务。

尽管在历史上,出口融资是政府通过资助计划支持出口计划的一种方法,但许多进出口银行如今都提供保险产品,以支持对发展中经济体的商品和服务出口。因此,并非所有的进出口银行目前都提供贷款。

保险产品

许多进出口银行都提供短期信用保险———一年期以下(含一年期)的信用条件和投资保险产品。这提高了项目的信用资质,通过管理与国家相关的风险为投资者和资本供应者提供了保障。

贷款和担保

出口机构以保险的形式提供支持,但也可能会提供贷款和担保。进出口银行为融资提供担保,这又进而可被用于支持来自一国的常规商业银行业务的贷款。

供应商信贷

在供应商信贷中,贷款向供应商发放,供应商向买方申报融资条款。供应商信贷通常要求供应商承担部分融资风险,尽管实际上供应商的利润率可能会超出所承担的风险。并非所有的进出口银行都提供这些信贷便利。

买方信贷

在买方信贷融资中，贷款是向买方，而不是向供应商发放的。

伯尔尼协会

大多数国家的出口机构都是伯尔尼协会（Berne Union）的成员，该协会"致力于以专业的方式运行，担负起经济责任，尊重环境并体现高度的道德价值——所有这些都符合我们的行业长期成功的最佳利益"。[①]

东道国政府

东道国政府有时会提供以下直接和间接的帮助：
- 政府投资公司的政府股权投资；
- 投资拨款；
- 支持贫困地区的新公司的政府补贴贷款；
- 所得税减免或房地产税减免（尽管这些不是直接的资本注入，但它们通过减少运营支出所需的现金流，具有相同效果）；
- 特许权使用费优惠；
- 能源成本补贴；
- 运输补贴；
- 通信补贴；
- 员工服务（如学校、医院和医疗服务）补贴；
- 当地服务、公路、水、下水道和警察保护。

商业银行

商业银行是项目贷款最大的融资来源。商业银行通常将其投入期限制为5—10年，并根据借款人、贷款类型和市场环境采取一个基于 Libor 或美国最惠利率的浮动利率。借款人偶尔可以获得更长期限的浮动利率贷款，也可获得5—10年期或者更长期限的固定利率贷款。大型项目的商业银行贷款通常是作为银团贷款安排的。

本章会单独介绍关于伊斯兰金融的内容，并提供一则案例研究。

---

① 参见 www.berneunion.org.uk/value-statement.html。

机构贷款人

机构贷款人包括人寿保险公司、养老金计划、利润分享计划和慈善基金会。

在美国,机构债务市场在传统上提供了庞大的长期固定利率资金来源。此类机构在美国境外仅能发放有限金额的贷款。作为一个例子,受美国亚利桑那州监管的保险公司必须将外国投资和其他资产类别的贷款限制在其资产的10%以下。相比之下,在2007年,加拿大政府取消了对养老基金持有外国财产的30%的上限。①(这些是举例说明。)在本地对当前政策进行核查十分重要,以避免在试图获得这种来源的资金时浪费精力。

货币市场基金

货币市场基金是将其投资集中于短期债务(如大额存单、短期票据和商业票据)的投资基金。

商业金融公司

大型商业金融公司是项目融资的另一个潜在资金来源。与银行或保险公司相比,金融公司没有存款人群体或保单持有人作为资金来源。它们必须在债务市场购买其所有资金,并以一个利差开展再贷款。因此,金融公司提供的资金通常定价很高。一些大型商业银行如今拥有商业金融部门或商业金融公司作为商业贷款活动的辅助。

租赁公司

租赁公司利用与设备所有权相关的税收优惠,能够提供定价具有吸引力的设备租赁(见第13章和第14章)。独立的租赁公司及银行和金融公司旗下的租赁公司,是贷款和租赁的重要来源。

---

① Bank for International Settlements,"Institutional Investors, Global Savings and Asset Allocation", CGFS Papers, Bank for International Settlements,No. 27, 2007.

私募股权提供人

私募股权提供人在（通过股票、认股权证、赚取的认股权或其他增量认股权、转换或其他类似的股份或权利）持有股权参与份额的情况下，还会贷出资金以作为额外的风险资本。其中一些公司是由银行或保险公司拥有的。它们通常会将其投资限制在 500 万美元左右。其他公司则是独立的，其中包括一些风险资本投资基金，它们在某些情况下可能会投资高于 500 万美元的资金。

外部管理层收购基金、内部管理层收购基金，以及外部和内部管理层联合收购基金

近年来，外部管理层收购（buy-in）和内部管理层收购（buy-out）案例数量的急剧增长，以及其将新人才或新资金与现有管理层团队组合起来的情况，催生出了从事此类活动的公募基金和私募基金。这些基金在传统的项目融资中可以是一个股权资本来源。雷克兰电力公司（Lakeland Power Ltd.）——英国成立最早的私营电力项目之一——即可被视为通过一种形式的外部和内部管理层联合收购（buy-in management buy-out，BIMBO）创造出来的，尽管其财务结构随后经历了一系列创新变化。

债券市场

较少使用的通过发行债券进行债务融资的做法曾一度被项目公司采用，或被国家用来为基础设施项目融资。近年来，使用债券市场作为取得债务资金的途径已经更为常见。这种融资的模式结构是行业发展收益债券，美国的州和地方政府及其创建的主体普遍采用这种债券。它们是为项目融资或企业融资发行的，其中债券发行人将所融资的项目产生的运营收入抵押给债券持有者。第 11 章会描述这些结构。

随着 144A 规则（下一章对之进行讨论）的采用，人们可以更多地通过美国的私募市场利用债券为全球各地的项目提供融资。这也与前文有关评级机构的内容相关联。

富有的个人投资者

在欧洲，民间个人投资者是一个重要的资金来源，包括未注册的债务工具。欧洲债券是

具有吸引力的投资,因为它们是"未注册的"(尽管在实践中,它们通常是在苏黎世交易所或卢森堡交易所注册的)。在一些情形下,持有实物债券即授予了所有权(无记名债券),这个特征与其面额较小、对某些持有人具有潜在的税收优惠一起,使它们对特定投资者具有吸引力。

在美国,民间个人投资者是项目融资的一个难以利用的债务来源,因为使用这个市场要求开展公募,而非私募。这涉及在美国证券交易委员会(United States Securities and Exchange Commission,SEC)注册及符合美国各州的注册法律。在美国,以风险为导向的民间投资者更倾向于通过避税手段或与权益相关的证券开展投资,而不是投资于某个罕为人知的项目公司的债务证券。

民间个人投资者已对避税导向型投资进行了大量投资,如为研究和开发、石油和天然气勘探及房地产投资提供融资的有限合伙企业。民间个人投资者作为行业发展收益债券(见第9章)的终端购买者,也是一个重要的资金来源。在其他司法辖区复制在美国成功使用的基于税务的模式的尝试仅取得了有限的成功。

随着传统的长期债务资金来源的枯竭,人们将会花费更大努力以吸引民间个人投资者在项目融资中提供贷款或进行投资。

包括点对点贷款人在内的当地利益相关者

当地利益相关者为了获取信息和参与预期成功的项目,可能会有兴趣对项目或商品及服务提供资本。新兴的企业对企业(B2B)和企业对消费者(B2C)商业活动拥有代替传统的融资分销和销售渠道的潜力,并且亦可能提供资金,尽管资金提供方充分理解所有的风险十分重要。虽然融资平台可能会要求潜在的投资者或贷款人在进入其网站或注册登记前,先阐明其在金融领域的精通程度,但假如损失迫在眉睫,天真的投资者有时会忘记这点。本书末尾的天狼星公司(Sirius)案例研究将进一步对此进行讨论。

产品或原料的供应商

为其生产的产品或副产品寻找市场的供应商,有时会愿意资助建设工程或为将使用该产品的设施的债务提供担保。例如,这也许是一家由美国加利福尼亚州的农场主支持的罐头厂,或使用中东天然气的炼钢厂。每个项目的可能的供应商名单各不相同。

新的产品购买者或服务用户

需要某项产品或服务的公司可能会愿意为项目的建设提供经济资助。一般而言,这项资助会采用长期照付不议合同或最低物料通过量合同（through-put contract）的形式。照付不议合同或最低物料通过量合同等价于担保，可被用来对来自其他商业来源的贷款进行承保，第12章会讨论这点。

有时由需要项目所生产的产品或所提供的服务的公司提供的另一种形式的融资是资本预付款，并从未来的生产或提供的服务获得偿付。这也许是用实物或是通过以优惠价格提供产品或服务偿还的，直至收回预付款和预付款的利息为止。

船舶经营人通常使用长期的船舶租约作为船舶建造融资的现金流基础。在这种安排下，需要船舶运输服务的租船方会签订一份期限足够长的租约，以使运营商能够通过承诺在一段足以向银行偿还全额本息的时期内为船舶的使用付费，来为船舶提供融资。这种安排被称为全额支付租约，银行承担的风险是租船主体（或租船方）的长期信用资质。或者，贷款人可能会通过基于从期限较短的租约和多家不同的租船方产生的现金流为船舶提供融资，乐意承担部分或所有的市场风险及一定范围内的信用风险。

承包商

尽管承包商通常对拟议的项目融资充满热情，但极少能够积极参与项目的长期融资。然而，承包商可以固定价格合同的形式提供支持，这与保证以某个价格营建项目设施是相同的。承包商偶尔还会同意将其一部分收费作为对项目的股权权益。

承包商有时能够通过为项目融资提供建议来为其客户提供很大的帮助，因为它们拥有相当多的与贷款人、潜在发起人和各种政府机构打交道的专业经验，而这些主体也许是项目的资金来源。它们也许还有能力对项目融资的结构和方法提出建议。

最后，承包商可能通常会拥有关于发展中国家（它们已活跃于这些国家）的基础设施项目的有用的当地知识。

贸易债权人

希望与项目公司开展业务的贸易债权人可能会提供与产品和服务的销售挂钩的短期信贷，这可以通过营运资本管理或短期资金供应为项目提供宝贵支持。

设备供应商融资

大多数贸易商和制造商都采用广泛的融资计划以鼓励其机器和设备的销售。国内的贸易商和制造商通常与外国竞争者提供的出口融资进行竞争，因此信用条件和标准可能会较为宽松。近年来,这种类型的融资越来越容易获得,是项目融资的一个重要资金来源。制造商对设备可靠性和性能的长期保证有助于安排其他来源的融资,并支持完工后项目的运营及偿还债务的现金流。

发起人的贷款和预付款

发起人直接向项目发放贷款也许不是一个十分令人满意的项目融资方法,因为贷款会反映在资产负债表中,从而影响发起人后续的借款能力。大多数项目融资都试图避免这种做法。

尽管如此,在某些情形下,发起人的直接贷款或预付款是项目可以获得融资的唯一方式。由于成本超支或发起人承担了其他或有负债,这种直接贷款也可能是项目所必需的。贷款比资本出资更佳,因为前者有正式的偿还时间表,并且处于优先地位。假如项目未被合并在财务报表中,那么项目可能会获得贷款利息付款的税收减免。另一方面,贷款的利息付款对发起人兼贷款人而言可能是应纳税的,而股息付款则可能享受收到股息税收抵免(dividend received credit),根据当地的税收规则,可能会采取不同的税率。

发起人为项目提供的直接贷款还通常比其他可获得的融资具有更低的利率。一些发起人更偏好直接为项目提供贷款,而不是为贷款提供担保,因为它们认为两者的信用风险敞口是相同的。假如某发起人决定通过提供支持来接受项目的风险敞口,那么它可能更偏好赚取贷款利息,而不是从其为支持项目提供的担保获取较低的担保费(甚至没有担保费)。

合资项目通常是由贷款或预付款提供资金的,因为合资公司参与者的借款能力不同,并且合资公司没有能力凭借自身的优点获得借款(见第 1 章中的 LASMO 案例)。

行业发起人向项目发放的劣后级贷款通常被用于代替资本出资,在项目公司的净值以外补充提供一层资本,以支持更为优先的借款和信贷安排。就分析债务净值比率和优先级债务偿债比率的目的而言,优先级债权人一般会将劣后级贷款视作等同于净值(见第 3 章)。必须具体阐明各种优先级债务的劣后程度,以提供优先级贷款人寻求的保护。只要这种优先级别较低的劣后级债务可用以支持对发起人无追索或在发起人资产负债表外的项目借款,就会产生项目融资。

发起人通过其全资拥有的金融公司向项目发放的贷款(见第 9 章),可以实现项目融资的众多目标。预付款是另一种形式的发起人贷款。

项目抵押债券和贷款债务池

这些结构被称为债券抵押证券(collateralized bond obligation,CBO)和贷款抵押债券(collateralized loan obligation,CLO),提供了一种将项目贷款池和股权投资的现金流进行证券化的形式。至此为止,这些基金或资金池都是封闭式基金,贷款、股权投资和现金流在一开始即被明确定义。然而,未来可能会出现开放式基金。公认的债务评级在这些基金的设立和证券化中扮演着重要角色,但新近关于复杂资产包的丑闻很可能会影响市场对这些证券的欢迎程度。

私营保险公司提供的保险

对贸易信用损失的保险可以从多家私营保险公司获得,其方式与本章前面描述政府出口融资和国家利益贷款人时提到的出口机构提供的保险相似。一些私营保险公司提供了建设期间和运营期间的政治风险保险。然而,政治风险保险商的再保险窗口十分有限,仅一个项目就可能会迅速达到市场的再保险容量上限(见第 15 章)。

伊斯兰金融

伊斯兰金融通常被描述为"没有利息的融资",但随着这个领域在过去 30 年间的发展,这一描述提供了一个非常狭隘的关于融资可能性范围的观点。尽管总结持续发展并且不断变化的不同金融技术几乎是不可能的,但在本节中,我们将试图总结一些重要的领域,这些领域在我们考虑可被用于项目融资的伊斯兰金融产品时十分有用。此外,在第 13 章关于租赁的内容中,我们讨论了在伊斯兰金融环境下的租赁。在交易中使用伊斯兰金融总是需要获得这个领域的专家意见,专家应能确认交易符合在《古兰经》中规定(并通过宗教意见和实践得到发展和延伸的)的期望。

伊斯兰金融的基本原则是支持贸易并禁止收取与为该贸易提供资金相关的利息(Riba)。重点是资产支持业务及代表商品或服务的真实出售或转让的交易。这种方法认识到在交易中共担风险的理念,非常符合传统项目融资的原则。此外,伊斯兰金融规避因合同或交易不明确而存在不确定性的交易(Gharar)。我们可以将之比作关于信息不对称或结果模糊性的问题。最后,伊斯兰金融中禁止某些类型的活动,如赌博。

一些常见的基本形式已得到进一步的发展,它们分别是:

• 穆达拉巴(Mudarabah):在这种安排中,一家提供资本的主体与另一家提供贸易商业技能的主体两者之间存在合伙关系。资本提供方承担损失,根据一个合同中预先协定的比例,在双方之间分配盈余和收益。

• 穆沙拉卡(Musharakah):这种形式通常被用于不动产或固定资产。要么合伙关系的持续期和结构在一段预先指定的时期内有效,要么由于盈余的产生,融资提供方能够在项目成功后更迅速地获得偿付,持股比例会发生变更。

• 穆拉巴哈—穆阿加尔(Murabaha-Mu'ajjal):在这种形式中,资金提供方代表客户购买商品,然后将商品赊销给需要资金的主体,后者进而以一定的利润出售商品,所得价款被用于向资金提供方还款。任何与商品毁损或质量问题相关的风险都不会对还款造成危险,因为这是不可撤销的承诺。

• 萨拉姆(Salam):这个方法为远期购买商品提供了资金,商品是精确定义的(为了避免不确定性）。

● 伊贾拉(Ijara)：这个技术涉及为资产的使用获取款项,因此更常见的被用于租赁交易。第13章会进一步讨论这项融资工具,该章会讲解租赁并提供一些例子。

● 伊兹尼尔(Istisna'a)：在这种形式的融资中,一家代理人或中介基于协定的偿付时间表,承包建设工程或供应商品或服务以供未来终端用户使用。中介又可以将商品或服务的生产进行分包。向中介提供融资的供资方从终端用户获得偿付,终端用户的付款包含了生产价格和所有其他边际成本。

● 伊斯兰债券(Sukuk)：对西方银行家而言,最知名的伊斯兰金融形式可能是伊斯兰债券。这是一种资本市场工具形式,填补了先前讨论的许多工具的权益偏重与对可以交易工具以产生流动性的二级市场的需求之间的空白。伊斯兰存托凭证(Islamic Depositary Receipt,IDR)在监管机构和评级机构的支持下,产生了上市股票的部分二级市场,但伊斯兰债券能够通过一个特殊目的穆达拉巴使证券化成为可能,其中特殊目的穆达拉巴通过管理与基础资产及其证券化相关的资产和负债担任代理人。伊斯兰债券是在一段指定时期内资产包及其相关现金流的所有权或用益权的不可分割的股份或权益,亦附有与该股份相关的风险。因此,尽管它是一种股份而非正式的债务工具,但所有权可以转让,可以私下或通过二级市场购买和出售它(假如它在二级市场上市的话)。伊斯兰债券代表了伊斯兰教教法合规结构中的利益。

在萨拉姆和伊兹尼尔中,利润可能会通过"卖权协议"的使用而受限于一个"下限",第18章将更详尽地讨论这点。

尽管抵押品可被用以支持这些产品,但假如损失并非由贸易人的行为不当或疏忽导致的,那么留置权和抵押权将不能被强制执行。此外还有一些规定限制金融机构通过在二级市场出售伊斯兰金融工具产生流动性的能力。原始合同中风险共担的精神和意向必须在交易的整个期限中得到尊重,假如在合同存续期间内有更换交易当事方的计划,那么必须彻底考察其是否符合伊斯兰教教法的专家意见。

我们可以用其他贷款中的合同权利的转让来进行类比。许多附息的贷款协议可能会允许义务的再转让或再出售,并且管辖贷款文件的法律规定了这些权利,但它们在贷款文件中仍有明确表述,可能还附有需要获得所有当事方事先同意的限定条件。在再转让或出售银团贷款(见第6章)中的参与份额时,通常需要借款人和银行事先同意。因此,在伊斯兰金融中,在合同签署前,合同当事方的未来情况应被加以讨论和阐明。

伊斯兰金融领域仍在继续发展,采用这些方法的交易数量仍在继续上升,尤其是在遵守这些原则至为重要的地区。合适的宗教当局对交易符合伊斯兰教教法且不含禁忌的认证可能十分费时,决策背后的推理对于这个融资界以外的人并非总是清晰的。因此,对于那些拥有悠久的贸易历史并对遵守《古兰经》的原则及不能接受利息付款持有根深蒂固信仰的经济体或企业家群体而言,这仍是他们尤其感兴趣的领域。

案例研究:达纳天然气公司

在本书撰写之时,新闻中最近的一个案例是达纳天然气公司(Dana Gas)[不能与达纳石油公司(Dana Petroleum)混淆,后者如今是韩国国家石油公司的一部分]。

达纳天然气公司是中东地区规模最大的公开上市私营天然气公司。其最大的股东是新月石油公司(Crescent Petroleum)——一家设在沙迦的区域性私有石油和天然气公司。达纳天然气公司于 2005 年在阿布扎比交易所上市。它在埃及、库尔德斯坦地区和阿拉伯联合酋长国拥有石油和天然气权益。

达纳天然气的伊斯兰债券是伴随着公司于 2007 年 10 月开展的一笔交易而出现的,拟议的发行规模为 7.5 亿美元,曾一度上升至 10 亿美元。最终发行规模为 9.2 亿美元左右。①这些证券预计在 2012 年到期,具有 7.5% 的隐含息票率(利息从可分配利润中支付),并可交换为包含 10% 溢价的股票(交易条件将在 2008 年确定)或现金。然而,达纳天然气公司在一些政治上具有不确定性的地区运营,这妨碍了其推进投资计划并获得款项的能力。2007 年的伊斯兰债券文件强调了这些风险,一个风险因素与不同国家司法辖区之间的潜在冲突,以及交易的两个适用法律(关于融资结构的合同协议适用英国法律,而伊斯兰结构及其协议适用在阿布扎比确定的伊斯兰教教法)的选择有关。(阿布扎比采用民商法典,即不与伊斯兰教教法关联的法律结构。)

当交易于 2012 年即将到期时,达纳天然气公司在库尔德斯坦地区和埃及的运营面临的政治风险问题影响了现金流,从而影响了拟议的证券赎回。在一系列艰难的讨论后,协议于 2012 年 12 月达成,公司支付了 7 000 万美元的现金,注销了从市场回购的大约 8 000 万美元的伊斯兰债券,并于 2013 年 5 月发行了一笔 8.5 亿美元的新伊斯兰债券,该伊斯兰债券被拆分为两个层级。其中一个层级可以溢价交换为股票,"每年的定期分配率为 7%"。另一个层级含有每年 9% 的名义利润份额,根据收购承诺书的规定是可回购的。(伊斯兰债券工具的回购使持有人的回报更为确定,并且限制了风险,一些伊斯兰学者认为这有悖于穆达拉巴交易的真谛。)这笔新发行的伊斯兰债券将于 2017 年 10 月到期,彼时应支付本金和任何未支付的分配。这些票据在爱尔兰证券交易所上市。

谢赫·穆罕默德·塔齐·乌斯马尼(Sheikh Muhammad Taqi Usmani)是一位居住在巴林的杰出的伊斯兰学者,并担任伊斯兰机构会计和审计组织(Accounting and Auditing Organization for Islamic Institutions, AAOIFI,该组织亦设于巴林,提供关于符合伊斯兰教教法的审计和会计准则的指导)的主席。他在巴基斯坦最高法院表明,穆达拉巴结构不能被用于创建本金和收入具有保证的固定收益证券。然而,他的观点未得到所有伊斯兰学者的认同,他们批准(fatwa)了一个基于伊斯兰的结构。AAOIFI 已发布了会计准则 FAS 33 和 34(于 2020 年 1 月生效),这是对其立场的最新澄清。

在达纳天然气公司的案例中,有三个法律制度管辖着这笔交易——伊斯兰教教法管辖穆达拉巴;阿拉伯联合酋长国法律管辖销售协议,该协议规定在特定事件(包括不支付还款)发生的情况下,将支持交易的穆达拉巴资产从受托人转移给达纳天然气公司;英国法律管辖对达纳天然气公司购买穆达拉巴资产实施控制的收购协议。在 2013 年交易重组时,达纳天然气公司取得了交易同时符合伊斯兰教教法、阿联酋法律和英国法律的法律意见。

2017 年夏季,达纳天然气公司公布其伊斯兰债券不符合伊斯兰教教法,并向证券持有人

---

① 达纳天然气石油公司网站:https://www.danagas.com/investors/sukuk-information。

发行新的伊斯兰债券,从而进一步延长了交易期限,但交易条款较为不利。支持性论据是:公司如今的财务状况更为稳健,新债券将会合规,因此是可售的。在这种情景下,"收益率"将下跌至 4% 以下。根本问题是:2017 年 10 月到期的债券仅靠穆达拉巴资产的清算也许不能得以赎回,因此达纳天然气公司收购债券的义务将被触发。伊斯兰债券项下的到期还款尚未得以支付,因此交易处于违约状态。

达纳天然气公司寻求阿联酋发布命令来"规避"穆达拉巴协议、收购承诺书和其他协议,或宣告这些协议无效,并同时获得了阻止受托人和代表在阿联酋境内或境外采取任何行动的禁令。与此同时,达纳天然气公司还取得了防止其一家子公司的股份发生转让的临时禁令,从而阻止了穆达拉巴资产的担保权益的执行。之后,达纳天然气公司在英国取得了一项临时禁令,防止受托人和代表执行收购承诺书项下的权利。后一项禁令对达纳天然气公司解除阿联酋禁令规定了时限。最终,达纳天然气公司向阿联酋法院提出了请求,三家达纳天然气公司的股东也进行了干预,以阻止禁令的解除。

随后,由于该公司拒绝了伊斯兰债券持有者提出的进行债务重组的反要约,一场在伦敦的诉讼接踵而至(于 2017 年 11 月结束)。这场诉讼对于其他基于伊斯兰债券的交易也具有影响。

由于这些禁令,伦敦商业法院收到了书面的开庭陈词。一家重要的伊斯兰债券持有人——贝莱德全球配置基金(BlackRock Global Allocation Fund)——被列为该英国诉讼案件的第五名被告。法庭考虑了书面陈词,但达纳天然气公司未能进行口头陈述,英国的庭审被推迟了数次,以确定阿联酋的反诉讼禁令是否将被解除。沙迦法院也在同时考虑这个案件,并产生了互相冲突的裁决,而伊斯兰债券持有人未能取得任何确定的解决方案。

英国法院的判决支持了收购协议的有效性,并且认同被告对债券持有人的偿付义务是确实存在的。意料之中的是,达纳天然气公司对英国的判决进行了上诉。

2018 年,继进一步旷日持久的谈判后,此事据说已快解决,债券持有人拥有两个选择:一是以每美元 90.5 美分的价格回购伊斯兰债券债务;二是债券持有人有权将部分债务转换为未来支付 4% 息票的 3 年期新伊斯兰债券(截至 2017 年 10 月的欠款将得以偿付),并获得一些现金。新伊斯兰债券的发行(达纳天然气公司首席执行官描述其已"在法律上证实是合法的")还取决于诉讼的停止,它采用一个伊贾拉结构和延迟付款合同。2019 年 3 月,伊斯兰债券的进一步回购将未偿余额降低至 3.97 亿美元。在本书撰写之时,公司网站报告称该伊斯兰债券已于 2020 年 10 月 31 日全额赎回。

关键点也许是:尽管从伊斯兰专家那里取得对伊斯兰债券的合法性的法律意见十分关键,但加上一条关于在未来不得质疑这点的条款也同等重要。

选择融资来源时的一般准则

在本章中,我们考察了项目可以获得的多种不同资金来源。对任何金融结构最为重要的一点也许是:需要尽量保持结构的相对简单。对于每额外一层的融资,都需要制定另一系列的法律文件,项目融资可能会因复杂结构中的矛盾而出现问题。尽管尽力满足每个利益相关者群体的需求的做法很有诱惑力,但由每个群体的律师费和其他咨询费组成的代理成本(更无须说多个资金来源的不同的时间框架)可能会导致交易完成的延迟和交易过程中的挫败感。政府机构并不总是能够迅速作出决策,在设计阶段对每个资金提供方从初始接触至最终承诺的时间框架进行考察,能够帮助项目融资提供人管理项目直至结束阶段,从而使摩擦成本最小化。

9

项目融资中使用的金融工具的类型

引言

随着近年来项目融资技术的发展,金融工具的种类也已不断增加,以满足足智多谋的项目资本家的需求。然而,借款人可以选择的金融工具根据所涉及的项目融资的类型各有不同。

在关于项目融资的理想主义观点中,贷款人或投资者必须满足于依靠一个资本不足的项目的现金流和资产作为唯一的还款资金来源。在这种完美形式的项目融资中,贷款人仅依靠现金流获得还款,项目公司在债务背后几乎没有股本。对这种融资的寻求难有结果,有点类似于寻找圣杯。许多人已听说过它,相信它并寻找它,但至今为止,没有人看到过它。

正如第3章讨论的那样,一个更为现实的项目融资形式是将贷款人和投资者最初考察项目的现金流和资产作为还款来源的交易。然后,这些现金流和资产受到间接担保的支持,间接担保的形式有照付不议合同、设施使用合同(tolling contract)*、出售或支付合同(put-or-pay contract),以及/或伴有经证实的基础资产的长期运营合同。这些都不是投资级信用。然而,银行、出租人以及其他拥有理解和评估所涉风险的专业技术知识的贷款人,可以帮助构建利益相关方承诺的方式,使得它们在总体上等价于充足的担保。假如对安排感到满意,这些银行、出租人和贷款人会在此基础上提供资金或备用信贷便利。

另一个具有范围远更广泛的可用融资方法的项目融资类别,是在资产负债表外且对发起人无追索权的融资,但与此同时构成了一个或多个第三方的清晰义务。这些第三方出于各种原因在项目的建成中拥有相关利益,如公司需要项目所生产的产品或所提供的服务。显然,一个拥有投资级第三方提供的强大承诺和担保的项目,可以比另一个基于间接、或有、隐含担保获取信用支持的高杠杆项目,拥有范围远更广泛的可用金融产品。

过去的项目融资和传统融资缺乏中期和长期资本,包含非寻常特征(以吸引投资者或防

---

* 指工业设施或服务性设施的提供者与使用者之间达成的无论提货与否均需付款的协议。——译者注

止风险)的各种债务工具随之出现了。许多这些工具都是私募债,可以通过商业银行或投资银行安排,并且大多数都可被调整为项目融资。

后面各节讨论了项目融资中一些可能的工具和资金来源。并非所有这些工具都已在项目融资中使用。然而,它们拥有使其未来前景可期的特色和特征,投资者将可以对等价于投资级的风险的存在感到满意。

在对基础的信用风险进行恰当构建后,足智多谋的项目资本家可以选择多种方法和工具。然而,需要警告的是:假如项目的初始现金流较少或具有延迟风险,那么气球还款(一些贷款还款被递延为贷款期限末的单笔还款,可能还附带应计利息)或子弹型还款(所有本金都可在贷款期限末偿还,在贷款期限内仅支付利息)是具有诱惑力的结构选择。然而,假如信贷结构中的大量还款依赖于发行股票、再融资或意外之财事件(如出售资产),那么它们的风险极高,许多人的职业生涯已因达成交易的愿望过大,从而不能作出明智的信贷决策而脱轨。

除了本章讨论的工具外,还有衍生工具(即期货、远期合约、期权、上限合约和下限合约)可被用于调整风险敞口或降低资金成本。第 16 章—第 18 章讨论了衍生工具。

商业银行贷款

商业银行仍是项目融资最受欢迎和规模最大的资金来源,因为它们拥有了解和评估非常规贷款交易所涉及的信用风险敞口的能力。一些大型的国际商业银行雇用工程师来帮助构建涉及矿业或石油项目的项目融资。银行工作人员可被组织成专业贷款小组(包含设备专家和房地产专业人士),以协助基于资产的融资。对发放项目融资贷款感兴趣的银行通常雇有经验丰富和专业的信贷员,他们拥有在可接受的实践和特定行业的风险方面的专业知识。

银行贷款可以采取有担保或无担保贷款的形式。商业银行贷款可能涉及单个贷款人、包含几个贷款人的"俱乐部",或银团。它们的形式可以是建设贷款、定期贷款、过桥贷款、抵押贷款或营运资本贷款。商业银行通常基于一个协定的标准利率,将其承诺的投入限制为浮动利率贷款,标准利率为 Libor[①](或等价的金融中心资金成本)或美国最惠利率(或等价的当地国内利率)。期限较长的贷款也可定期获得。然而,在本书撰写之时,尽管银行追求收益率,但项目贷款的市场仍较为紧张。较长期限的固定利率贷款有时可以获得,这通常与互换挂钩,养老基金等新的资本提供方也在考虑将成熟的基础设施项目作为稳定的长期收入来源。

与贷款同等重要的是银行的备用信贷便利,它们具有了解和评估融资信用风险的专业知识。这些备用便利对项目融资进入私募市场和公募市场十分关键。假如定价正确的话,这对银行来说可能是具有吸引力的业务。

大型项目的商业银行贷款和备用信贷便利通常是由一组银行以银团形式安排的。

商业银行贷款的文档由贷款协议、期票(在美国和一些其他司法辖区)、担保和担保品文件组成。

表 9.1 显示了贷款协议中的一些关键点,这也提供了一个有用的基本清单。

---

① 在本书撰写之时,由于一些操纵指控,Libor 正在被逐渐淘汰,将会有一个等价的协定基准产生。

表 9.1　贷款协议中的关键点

（1）可以借取的金额
（2）为未使用的承诺金额收取的承诺费
（3）贷款的期限和偿还时间表
（4）未偿余额的利率
（5）提取贷款的程序和提取贷款前应满足的前提条件
（6）借款人的陈述和保证
- 贷款资金的用途
- 财务状况
- 资产的所有权
- 重大诉讼
- 或有负债
- 机构的设立和组织
- 签订贷款协议的权利
（7）在贷款协议达成和贷款提取时，以及在贷款协议期限内需要定期提供的法律意见
（8）正面契约条款
- 符合法律
- 纳税
- 维护设备和设施
- 取得必要的政府批准
- 维持保险
- 定期提供财务报告
- 资产无产权负担
- 对兼并、股息和资产出售的限制
（9）财务契约条款
- 负债限制
- 维持财务比率
（10）对利息预扣所得税的责任
（11）贷款人权利的可执行性
- 违约事件和纠正违约的机会
- 在违约情形下的补救措施
- 交叉违约条款
- 保险收入

资料来源：此表由弗兰克·J.法博齐和彼得·K.内维特制作。

供应商融资和全资拥有的金融公司

迫切希望为项目供应商品和设备的公司是项目融资的绝佳资金来源。大多数大型资本设备的制造商都已组建全资拥有的金融公司或单位以协助为其产品安排融资。通常，这些全资拥有的金融公司是专门为通过与信用低于投资级的客户开展业务产生增量销售的目的而创建的。竞争通常迫使这些公司提供十分具有竞争力的价格和条件，这些在市场上本来是无

法获得的。

供应商使用的工具包括有担保和无担保的定期贷款，以及分期偿还的贷款和租赁。

出口信贷融资

政府出口信贷融资对于符合资格的项目可能尤其具有吸引力。这种类型的商业银行信用的贷款或担保也许可以获得比传统的商业银行贷款融资更长的期限。此外，贷款利率可能是有补贴的，并且是以固定利率形式提供的，尽管欧盟等群体可能会视之为反竞争行为。

拥有项目融资经验和出口信贷代理融资经验的商业银行和投资银行，在为此类融资选择有利条款和条件以及为之进行谈判方面对项目特别有帮助。大型供应商和承包商在这个方面也会具有帮助。

举例来说，美国进出口银行为项目融资和结构性融资开发了计划，比如基于美国公司的信用资质为它们的海外子公司提供支持。其网站提到了"多国光纤电缆、石油和天然气项目、空中交通管制、电信和制造业实体"等例子。[1]

出口信贷机构支持的买方信贷

在买方信贷中，出口信贷机构向买方的商业银行提供担保，后者然后为待融资的设备购买预付资金。这些资金与向买方发放的贷款相同，赋予了买方在与各家供应商打交道时使用现金交易的优势。这种类型的安排尤其适合于项目融资。买方信贷安排中的关键文件是贷款协议，它是担任贷款人的银行与担任借款人的买方或买方所在国的中央银行签订的。设备的合同价格包含了出口公司应支付的出口信贷机构担保保费的成本。

国家和国际开发银行的贷款

某些项目也许可以从国家和国际开发银行获得利率具有吸引力的长期固定利率贷款。为符合资格的项目安排此类贷款的难点在于项目的审批程序冗长，这可能会使项目延迟数月或数年。程序性要求（如为建设合同和设备购买开展竞标）是另一个缺陷。此外，所提供的资金可能是以一个难以套期保值的货币为单位的。

---

① 美国进出口银行网站上的介绍，https://www.exim.gov/what-we-do/loan-guarantee/project-and-structured-finance。

共同融资和补充融资

共同融资和补充融资是与国际开发银行贷款、世界银行贷款、IFC 贷款和 EBRD 贷款结合使用的。其想法是由这些机构为项目提供种子资金,然后将其贷款与来自私营部门的贷款捆绑在一起,从而私营部门贷款的违约亦会构成国际机构贷款的违约。这种安排的理论是:项目的借款人和东道国可能会因世界银行或国际机构的参与而不太倾向于允许贷款违约。世界银行和 EBRD 鼓励并推动共同融资安排。第 8 章也讨论了这点。

银团信贷便利

银团信贷便利是在银行之间分担交易的一种方式,它采用一个正式结构,不同银行都有既定的角色。换言之,在此类交易中,多家银行根据一份信贷协议中表明的完全相同的条款和条件,承诺按比例向客户提供贷款或其他支持便利。银团交易要经过既定的程序,已知对此类项目融资、国家或发起人主体感兴趣的银行会收到要约,接受要约的截止日期业已确定,一旦交易达成后,所有参与行都将获得信贷委员会的批准并认可贷款文件。银团贷款被拆分为贷款规模的特定份额,这些份额可能有略微不同的回报率(风险敞口越大,回报也越高,这通常是以提高收费的形式,而不是通过调整超出资金成本的利差实现的)。管理银团贷款本身即是一项项目管理活动。

在"俱乐部"交易中,项目发起人十分熟悉的一个银行团队为项目提供完全相同的信贷服务。有一个牵头行,但其角色更像是平等者中的第一位,银行团队通常较小。

这些信贷便利通常是具有浮动利率性质的,有或没有摊还,定价通常由短期基础利率(在贷款期限内这个基础利率会被定期调整)加上一个固定利差组成,承诺费、代理费、管理费、抵销余额* 和担保品等通常亦包含在内。

银团信贷便利可以被构建成传统的循环贷款和"俱乐部"贷款(多元选择贷款或高度单一用途贷款)。它们可以由循环或定期的银行信用额度、商业票据流动性(备用)信用额度、备用信用证(为商业票据、私募债券、欧洲债券等提供的)、银行承兑汇票及应收账款融资等组成。定价一般基于最惠利率、Libor、大额存单或银行承兑汇票的各种组合,融资期限从数天至 1 个月、2 个月、3 个月、6 个月和 12 个月不等。参与者包括所有类型的金融机构,但主要是大型国际银行。牵头行或代理行监督交易的结构、定价、银团的布局、时间表的编制、销售、文件编制及交易的达成,并在贷款的最后到期日前管理贷款。

以下是银团贷款市场的一般优势:

---

* 指银行可能要求借款人保留在存款中的最低余额,以作为发放贷款条件。——译者注

（1）可以筹集大额资金。银行贷款市场是最大的国际资本来源。

（2）贷款可用几种货币中的任意一种发放。

（3）可以有大量的参与者。

（4）参与银团贷款的银行十分富有经验，能够理解和参与项目融资中存在的复杂信用风险。

（5）贷款的提取可以十分灵活。

（6）提前还款可能会被允许，但也可能受到限制。（根本原因是：项目融资银行在项目初始时即承担了风险，尤其是在现金流开始稳定之前的时期内。为了认识到这点，贷款具有较高的回报率。计算银行回报率时可能会预期贷款在一段时期内保持不变，但从借款人的角度而言，一旦情况处于低风险模式，以更低的利率对交易进行再融资是十分具有吸引力的选择。）

银团贷款通常被构建为定期贷款。银团贷款市场最大的劣势在于：利率通常是浮动的，因而可能会与套期保值（通常是互换）相关联。因此，还款时间表的任何变化可能使解除套期保值成为必要，这可能会代价高昂。银团贷款通常根据一个固定的时间表进行摊还，还款在一个被称为宽限期的年限后开始支付，宽限期通常不长于 5 年或 6 年。

银团贷款由安排行进行安排，该银行负责交易条件的谈判。安排人可以是提供贷款资金的商业银行，或者是纯粹担任贷款安排人的投资银行或商业银行。银团贷款交易中的安排人/牵头经办人在贷款期限内监督借款人的财务状况。这些贷款包含众多的契约条款和违约条款。大多数银团项目贷款都是有担保的，尽管范围更广的银团贷款市场包含无担保的贷款及受到对项目公司资产交易的消极担保保护的贷款（后者的安全程度可能较低）。银团贷款可能会在到期前一直保留在原始参与行的账簿内，或被出售给另一家银行（甚至另一家公司，因此阅读以较小字号呈现的附加条款十分重要）。参与行会试图保留将参与份额转让给其分支机构或其他银行的权利，但这项权利通常是在借款人、发起人公司和/或牵头经办人以及银团大多数成员事先许可的条件下才会授予的。

许多银团贷款不仅以美元为货币单位，而且还可能以其他货币（包括英镑、欧元、瑞士法郎、日元，或它们的混合）为单位。中央银行通常希望在位于该国的贷款中纳入一家其国内银行担任高级角色。

生产支付贷款和预付款

生产支付贷款和预付款在石油和天然气公司的资产负债表外和表内融资中广泛使用，也用于煤炭和其他矿业公司中。在纯粹的生产支付贷款中，债务需要用从石油和天然气生产中获得的收入偿还。这些贷款通常是由银行和银团信贷提供的。运营商的技能和声誉是评估交易信用资质的一个重要因素。另一个关键成分是通过销售合同（买方的信用资质）或一个具有深度且成熟的商品市场（如布伦特原油）进行的矿物销售。

短期融资工具

商业票据是一种特殊形式的短期滚动票据，根基稳健的公司常常将商业票据作为一个可靠的短期融资来源，这种融资可通过滚动来提供营运资本，或作为一揽子融资计划的一部分提供十分短期的融资。由于它们通常是无担保的，这个市场中地位不稳或较不知名的公司需要利用商业银行的备用信用证或信用额度来支持其计划。与其他融资方法相比，商业票据的综合成本可能十分具有吸引力——商业票据市场的一个诱人之处是不必经过一个详尽（因而费用高昂）的证券注册程序。然而，为了保护投资者，商业票据计划也有一些限制。它们不可被用于固定资产融资（因此仅有助于营运资本融资）。这些计划的一个关键特征是票据的滚动不是自动的。第10章将讨论商业票据及与商业票据结合使用的备用信贷便利。在发行计划设立后，即可在需要时发行票据。

短期滚动票据应仅在具备为长期融资取得的备用信用额度的情况下使用，票据的利息成本预测应包含备用信用额度的费用。在无备用信贷便利的情况下，风险是票据不能滚动、即刻到期并且必须偿付，不偿付票据将会引发违约。商业票据计划可在国内使用或使用离岸货币，即所谓的欧洲商业票据（ECP），短期的票据计划可以是欧洲票据计划。

ECP起源于期限为1周、1个月、3个月、6个月或1年的欧洲票据。欧洲票据是可转让的无记名工具，通常以美元为货币单位，但也有以英镑、欧元和几种其他货币为单位的。欧洲票据通常是通过票据发行便利（note issuance facility，NIF）发行的，它们是由一组银行提供的中期备用信贷便利组成的。NIF项下的分配是通过一个被邀请为每笔发行投标的银团银行投标小组实现的。循环承销便利（revolving underwriting facility，RUF）可以是有抵押的（CRUF）或可转让的（TRUF），它们亦可被用作这些票据发行的支持机制。NIF和RUF被计入参与主体的或有负债。

随着欧洲票据市场的成熟，一些发行人开始在没有备用信贷便利的情况下发行欧洲票据，这产生了ECP计划。短期票据计划和商业票据计划已变得更为主流——本书前一版中作为一个新颖想法提及的日本商业票据计划如今已形成一个发达市场，商业票据计划也存在于其他较新的市场，如土耳其和印度。

债券融资

正如第8章解释的那样，人们目前正在更多地利用和计划使用债券市场为项目筹集资金。

欧洲债券市场

第8章描述了欧洲市场。这个市场中的证券具有以下鲜明特征：（1）他们是由一个国际银团承销的;(2)在发行时,它们同时向多个国家的投资者发售;(3)它们是在任何单个国家的司法辖区以外发行的;(4)它们是未经注册的。债券交易所在的欧洲市场板块被称为欧洲债券市场,所交易的债券被称为欧洲债券。

欧洲债券的期限通常为5—10年,在某些市场期限甚至更长。利息每年以固定利率或浮动利率支付,支付时不预扣所得税。投资者在3—4年内具有赎回保护,在赎回情况下可能会收取一些溢价。欧洲债券在不还本付息外含有很少的其他违约条款。然而,它们确实包含消极担保条款。

欧洲债券包括零息票债券、浮动利率债券、可转股债券、附有以预定价格购买股票的权证的债券,以及附有以预定价格购买更多债券的权证的债券。

许多国际银行都参与了欧洲债券市场。由于明显的税收优惠,欧洲债券投资吸引了个人投资者。债券通常是由一组承销商承销的,有一家或多家主承销商。

在预先定价的发行(亦称包销交易)中,承销商在销售前向卖方保证一个价格和一个利率。于是市场风险被转移给承销商(或牵头经办人),它们又与银团成员共担风险(或试图这样做)。竞争已迫使承销商采取这种做法,这涉及相当大的风险。没有客户追随的新市场进入者已将包销交易用作争夺业务的一种手段。

欧洲债券可以以几种主要货币为单位。欧洲债券根据发行人同意对还款计价的货币命名。例如,以美元为单位的债券被称为欧洲美元债券,以日元为单位的债券被称为欧洲日元债券。欧洲美元债券仍占据欧洲债券市场最大的份额,但货币数量在继续增加,现在还有欧洲卢布债券和欧洲人民币债券(尽管前缀“欧洲”通常被省略)。

在欧洲债券市场借款的优势如下:

(1)在特定市场环境下资金成本可能更低,尤其是在使用互换的情况下(第17章会对此作出解释);

(2)能够接触到庞大、多元化的个人贷款人群体,而在其他市场则无法做到;

(3)能够迅速进入市场以利用当前的市场环境。

美国公司债券市场

美国公司债券市场仍是最庞大的国际债券市场。对公共债务市场的冗长讨论在本章范围以外,但美国市场被选为一个范例。进入美国的公共债务市场的借款人需要遵守联邦和州的证券法律,这给大多数项目融资都带来了特殊问题。尽管对用于项目融资的债务进行注册和评级的可能性是存在的,并且一些项目已被要求提供未公开的评级以指导证券未来的可售性,但位于美国以外的项目进入公共债务市场可能十分困难。信誉良好的发起人和担保人也许能进入公共债务市场。

机构投资者对所谓的非投资级债券——普遍称为“高收益率债券”和“垃圾债券”——的接受(以作为其投资组合的一部分),已彻底改变了杠杆收购的融资方式。这种债券对发行人具有吸引力,因为它们有极少的契约条款,通常是不可转换的,因此不附认股权证或期权出售。尽管它们支付较高的利率,但在此类债券被用作替代股权的融资工具的情况下仍是一个成本较低的融资方式。它们通常劣后于优先级债务。只要投资者的需求存在,这些类型的债券必然拥有在项目融资中得以广泛使用的潜力。

415 规则

美国《证券法》中的 415 规则(证券的延迟或证券的持续发售和销售)最先由 SEC 于 1982 年 2 月 24 日采用,随后得到了更新。它扩大了储架注册声明的可用范围,并扩展了由此可能涉及的分销技术。得益于这项规则,融资人能够比过去更容易、更迅速和更灵活地进入债务市场。(与欧洲债券的发行相比,这曾经是美国债务发行的一个主要缺陷。)

根据 415 规则,公司可以注册其合理预期将在注册声明生效日起 3 年内销售的全额债务和权益证券。尽管证券能够以任何方式销售和分销,但阅读 SEC 提供的解释说明也十分重要,因为它们与具体的案例和证券类别(尤其是较为复杂的债务类型)相关。

公司可以预先对债务和权益证券进行注册,然后在市场环境允许的情况下,就所发行证券的类型和条款与主承销商达成最终协议。条款可以在数分钟内谈妥,销售可以立即口头确认,承销商可以在数小时内准备好经书面确认的募集说明书,并向客户分发。

S-3 注册表

SEC 已采用了 S-3 注册表,该表格几乎完全依赖于公司的设立情况[参考公司根据美国《证券交易法》提交的报告],并考虑简易(基本)的募集说明书。

任何美国公司(或根据美国《证券交易法》提交与美国公司相同报告的外国公司)只要自上一个会计年度结束起,没有严重的长期债务或优先股违约,已提交公司报告 3 年,并且在最近 12 个月内根据美国《证券交易法》按时提交报告,就可以使用 S-3 注册表。S-3 注册表可被用于:(1)符合条件(由非附属公司持有人持有的有表决权股票的市场价值至少为 1.5 亿美元,或此类股票的市场价值至少为 1 亿美元,并且股票的年交易量至少为 300 万股)的公司的任何证券的首次和二次发行;(2)投资级非可转换债务和优先股的首次发行。采用全额包销不是使用 S-3 注册表的必要条件。

在典型情况下,使用 S-3 注册表开展储架发行的发行人,会提交一份包含简易募集说明书的注册声明。这包含对可能发行的债务证券或普通股的描述,以及对各种可能的分销方法的一般说明。在定价时,基本募集说明书加上补充募集说明书(包含反映分销的实际条件和方法的概述)经确认后被发送给购买者。补充募集说明书被邮寄给 SEC,但 SEC 不必采取任何行动。

扬基债券

寻求进入美国资本市场的外国借款人在美国组织和发行与美国境内债券相似的债券。这些债券被称为扬基债券,通常最终在欧洲出售。

在项目融资依赖于外国信用的支持时,外国信用必须具有最高品质。然而,通过取得信用证来支持贷款,质量不高的信用也可变得在美国具有可售性。大型商业银行和一些保险公司可以提供这种信用证支持,以使借款人能够进入美国私募市场。

私募债务

私募不同于公开发行,因为私募不要求获得监管许可,不需要公开披露,并且是在数量有限的经验丰富的成熟机构投资者(合格投资者)之间安排的。私募市场可以直接进入,或者更常见地是通过商业银行或投资银行进入。第 11 章会进一步讨论这些内容。

私募市场有以下几个优势:

(1) 私募不需要根据证券法律进行注册(但在美国的一些州可能要求注册)。

(2) 借款人可以对其希望何时进入市场保留绝对控制。借款人不必像在公开发行的情况下那样,必须在注册期末进入市场。因此,借款人可以准备好文件,但在市场环境达到理想状态前一直等待。

(3) 利息通常是固定利率的。私募债务的定价(因而息票率)与公开交易的债券市场密切相关。尽管在每个交易日全天,公募债券在二级市场中持续定价,但新的私募债务的利率是在每家机构内部由金融委员会设定的,这个委员会通常每周开会一次。因此,私募利率的变化通常滞后于公募利率,尽管两者都受到总体经济环境的影响。这种滞后可被有效利用。

(4) 私募市场的买方拥有丰富的经验,可以理解具有复杂信用或难以解释的融资结构的项目公司。

(5) 私募是一种建立有用的长期投资者关系的良好方式,借款人还可以利用这种关系进行未来融资。

(6) 不需要公开披露敏感信息。

(7) 在私募中,可以取得期限较长的选择。

(8) 私募的综合成本不高。美国和欧洲的公开发行都涉及大量的律师费和印刷费,而私募几乎不需要印刷费,律师费也较低。此外,公募债券的承销商/经办人的利差要高于向私募顾问支付的费用。

私募市场的一个劣势是:利率可能会高于美国公募市场或欧洲美元市场中类似评级债务的利率。美国的外国借款人会发现私募市场的空间有限。仅有规模较大的机构投资者才拥有丰富的经验来分析外国信贷安排,其对外国贷款的投资总额被限制在其资产的 5% 以下。美国大约有 50 家保险公司和机构是私募债务的买方,其中 20 家左右定期进入市场。

在美国以外有以欧洲美元、英镑、欧元、日元、瑞士法郎和其他货币为单位的私募基金。

144A 规则。 在美国,对私募证券买方施加的一个限制是:它们在购买证券后两年内不得转售。因此,在这个时期内市场没有流动性。私募证券的买方必须为流动性不足获得补偿,这提高了这些证券的发行人的成本。

然而,1990 年 4 月,美国《证券法》第 144A 规则开始生效。这项规则将对合格机构购买者(这需要它们在参与这些发行前,提供其符合美国《证券法》所规定标准的证明,它们通常是大型机构)在再次出售前必须持有证券两年的规定,放宽为在私募中购买的证券可以在证券买方之间交易,而无须在 SEC 注册这些证券。私募如今被划分为依据 144A 规则的发行或不依据 144A 规则的发行。后者更普遍地被称为传统私募。144A 规则发行是由投资银行包销的。

144A 规则会刺激非美国公司在美国私募市场发行证券,原因有二。首先,它吸引了新的大型机构投资者进入市场,这些机构投资者先前因必须持有证券一定时期的要求而不愿购买私募证券。其次,在 144A 规则制定以前,外国主体不愿在美国筹集资金,因为它们必须进行证券注册并提供美国证券法律所规定的必要的信息披露。私募要求的信息披露较少。144A规则还提高了流动性,从而降低了筹集资金的成本。合格机构购买者的定义在 2020 年下半年得到了扩大,因此良好的法律建议是至关重要的。

由于 415 规则和 144A 规则包含了更为新近的变化,公开发行与私募之间的区别已经减少了。

工业发展收益债券

工业发展收益债券(亦称工业收益债券)是与工业设施的开发或购买结合发行的。工业发展收益债券对借款人的主要吸引力在于其诱人的利率,因为对债券支付的利息是免交所得税的。它们的使用还可能导致美国各州房地产税的降低或取消。真实的设备租赁可被用于将项目控制在法定资本支出范围以内。工业发展收益债券可以通过公募或私募发行,定价可以是基于固定利率或浮动利率的。

债券结构

债券结构的类型十分广泛。我们将介绍一些在美国和欧洲债券市场较受欢迎的结构。

浮动利率票据(floating-rate note,FRN)。FRN 是一种息票率基于某个参考利率变化的证券。许多国家的国内市场都允许 FRN 的发行。在欧洲债券市场中,有种类繁多的浮动利率债券。

在欧洲债券市场中,几乎所有的浮动利率债券都是以美元为单位的。欧洲美元 FRN 的息票率是一个既定的利差加上 Libor 或对 Libor 的出价(被称为 Libid)或 Libor 与 Libid 的算术平均值(被称为 Limean)。利差的大小反映了发行人的预期信用风险、在银团贷款市场可以取得的利差,以及债券的流动性。息票率的典型重设期为每 6 个月或每季度,息票率分别与 6 个月期 Libor 或 3 个月期 Libor 挂钩。也就是说,重设期的长度与用于确定该时期内息票率的指标的期限是匹配的。

许多债券都有一个息票率不能低过的最低息票率(或下限)或息票率不能高过的最高息票率(或上限)。同时具有上限和下限的债券被称为领子 FRN(collared FRN)。一些债券赋予了借款人在某个时点将浮动息票率转换为固定息票率的权利。一些债券被称为自变息债券(drop-lock bond),它们在特定情形下自动将浮动息票率变更为固定息票率。

浮动利率债券可以有既定到期日,也可以是永续(亦称无限期)债券(即没有既定的到期日)。对于确实会到期的浮动利率债券,期限通常长于 5 年,典型的期限在 7 至 12 年之间。FRN 还有可赎回的和可回售的,一些债券是同时可赎回和可回售的。

典型的 FRN 的息票率随着 Libor 的上升而上升。然而,一些已发行的 FRN 具有与参考利率反向变化的息票率。具有这种息票结构的 FRN 被称为反向浮动利率债券。它们是作为结构性票据发行的,我们将在后面描述这点。发行人不是在对赌利率。相反,发行人使用利率互换被"调出"利率风险。发行人在互换对手方面确实面临着对手风险。(第 17 章会更详尽地讨论互换。)

零息票债券。所有债券都定期支付息票利息,但有一种债券例外,它不支付任何息票利息,而是仅支付单笔还款。这些债券叫作零息票债券,在 20 世纪 80 年代的美国债券市场首次亮相。零息票债券的持有人通过以远低于本金值的价格购买债券来实现利息。然后,在到期日支付利息,确切金额为本金值与债券购买价格之差。

举个例子,假设项目公司在欧洲债券市场发行了一笔 5 年期零息票债券,到期值为 4 000 万美元,收益率为 7%。发行人将以 28 519 447 美元的价格出售债券。4 000 万美元的到期值与债券发行价格之差,代表了投资者在持有债券 5 年至期满的情况下可以获得的应计利息。在我们的例子中,这个金额为 11 480 553 美元。

零息票债券对发行人的一个优势是:利息可以每年扣除,即便发行人不向债券持有人支付现金利息。

在利率下降期间,投资者会发现零息票债券具有吸引力,因为零息票债券为投资者锁定了收益率。此外,一些国家的投资者对已实现资本利得也享有税收优惠待遇。税收优惠待遇意味着税率低于适用于其他收入的税率,在某些情形下,可能意味着资本利得完全无须纳税。这种税收优惠待遇有时适用于通过购买零息票债券并持有其至期满实现的资本利得。

递延息票债券。递延息票债券将利息付款延后至到期前的某个日期。例如,一种息票率为 7% 的 4 000 万美元 5 年期递延息票欧洲美元债券可能具有以下结构。它不像普通欧洲债券那样在 5 年中每年支付 280 万美元的利息,而是可以将息票付款构建如下:前两年不支付任何息票利息;第 3 年支付 840 万美元(等于 280 万美元乘以 3);第 4 年和第 5 年支付 280 万美元。递延息票结构是出于税收方面的考量而产生的。

一些国家的投资者可以购买这种债券并在第一笔息票利息支付前将之出售——在我们的例子中为第 4 年。紧邻第 4 年息票利息支付前的市场价格将会反映应计利息。通过在到期日前出售债券实现的资本利得将被赋予税收优惠待遇,尽管资本利得代表了应计利息。由于投资者拥有的这种税收优惠,发行人可以获益,因为与普通欧洲债券相比,递延息票债券的息票率将会更低。

最后,在一些债券结构中,发行人支付固定的息票利息,但是结构包括两个层级,从而到期日的本金还款与某个金融基准或商品基准挂钩。例如,欧洲日元债券就包括牛市债券和熊市债券。在这些债券中,假如日本的日经道琼斯股票指数上涨,那么叫作牛市级的债券层级的到期值亦会上升。假如相同的指数下跌,那么熊市级的到期值会上升。此类债券的发行人取得了对指数变化的对冲,因为两个层级的债券的到期值变化恰好完全互相抵消。

可转换债券。可转换债券赋予了债券持有人将债券转换为预定股数的发行人普通股的权利。债券持有人通过执行可转换债券的期权获得的普通股股数被称为转换比率。转换特权可以在整个或部分债券期限内有效,转换比率可能会随着时间的推移而下降。

发行人可以赎回可转换债券。这是一个对发行人有价值的特征,因为使用可转换债券的一个重要原因是:一家寻求筹集额外资本的公司更倾向于筹集股权资金,但认为股票的当前市场价格被过于低估,因而出售股票将会稀释当前股票持有人的股权。因此,它会发行可转换债券,并基于一个其认为可接受的价格设定转换比率。一旦市场价格达到转换点时,发行主体将希望转换发生,因为它认为存在价格可能再次下跌的风险。因此,强制转换对发行主体有利,但不利于证券所有人(因为证券价格可能会受到赎回的不利影响)。

假如可转换债券被用作项目融资的一部分,那么转换特征赋予了贷款人在项目中获得收益的潜力。权益激励会促使贷款人提供条件或承担其本来不愿意承担的风险。

美林公司开发了一种特殊类型的可转换债券。它是零息票可转换票据,这种债券是可赎回和可回售的。然而,回售特征使其对项目融资不具吸引力,因为持有人可以强制项目公司在指定日期偿还债券。

可交换债券赋予了证券持有人用证券换取不同于证券发行人的普通股的权利。例如,福特汽车信贷公司的一些可转换债券可被交换为母公司(福特汽车公司)的普通股。

附权证的债券。权证有时是作为债券发行的一部分发行的。权证赋予了权证持有人与发行人达成另一笔金融交易的权利。大多数权证都可与东道主债券分离,也就是说,债券持有人可以将权证从债券中分离出来并将之出售。权证在本质上是期权。

有几种类型的权证已作为欧洲债券发行的一部分得以发行,它们是认股权证、债务权证、货币权证和商品权证。

认股权证使权证所有人能够以指定价格购买发行人的普通股。

债务权证赋予了权证所有人以等同于原债券的价格和收益率从发行人那里购买额外债券的权利。假如利率下降,某债务权证所有人将会获益,因为它可以从同一发行人那里购买息票更高的债券。

货币权证使权证所有人能够以预定价格(即固定汇率)用一种货币换取另一种货币。这个特征可以保护债券持有人免受债券现金流计价所用的货币发生贬值的影响。

商品权证使权证所有人能够以固定价格购买一定数量的特定商品。在欧洲债券市场已使用的典型商品为黄金和石油。

双重货币债券。一些固定利率息票债券用一种货币支付息票利息,并用一种不同的货币偿还本金。这种债券被称为双重货币债券。例如,息票利息可以每年用瑞士法郎支付,而本金可以在到期时用美元偿还。双重货币债券有三种类型。

在第一种类型中,偿付本金和息票利息所取的汇率在发行时是固定的。

第二种类型与第一种类型的不同之处在于,汇率为现金流发生时的现行汇率(即在还款支付时的即期汇率)。

第三种类型为投资者或发行人提供了选择在还款支付时现金流计价所取货币的机会。这些债券通常被称为货币期权债券。实际上,第三种双重货币债券赋予了发行人或债券持有人利用有利汇率变化的期权。

商品关联票据。商品关联票据使投资者能够与发起人共担未来商品价格的风险和收益潜力。已发行的商品关联债券有石油债券、白银债券、黄金债券和煤炭债券。

在商品关联票据中,投资者获得以货币支付的利息,但到期日的本金偿还金额则基于一个相关商品的现行价值。例如,石油债券可能会附有固定利率的息票,但债券的一部分面值是以石油桶计价的。又如煤炭债券,除了息票外,债券可能会附有每开采一吨煤炭支付的特许权使用费。债券的面值设有下限。息票率低于石油公司或煤炭公司在使用其他融资方式时必须支付的利率。假如通货膨胀率上升,商品和债券的价值亦会上升。假如到期时的价格更低,那么投资者将获得面值全额。在这种情形下,发行人以低于传统债券融资方式的成本获得了资金。

另一种用于降低债务成本的商品票据是在发行债券的同时附带发行的,允许在未来某个时点以预定价格购买一定数量的商品的权证。在二级市场交易中,权证可与债券分离。

信用关联票据。信用关联票据是一种形式的信用衍生工具,期限通常为1—3年。这种票据是比较标准的,但有一个例外:到期值取决于参考发行人的信用。参考发行人可以是一家项目公司或一个资产池。在基本的信用关联票据中,募集说明书要求在参考发行人发生信用事件的情况下,应降低到期值。募集说明书载明了到期值的降低幅度及对什么构成违约事件的定义。例如,参考发行人的评级下降是一个信用事件,它的评级下降档数将决定到期值的降低幅度。

通货膨胀挂钩债券。对于依靠通过通货膨胀实现收入上升的项目融资(如医院、监狱、收费公路、天然气管道和配水系统)而言,事实证明与某个通货膨胀率挂钩的债券很受欢迎。与某个通货膨胀指数[如一个国家的消费价格指数(consumer price index,CPI)]挂钩的债券被称为通货膨胀挂钩债券。通货膨胀挂钩债券已由政府、企业和超国家组织发行。[①]

通货膨胀挂钩债券有两种结构性变体。在第一种中,息票仅与 CPI 挂钩。在第二种(更常见的类型)中,本金亦与某个通货膨胀指数挂钩。自然,这两种变体的实际利率都很低。

中期票据

中期票据(medium-term note,MTN)是一种具有以下独特特征的债务工具:票据是由发行人的代理人向投资者持续发行的。投资者可以从数个期限范围内进行选择:9 个月至 1 年、1 年以上至 18 个月,18 个月以上至 2 年等,最多 30 年。在美国,MTN 是根据 415 规则(储架注册规则)在 SEC 注册的,这赋予了公司持续发行债券的最大灵活度。

用"中期票据"的标记描述这一公司债务工具存在误导性。在传统上,"票据"或"中期"被用于指称期限大于 1 年,但小于 15 年的债券。MTN 的目的是填补商业票据与长期债券之间的融资缺口。正是由于这个原因,它们被称为"中期"。

借款人拥有设计 MTN 以满足其自身需求的灵活度。它们可以发行固定利率或浮动利率债券。息票付款能够以美元或其他国家货币计价。

可以在发行债券或发行 MTN 之间进行选择的项目公司,在决定使用何者作为融资工具时应考虑以下两个因素。最明显的是在考虑到注册费和分销成本后的筹资成本。第二个因素是发行人在构建发行交易时所具有的灵活度。MTN 市场的吸引力表明了 MTN 在一些发行交易的成本和灵活度方面所具有的相对优势。然而,借款人不仅通过发行 MTN,而且通过债券筹集资金的事实,表明了两者都不具备在所有情形和市场环境下的绝对优势。一个可以在发行成本方面实现规模经济的途径是为一个计划筹集 MTN。例如印度的农村电气化计划,其中发行 MTN 的目的是为构成国家计划一部分的基础设施项目提供资金。

MTN 与债券在初始发售时被分销给投资者的方式是不一样的。尽管一些投资级公司债券是以尽最大努力的代销方式发售的,但通常它们是由投资银行包销的。在传统上,MTN 是由投资银行公司或其他担任代理人的经纪商/交易商以尽最大努力的代销方式分销的。债券与 MTN 在发行时的另一个区别是:MTN 通常是以相对较小的金额持续发售或间歇发售的,而公司债券则是以大额、独立发行的方式发售的。

MTN(如农村电气化计划中的)也可以由评级机构评级。

在美国,希望设立 MTN 计划的借款人需要为证券的发行向 SEC 提交储架注册申请。尽管 MTN 发行的 SEC 注册规模在 1 亿美元至 10 亿美元之间,但一旦总额发售完毕后,发行人可以再次提交储架注册申请。注册内容包含一份投资银行公司的清单,通常为 2—4 家,借款人已安排他们担任分销 MTN 的代理人。

接着,发行人为各种期限公布利率,例如,9 个月至 1 年、1 年至 18 个月、18 个月至 2 年,之后为以 1 年为增量的期限(2 年至 3 年、3 年至 4 年……)。通常,发行人公布的利率为类似

---

① 对通货膨胀挂钩债券的详尽讨论见:J. A. Garcia and A. van Rixtel,"Inflation-Linked Bonds from a Central Bank Perspective",*Occasional Paper Series No.62*,European Central Bank,June 2007。

期限的财政证券的利率加一个利差。例如，在 2 年至 3 年的期限范围内，发行利率可能是 2 年期财政证券的利率加 35 个基点。发行人不对其不希望出售的期限范围公布利率。投资者在 MTN 发行中可以购买的最低规模通常在 100 万美元至 2 500 万美元之间。

发行人可以在市场环境发生变化或发行人已足额筹集既定期限的资金的情况下，随时变更发行利率表。在后一种情况下，发行人可以不公布该期限范围的利率，也可以降低这个利率。

典型的 MTN 曾一度是不可赎回的固定利率债券。如今常见的是，MTN 的发行人将其发行与衍生工具（期权、期货/远期合同、互换、上限合约和下限合约）市场的交易结合起来，以创建具有在债券市场中不存在的更有趣的风险/回报特征的债务。具体而言，证券可以在其整个或部分期限内是浮动利率的，息票重设公式可以基于基准利率、股票指数、个股价格、外汇汇率或商品指数。

在发行人同时开展衍生工具市场交易的情况下创建的 MTN 被称为结构性票据。在创建结构性票据时最常见的衍生工具是互换（对互换的讨论见第 17 章）。

通过将衍生工具市场与 MTN 的发行结合使用，借款人能够为机构投资者创建更加个性化的投资工具，以满足其投资目标。此外，在这种情况下，只能投资于投资级债务的机构投资者有机会参与其他资产类别以开展市场活动。例如，一个购买了息票率与标准普尔 500 指数表现挂钩的 MTN 的投资者，就在不拥有普通股的情况下参与了股票市场。假如息票率与外国股票指数挂钩，那么投资者是在不拥有外国普通股的情况下参与了外国股票市场。通过创建结构性票据产品，借款人可以降低其资金成本，但这会有对手风险敞口（第 18 章将对此作出解释）。

结构性票据的例子有递升票据、范围票据、喜马拉雅期权和反向浮动利率债券（前文已有所介绍）。

递升票据是息票率在指定时间上升（即"递升"）的固定收益工具，是可赎回的。当息票率在证券期限内仅上升一次时，拥有这种息票率的票据被称为单次递升可赎回票据。多次递升可赎回票据是息票率在证券期限内多次上升的递升可赎回票据。

范围票据是在参考利率处于一个区间内的情况下，支付参考利率（没有利差）的证券。假如参考利率处于这个区间以外（低于区间或高于区间），那么息票率为零。

喜马拉雅期权是由一篮子股票或指数支持的票据，其中业绩最佳的成分被用于定期的回报率计算，并从篮子中移除，在到期时仅剩下单个指数或标的股票。

资产支持证券

资产支持证券是由一个资产池提供抵押担保的票据或债券。创建资产支持证券的过程被称为资产证券化。已被证券化的资产包括住房抵押贷款、商业房抵押贷款、消费应收账款和商业应收账款。对于项目公司而言，将项目的应收账款用作证券化的抵押品是可行的。作为抵押品的应收账款可以是现有应收账款或未来的应收账款。使用后一种抵押品的证券化被称为未来现金流证券化，这种证券化不能为与证券化相关的发行人和投资者提供真正的好处。因此，证券化有可能会在项目公司运营正常并且能够产生应收账款时，为项目公司提供最大的潜力。

证券化过程涉及汇集资产（如应收账款）并创建不同的债券级别（被称为层级），每个级别都对资产池的现金流有不同的优先受偿顺序。债券级别的优先程度越高，信用评级也越高。通过证券化，项目公司可以为愿意承担不同程度信用风险的广大投资者创建债券级别。

在美国，为资产支持证券提供支持的最常见资产为汽车应收账款和信用卡应收账款。然而，其他类型的资产在美国和其他国家也已被证券化，包括轨道车辆租赁、海运集装箱租赁、大卫·鲍伊（David Bowie）的歌曲版税，以及《花生漫画》（*Peanuts*）联合费付款。[①]

将资产隔离并将之用作证券发行的抵押品的一个动机是可以降低资金成本。这是由于投资者依靠的是基础资产池的信用品质，而不是资产支持证券发行人的信用品质。下面这个例子将会说明这点。第一只资产支持证券是由斯派里租赁金融公司（Sperry Lease Financial Corporation）发行并由租赁应收账款支持的。由于证券的构建使得基础租赁产生的现金流足以满足利息和本金的偿还，该证券获得了 AAA 评级。当时，斯派里租赁金融公司没有如此高的信用评级。

除了为项目融资提供机会外，资产支持证券有可能会提升银行贷款人提供项目融资的能力。然而，单家银行能够对项目融资贷款进行证券化是不太可能的。尽管商业贷款在美国已得以证券化，但通常这些贷款在一定程度上是同质的。由单家银行持有的项目融资贷款的情况不太可能如此。相比之下，IFC 已对其拉美和亚洲贷款进行了证券化。

租赁

以税收为导向的真实租赁和不以税收为导向的金融租赁构成了资产负债表内融资和表外融资的极佳融资来源，第 13 章和第 14 章分别对之进行了讨论。

在以税收为导向的租赁中，出租人有权取得并保留与设备所有权相关的税收优惠，并以降低租金的形式将大部分税收优惠转移给承租人。由于项目公司在成立早期通常不能产生足够的利润以引致所得税义务，以税收为导向的租赁提供了间接取得与设备所有权相关的税收优惠的机会，而这种机会在购买设备的情况下是不存在的。

在美国，以税收为导向的租赁通常被构建为杠杆租赁，其中权益投资者提供一部分资金（20%—25%），贷款人提供购买租赁资产所需的资金余额（75%—80%）。贷款人在租赁资产中的担保权益优先于权益。然而，权益持有人通过申请资产总成本的税前扣除和税收抵免（如果适用的话）来提高税收优惠。

以税收为导向的租赁主要局限于租赁公司的国内市场，因为税务机关通常会对出口税收优惠感到不满。然而，情况并非总是如此，尤其是在租赁被用于促进出口的情况下，正如在飞机租赁中那样。

---

① Paul R. St. Lawrence, "Esoteric Asset-Backed Securities", *The Review of Securities and Commodities Regulation*, 49(5), March 9, 2016, pp.63—68.

优先股

优先股是一种股票,而不是债务工具,但它同时具有普通股和债务的特征。确实,优先股可以为项目结构提供一种非常多样的融资形式。[①]与普通股持有人相同,优先股持有人有权获得股息。然而,与普通股的股息不同,优先股的股息是票面价或面值的一个指定比例。这个比例被称为股息率,它不需要是固定的,而可以在证券期限内浮动。

与债务不同,未能支付优先股股息不能强制发行人破产。假如发行人不能支付优先股股息(通常为每季支付),那么根据优先股的条款,可能会发生两种情况中的一种。股息付款可以累积,直至全额支付为止。具有这个特征的优先股被称为累积优先股。假如在股息未能支付的情况下,证券持有人必须放弃该笔付款,那么优先股被称为非累积优先股。不能支付股息可能会导致对管理层施加某些限制。例如,假如股息拖欠,优先股持有人也许会被赋予投票权。有股息假期的优先股是指发行人在发行后的一段指定时期内无须支付股息的股票。这当然有助于发行人在项目早期获得足够的现金流。

优先股与债务具有一些重要的相似之处,尤其是在累积优先股的情形下:(1)发行人向优先股持有人承诺的回报率是固定的;(2)优先股持有人在破产情形下的股息支付和资产分配方面优先于普通股持有人。(非累积优先股的地位相对要弱得多。)正是由于第二个特征,优先股被称为优先级证券。它优先于普通股。在资产负债表中,优先股被归类为权益。

几乎所有的优先股都有一个偿债基金条款,并且一些优先股可被转换为普通股。优先股的发行可以不附到期日。这被称为永续优先股。

跨境优先股的构建使得其在发行人的国家符合债务资格(因而有资格享受税收方面的利息扣除),并在购买人国家符合优先股的资格(因而有资格获得收到股息税收抵免)。

与债券相同,优先股可能会有评级。为债券评级的全国公认的商业评级公司亦为优先股评级。

业主有限合伙企业

过去,对寻求在美国规避所得税义务的个人最具吸引力的投资之一是房地产有限合伙企业,它允许个人投资者对其他来源产生的收入(包括薪水和股息)申请折旧扣除。1986 年通过

[①] 在任何司法辖区安排融资交易时,必须注意遵守国家和地方的证券法规。例如,在美国,1933 年的《证券法》将出售证券、要约出售证券、征求购买证券的要约认定为非法的,除非证券的注册声明有效或证券可被豁免注册。银行贷款、私募、商业票据和外国证券通常不会带来问题。然而,"证券"这一术语在美国《证券法》中有广泛定义,包括许多类型的债务工具以及公司主体的参与工具和股份。根据美国《证券法》第 4 节中的第 2 条规定,"不参与任何公开发行的发行人的交易"可豁免注册。由于注册所涉及的大量费用、时间和精力,借款人通常寻求在这个豁免范围内构建融资工具的发行。借款人应就当前情况征求法律意见。

的美国税法限制了被动损失（这包括先前受欢迎的有限合伙企业产生的损失）的使用，使其仅能抵消被动收入，从而它在任何抵消中都被"围栏分离"或限制了。但是注意，对出售业主有限合伙企业（master limited partnership，MLP）权益所产生的收入的征税亦可能会延伸至任何可见的"附带权益"。新近美国立法的变化鼓励 MLP 考虑将其转换为公司制结构。①

MLP 是作为产生被动收入的工具设立的。这种 MLP 实际上通常是项目融资主体。在 MLP 的机制下，公司可能会将特定资产剥离至另一家新的有限合伙主体，后者进而向投资者出售合伙企业的单位*。一些情形下的单位在股票交易所上市，并像公司股份那样交易。在许多情形下，剥离资产或组建合伙企业的公司会有偿管理有限合伙企业的资产，报酬为现金收费或激励分配权（incentive distribution right，IDR）——一种形式的附带权益。

MLP 结构的一些例子包括煤炭项目、石油和天然气项目、一组餐馆或快餐店、酒店、天然气输送管道。一些 MLP 是公开交易的，如平原全美管道有限合伙企业（Plains All American Pipeline LP）。尽管 MLP 在投资者之间十分受到欢迎，但关于美国财政部可能会试图制止将 MLP 收入定性为被动收入的传言又再度兴起。然而，在未来，MLP 在可再生能源项目的开发中可能是一个有用的结构。

研究和开发有限合伙企业

在美国，研究和开发有限合伙企业为公司的研发提供融资，有权获得研发费用的税收减免并分享所开发和销售的产品的收入（如果有的话）。在英国，2015 年发生了一起诉讼案件，投资者在一项支持脑疾病研究有限合伙企业的计划中，试图基于所报告的 1.22 亿英镑的研究支出（仅有 780 万英镑是研究公司实际发生的）申请税收减免，法院支持了税务机关的决定。2007 年，法律发生了变化，任何一个年度的免税额都以 25 000 英镑为上限。投资者的计划是所谓的"骗局"吗？这个案件于 2016 年下半年上诉，2017 年维持原判，又再次于 2018 年上诉并维持原判。上述对一个复杂税收案件的简单总结说明了谨慎的必要性！②

通过存托凭证进行股权融资

当一家公司在境内市场以外发行股票并且后续股票在外国市场交易时，它通常采取的是国际存托凭证（international depositary receipt，IDR）的形式。银行在信托中持有标的外国公司股票，并发行作为这些股票所有权的凭证的 IDR。每份 IDR 可以代表对公司的一股或多股普通股的所有权。IDR 结构的优势在于：公司不必遵守股票交易所在国的所有监管发行要

---

① Robert Rapier，"The MLP Structure is Under Siege"，*Forbes*，July 26，2020.

* 单位指合伙企业的份额。——译者注

② https://assets.publishing.service.gov.uk/media/5912f0bf40f0b639d9000006/The_Brain_Disorder_Research_Ltd_Partnership_and_Neil_Hockin_v_HMRC.pdf.

求。IDR 通常是由发行公司发起的。也就是说,发行公司与银行合作以通过出售 IDR 的方式在外国发行普通股。

例如,考虑 IDR 的美国版本——美国存托凭证(American depositary receipt,ADR)。ADR 结构的成功带来了 IDR 在全球各地的兴起。ADR 以美元计价,并且支付美元股息。ADR 的持有人没有投票权或优先购买权。

ADR 有两种产生方式。普通的情况是,一家或多家银行或证券公司可以集合大量外国公司的股票,并在该外国公司未参与的情况下发行 ADR。更典型的情况是,ADR 是由希望其股票在美国上市交易的外国公司发起的。在这些情形下,仅有一家存托银行发行 ADR。外国公司参与的 ADR 通常被称为美国存托股份(American depositary share,ADS)。ADS 持有人定期获得英文财务报告。ADS 可在两大有组织的交易所(纽约证券交易所和美国证券交易所)之一交易,在场外市场交易,或在机构投资者之间进行私募。外国公司未参与的 ADR 通常在场外市场交易。

在英国电信公司(British Telecom)的首次公开发行中,在美国发售的形式是 ADS(因为它是由英国电信公司发起的),并在纽约证券交易所上市。每份 ADS 都代表了 10 股英国电信公司的股票。

伊斯兰贷款

正如第 8 章讨论的那样,各种形式的伊斯兰贷款已在项目融资中得到扩展,包括租赁、回购协议、折价购买/回售,以及联合经营安排。借款人被禁止向伊斯兰贷款人支付利息。其主要目的是获得待进行项目融资的公司的利润和资本。

信用增级

利用特殊基金、保险公司或银行的资产负债表的结构已经发展起来,以支持项目所附有的完工风险或支持项目融资贷款的全额偿还。通常,这种形式的信用增级允许担保人或"保险方"收取较高费用以接受风险。

10

商业票据和备用信贷便利

引言

商业票据是一种短期期票。传统形式的商业票据是无担保期票。因此,商业票据市场过去只有信用评级优良的主体参与。然而,如今信用评级较低的主体能够通过取得信用增级(通常是通过银行开立的信用证)或抵押品(如资产池)来发行有担保的商业票据。尽管主要发行人是企业,但商业票据市场的使用者包括主权政府、市政机构(它们可以发行免税商业票据)以及其他非企业主体(如项目公司)。

商业票据市场始自 19 世纪的美国,当时大多数发行人为非金融企业。至 20 世纪 80 年代早期,商业票据市场仅在美国以外的两个国家发展起来:加拿大和澳大利亚。随后,商业票据市场在其他国家发展起来,ECP 市场于 1985 年建立。ECP 是在计价货币的司法辖区以外发行和募资的。

商业票据市场对金融市场至关重要。这点从政府在金融市场的这个领域发生危机时采取的行动可以清晰看出。当商业票据的个体大型发行人在美国遭遇危机时,如 20 世纪 70 年代宾夕法尼亚中央铁路公司(Penn Central Railroad)破产时,美国联邦储备银行在此类情形下为一些银行(这些银行为评级较低的发行人提供了备用信用额度)提供支持,以增强市场信心。在 2008 年秋季归因于美国次贷危机的商业票据市场危机中,人们认为除非给予商业票据市场支持,否则美国的经济衰退将会恶化。为了恢复投资者信心,美国联邦储备银行和财政部制定了旨在提供信用和流动性的计划。

在本章中,我们将商业票据作为一个资金来源进行讨论。由于美国开创了商业票据并对商业票据市场拥有丰富经验,其他国家一直采用的是美国市场的模式。然而,美国和非美国的商业票据市场在商业票据的特征、商业票据发行人及市场的监管和组织方面存在显著差异。

商业票据融资的优势

有三个优势通常被引述为机构能够获益于为满足融资需求发行商业票据的原因。

使用商业票据市场获取资金的主要优势是：它代表了一个定价具有吸引力的资金来源，价格通常比其他具有类似期限的资金来源（如基于最惠利率或 Libor 的银行贷款）更为低廉。[①]然而，对于商业票据市场是否能使项目公司实现低于长期融资的资金成本的问题，需要开展更详尽的分析，对短期银行借款成本与商业票据利率进行随意观察和比较无法回答这个问题。

第二个优势是：借款主体可以通过使用这个宽基市场，将其资金来源分散至传统的商业银行贷款人以外。投资者包括个人、货币市场基金和投资于短期工具的企业司库。

最后，商业票据市场为发行人提供了灵活性，因为期限和发行日期可以根据发行人的特定需求量身定制。票据的发行和资金的支付可以当天完成，而无须像在循环信贷安排中那样需要事先发出通知。（这些优势与第 8 章和第 9 章中的讨论相关联。）

使用商业票据融资时应注意的问题

商业票据是一种短期资金来源，通常被用于为存货或其他短期缺口提供资金。因此，当项目公司寻求长期资金时（比如在项目融资中），这种融资工具存在相关风险。

首先，寻求长期借款成本的项目公司面临着浮动的资金成本。因此，当短期利率上升时，这个时期内的资金成本亦会上升。降低这种风险的一个方法是使用利率互换来锁定一个利率。然而，这种衍生工具——在第 16 章中描述——有其自身的相关风险：对手风险。

项目公司面临的第二种风险是：它们不能发行新商业票据以在即将到期的商业票据到期时替代后者。正如后面将要解释的那样，尽管存在商业票据发行人通过使用备用信贷便利降低这种风险的安排，但以下风险仍然存在：项目被外部认知的或实际的信用资质可能会发生变化，从而使商业票据难以发行，或者商业票据市场的变化也会造成同样效果。第二种风险被称为滚动风险，在 2008—2009 年的信用危机中尤其突出，其中一些商业票据发行人的经营业绩下降与信用市场的收紧一起，导致了破产或重大重组。

商业票据的期限特征

在美国发行的商业票据通常具有小于 270 天的期限。商业票据期限不超过 270 天的原

---

① 美联储的网站上有更多的细节，参见 https://www.federalreserve.gov/releases/cp/about.htm。

因在于 1933 年美国《证券法》。这部法律规定：除非可获得豁免，否则证券必须在 SEC 注册，因而发行人必须承担与提交 SEC 的注册文件相关的成本。然而，该法律中有一个条款规定：假如证券期限不超过 270 天，那么商业票据可豁免注册。因此，为了避免发生与 SEC 注册相关的成本，商业票据发起人极少发行期限超过 270 天的票据。在 ECP 市场中，期限可能会远远超过 270 天。

在实践中，美国境内发行的商业票据通常期限小于 90 天。原因在于，发行人在制定期限决策时必须考虑另一个因素：其发行的商业票据是否可作为银行从美国联邦储备银行的贴现窗口借款的合格抵押品。为了符合资格，商业票据的期限不得超过 90 天，而且必须取得评级。由于合格的商业票据能够以低于不合格的商业票据的成本发行，发行人更偏好期限小于 90 天的商业票据。在美国，商业票据的平均期限在 30 天左右。

继美国《投资公司法》2a-7 规则的最后部分改革（对优质货币市场共同基金实行新的监管，这些基金是商业票据市场的一大主要投资群体）出台后，美国商业票据市场的规模于 2016 年发生了下降。这项旨在避免导致 2008—2009 年危机的事件再次发生的规则，使市场投资从企业商业票据转向了政府债券。作为基金的商业票据被要求报告浮动的净资产值，以及实施"赎回门槛"、增加"流动性费用"、采用信用质量和流动性约束、进行强制的压力测试，并被要求每月进行详尽信息披露。美国联邦储备银行每日更新并公布关于利率和金额的概要数据。2020 年，一个由美国联邦储备银行支持的商业票据购买计划得以启动，以在新冠肺炎疫情期间为企业提供支持。

选择商业票据代理人

在美国，商业票据的发行方式有两种。第一种是借款人在代理人的协助下，直接向投资者发行票据。这种商业票据发行方式通常为金融公司等发行人所使用，它们需要持续的资金为客户提供贷款。在这种情形下，发行人通常用自身的销售团队来销售商业票据。

这不太可能是项目公司或 ECP 市场中的发行人使用的程序。相反，它们使用代理人——通常是一家银行控股公司的附属证券公司——的服务发行商业票据。用这种方式发行的商业票据被称为交易商发行的商业票据。在行动过程中，代理人不承担包销风险（即购买票据并承担不能将全部票据出售给投资者的风险），而是尽最大努力承销。

一旦被任命后，商业票据代理人将在设立发行载体（如果必要的话）、构建支持性信贷便利、取得信用评级方面为其客户提供建议和协助，并就恰当的市场进入方式提供总体指导。在选择商业票据代理人时采用的标准如下：
- 代理人的业绩记录，以及在短期工具的销售和交易方面的经验；
- 代理人在市场中作为一家高度专业和受到尊崇的金融机构的形象；
- 确保发行人的票据能够广泛销售（包括在境内和境外）的能力；
- 生成及时和提供有用信息的活动报告的能力；
- 代理人的经验和代理人对发行人及其行业的了解。

商业票据交易商协议有范本。美国证券行业和金融市场协会（Securities Industry and

Financial Markets Association，SIFMA）——前身为债券市场协会（Bond Market Association，BMA）——发布了一份全球商业票据交易商协议范本，发行人和交易商可使用该协议范本在美国和欧洲市场开展发行。①

非美国发行人的政府审批

在非美国发行人和/或担保人的情形下，需要提供当地律师的意见，以确保所担保的商业票据的发行不会违反发行人和/或担保人所在国的法律或法规。在某些情形下，可能需要提供政府当局具体批准商业票据发行的证据。非美国发行人和/或担保人可能还需要提供其中央银行批准其可以取得外汇以履行商业票据债务的证据。

非美国发行人的司法管辖

非美国发行人必须同意服从美国联邦法院和州法院的非排他性司法管辖权。在非美国主体担保的计划下，必须取得当地（外国）律师对下列事项的意见：（1）在美国取得的对担保的判决在担保人所在国法院的可执行性；（2）商业票据持有人在那些相同法院就担保提起诉讼的权利。非美国发行人必须在美国委任一家代理人提供程序性服务。此类代理人可以是居住在纽约的发行人代表、发行/支付代理人，或发行人委任的另一方。

商业票据的评级

发行人应至少从两家大型评级机构取得商业票据评级，以使票据能够享有尽可能广泛的发售和市场价值。为了确保商业票据的滚动和发行人能够持续进入商业票据市场，这项评级必须是可以获得的最高评级。

有三家大型公司评估发行人的违约风险并以评级的形式概括对它们的评估，这三家公司是穆迪投资者服务公司、标准普尔公司和惠誉评级公司。评级机构对于期限大于一年的证券和期限小于一年的证券有单独评级，这些评级的含义有所不同。表10.1展示了它们的短期评级体系。

在评定长期信用评级时，评级机构的主要关注点是预期的信用损失。相比之下，评级机构对于短期信用的评级（如对商业票据评定的评级）是基于违约概率的。由于评级是对发行

---

① SIFMA 的网站有更多细节，参见 https://www.sifma.org/resources/general/corporate-credit-and-money-markets/。

人违约可能性的评估,我们可以将评级视作对距评级机构将发行人归类为非优质评级的时间距离的度量。

货币市场共同基金在决定其可被允许持有的商业票据金额时使用评级。SEC 的要求规定了两个类别的合格商业票据:一级票据和二级票据。一般而言,为了被归类为一级票据,SEC 要求有两家评级公司将票据评定为"1"。为了被归类为二级票据,SEC 要求有一家评级公司将票据评定为"1"且至少有一家其他评级公司将之评定为"2",或者有两家公司将之评定为"2"。二级票据被视作中等级别的票据,因此货币市场共同基金持有此类票据的金额受到限制。

表 10.1　惠誉、穆迪和标准普尔的短期评级体系

惠誉	穆迪	标准普尔	偿还短期债务的能力
F1＋或 F1	P1	A1＋或 A1	优秀
F2	P2	A2	令人满意
F3	P3	A3	足够
F4	NP	B 或 C	投机性
F5	NP	D	已违约

资料来源:此表由弗兰克·J.法博齐和彼得·K.内维特制作。

由于发行人的商业票据代理人了解发行人并熟悉评级机构的雇员和程序,它们可以为这个过程提供极大帮助。代理人和评级机构都要求获得关于可用信贷便利的金额、条款和条件的信息。在申请商业票据评级前,发行人应与代理人合作分析银行信贷便利的充足程度。

信贷支持便利

商业票据发行人通常被要求维持能够覆盖 100％ 的未偿商业票据的银行信贷便利(参见图 10.1 和图 10.2)。在特定选择的情况下,当商业票据计划的规模和借款人的信用状况能够提供保障时,所要求的覆盖比例可能会低于 100％。在一家优等银行不可撤销地支持票据发行的情况下,则不需要额外的信贷便利。

信贷便利在投资者出于任何原因拒绝购买发行人票据的情况下,为计划提供了流动性。这些便利提供的支持程度是在评定信用评级时考虑的一个因素。

商业票据发行人可能会有已承诺和未承诺的信贷便利。前者是在借款人与银行签订的文件中清晰规定了条款和条件的信贷便利。相比之下,在未承诺的信贷便利中,银行没有向借款人发放特定金额贷款的合同义务。因此,在评估商业票据发行人可以使用的信贷便利时,主要关注点是已承诺的信贷便利,因为未承诺的信贷便利可以由银行单方面撤销,商业票据发行人没有任何追索权。

在评估已承诺的信贷便利时,评级机构会仔细考察文件中规定的商业票据发行人的灵活度,主要涉及以下领域:

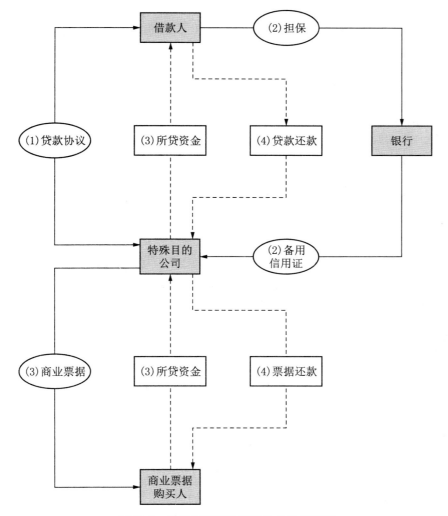

图 10.1　用于支持商业票据的备用信用证

注:(1)借款人成立一家特殊目的公司,该公司发行商业票据并将发行收入出借给借款人。(2)借款人安排一家银行为特殊目的公司提供备用信用证。借款人向银行提供担保。(3)商业票据得以发行,资金被出借给特殊目的公司,特殊目的公司又进而将资金出借给借款人。(4)借款人向特殊目的公司偿还贷款,特殊目的公司向商业票据投资者进行偿付。

资料来源:此图由弗兰克·J.法博齐和彼得·K.内维特制作。

- 契约条款;
- 重大不利变化(material adverse change,MAC)条款;
- 违约事件;
- 交叉违约条款和交叉加速条款;
- 到期日;
- 提供资金的条件;
- 控制权的变更或管理层的变化;
- 多年或 364 天的循环信用的续期程序。

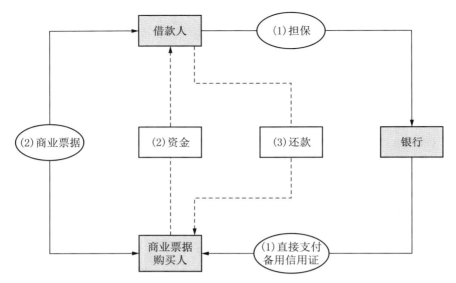

图 10.2 支持商业票据的直接支付备用信用证

注：(1)希望使其商业票据获得 A-1 评级的借款人安排一家具有 A-1 评级的银行向借款人商业票据的购买人提供直接支付备用信用证。借款人为其票据向银行提供担保。(2)投资者基于假如借款人不能还款，它们可以直接依靠具有 A-1 评级的银行获得还款的预期，购买借款人的商业票据。(3)借款人支付还款。

资料来源：此图由弗兰克·J.法博齐和彼得·K.内维特制作。

信用增级安排

不可撤销的备用信贷便利通常采取信用证的形式。银行开立的信用证是银行（被称为"信用证开立方"）与其客户（就我们此处讨论的目的而言，为商业票据发行人）签订的协议。根据该协议，银行将应商业票据发行人的请求向信用证的受益人（在商业票据情况下，商业票据发行人的贷款人为受益人）支付一个指定金额，假如贷款人根据信用证中规定的条件向银行提交文件的话。商业票据发行人通常会同意向银行偿还其向受益人支付的任何资金。信用证将信用风险从商业票据发行人转移至银行手中。

信用证会规定以下事项：
- 既定金额，即可被提取的具体金额或最高金额。
- 既定金额的资金是否可被部分提取，假如可以的话，既定金额中的部分提取金额是否可被恢复。
- 到期日，即提款必须发生的最后日期。
- 受益人必须向银行提交的文件。

在美国，信用证受《统一商法典》第 5 篇的规定管辖，商业票据受第 3 篇的规定管辖。每个州和领地都已采用《统一商法典》，尽管一些立法机关未采用所有条款。

有三种类型的信用证被用于信用增级：
- 商业信用证；

- 备用信用证；
- 直接支付备用信用证。

商业信用证被用于商品和服务的商业贸易交易,使用它的目的是使受益人能够从开立信用证的银行获得信用证项下的款项。被用于商业票据信用增级的是后两个类型的信用证。开立备用信用证的目的是为支付义务提供信用增级。预期的结果为,受益人不会依据信用证提取资金,除非是在违约情形下(见图 10.1)。直接支付备用信用证是其他两种信用证的混合,信用证发行人预期资金可能会被提取,它是为信用增级的目的而开立的(见图 10.2)。

根据现有的美国联邦破产法律和美国《国内收入法典》,使用备用信用证时需要创建一家仅具有名义上资本的特殊目的公司,其唯一目的是发行商业票据并将发行收入出借给最终用户。这个结构的目的是将实际发行人与最终借款人隔离开来,从而使前者不受美国联邦破产法律的某些影响(它们通常会损害投资者利益)。根据具体结构,可能还必须将票据的出售限制在 45 天或 45 天以下,以便就破产问题从律师那里获得清晰的法律意见。

直接支付备用信用证结构排除了对建立一家仅具有名义上资本的发行载体和/或限制所售票据的期限的需要。尽管备用信用证代表了银行向发行人提供第二资金来源以全额偿还到期票据的义务,但直接支付备用信用证代表了银行全额偿还每笔到期票据的直接义务。在这种情形下,投资者主要将银行作为还款来源。由于发行人在本质上从未介入银行与投资者之间,其可能破产的事实与投资者无关。

采用直接支付备用信用证可以节省法律费用,此外,相应的评级过程更为便利,因为评级机构将完全依赖于开证行的信用状况来对其作出评级(还需要获得关于破产问题的清晰法律意见)。这对于某些发行人来说尤其有利,这些发行人的信用状况、盈利历史、财务信息披露政策和外国收入基础使其难以遵循评级机构的要求,或者对其财务报表或运营进行信息披露。

资产支持商业票据

为就各种类型的应收账款向客户提供低成本的资金,银行在 20 世纪 80 年代早期开发了资产支持商业票据(asset-backed commercial paper,ABCP)。用非技术的术语表示,ABCP是一种形式的证券化(见第 7 章和第 8 章),因此是由应收账款等具体资产支持的,并由导管结构发行给一家有限目的、破产隔离的主体(特殊目的载体)。这些导管要么购买资产,要么产生作为证券化抵押品的资产。

对传统 ABCP 市场所面临的挑战的讨论在本章范围之外。[①]

---

① 例如,见 Daniel M. Covitz,Nelie Liang and Gustavo A. Suarez,"The Evolution of a Financial Crisis:Collapse of the Asset-Backed Commercial Paper Market",*Journal of Finance*,68(3),June 2013,pp.815—848;"The Fundamentals of Asset-Backed Commercial Paper",IMF(2010),https://www.imf.org/external/np/seminars/eng/2010/mcm/pdf/Rutan1.pdf。

11

定期贷款和私募

引言

正如本书开头在"项目融资"的定义中指出的那样,在项目融资所考虑的信贷发放中,贷款人在认识到风险环境的情况下,最初愿意把项目的现金流量作为偿还贷款的资金来源。显然,这项安排考虑的是必须在多年内分期偿还的贷款。项目融资的复杂性和经营历史或业绩的缺乏,在很大程度上限制了公开市场对提供这种债务融资的需求。因此,定期项目融资的主要来源采取的是向银行、保险公司和其他机构投资者私募贷款的形式。

商业银行贷款

商业银行贷款是项目融资中优先级债务的首要来源。它们可以采取有担保或无担保贷款的形式。商业银行贷款可能涉及一家贷款人、多家贷款人的贷款或银团贷款。它们可以采取建设贷款、定期贷款或营运资本贷款的形式。[①]

商业银行贷款的文件由贷款协议、期票(在美国),以及保证担保和担保品文件组成。第 9 章的表 9.1 列举了贷款协议涵盖的要点。

定期银行贷款

商业银行在传统上是无担保短期企业营运资本贷款的提供商,贷款是根据信用额度或基

---

① 第 8 章和第 9 章讨论了银团贷款和欧洲货币贷款。

于交易提供的。其他金融机构和公开资本市场被视为中期和长期企业融资的主要来源。

为购买项目公司打算长期使用的永久经营性资产发放的贷款,不能以无担保短期贷款的传统还款形式来偿还。相反,必须用使用这些资产时产生的利润和现金流来逐渐偿还这些资产的融资,并以资产的留置权、抵押或其他担保权益来支持贷款。

项目公司机器和设备的购买会提供收入现金流或降低运营成本,从而产生可在一段时期内用于偿还贷款的现金流。为购买这些资产提供融资的定期贷款,仅仅是对历史上的商业银行自我清偿贷款概念在一段更长期限内的延伸,该期限要长于与传统银行贷款活动相关的交易性资产的季节性扩张和紧缩期。

项目公司通常不能使用广阔的私募或公开市场发行其长期债券,尽管随着项目证券得到评级机构评级,这种情况近年来已发生了变化。全国性和国际公开资本市场通常不是项目公司的可行融资来源,因为金融机构作出知情的投资选择决策所需的专业知识在主要资本中心以外可能不太普及,尽管如先前章节指出的那样,债券融资的使用可能会增加。因此,项目公司必须为中期和长期融资寻找其他资金来源。在历史上,其资源和金融服务的主要提供者是熟悉项目融资的商业银行。

商业银行已成为定期贷款的资金来源,期限取决于市场和所被认知的风险。贷款可以是浮动利率或固定利率的。商业银行能够谨慎地发放期限比固定利率贷款更长的浮动利率贷款,因为所赚取的利率会随着传统资金来源的资金成本波动,互换市场为其提供了灵活性。

在浮动利率贷款中,借款人承担了借款利率会显著上升的风险,因而可能会陷入财务困境。借款人可以在贷款协议中增加条款以对冲借款利率上升超出预定利率水平(利率上限)的风险。在贷款协议中纳入上限在本质上是银行赋予借款人的一个期权。因此,它增加了银行的利率风险。借款人为此支付的代价是,其面对的超出基准利率的利差将会更大。为了降低借款利差,借款人可以同意在贷款协议中纳入一个利率下限。下限合约规定,假如借款

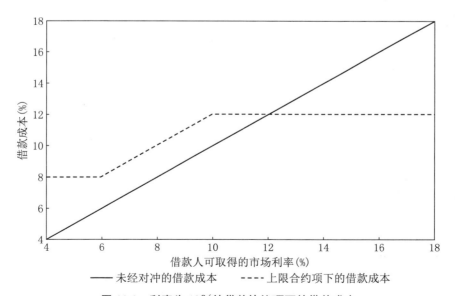

图 11.1 利率为 12% 的贷款协议项下的借款成本

资料来源:此图由弗兰克·J.法博齐和彼得·K.内维特制作。

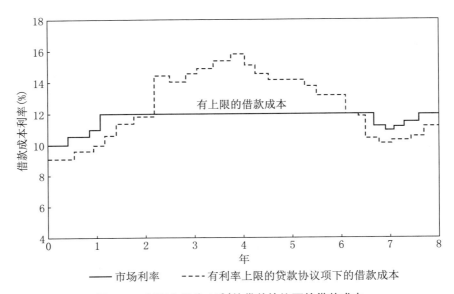

图 11.2　利率上限为 12% 的贷款协议下的借款成本

资料来源:此图由弗兰克・J.法博齐和彼得・K.内维特制作。

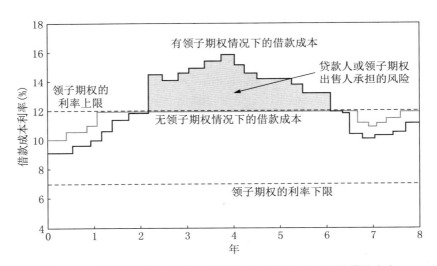

图 11.3　含利率上限为 12% 的领子期权的贷款协议项下的借款成本

资料来源:此图由弗兰克・J.法博齐和彼得・K.内维特制作。

利率下降至一个预定水平以下,那么借款人同意支付下限水平的利率。在贷款协议中同时包含上限合约和下限合约产生了利率的领子期权。图 11.1—图 11.4 显示了附有上限合约和领子期权时的借款成本。(第 18 章会提供对上限合约和下限合约的更多讨论。)

典型的定期贷款是分期偿还的,以与预期的收入现金流相匹配。这种分期还款可每月、每季度、每半年甚至每年支付一次。项目公司定期贷款的还款时间表可以包含一个收回条款(recapture clause),它规定假如盈利或现金流量超出协定的基准水平,那么超出金额的一定比例每年将被用于偿付额外的本金还款(按照与计划到期日相反的顺序偿还)。这使贷款人免受借款人在按计划支付定期贷款的还款前将意外利润挥霍一空的风险。

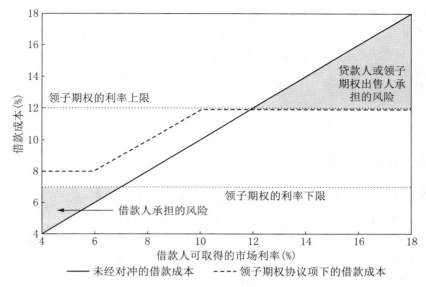

图 11.4 领子期权协议项下的借款成本

资料来源:此图由弗兰克·J.法博齐和彼得·K.内维特制作。

循环银行贷款

循环信贷协议与定期贷款相似,因为它们也是对于一定的年限发放的。然而,它们与定期贷款的不同之处在于:只要基础担保品的价值维持不变或上升,那么借款人在信贷便利的期限内通常不必偿还本金。担保品价值的分界点通常被谨慎地设定于远远超过循环贷款金额的100%,以留有基础担保品价值的波动空间并考虑到在最差情形发生时潜在的收回和变卖担保品的成本。借款人可以借款、还款和再借款,从而循环信贷协议项下的未偿余额可以根据借款人的需求上下波动。

循环信贷协议最初旨在为交易性资产提供数年的融资。在到期日前定期续期和展期,不会成为流动负债的循环信贷,被称为"常青"循环信贷。

由于循环信贷协议的期限超过一年,在借款人的资产负债表中,循环信贷作为长期负债出现。因此,循环信贷可以通过以下安排增强营运资本:在待融资的项目完工并且未来需要的资金金额可以确定时,或者在代表基础资产价值的借款基数下降的情况下,将贷款转换为定期贷款。这是一个经典的石油和天然气融资方法。

循环信贷协议和定期贷款有时被一起用于以下安排:在循环信贷协议中,借款人有权将未偿余额转换为摊还的定期贷款。只要借款人遵守适用协议的条款,这项权利对借款人来说通常是不可撤销的。

定期贷款或循环信贷可以是无担保的,但在项目融资的背景下,通常以特定资产的抵押为担保。贷款人可以取得所有资产的总括留置权或押记,以对定期贷款或循环信贷债务提供担保。与其他任何类型的有担保贷款相同,抵押品可以在违约情形下被用于提供第二还款来源，或限制借款人可以从其他来源获得的信贷总额。有时，对杠杆的限制可以通过消极担保条款实现，其中，借款人同意不将资产抵押给任何其他贷款人，但这会在违约情形下给贷款人带来风险。从贷款人的角度而言，消极担保条款的目的为限制借款人总体杠杆，但它未为还款提供任何直接的辅助保护。

永久融资和迷你永久融资

永久融资（perms）及与其相关的迷你永久融资（mini-perms）最初是在美国发展起来的，与英国的政府和资本合作也有关联。与"perm"（烫发）处理相同，它们也可以是"硬性"或"软性"的，目的是美化项目的财务数据。与永久融资相关的迷你永久融资是用来指一种在性质上期限略长的过桥融资的新词语。

迷你永久融资是一种形式的过渡融资，涵盖建设期和运营阶段的早期（贷款在这个时点被加以再融资）。在软性的迷你永久融资结构中，利率会在指定的再融资日期后急剧上升，从而使所有现金流都被转用于偿还贷款。硬性的迷你永久融资会在贷款未得以再融资的情况下触发违约事件。摊还的迷你永久融资要求置换融资在贷款起始时即需到位。迷你永久融资通常会持续 3—5 年，可以在住宅建设项目中看到，其中，项目需要完工并且需要证明项目收入是稳定的，以符合更长期限融资的资格。就其性质而言，迷你永久融资结构类似于子弹型还款结构。

永久融资是一种长期债务来源，通常是通过发行债券或一种基于住房抵押贷款的融资方式实现的。

私募

私募是指公司将债务或权益证券直接出售给一家或多家经验丰富的成熟投资者或"合格机构投资者"（或在不同司法辖区具有相同意义的投资者）。这些都是定义严密的投资者类别。通常，"私募"这一术语考虑了诸如保险公司、养老基金和其他金融机构之类的投资者。然而，也可以以与安排定期贷款相同的方式，与银行或甚至与某些个人安排私募。

在美国，私募可豁免在 SEC 的注册，只要它们符合 SEC 的某些准则。"私募"这一术语通常是指长期债务工具的募集，但亦被用于股权或其他证券，如夹层债务或可转换债券。这里对私募的讨论主要关注在美国的债务私募，它们大多由固定利率、最终期限大致为 5—15 年的无担保优先级票据组成。

美国的私募市场对于众多的国际和国内公司而言，是一个重要的长期债务融资来源。对由于规模较小、缺乏运营历史而不能进入公开债务市场的项目公司而言，它尤其重要。对于某些项目公司而言，私募市场可能是唯一的长期债务融资来源。

以下文字描述这个市场，并提供选择和安排私募债务融资的导则。它同时从借款人和贷款人的视角出发讨论私募贷款协议和利率。私募与公开发行的不同之处在于：私募不要求监管许可和公开的信息披露，并且通常是由与数量有限的经验丰富的成熟机构投资者安排的。

当前存在的私募市场设在美国。交易规模从 3 000 万美元至超过 10 亿美元不等，期限通常为 5—30 年。"大多数债务都是优先级无担保的，尽管假如其他优先级贷款人拥有担保品，那么私募投资者极少会同意没有担保品"，杰森·罗森伯格（Jason Rothenberg）说道。私募市场的好处包括：灵活性（交错的提款日、期限、固定/浮动利率及多种货币，所有这些都可能出现在单笔交易中）、可赎回性、不期望取得补充业务的贷款人群体（与债券市场不同）及简单性（不需要债务评级或在 SEC 注册）。①

50 家最大的美国人寿保险公司是美国和海外公司的私募长期债务的主要来源，它们的大部分债务证券投资可能都是私募债务投资。在美国以外的其他国家，私募已开始填补一些资金缺口，这些缺口产生的原因是：宏观经济的不确定性和监管预期（尤其是在对贷款组合的资本准备金方面）提高后，银行不愿发放贷款。

投资者的投资标准

尽管人寿保险公司的投资政策各有不同，但它们的投资标准可被分解为四个领域。

（1）金额。大多数人寿保险公司都偏好 500 万—2 000 万美元左右的投资，规模较大的公司偏好的金额更大，原因是可以得益于规模经济，尤其是在减少信息获取成本和尽职调查成本方面。在大额发行的情况下，大多数贷款人都会在没有兴趣为拟议融资提供全额资金的情况下，担任牵头贷款人。牵头贷款人可以帮助借款人为剩余部分的融资寻找来源，并通常担任贷款人团队的发言人。

（2）信用风险。尽管大多数私募债务是没有评级的，但借款人的信用资质是以债务评级表示的，就像在公开市场中那样。通常，人寿保险公司会向相当于 Baa 的信用发放贷款。然而，一些公司仅考虑涉及有更强信用（中等至较强的 Baa 级和 A 级信用）的贷款。另一方面，其他投资者希望通过将其一部分可用资金出借给较强的 Ba 级和较弱的 Baa 级信用，将收益率最大化。它们会考虑项目融资，但一般而言是厌恶风险的，因为它们的需求是确保能够满足保单持有人未来的索偿。

（3）期限。大多数人寿保险公司都偏好 7—15 年区间的最终期限。许多公司也会考虑 2—7 年区间的期限，一些公司会考虑 15 年以上的期限，在某些情形下甚至长达 30 年。

（4）行业。一般而言，贷款人对借款人的行业持开放态度。然而，由于多种原因，大多数贷款人都有一个或多个其倾向于回避的行业。另一方面，许多贷款人对于向特定行业发放贷款积累了专业知识。

人寿保险公司的投资标准会根据经济和资本市场的发展有所变化。当资本市场趋紧并

---

① Laurence Nevill，"Going Private：Borrowers Look to Private Placements as Substitute for Bank Lending"，Risk. net，4 March 2011.

且利率较高时，它们会回避较弱的信用。

借款人在私募中的主要挑战在于需要认识到投资决策将花费较长时间，以便完成尽职调查。在没有外部评级的情况下，存在高度的信息不对称，长期投资者在没有二级市场的情况下持谨慎态度。决策时间的长度、详尽的文件及谈判对急切的借款人而言是压力来源。

除了大型保险公司外，私募长期债务还有其他几个资金来源。

（1）日本的租赁公司和人寿保险公司是活跃的私募债务投资者。

（2）规模较小的保险公司没有专业的工作人员，通常参与由大型人寿保险公司牵头的私募。它们的主要兴趣是对质量较高的债务进行小额投资。

（3）尽管债券基金的投资目标各有不同，但大多数都获许在一定程度上对私募债务进行投资。由于各种原因，大多数债券基金不是私募市场的重要参与者，但有一些基金是主要为投资私募债务成立的。其中大多数都是由大型人寿保险公司管理的，其投资利益在本质上与发起人的投资利益是相同的。

（4）在美国，大约90％的私营养老基金是企业的，非盈利组织和多雇主计划占据了剩余部分。公共养老基金由州和地方性的雇员退休基金组成。私营和公共养老基金是由银行的信托部门、投资顾问公司管理或自我管理的。通常，它们将其投资参与限制于质量较高的债务。州法律通常禁止公共养老基金投资信用低于 A 级的债务。一般而言，养老基金对于私募发行人或项目融资而言不是一个重要的资金来源。然而。发展迅速的经济体（如印度）正在鼓励个人提供养老金，从而发展出一个繁荣的可同时为公共和私营部门的主体筹集资金的私募市场。欧洲主体已合作制定了标准化的文件。[①]

（5）意外伤害保险公司、基金会、储蓄银行、兄弟会组织[*] 和大学/学院捐赠基金是较不重要的私募债务融资来源，但可能会有特殊的兴趣领域，如可再生能源。然而，即便是合并在一起，它们也不是私募的一个重要资本来源。与私营和公共养老基金相同，它们通常投资参与质量较高的债务。

代理人或顾问的使用

在私募背景下的"代理人"是指帮助借款人开展债务证券私募并收取费用的投资顾问和经纪商。投资银行和大型商业银行的资本市场部门以这种身份开展活动。会计师、咨询顾问和律师有时也担任代理人。

代理人为其服务收取的费用各有不同。鉴于特定任务的难度，与较为困难的融资（如项目融资）相结合的私募的费用也许会非常高。尽管这些费用一般在融资成功完成后才被收取，但在许多情形下，代理人期望无论如何都可获得预收费用，以支付准备融资备忘录所需的时间成本和垫付费用。

---

① 见 ICMA 网站：https://www.icma.org。

* 兄弟会组织是通常具有特定目的和权力结构的社团组织。——译者注

典型定期贷款或债务私募协议的描述

本节会详尽讨论银行定期贷款和私募的较为重要的元素。这里的讨论不是全面无遗的。其目的是使读者熟悉并总体理解银行定期贷款协议和机构私募协议中的典型条款和契约条款。

根据协议涉及哪些贷款人和借款人，定期贷款协议和私募贷款协议有实质不同。通常，贷款协议的条款可被划分为六个类别。

（1）贷款条款和达成贷款交易条款。这些条款描述了贷款及为达成贷款交易所必须满足的条件和要求。

（2）财务契约条款。这些条款概述了贷款的还款和可以选择提前还款的情形。

（3）正面契约条款。这些条款概述了借款人在按时还本付息以外的其他持续责任。

（4）保护性契约条款。这些条款旨在保护贷款人，对借款人的行动和运营设定了限制。

（5）违约和补救条款。这些条款描述了协议将在何种情况下处于违约状态，以及贷款人可以采取的补救措施。

（6）样板条款。这些是日常条款，旨在保护贷款人和建立贷款管理的程序。

下一节会详尽讨论上述每个类别中的具体条款。

贷款协议的条款

贷款条款和达成贷款交易条款

这些条款涉及三个主要方面：对期票的描述；贷款交易的协定条款；达成贷款交易的时间和地点，以及为达成贷款交易所必须满足的条件。

期票

借款人授权出具期票并指定格式（通常包含在附件图表中）。此外，期票还描述了日期、货币、本金金额、利率，以及所要求的还款的时间安排和金额。尽管期票在美国是贷款文件的重要组成部分，但并非在所有司法辖区都是如此。

设置贷款发放条件

借款人和贷款人同意进行贷款交易，通常是按照100％的面值。双方指定达成贷款交易的日期、时间和地点，表明承诺费（如有）的金额和支付方式，并规定向借款人支付贷款资金的方法。

达成贷款交易的条件

为了确保在达成贷款交易时一切都井然有序,贷款人承诺在几个条件得到满足的情况下发放贷款。

(1)工具和进程。文件必须以令贷款人满意的方式执行。

(2)借款人的陈述和保证。借款人向贷款人保证不存在任何妨碍贷款交易达成的问题。在美国,借款人作出的典型陈述和保证包括以下事项:

- 借款公司在其所在的州信誉良好,并且作为外来公司在其开展业务所在的各州也都信誉良好,有合法授权开展其现有业务;
- 借款人正确提供了所有新近的历史合并财务报表;
- 借款人提交了所有需要的税表;
- 借款人对其所有财产拥有有效的所有权或租赁权,除非贷款协议允许,否则不得对其财产设置抵押、留置权或其他担保权益;
- 除另有规定外,目前没有针对借款人的重大诉讼;
- 贷款交易的达成不会导致在借款人参与的其他任何协议项下发生违约事件;
- 自最新的财务报表日期起,借款人的业务或前景未发生任何重大不利变化;
- 借款人不是任何会对其产生重大不利影响的累赘合同的当事方;
- 任何政府主体都不要求对贷款进行审批。

(3)贷款人的陈述和保证。贷款人表明其购买期票乃是用于投资目的,而不是为了再出售。(这个条款的纳入是为了确保此项融资可豁免1933年美国《证券法》中规定的注册。)

(4)特别法律顾问的意见。贷款人的特别法律顾问必须就以下事项提交有利的法律意见:借款人的信誉、交易的有效性、适用于公开发行的各项联邦法规对融资的豁免、借款人内部律师意见的有效性,以及贷款人可以合理要求的任何其他陈述。

(5)公司律师的意见。借款人的内部律师可能会被要求就几个事项发表意见,包括以下各项:

- 借款人的信誉;
- 交易的有效性和必要的公司批准的有效性;
- 联邦证券法律对交易的豁免;
- 借款人作为外来公司在其开展经营的任何州的信誉;
- 每家子公司的信誉,以及借款人对子公司股权的清晰所有权;
- 遵守贷款协议不会造成对其他任何协议的违反;
- 政府对交易的批准不是必需的(正如在某些情形下受监管的行业不需要政府审批那样);
- 对交易涉及的所有财产的清晰所有权;
- 借款人的期票不会劣后于其他优先级债务;
- 除了披露的诉讼之外,不存在重大诉讼。

(6)贷款资金的运用。贷款人可以指定(并且借款人也会同意)贷款资金的具体用途,以作为达成贷款交易的一个条件。这在贷款资金被用于偿还现有债务的情况下是常见的。

(7)会计师的意见。这是关于借款人财务报表有效性的意见,以及证实所得税准备金的合理性的证明。

财务保证

财务契约条款描述了在正常情形下贷款将如何偿还，以及在特殊情形下如何可以提前偿还贷款。在任何安排中，借款人都会力争灵活性，而贷款人则会力图保护其收益率。这些条款一般被划分为五个类别。

必需的还款

这些条款概述了贷款的偿还计划。贷款的偿还能够以多种方式安排。等额本金摊还或等额本息摊还是一个方法。协议可能不会在贷款的前几年（第2年—第3年）要求还款，这个时期有时被称为盲点或宽限期。在可能的宽限期或盲点后，协议可能会要求在贷款的剩余期限内等额还款或逐渐增加还款。在最终到期日可能有一笔气球还款，尽管这种还款不会构成贷款本金金额的很大一部分（也许为10%—15%）。假如借款人的盈利超过一定水平，那么可能会被要求加速提前还款。

● 贷款人的视角：大多数贷款人对必需的提前还款的结构的态度可以最好地被描述为"灵活的，但是……"在其投资政策界限范围内，它们一般会愿意考虑看上去适合借款人，并且可以由借款人提供正当理由的任何还款计划。尽管如此，正如我们已经提到的那样，贷款人对其从交易获得的盈利有预期，它们对公平的认知不是在产生早期的现金流之前承担所有风险，然后被再融资置换出局。然而，贷款人不愿对气球还款的再融资承担大量风险。它们的主要关注点是确保借款人的预测现金流量足以按时还本付息。

● 借款人的视角：借款人应该提议一个与其预测现金流一致的还款计划，并能够向贷款人证明其立场是正确的。因此，在就还款计划进行谈判时，仔细准备和审查现金流量预测是至关重要的。

借款人不愿继续为风险如今已经降低的贷款支付溢价利率，因此通常会寻求再融资或加速提前还款。借款人与贷款人之间观点错配可能会导致先前讨论的问题。

无罚金的可选提前还款（翻倍还款）

大多数贷款协议都允许借款人在本金应偿日支付额外的提前还款而无须缴纳罚金。因此，可选提前还款的发生时间由基本的还款计划决定。一般而言，可选提前还款的金额可以达到下一笔所要求的还款——因此是翻倍还款。本金还款可被用于抵免最后一笔应付的还款。此外，大多数协议都对这些可选提前还款设定了金额限制。

● 贷款人的视角：在高利率期间，贷款人偏好通过要求收取提前还款费，来排除或尽可能限制这种选择权。当然，其目的是防止高收益率贷款平均期限的缩减。而当利率相对较低时，协议可能会设定无限制翻倍还款的条款。

● 借款人的视角：这个选择权在高利率时期对借款人十分重要，因为它赋予了借款人缩短高成本贷款的平均期限的选择权。因此，借款人应通过协商要求尽可能放松这个条款。

再融资限制

这个条款有时被称为无财务再融资条款，禁止借款人在一段指定时期内（通常为5—10

年)从其他来源借取资金偿还贷款。

● 贷款人的视角:当利率处于低水平时,贷款人可能不会特别关注这个条款。然而,当利率较高时,贷款人会试图延长禁止进行财务再融资的时期(10 年或更长),以锁定高收益率贷款。这并非不合理,因为贷款人可能会继而安排长期融资为贷款提供资金。

● 借款人的视角:当然,当一家公司在高利率期间借款时,它会希望能够在未来日期用成本更低的资金对贷款进行再融资。因此,借款人应试图尽可能缩短财务融资禁止期的长度,或尽可能降低再融资的罚金。

在特定情形下的可选提前还款

这个条款有时被称为离婚条款,允许借款人在贷款人不愿同意借款人采取贷款协议禁止的某些行动的情况下,提前偿还全部本金而无须支付罚金(或在某些情形下是有罚金的)。它不是普遍使用的,在使用时通常与限制长期债务的保护性契约条款相关。通常,假如贷款人不愿批准额外的长期债务,并且借款人已从另一家贷款人那里获得善意承诺,那么公司将被允许提前偿还贷款。

● 贷款人的视角:贷款人通常会希望排除这种类型的条款。它们辩称,保护性契约条款对双方都具有约束力,它们没有理由仅仅因为借款人不能遵守协议条款而允许提前还款的发生。此外,它们还辩称贷款协议的修正是常见的,并且可以在合理情况下取得协议的修正。

● 借款人的视角:尽管贷款协议的修正确实是常见的,并且在合理的情况下通常会得到许可,但贷款人仍可以拒绝修正协议。因此,借款人辩称,贷款协议应包含在贷款人不愿同意借款人举借额外长期债务的情况下,允许提前还款(最好是没有罚金)的条款。借款人可能会希望就允许还款的其他不寻常条款进行谈判,如与公司合并相关的条款。借款人也许会辩称,假如贷款人在进行协议修正时是讲道理的,那么贷款人应会愿意在协议中列举协议的修正在哪些特定情形下是可接受的。

附罚金的可选提前还款

这个条款允许借款人在支付罚金后,提前偿还全部或部分贷款。通常,初始罚金等于利率与被提前偿还的本金金额的乘积。罚金通常会每年降低相同幅度,并在贷款到期年度的年初到达零。

尽管存在一个宽限期或盲点,但选择权和罚金计划可能在借款人需要支付第一笔提前还款的年度就会开始。有时,提前还款在一个初始时期(如 5 年)内是禁止的。这个时期被称为不可赎回期。假如存在不可赎回期,那么罚金计划可能会在这个时期结束时生效并开始下降。我们还必须指出的是,禁止财务再融资的条款通常会对借款人如何使用财务再融资作出规定。因此,在禁止财务再融资的时期内,只能用超额资金支付附罚金的可选提前还款。

超额资金的定义各不相同。当借款人没有其他任何债务,没有可预见的未来借款计划,并且在支付可选的提前还款后不会违反贷款协议中的任何保护性契约条款时,可将超额资金定义为多余资金。这是标准条款,除非罚金计划与先前提到的标准做法相去甚远,或贷款人提议对超额资金作出更严格的定义,否则借款人不必担忧。

贷款人认为借款人过分强调了提前还款的便利度,因为借款人很少使用它们提供的这项选择权。然而，可以理解的是，借款人较难以接受这一观点。借款人在贷款协议的所有方面都追求灵活性。

正面契约条款

正面契约条款是借款人对执行某些行动的承诺。后续各节会概述正面契约条款的例子。

财务报表和信息

借款人同意向贷款人提供向股东发布的所有信息、季度和年度合并利润表及合并资产负债表，以及由一个公司高级职员每年出具的公司未违反协议的保护性契约条款的证明书，和由审计师每年出具的审查该公司职员资质的证明书和讨论在该时期内可能已发生的违约的证明书。还需要及时报告违约事件。

记录和账簿

借款人同意保留完整和准确的会计记录，并对其资产恰当地计提折旧准备。

检查资产和账簿的权利

借款人同意给予贷款人检查资产及账簿和记录的合理权利。

税收的支付

如果借款人在其财务记录中提供了足够的准备金，那么借款人保留诚意地质疑任何税务评估的权利。

资产的维护

借款人同意保持运营资产处于良好和可运行的状态。

遵守法律

借款人必须遵守所有的法律和法规，并拥有合理质疑这些法律和法规的权利。

保险

借款人必须购买足够的火灾险、意外伤害险、营业中断险和公共责任险，以及法律要求的劳工赔偿险。借款人必须每年或在被请求时向贷款人报告所有的有效保险。

允许的业务（业务的特征）

借款人同意继续从事其当前的业务。若想进行业务剥离或发展其他业务领域，通常只能利用净销售额、净有形资产或某个其他变量的一小部分。

同等权益条款

同等权益条款（pari-passu clause）亦称比例平等条款，规定了贷款人将拥有至少与所有其他贷款人(包括当前和未来的)平等的担保权益,除非前者特别地放弃了该索偿权。先前的留置权和法定留置权除外。

保护性契约条款

保护性或负面契约条款是贷款协议中最重要的条款。这些条款旨在保护贷款人并限制借款人的行为和经营。广义而言,贷款人将保护性契约条款视作监督借款人财务健康状况的一种方式。贷款人将之视作一个早期预警体系,而不是一种限制借款人的方式。然而,这并没有给借款人带来多大安慰。保护性契约条款具有限制性,借款人必须充分考虑其当前和未来的影响。这要求对借款人的计划和财务预测进行仔细审查。

许多借款人认为利率与保护性契约条款之间存在关系。换言之,借款人感到如果它们同意更具限制性的契约条款,贷款人将会在利率上让步,反之亦然。

作为一般规则,情况并非如此。大多数贷款人都认为这两个事项没有关联。这起源于贷款人将保护性契约条款视作一种贷款监督方式的观点。利率则为其承担的风险提供了补偿。保护性契约条款不会显著降低这种风险,但有助于确保风险不会上升。

保护性契约条款必须根据项目公司的特定需求量身定制。尽管具有高度限制性的契约条款对双方都适得其反,但确保契约条款没有不必要的限制是借款人的责任。正如前面提到的那样,借款人在最初接近贷款人时,应在融资备忘录中概述对主要保护性契约条款的必要性和可取性的想法。假如这个问题是不可避免的,借款人应提出一种措辞形式。尽管贷款人可能会不同意借款人所提议的对保护性契约条款的措辞,但它提供了讨论的基础。当然,市场环境会在有限程度上影响贷款人对保护性契约条款的看法。贷款人在市场上有多余资金时通常更容易接受限制性较低的契约条款,在市场紧张时则表现出较少的灵活性。然而,一般而言,贷款人会在合理范围内支持借款人所表现出来的对灵活性的需求。

以下各节讨论了贷款协议中包含的典型的主要保护性契约条款。

最低营运资本要求

贷款协议通常规定了最低的营运资本金额。根据项目公司的需求,所要求的营运资本金额可能会在未来的特定时点上升。然而,最低营运资本有时可能是另一个变量(如长期债务、净有形资产或收入)的某个比例。关于营运资本的限制可能会与最低流动比率的要求相结合。

- 贷款人的视角:贷款人利用这个条款来确保借款人保持足够的流动性水平——流动负债未相对流动资产不成比例地上升,从而不会威胁到项目公司履行短期债务的能力。不同类型的要求通常被结合在一起,以提供更大程度的保护。
- 借款人的视角:重要的是,这项要求必须为预测误差和项目公司不时经历的潜在不利情况留出足够的空间。对于正在发展,从而正在增加其营运资本的项目公司而言,关于最低营运资本金额的要求是一类最为有利的要求。然而,贷款人可能会试图定期提高这个要求。

对短期债务的限制

短期负债可能会受到若干限制。通常,它被限制在一个既定的美元金额以下。贷款协议可以包含短期债务定期增加指定金额的条款。有时，可允许的短期债务是基于一则与某个变量（如流动资产或应收账款）的水平相关的公式确定的。较不常见的是，短期债务没有限制。

大多数协议都要求借款人每年在指定时期（通常为 30—60 天）内全额偿还短期债务，或将债务降低至一个既定金额。这被称为清理期。公司可被允许不连续地错过一个或多个清理期。协议通常要求应付账款在清理期期间保持流动。在一些协议中，在既定年度内未得以清理的短期债务被定义为长期债务。只要借款人未违反限制长期债务的契约条款，那么就不需要清理这种短期债务。此类短期债务继续被定义为长期债务，直至得以清理为止。

- 贷款人的视角：这个条款与营运资本条款密切相关，因为两者都旨在监督流动性。贷款人要求采用这个条款，以确保借款人不举借短期债务来为长期要求提供资金。换言之，贷款人希望公司使用短期债务来满足短期需求。使用短期债务来满足长期融资要求可能会导致流动性问题。

- 债务人的视角：借款人必须确保这一限制不会妨碍其为正当的短期需求进行融资。与营运资本条款相同，这个条款应为预测误差和导致短期债务需求高于平均水平的一般不利情况提供足够的空间。由于大多数公司预计都会有一定程度的发展，因此可允许的短期债务应获准随着公司的发展有所增加。

对长期债务的限制

贷款人有时称长期债务为有供资债务。除了优先级和劣后级债务外，有供资债务的定义通常包含抵押债务、银行循环信贷和资本化租赁。照付不议合同、经营性租赁、担保等或有负债也可以包含在内。通常，有供资债务被限制在一个美元金额以下，或者限制也可以采取运行公式的形式，该公式被表示为合并净值、合并净有形资产或现金流量的一个比例。在使用这种公式的过程中，存在各式各样的可能性，如纳入优先级债务和劣后级债务的不同比率。在许多协议中，这些比率与最低的预计利息保障倍数或固定费用保障倍数测试结合起来，借款人必须满足这些测试才能举借额外的有供资债务。有时，额外举借有供资债务是完全禁止的，尤其是在公司规模较小且预计的有供资债务金额相对较高的情况下。

- 贷款人的视角：广义而言，有供资债务占公司长期资本总额（即长期债务加权益）的比例越高，财务风险和总体风险就越大。贷款人对长期负债设定的限额取决于其对借款人的适当风险水平由何构成的观点。由于一家特定公司的有供资债务的适当水平取决于其行业、盈利业绩、规模和其他几个因素，因此不能一概而论。利息保障倍数或固定费用保障倍数测试通常被使用，因为它被公认为公司的长期债务负担能力的主要决定因素。

- 借款人的视角：任何对有供资债务的限制都是对项目公司的重大限制。借款人应试图通过协商取得尽可能宽松的条款，与其预测所显示的未来融资需求保持一致，以提供未来财务上的灵活性。允许有供资债务随着项目公司的发展逐渐上升的公式是一种最有利的限制。然而，贷款人在某些情形下会完全禁止额外的有供资债务，尤其是在公司的成功与贷款人有重大利害关系的情况下。

对租赁债务的限制

这个契约条款通常与不可撤销的长期设备租赁或房地产租赁相关，剩余期限（包含续租选择权)超过 2—5 年。这种租赁可能会受到多种限制。一种最常见的限制是将每年的租金限制在指定金额以下。或者，这种租赁的资本化金额可能会被限制在合并净值或合并净有形资产的一定比例内，或被包含在有供资债务所受到的限制以内。在许多情况下，租赁被包含在与有供资债务相关的最低固定费用保障倍数测试中。在一些情形下，期限短于 2 年或 3 年的短期经营性租赁和涉及特定类型的资产(数据处理设备、办公设备、汽车、卡车、办公空间等等)的租赁不受限制。在租赁为借款人的运营扮演了重要融资角色的情况下，贷款人会更加关注租赁。

● 贷款人的视角：长期、不可撤销的设备和/或房地产租赁是一种形式的抵押债务融资，贷款人也持有这种看法。这种租赁使公司有义务以等同于优先级债务的方式定期支付固定的款项。因此，贷款人限制这种租赁的原因与限制有供资债务的原因相同：将总体财务风险(杠杆)限制在可接受和谨慎的水平以内。

● 借款人的视角：在借款人(如大多数项目公司)当前不能利用税收优惠的情况下，以税收为导向的设备租赁提供了一种具有吸引力的低成本形式的融资。借款人应试图通过协商取得一个提供灵活性的条款，就像在有供资债务中那样，其中运行公式是对借款人最有利的一种限制。然而，借款人应记住贷款人所认为的这种条款与有供资债务的相关条款之间的密切联系。

受限股息支付、其他股票支付和股票回购

通常，受限支付被限制在指定日期(通常为最近一个年末)后合并净利润总额的一个既定比例内。根据项目公司的情形，这个比例可能在 0% 至 100% 之间。

在私营公司或封闭持有的公司的情况下，通常对股东/雇员的报酬总额设有限制，因为增加这些报酬可被用作规避这个保护性契约条款的方式。在许多情形下，这个契约条款含有以下规定：借款人必须维持某个最低净值，它是以金额或另一个变量(如合并净有形资产或长期资本)的一定比例表示的。这一条款与限制有供资债务的契约条款密切相关，它们的规定应该是一致的。

● 贷款人的视角：在不可预见的不利事态发展出现的情况下，公司的净值可为贷款人提供缓冲。尽管公司可能会发生未来运营亏损(这会降低其净值并削弱其财务实力)，但贷款人在设置贷款条件时会明确考虑这种风险。这个契约条款的主要目的是防止借款人开展将会使其净值降低至贷款人可接受水平以下的金融交易。当然，从贷款人的立场来看，对受限支付、有供资债务和营运资本的限制是密切相关的。

● 借款人的视角：实际上，贷款人对股息设置的限制对项目公司而言是不具限制性的。尽管如此，借款人仍应试图通过协商取得一个提供充足灵活性的契约条款。它的主要关注点应是确保这项限制与所有将会对盈利或净值产生负面影响的所计划的金融交易(如股票回购或资产核销)相一致。

对供应合同和采购合同的限制(照付不议协议)

照付不议协议使公司有义务在一段时期内定期地为从供应商那里购买的产品或服务支付价款，无论其实际上是否已获取产品或服务。当然，此类协议是或有负债。这些类型的协议在项目融资中并非是不常见的，在某些情形下，通过以可预测的价格提供所需原料或服务

的有保证的供应来源，对借款人是有利的。

- 贷款人的视角：假如借款人根据照付不议合同必须付款，即便未获得产品供应，那么这项义务是或有义务。假如此类合同是项目融资所必需的，那么应在贷款协议制定时予以披露。
- 借款人的视角：通过签订此类合同，确保产品或服务的供应来源的机会可能会出现。流动性是必需的。

对担保和或有负债的限制

这个条款通常限制了公司的担保和其他或有负债，可以采用绝对限制或指定一个限额。所允许的限额可以用某个变量（如净有形资产）的一个比例表示。在协议签订时已经存在的，以及在正常业务开展过程中产生的担保和其他或有负债通常属于例外情形。

- 贷款人的视角：担保对公司形成了一项或有的优先级债务，这可能会在不适当的时候导致现金流失。因此，担保需要被限制，其原因与其他优先级负债需要受到限制的原因相同。
- 借款人的视角：公司应保持现有承诺，并在批准的限额内留有足够的空间，以覆盖所计划的交易。

对售后回租交易的限制

售后回租交易通常是受到禁止的，或是仅被允许在较低的金额上限以内开展。假如协议未具体限制售后回租交易，那么它们通常受到与资产出售、长期债务或租赁债务相关的保护性契约条款的限制。

- 贷款人的视角：贷款人会失去潜在的抵押品，而借款人实际上在制造债务。贷款人禁止这种类型的重大交易是合理的。
- 借款人的视角：借款人可能会希望保留一定的灵活性以开展小额的售后回租交易。借款人可能会主张在受到的对租赁债务和资产出售的限制下，取得对售后回租的限额。

对抵押、留置权和其他产权负担的限制

公司资产的自由明确的所有权的任何减值都构成了留置权。这一条款旨在防止借款人对其资产产生留置权。例外情况包括：现有留置权和在正常业务开展过程中产生的留置权、税收留置权和其他政府留置权、履约保证金和保函、区域用途限制、地役权及技工留置权（mechanic's lien）等。用应收账款、存货或其他流动资产作为抵押担保来获取信贷安排一般是受到禁止的。通常，买价抵押①是对留置权所受限制的谈判达成的例外。对买价抵押的限制通常是用一个美元金额或净有形资产的一个比例表示的。

- 贷款人的视角：对公司的不动产或动产的留置权可能会严重损害贷款人的信用状况，因为在借款人难以偿还贷款的情况下，任何有留置权的资产的价值都会发生减值。
- 借款人的视角：除了在买价抵押的情况下，这是相当标准的契约条款。买价抵押通常可

---

① 买价抵押是一种美国工具，其中，资产的卖方将该资产出售给买方，但为将在未来支付的那部分购买价格保留对资产的抵押权或留置权。这种留置权也可被授予为购买价格提供部分资金的第三方。这些工具十分重要，因为在美国的某些州司法辖区，在公司的清算和重组中，它们在索偿权层级中享有第一优先权。这个结构亦可被用于承担现有的抵押贷款和支付额外的购买成本。

以是十分有利的融资选择。限制措施应在考虑所计划的交易后,能够提供灵活性。

其他保护性契约条款

其他保护性契约条款包括旨在通过对借款人在以下方面的行动和运营施加限制来保护贷款人的条款:

- 投资;
- 受限子公司的股份发行或债务发行;
- 公司的合并、兼并,或对财产的整体处置;
- 子公司的合并、兼并,或对财产的整体处置;
- 公司和子公司的对外收购;
- 公司或任何子公司对公司较大部分资产的出售、出租或其他处置;
- 与股东、控制人和附属公司的交易。

违约和补救措施条款

本节描述了协议发生违约的条件,以及在违约发生时贷款人可以采取的补救措施。通常发生的违约事件有以下五项:

(1)本金还款的违约;

(2)利息支付的违约;

(3)遵守保护性契约条款过程中的违约;

(4)任何其他契约条款、协议或协议部分内容的违约;

(5)对一系列其他或有事项的违反。

一些违反合同的行为构成了即时违约事件,全部债务将立即到期并应予以偿还。其他违反合同的行为可能会需要贷款人向公司发出书面通知,要求公司予以纠正。假如问题不能在指定时期(如 30 天)内解决,违约将会发生。

期限的加速意味着整个本金未偿余额与应计利息一起,将立即到期并应予以偿还。除了本金和应计利息外,借款人可能还必须支付协议中的其他部分规定的可选提前还款罚金,只要适用的美国州法律允许。

前三个违约事件的表述十分清晰。第四个事件是一个笼统类别,提供了一个执行协议中的正面契约条款和其他杂项条款的方法。第五个也是最后一个违约事件是一个不同事件的集合,这些事件不一定违反协议其他部分所含的明确条款,包括下列事件:

(1)借款人或任何子公司在债务到期时以书面形式承认无力偿还债务。

(2)借款人或任何子公司为债权人的利益进行资产转让,或同意为其自身或其全部或大部分资产指定一家破产管理人。

(3)借款人或任何子公司同意破产,其他人对其提起破产申请,或公司被裁定破产。

(4)借款人或任何子公司根据破产法律或其他任何适用法律提交申请,或寻求开展重组或安排。

(5)当借款人或其任何子公司的任何其他信贷协议发生违约时,交叉违约条款(见下文)即被触发。这个条款对借款人的所有贷款协议设置了最严苛的限制,是具有管辖权的限制,并防止一家债权人在其他债权人提出索偿前先对违约事件采取行动。

（6）在合理时期内，借款人未对不利的判决（假如这项判决或此类判决的累计总额高于某个指定金额）进行付款，或该判决被推迟了，或借款人未能上诉。

（7）公司在贷款协议或相关文件中作出的重要陈述和保证在任何重大方面是虚假或不正确的。

（8）法院判决公司解散，或者拆分或剥离很大部分的借款人资产。

交叉违约条款是在协议中纳入的使发起人任何债务的违约能够触发所有债务的违约事件的条款。它们通常被用于确保没有一组银行会因在等待处置抵押品的过程中排在其他组银行（它们已经宣布违约事件发生，贷款立即到期并应予以偿还，也就是说，它们在"要求收回贷款"方面是领先的）后面而处于劣势地位。贷款人试图抵制纳入交叉违约条款，因为存在一个小事件会给其他活动带来不成比例的不合理影响的潜在风险。因此，作为一个极端例子，不支付当地的杂货店账单可能会在技术上导致大型项目融资发生违约。

重大不利变化条款

这个条款可能是在任何协议和谈判中最有争议的条款，它允许贷款人在"重大不利变化"发生的情况下，加速贷款的偿还。尽管许多人认为其目的是使股份收购人能够在股份价值下降或情况发生改变的情况下退出交易，但该条款在贷款协议中的应用更为广泛。争论围绕"重大"这一术语，这与在投资中使用的重大性概念相关联。假如我借取了 100 万美元，并且有一个使我的年收入减少 100 美元的不利影响问题，那么这可能不是重大的问题……但如果收入会减少 10 万美元，就有可能是重大的问题。一家英国法院的判决显示，除其他因素外，重大是指对借款人的还款能力具有显著影响，并且不是暂时性的。举证责任由贷款人承担。[①]然而，这项判决比这个简单的概述更为复杂，因此很好地理解当前决策和当地律师的意见是至关重要的。

样板条款

样板条款制定了贷款管理的定义和程序，包括以下事项。

协议的修正

允许在贷款交易达成后修正或豁免协议的部分内容是相当标准的做法，使贷款人能够豁免任何条款，只要有书面证明，借款人就可以依赖于贷款人的这一豁免。然而，所有未被明确豁免的权利和条款都依然有效。当涉及多家贷款人时，在一个预定比例的贷款人或资金提供人（在 50% 至 100% 之间，通常为三分之二多数）同意的情况下，条款可以被修正或豁免。在变更一些条款时，可能需要每家贷款人的同意，这些变更涉及：

● 本金偿还的金额或到期日；

---

① 关于对英国判例法的很好总结，参见"Material Adverse Change Clauses in the Midst of COVID 19"，8 June 2020，https://www.addleshawgoddard.com/en/insights/insights-briefings/2020/litigation/material-adverse-change/。

- 利息支付的金额和到期日;
- 修正或豁免贷款协议的任何条款所需的票据持有人的比例。

尽管起草贷款协议或私募协议时,应考虑到未来的情况,但无人拥有完美的远见。不可预见的发展通常会导致出现修正协议的需求。一般而言,贷款人会完全预计到修正需求的出现,并意识到大多数的修正请求都是为了应对有利的发展。简而言之,它们将修正协议视为贷款管理的一个重要部分,大多数贷款人都制定了确保在收到请求时迅速作出决策的程序。

大多数修正请求都获得了批准。在大多数情形下,修正是在贷款人未要求交换条件(如提高利率)的情况下批准的。尽管贷款人的观点各不相同,但一般而言,贷款人仅在因借款人的财务状况恶化导致必须修正协议,否则贷款人的风险敞口将会加大的情况下,才会要求交换条件。

贷款人乐于与借款人维持良好关系。对协议修正请求的合理和迅速的处理增强了贷款人与借款人的关系,但大型机构也可能行动缓慢,保险公司投资人对私募的决策可能会需要比银行决策更长的时间。任何借款人都必须理解的要点是每家资金提供人内部决策的真正时机和决策程序。

定义

这是协议中一个尤其重要的部分。它定义了协议其他部分使用的所有重要术语,如流动资产、净有形资产、有供资债务、固定费用和净利润。大多数这些术语都被用于制定保护性契约条款。当然,为了就保护性契约条款进行谈判,借款人必须完全理解这些术语的定义。

融资费用

通常,协议会规定借款人将支付所有合理的交易费用,包括贷款人特别法律顾问的费用和所有印刷费用。正如先前指出的那样,在没有监督的情况下,律师有时会拖延谈判,并增加他们知道其客户不必支付的费用。对律师费必须"合理"的强调十分重要。最近,律师费都有一个上限。

最后,私募亦可以是私募股权,其交易文件不同于先前描述的债务条款。

12

担保

引言

许多项目融资的目标是确保项目公司产生的现金流量足以偿还所有债务并为股东提供合适的回报。这通常是用于招揽债务和邀请股权投资的项目模型的基础。然而，一旦情况并非如此，项目公司的资产价值将会提供一些保护，不过贷款人对仅依靠资产支持持谨慎态度，尤其是由于成为持有资产的债务人后，贷款人可能被赋予资产所有权，伴随的是多项其他义务及融资提供人的声誉受到巨大潜在负面影响的风险，特别是在当今可以即时使用媒体的时代。正如我们看到通过合同形式提供的现金流量保证可以为贷款人增加确定性那样，纳入以股东担保或其他关键利益相关者担保的形式提供的补充支持亦可提高项目的信用资质，从而影响风险的定价。

担保是大多数项目融资的生命线，因为项目公司有较高的债务股本比率。担保使筹办人或发起人能够将项目的财务风险转移给一家或多家第三方。尽管有些担保可能会允许资产负债表外融资，这取决于它们的形式和性质，但重要的是考虑在该声明中哪个资产负债表是"表外的"。担保提供了将项目融资交易内含的特定风险转移给其他利益相关方的基础，这些利益相关方无意直接参与项目的运营或直接为项目提供资本，但乐意承担或有负债。通过用担保，而不是贷款或资本出资来承担项目融资的商业风险，第三方担保人兼发起人可能会将其对项目的间接义务记录在资产负债表外，并同时实现将项目建成的目标。然而，这是一个与监管机构要求披露的压力直接冲突的领域，因此征求最新的专家建议十分重要。

评级机构会注意到直接和间接担保——尤其是在担保金额巨大并且财务比率和利息保障倍数可能会受到影响的情况下——以及项目可能产生的正现金流量和效益。

尽管担保对项目融资至关重要，但它们也可能给贷款人带来虚假的安全感。贷款人不能假设担保很容易执行。对担保人的信用判断的价值或担保的有形价值取决于担保人的诚信和财务状况。试图逃避付款的担保人会有许多防御措施，贷款人必须特别努力地维护其对担保人的权利。在没有担保人同意的情况下，贷款人不应豁免其对借款人的任何权利。

一份担保协议应载有清晰的执行触发条件。它不应要求在担保可被执行前，贷款人已对借款人用尽所有的补救措施。

担保人

作为所有人的担保人

项目融资交易的明显担保人是项目的最终所有人。在一些项目融资的情况下，发起人会设立一家资本微薄的子公司——特殊目的载体——以持有和运营项目，项目没有足够的资本或运营历史以支持靠其自身的信用资质进行借款。因此，贷款人必须从一家信用资质令人满意的主体获得担保。这意味着母公司必须提供担保，除非在特定的项目情况下，一家令人满意的第三方担保人代替母公司提供担保。在母公司为一家受其控制的子公司提供债务担保时，债务将出现在其合并资产负债表中。然而，所有人可以承担或有和间接的担保及承诺，这对其财务报表的影响较小。这与其他方面的担保一起，可能会形成对项目公司债务的支持，从而使信用风险更易被贷款人接受。此外，这些债务可以是母公司或发起人的资产负债表外的，尽管会计机构正在收紧关于表外交易的规则。例如，参见图 12.1。

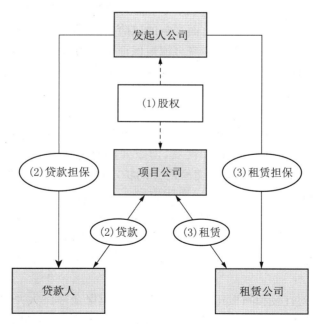

图 12.1　由作为所有人的担保人的担保支持的项目公司

注：(1)发起人公司成立一家资本微薄的特殊目的公司以持有和运营项目。(2)发起人公司为项目公司的贷款提供直接和间接担保。(3)发起人为项目公司的租赁提供直接和间接担保。

资料来源：此图由弗兰克·J.法博齐和彼得·K.内维特制作。

第三方担保人

第三方担保对于不担任担保人的项目所有人或发起人具有吸引力,因为这些担保可以替代仅愿取得对项目的间接风险敞口的项目发起人或所有人。第三方担保人几乎总是能从交易获得直接或间接的好处,以作为其提供担保的代价或动力,因此从某种程度上说,我们可以认为任何担保人都是发起人。

第三方担保人的候选对象

第三方担保人一般被划分为五个群组:供应商、出售者、用户、承包商和利益相关政府机构。

● 供应商。供应商可能认为只要对产品进行进一步的加工,对产品的需求就会出现。因此,供应商可能会有动机向项目的第三方所有人和/或运营商提供担保(假如需要的话),以便建成和运营加工工厂。在另一种情形下,供应商可能会认为其产品的市场正在消失,因为如果不对其加工设施进行大幅改建或重造,其产品的用户将没有竞争力。在这里,供应商也可能会有动机提供担保,以带来这些变化并保全其市场。

● 出售者。出售者可能拥有超出其需求的厂房或设备,出售它们的希望渺茫,除非是出售给一家出售者看好的资本微薄的公司。在这种情形下,为了使购买者能够获取融资,出售者提供担保也许是必要的。出售者获得了现金。购买者则实现了项目融资,项目能够继续进行。

● 用户。产品或潜在项目的用户可能会有动机为项目提供经济资助,或为项目融资所需要的债务提供担保,以使项目建成并确保所需的供应。当用户拥有运输需求,从而有动机为产品在其设施内外的运输提供信用支持时,相同情况将会出现。

● 承包商。承包商在项目的建成中是利益相关方,因为它们从事建筑业务。对一些类型的项目(如收费公路或医院)而言,它们可能还希望成为运营商(通常是通过专业子公司)。这项业务的前景可能会吸引它们在设施的建设及其运营方面承担一定的风险并提供担保。

● 利益相关政府机构。政府担保可能是项目融资所必需的。由于某些经济风险和政治风险的存在,可能不能从其他来源获得担保。

● 社会嵌入性。由于与个人相关的社会资本的存在,发起人或其他利益相关者在当地社会中的角色也可能会给项目带来非正式的支持。因此,许多社会中的豪门望族(或者,选取一个经常被引述的国家的例子,即"关系"——在中国对个人人脉的依赖)也许能为项目提供支持。然而,这通常没有文件记录,而且与任何形式的社会资本相同,是转瞬即逝的——贷款人发现,近年来,这些类型的保证不如以前可靠了。其例之一是:借款人或发起人为知名的欧洲船主家庭或中东商人家庭的成员。贷款人也许会假设整个家庭将对次要成员进行经济救助,以防止家族名誉受损。尽管情况可能如此,但也同样可能并非如此——因此,贷款人仅应将这种性质的支持当作更强有力的一揽子计划的极小部分来依靠。

第三方担保人的目标

政府和国际机构受到出口国或用户国的经济、政治和社会需求的驱动。

私营公司通过以下途径获利：

● 项目(如码头、存储设施、铁路或管道)的建设，这些是结合担保人或发起人的现有运营所需要的，尽管归第三方所有；

● 确保石油、天然气、电力、矿石、半成品或农产品的供应来源(本章后面会更详尽地描述这种类型的担保)；

● 销售项目所使用的产品；

● 销售与项目建设相关的服务；

● 在项目完工后向项目销售服务或产品；

● 收购项目的权益；

● 作为承包商开展项目的建设；

● 在项目完工后运营项目。

典型的第三方担保人

第三方担保人包括：

● 项目所使用的产品的海外制造商；

● 项目所生产或提供的产品或服务的用户；

● 项目所使用的服务或产品的供应商；

● 建设和/或运营项目的承包商；

● 一家在项目的建成中有相关利益的非国家政府机构，一家或多家在项目的建成中有相关利益的东道国政府机构(包括中央银行)；

● 在项目的建成中有相关利益的国家政府机构，支持项目所用产品的出口的外国政府出口机构和国家利益机构；

● 多边银行(世界银行、EBRD)和区域性开发银行(AfDB、ADB和IDB)。

商业担保人

商业担保人提供担保并收取费用，它们包括：

● 银行；

● 保险公司；

● 投资公司。

银行信用证

银行担保通常采取信用证的形式。信用证是一种指定银行支付款项(通常使用预先指定条件的汇票)的合同。它可被用于为资本不足的项目公司的贷款提供担保，其中一家负有责任的发起人向银行保证使其免受使用信用证引起的损失。信用证的费用取决于管理成本和银行预期通过向发起人发放贷款实现的净贷款利差。银行仅仅是发起人信用的导管，发起人出于各种原因不希望提供直接担保。例如，使用信用证的借款成本也许会低于使用发起人担保的借款成本。然而，为了满足美国银行、日本银行和欧洲银行最新定义的资本充足率要求，未来信用证的使用可能会减少，其价格可能会上升。

　　银行提供的信用证有两种基本类型:商业信用证和备用信用证。商业信用证与商品的特定流动密切相关,并会移交商品的所有权。另一方面,备用信用证是一种担保工具。此处的讨论关注的是备用信用证在项目融资情形下的使用。

　　备用信用证与实际担保不同,但承担了类似功能。备用信用证通常被用作履约保函,亦可被用作对商业票据发行的支持(见第 10 章)。

　　商业信用证与备用信用证之间的一个重要区别是:一旦文件被提交给银行,就会触发商业信用证的付款,并且人们预期情况通常如此;备用信用证项下的提款仅会在指定情形下发生(此处同样需要出示指定的文件),但人们预期这种情况通常不会发生。形式较新的备用信用证具有显著不同于该金融工具设计特征的风险特征,尤其是在期限方面。此类承诺有可能会转化为向开立信用证所代表的一方发放的直接贷款。这强调了信用证的信用性质,它构成了银行对客户的总体信用风险敞口的一部分。因此,它们已吸引了监管机构的兴趣,比如美国 OCC 已制定了五项标准,以作为美国银行在开立信用证时的健全银行业务实践,以及将之与担保区分开来的方法。[①]

　　备用信用证对开证行而言没有大量的备用抵押品,这与跟单信用证不同,在后一种情况下,银行可以在履行信用证指定的义务遭到违约的情况下,获取基础商品的所有权,具体取决于信用证条件的措辞。

　　如果根据当地法律,备用信用证项下的付款是非法的,或它被非法取得,或受益人的主张是欺诈,那么银行可以对付款提出异议。值得记住的是,备用信用证可能会涉及当地银行,因此受制于当地的习俗和惯例,即便是间接的。

　　由于提供备用信用证的银行认为在正常情况下信用证不会发生提款,因此银行有时会主张备用信用证是或有负债。尽管银行能够赚取费用并且无须配置资本,开立备用信用证可以提高银行的资产回报率,但银行(和美国联邦监管机构)在确定向特定客户发放的相关未偿信贷总额时,会将备用信用证视作贷款。因此,大多数美国银行已经对它们可以开立的备用信用证总额及其他不可撤销的承诺设定了内部限制。

　　备用信用证亦被用作招标中的投标保函或履约保函。许多公开和私人招标都将提供投标保函作为一个必要条件,它们通常会指定保函的金额,该金额代表了提交合同投标书的银行客户的诚信契约。假如银行客户在对合同的投标中取得了成功,那么很可能需要提供履约保函。履约保函有效地确保了中标人会根据规定的文件履行合同,它们通常是独立评估的(如建筑师证书),并且通常会涉及很大的金额。银行不会因为其出具了投标保函就有出具履约信用证的义务,但通常两者是由同一家银行出具的。

　　预付款保函是一种相关类型的保函,是为取得合同预付款而作出的承诺。

　　一个需要关注的领域是,大型项目的招投标可能会使建筑公司迅速耗尽其信用额度,而银行也在投标阶段迅速耗尽了其对一个项目或国家(对一组项目)的风险敞口额度(我们在下面各节中讨论建筑合同项下和建设融资中的担保和保函时,会进一步说明这点)。[②]

---

　　① 美国《统一商法典》协调了美国各州的法律。第 5 篇是关于信用证的,具有较为广泛的影响。亦见美国 OCC 网站上的贸易融资和服务部分。

　　② 《项目融资:分析和构建项目》的第 12 章提供了对建设融资的讨论。

保险公司

一些保险公司会提供与银行信用证相似的担保。

保险公司提供的其他担保包括履约保函和建设完工保函。保险公司还为合同的赔偿条款提供担保。一些类型的保单（如政治风险保险和营业中断保险）等同于担保。许多类型的保险与担保有时仅有一线之隔。

本章后面会讨论政治风险保险。

投资公司

投资公司有时会提供债务担保或履约担保。它们为担保收取的价格与所承担的风险是对等的。

担保的覆盖范围

商业风险

贷款协议的偿还和履约风险是在项目融资中最常见的商业风险。后面各节讨论了其他商业风险。许多类型的商业风险必须由来自发起人一方或某个负有责任的第三方的担保覆盖。

完工

项目设施的完工及其运营的成本和费率必须与指定的规格一致。规定项目将按照指定规格完工和运营的完工担保旨在覆盖这一风险。承包商有时会承担这种风险，任用一家可靠的承包商有助于将这种风险最小化。项目公司可聘请擅长于应对项目的开始运转期的专家提供这方面的专业知识。

成本超支

任何成本超支都必须由发起人或与发起人签有承包合同的某一方承担。鉴于近年来糟糕的成本超支经历，承包商不愿承担"非常"项目的超支风险，除非有相当高的溢价。另一方面，尽管在项目初始时固定价格合同可能难以取得，但假如分包商的投标可按固定价格获得，那么这种合同可能会在之后签订。有时，这种风险可通过允许成本增加或对照付不议合同进行调整（以支付额外的成本）来覆盖。有时，成本超支风险可以由赔偿公司出具的完工保函覆盖。贷款人可以通过为这种或有风险提供备用信贷来分担成本超支风险，并规定获得任何成本超支的偿还。

近年来最有趣的发展也许是承包中风险共担和收益共担的创意，一个突出的例子是 BP

对北海安德鲁油田的开发。承包商之间的竞争历来十分激烈，这个项目中的合作精神在媒体中被作为新奇事物广泛讨论，并且对所有各方来说，进行合作并非总是易事。收益共担方法实现的结果是通过团队合作完成项目——项目可能会在最薄弱的环节失败，因此所有成员都有保证质量的动力——然而，危险亦存在于承包商对合作的看法中，以及它们团结起来"勒索"发起人支付所增加的成本的可能性。

延误

延误的成本对项目有复合效应。债务的利息费用继续有增无减，至关重要的项目现金流遭到了延迟。发起人有时可以通过建筑合同，或是通过选择一家能够克服延误问题的可靠的承包商来设法覆盖这种风险。照付不议合同的收入亦可被设法调整，以覆盖因延误导致的任何成本增加。

原料和能源的成本

一个特定项目的经济实力通常取决于其以特定价格取得某种产品或服务的能力。如果项目能够确保关键投入产品或服务的投入成本，项目也许能够借取资金，并能够实现全部或部分自我融资。由第三方担保人承担这种成本风险对项目融资可能至关重要，甚至可能会使项目避免需要其他担保。能够以一个最高价格保证来源和可获得性的产品的例子包括：天然气、石油、电力和原矿。出售或支付合同与交付或出售合同（deliver-or-pay contract）可被用于覆盖这种风险。

产品的市场

一旦项目生产产品或提供服务后，为了保证项目的经济效益，这些产品或服务的有保证的销售价格可能是至关重要的。这种风险可以由无条件的照付不议合同、最低物料通过量合同、设施使用合同或服务成本协议（cost-of-service agreement）覆盖。这种风险亦可由有条件的"照付不议合同"覆盖，其中只要产品完成交付，就可支付既定的合同销售价格。

在缺少某个负有经济责任的一方承担销售价格风险的情况下，许多能源项目都难以获得融资。由于政府深度参与能源价格管制，政府可能是唯一愿意承担激进、新颖和昂贵的能源来源的商业风险的一方。例如，在来自页岩或沥青砂的石油生产项目中，价格在项目开始时可能具有经济意义，但在项目结束时，假如与其竞争的石油在同一时期内出现价格下降，价格可能就不具有经济意义。然而，项目也许具有战略上的重要性，因此政治决策仍可能使其继续进行。假如项目的经济可行性是基于终端产品的未来市场价格的，那么天然气和石油输送管道建设的经济可行性也可能会发生变化。在从煤炭或深井甲烷中开采气体以与天然气竞争的情形下，情况同样如此。

政治风险

假如没有某一责任方承担交易所隐含的政治风险，在某些国家开展业务的政治风险可能会使得位于该国家的项目开发很难或不可能获取资本。尽管极其明显的风险是项目所在国的政府征用或扣押项目，但也需要防范政府采取更隐蔽的方法接管控制权。蚕食式征用与项目国有化的行动会产生类似的效果。在许多情形下，假如项目需要继续的话，那么必须由一家政府机构、某个政治上友好的国家或国际融资机构来承担政治风险。

近年来，某些国家对偿还外国债务的任意全面暂停（或威胁暂停）已为政治风险增添了新的维度。

意外伤害风险

意外伤害风险可以由一个规划良好的保险计划承保，可从这个领域的专家获得防止这种风险的建议。

战争风险

尽管在任何项目中都有许多风险可以由非政府担保人和利益相关方承担，但战争风险可能超出了这些当事方或商业保险公司愿意承担的风险范围之外。在这种情况下，可能需要政府担保人为交易提供支持。尽管这种风险发生的可能性极小，但这也是贷款人通常不愿意承担的风险类型。然而，为了使世界上存在此类风险的地区的项目获得融资，必须考虑这种风险。

一些公司近年来遭遇了中东地区设施的破坏，它们需要确保工人安全和撤离的可行性，这让它们拥有了应对战争风险带来的后果的第一手经验。

不可抗力风险

除了发生可能性极小的意外伤害风险外，所有风险通常都能投保。然而，项目可以取得的保险承保范围有时存在缺口。为了使项目取得融资，这些缺口必须被弥补。因此，利益相关方有必要承担保险承保范围以外的特殊意外伤害风险。

灾难债券（CAT bond）是一种高收益率债券，旨在将风险从保险商转移给投资者，它覆盖了预先定义的风险，如美国某些地区的飓风、台风和地震风险等。假如风险发生，本金将会清零。然而，这些债券不是没有风险的，正如美国新近的飓风所展现的那样。①

担保的类型

担保通常被认为是担保人提供的直接无条件担保，其中担保人承担了履行被担保方的所有义务的责任。在许多情形下，这是唯一一种能够足以支持交易的担保。注意，这不同于备用信用证，后者的支付是由在提交给银行的文件中记录的指定事件触发的。

---

① 关于对灾难债券的更多讨论，参见 Andy Polacek，"Catastrophe Bonds：A Primer and Retrospective"，*Chicago Fed Letter*，No.405，2019。

然而,在许多情形下,担保不必是包罗万象的,即可为待融资的交易提供足够的支持。担保在金额和时间上都可以是有限的。它们可以是间接、或有或隐含的。在既定情形下,从担保人的角度来看,对被担保方的所有义务的非完全无条件担保就足以支持交易。这对担保人可能十分重要,因为这种担保被量身定制,为交易提供必需的支持,但不构成其在任何情形下都需要支付或履行的无条件义务,这会在很大程度上减小对其信用状况和财务报表的影响。

有限担保

担保在金额和/或时间上可以是有限的。

有限金额担保

为了使担保有效,担保可被要求覆盖100％的贷款人信用风险敞口。它们可以采取一定金额以下的差额担保或第一损失担保的形式。只要某个贷款人认为项目在最差情形下的资金差额有限,并且它持有担保人补足差额(令贷款人满意的金额)的协议,那么就会对向项目公司发放贷款感到放心。

另一种有限金额担保是通过合资公司提供的,其中对任何义务的责任都仅限于共同责任,而不是连带责任。合资公司的各方都仅以不高于其持股比例所确定的金额为限承担责任,而不是承担合资公司的全部责任,从而保持了其信用等级。合资公司协议中规定了计算的基础。

另一种有限金额担保是针对成本超支的。贷款人可能会在成本如预测般那样的情况下愿意为项目提供融资。贷款人不希望仅仅是出于成本超支且找不到其他资金来源的原因,而使自己受困于不得不提供金额更大的资金。在涉及这种风险的情况下,交易的利益相关方会承担潜在的超支风险。一旦可能的成本超支被覆盖后,项目就可以很容易地依靠其自身优点筹集项目余额。例如,项目可能有一个合同价格足以覆盖债务偿付的固定无条件照付不议合同,但假如成本超支,就不足以偿还债务本息。然而,没有任何贷款人希望处于项目仅完成一半,在发放更多贷款或退出项目之外没有其他选择的境地,因此,在交易落地完成前,有必要对成本超支的概率和金额进行稳健的情景分析和切合实际的处理。

一种类似的担保是发起人在项目总收入被分配用于债务的偿付,从而没有足够资金同时覆盖运营费用和偿债支出的情况下,支付运营费用的担保。

发起人预先承诺的资金池是另一种有限金额担保。在这种安排下,贷款人必须确信预先承诺的资金池足以覆盖或有支出,而这些支出在其他情形下将由担保覆盖。

有限时间担保

尽管潜在担保人可能不愿加入对某个项目的长期债务的直接担保,但可能会对在项目的开始运转时期为之提供担保感到十分放心。

项目的财务预测可能会向潜在贷款人表明,假如项目按规定运行,项目将产生足够的现金流以偿还项目债务。然而,根据项目的不同复杂度,在项目完工后的数月或数年内,项目运行的情况可能会没有保证。换言之,存在开始运转的风险。

　　另一方面，贷款人可能只会在项目按规定运行的情况下对发放项目贷款感到放心。因此，在项目按指定规格运行一定时期后到期终止的过桥担保，可能是足以覆盖交易风险（该风险在其他情况下无法得到覆盖）的担保形式。在与利益相关方的其他承诺组合起来的情况下，项目融资将有足够的信用支持，直至项目足够强大，能够按预期运行和产生现金流。这项担保被称为完工担保，本章的"完工担保"一节对之进行了讨论。

　　完工担保在本质上是一种有限时间担保，因为它担保了项目将在一定的时限内完工并以一定的效率运行。它不是在建设完工时到期，而是在建设完工后的一段时期结束时到期，这个时期足以确保项目事实上将按预测中呈现的那样运行。假如贷款人对预测的现金流量和交易的经济效益感到满意，那么完工担保可能会使项目避免需要长期的直接担保。

间接担保

　　项目融资中最常见的确保收入现金流的间接担保是照付不议合同、最低物料通过量合同或长期无条件运输合同，它们为项目提供了有保证的收入现金流。足以支持项目融资的照付不议合同、提供即收合同、最低物料通过量和设施使用协议、服务成本协议或无条件运输合同，构成了在一定时期内向项目支付收入的十分明确的无条件义务，这段时期通常足以摊还与项目相关的债务。

　　项目融资中的另一种间接担保是对生产产品的价格支持。这项支持可以由第三方用户提供。利益相关的政府机构亦可能提供支持。差额担保是另一种方法，它补足了专门用于偿还债务的照付不议合同收入与偿还债务所需金额之间的差额。

　　项目的经济效益取决于项目所使用的原料或服务的有保证的价格。这项风险可以由来自供应商的长期出售或支付合同覆盖，它是供应商对价格的间接担保。在出售或支付合同中，供应商以某个特定价格提供原料或服务，或在因原始供应商不能履约、项目公司以更高价格从第三方购买原料或服务的情况下进行价格补贴。

或有担保

　　贷款人不希望成为权益风险承担者，尽管这种风险发生的可能性较小并且是十分偶然的。因此，为了获得项目融资，项目的某个利益相关方往往需要承担可能性极小的或有风险。承担这种风险对或有担保人的影响可能相对较小，仅显示在资产负债表的脚注中（假如出现的话）。

　　或有担保可以采取多种形式。除了在一些事件（如在贷款人经过合理的努力强制要求交易的其他利益相关方履约或偿还贷款后，它们未能履约或支付还款）发生的情形外，或有事项不被视作已经发生。尽管如此，在其他交易当事方的财务实力存在问题的情况下，可能需要一家优质信用主体提供或有担保来支持交易。

　　或有担保可能会采取超出交易当事方控制能力范围以外的某个事件的形式。它可以是不太可能的事件，如价格变化、政府行动或一些不可保险的不可抗力事件。然而，贷款人会将这些风险的承担视作项目所有人、利益相关方、政府、发起人的责任，而不是其自身的责任。

隐含担保

隐含担保实际上不是真正的担保。它们仅仅是从贷款人的角度而言,使得担保人有可能为交易提供支持的承诺或一系列情形。隐含担保十分受担保人的欢迎,因为它们没有约束力,并且无须在财务报表中报告。

暗示支持的安慰函是一种最常见的隐含担保。"安慰函"这一术语涵盖了类型广泛的承诺。安慰函通常仅仅表示了对监督项目公司并确保其得到妥善管理的同意。安慰函有时被称为"责任函"。它能带来多大的安慰是贷款人的主观判断。

过去,在美国,安慰函包括在项目公司或子公司陷入困境的情况下为其提供资金的承诺。有时这被表达为同意将营运资本维持在一定水平,它等同于一种形式的担保,并且是具有法律约束力的承诺。直至几年前(当时美国的会计准则发生了变化),安慰函中的这种承诺就财务会计目的而言一度不被视作担保。然而,如今这种承诺被视为担保。

相比之下,在欧洲,安慰函中的宽泛承诺有时不被视作担保。一些欧洲的项目发起人也许能够使用措辞强硬的安慰函,而无须将之报告为担保。来自母公司的"知会函"仅仅表明母公司知晓贷款的存在而不产生任何义务。

在优质信用主体与较弱信用主体共同参与合作,并且项目对优质信用主体至关重要的情况下,仅仅是优质信用主体的参与即暗示了支持,因为人们相信优质贷款人已开展了足够的尽职调查。因此,世界银行为部分贷款提供担保可能会鼓励贷款人参与其中的无担保层级。

如果项目公司的债务没有母公司的担保,但其名称与母公司的名称相似且关联,那么这隐含了对履约的担保,来管理这种关联所造成的声誉损害。在母公司同意持有项目公司100％的股权并且在贷款期限内不变更项目公司名称(维好协议,如图12.5所示)的情形下,情况尤其如此。后面的"向贷款人提供安慰的承诺但不是真正的担保"一节讨论了一个最近的案例。然而,有足够多的母公司抽身而退的案例向我们警示了这是不可依赖的。

当母公司的贷款协议中含有子公司贷款的违约将导致母公司违约事件的交叉违约条款时,贷款人可能会对向项目子公司发放贷款感到放心,只要它们能够控制母公司贷款协议的条款。

银团信贷(包括欧洲货币贷款)

第8章和第9章讨论了银团贷款。只要担保对资产负债表的影响小于贷款的影响,那么所有类型的担保都将继续是广受欢迎的项目融资支持方式。

由用户发起人的担保支持项目融资的例子

● 由发起人的担保支持的供应商。一家资本来源有限的原油、原料或液化天然气的独立供应商,会通过取得由寻找可靠供应来源的发起人担保的贷款来为项目融资,作为回报,供应商同意向发起人供货。典型的项目包括存储设施、炼油厂、重整设备和管道。

- 税收、信用、债务利率和资产负债表。供应商对所得税进行折旧扣除。支持交易的信用为发起人的信用。供应商的债务利率反映了发起人的信用。贷款在供应商的资产负债表中显示为优先级债务。这项债务亦可被构建为劣后级债务，因为无论在何种情况下，债权人都会依赖于发起人的担保。假如贷款和应计利息的偿付来源仅限于生产收入，那么贷款也许会被视作或有债务，在脚注中显示，而不是显示为供应商的一般债务。

- 契约条款。假如被担保的债务被构建为供应商的劣后级债务，那么这些债务可规避对优先级债务和租赁的限制。供应商也许会成立一家不受限制的子公司来借款和建设工厂，以使项目不受贷款的限制。发起人贷款协议中的文字将会确定所允许的担保金额及示例担保是否有效。

- 对发起人的有利之处。除了脚注外，可以记录在资产负债表外；在限制债务或租赁的贷款契约条款的范围以外；可以在无须发起人参与者支付项目成本的情况下建成基本设施；资本得以保全，可用于其他用途。

- 对发起人的不利之处。缺乏对设施的绝对控制权；担保必须显示在资产负债表的脚注中；担保的使用会影响发起人的信用状况，尽管它们仅作为脚注出现在资产负债表中（对于需要提高杠杆的发起人而言，其他形式的项目融资也许更为恰当）。

完工担保

项目融资中风险最大的时期是在项目的建设阶段和开始运转阶段。许多项目在这些阶段都得到了本章前面提到的完工担保的支持，这项担保是由项目的一家或多家发起人提供的。这种类型的担保既适用于建设期间的短期贷款人，也适用于同意在项目完工时置换出短期贷款人的定期贷款人或出租人。

完工担保人承诺在一个特定时期内建成项目，并提供资金支付所有的成本超支。完工担保还包含了对房产、矿产和建筑的所有权的适当担保。

在完工担保中，完工涉及的不仅仅是设施建设的完成。完工检验通常包含对实现某个指定数额的产量和以指定成本实现效率的要求。在直接的发起人担保于完工时终止，并且置换出短期贷款人的定期贷款人必须仅依赖项目的运营（或同时依赖项目的运营与来自照付不议合同的收入）来偿还定期债务或租赁的情形下，情况尤其如此。定期贷款人或出租人希望确保项目达到在财务预测中呈现和假设的效率（这些预测构成了贷款或租赁的基础）。

完工担保人可以通过选择在经济上负责的承包商，并通过谈判要求在建设合同中纳入符合完工担保必要条件的条款来保护自身。在一些情形下，贷款人可能会对承包商履约的能力、财务状况和声誉感到满意，因而不要求额外的担保（见图 12.2）。

完工担保人还可通过购买对完工延误及未能完工的保函和保险来保护自身。贷款人通常不接受用这些类型的担保来代替完工担保，尽管它们可以为完工担保人提供一定程度的保护（假如仔细起草的话）。

在一些情形下，贷款人愿意将发起人的义务限制在一个预先承诺的资金池或金额以内。在这种情况下，贷款人必须确信预先承诺的资金池足以覆盖所有或有事件。澳大利亚的伍德塞德（Woodside）项目融资是用预先承诺的资金池代替完工担保的一个例子。

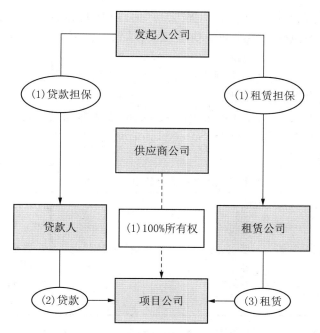

图 12.2　由发起人的担保支持的项目融资

注:(1)一家发起人在某个设施的建成中有相关利益,该设施将提供所需的产品或服务。它不希望拥有或运营设施。因此,该发起人安排了一家供应商建设和拥有设施,并同意为项目的相关贷款和租赁提供担保。(2)项目公司安排从贷款人取得贷款,贷款是由发起人的担保支持的。(3)项目公司安排从租赁公司取得租赁,租赁是由发起人的担保支持的。

资料来源:此图由弗兰克·J.法博齐和彼得·K.内维特制作。

建设合同项下的担保和保函

有几种类型的担保和保函可被用于建设合同项下的完工和履约的担保,包括:

- 投标保函;
- 履约保函;
- 预付款担保或保函;
- 留置金担保或保函;
- 维护保函。

保函的第三方担保人包括担保公司和银行。

在美国,履约保函一般是由担保公司出具的,相当常见的是,这些保函担保的金额为合同价格的 100%。担保公司的义务(假如恰当起草的话)是根据合同履约。保函受益人违背合同将构成抗辩。担保保函会给受益人带来虚假的安全感。这种合同必须仔细起草,以实现所需程度的保护。一般而言,贷款人会对依靠担保保函获得贷款还款感到担忧。

人们往往将国际交易中的担保保函作为在受益人认为承包商未能履约的情况下,按要求向受益人支付一笔资金的无条件义务。有时,这些合同是跨国担保公司签订的。更常见的是,它们是作为无条件信用证由银行出具的,这些信用证无须提供未履约的证据便可见票即付。这种保函不要求对合同履约。它们的标的是等同于合同价格的一个比例(通常为

5％—30％）的现金付款。银行用文件开展交易，但这里的风险与保函的执行有关，在银行收到提交的文件后，承包商与客户的争执接踵而至，银行深陷其中，并要承担律师费和其他成本。

表 12.1 和图 12.3 比较了在美国和国际合同担保中经常使用的担保保函与在许多国际交易中使用的由银行信用证支持的担保。

担保保函或信用证的可靠程度有赖于担保人的财务实力和诚信，担保人必须是一家令受益人满意的机构。美国的担保信息处（Surety Information Office）等组织或专业保险商能够提供更多细节。

表 12.1　担保保函与备用信用证的比较

因　素	担保保函	备用信用证
义务	履行合同	支付一笔资金
覆盖范围	合同价格或"正当索偿权"的 100％	在信用证中规定——可以是合同价格的 5％—30％
执行	在违约时	见票即付
承诺	以后续调查为条件	无条件
形式	担保	信用证

资料来源：此表由弗兰克·J.法博齐和彼得·K.内维特制作。

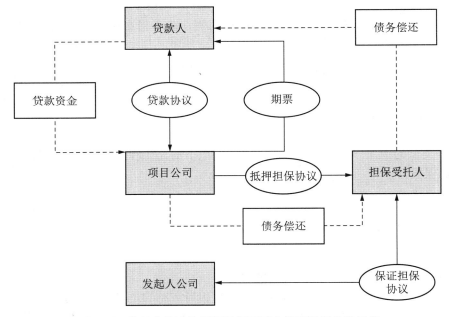

图 12.3　发起人公司使用担保保函而非信用证提供的担保

资料来源：此图由弗兰克·J.法博齐和彼得·K.内维特制作。

投标保函

在竞标中，投标保函是合同投标人需要提供的，这是为了确保每家投标人都是严肃的，会在投标成功后接受合同，并继续执行合同。

履约保函

履约保函的作用是在承包商出于任何原因不能履约的情况下提供额外资金。这种保函的存在亦是对承包商的信用及担保人对承包商的能力和专业地位的信心的背书。

预付款担保

预付款担保的作用是在款项被预先支付（以帮助承包商购买和组织启动建设所必需的材料、设备和工作人员），而不是在完成特定阶段时付款的情况下，为发起人提供保护。

留置金保函

项目建设的受益人通常采用的做法是保留一部分进度付款（否则它们应被支付），从而为支付因承包商在建设中的错误而导致的不可预见的费用提供资金。由于大多数承包商都更偏好尽可能迅速地获得进度付款，它们用留置金保函代替被留置的资金，以便立即获得付款。

维护保函

维护保函的作用是为项目的建设和运行中的维护及纠正缺陷（它们是在实际建设完工后发现的）提供资金来源，通常，一旦合同完成后，履约保函和留置金保函即被转换为维护保函。

支持资产负债表外建设贷款的担保

一家公用事业公司希望建造一个发电机组。建设工厂需要几年时间，该公司不愿在这些年间因建设融资发生的利息费用而使利润下降。一家独立于该公用事业公司的非盈利公司同意（在收取管理费后）成立一家子公司来担任建造工厂的建筑公司。（这种类型的特殊目的公司被称为建筑中介。）建筑公司任命该公用事业公司担任其建设工厂的代理人。建筑公司基于该公用事业公司对完成工厂的建设并在项目完工后置换出贷款人的担保和承诺，筹集建设工厂所需的资金。

典型的项目包括任何大型的设备项目设施。

● 所得税。建设期间的利息扣除消失了。然而，利息费用可被资本化到厂房的价格中，未来可以基于资本化的成本进行折旧和利息的税前扣除。

● 费率基础*和债务利率。对建设的投资被排除在费率基础之外。资本化利息通常被包含在费率基础内。建筑公司的债务利率依赖于公用事业公司的信用资质。

● 变体。一家出租人也许可被用于代替建筑公司。出租人可以选择将利息资本化，申请税收抵免和对资本化成本计提折旧，并将由此节省的大部分资金转移给承租人。承租人可以实现在建设期内将利息费用排除在利润表外的目标。

● 有利之处。（1）假如公用事业公司因在建设期内拥有资产而必须发生利息费用，这种费用可被避免；（2）公用事业公司举借短期债务的能力可能会提高。

---

* 公用事业公司在决定产品费率时应考虑纳入哪些成本作为基数，这些基数即费率基础。——译者注

- 不利之处。在建设期内将没有税收扣除和(可能的)抵免。

差额担保

差额担保是对债权人在发生违约、收回抵押品和再出售抵押品的情况下蒙受的差额损失提供的一种有限金额担保。差额担保通常表示为覆盖贷款人在发生违约、收回抵押品和再出售抵押品情况下蒙受的第一损失的担保。贷款人的损失一般包含损失的利息、再出售的费用和未偿还的贷款余额。

有限差额担保是担保人的风险敞口具有上限的差额担保。25%的差额担保是风险敞口最高为融资金额的25%的差额担保。

这个上限也可用一个美元金额表示。在贷款或租赁的抵押品易于出售并且有相当大的价值的情况下,有限差额担保可以十分有效地用于项目融资。例如,假如设备的原始成本为100美元,未偿余额为75美元,有限差额担保的上限为25%的原始成本,财产被收回并以55美元的价格出售(扣除费用后),那么担保人的偿付责任将为20美元。假如再出售价格为45美元,那么担保人的偿付责任将为25美元。

在租赁的情形下,出租人在违约发生时也许可以有权选择将抵押品进行出售或转租。所规定的租赁损失计划表加上逾期未付的租金及利息将用于确定实际的损失金额。

在贷款或租赁的期限内,有限差额担保的金额通常与贷款摊还或租赁终止计划成比例地逐渐降低。这减轻了担保人的沉重担保负担。从担保人的角度而言,有限差额担保通常可以实现与完全担保相同的效果,但对担保人的资产负债表脚注和信用的影响要小得多。

其他类型的差额担保覆盖了成本超支或收入差额,本章也对之进行了讨论。图12.4显示了差额担保的一个例子。

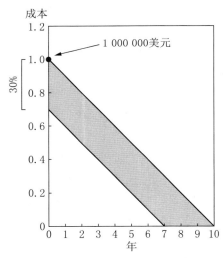

(a) 在整个贷款期限内保持在30%的水平

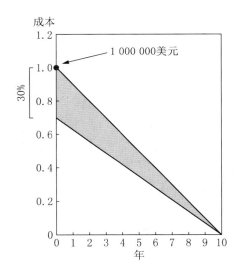

(b) 与未偿贷款余额成比例地降低

图12.4 对10年期等额本金还款票据的30%差额担保

资料来源:此图由弗兰克·J.法博齐和彼得·K.内维特制作。

向贷款人提供安慰的承诺但不是真正的担保

发起人有时可能会向贷款人作出陈述或同意提供承诺，这些承诺不是担保，但却仍给予了贷款人足够的安慰以继续向这种陈述或承诺的受益人发放贷款。使用这种承诺而非担保的做法十分受到欢迎，因为它们可以不反映在发起人的资产负债表中。

以下是六个例子：

（1）发起人或母公司的短期预付款可能会通过子公司的银行账户汇入（但可以有抵消），以提供发起人在任何情况下都必须维持的余额。

（2）信用资质无瑕疵的母公司可能会同意继续持有 100％的借款人股权，直至贷款回收为止（维好协议）。图 12.5 显示了维好协议的一个例子。

（3）假如子公司的名称从母公司的名称衍生而来，母公司可能会同意在贷款未偿期间不变更子公司的名称。（先前的内容解释了为何这种支持可能不如想象的那样强大。）

（4）在照付不议合同可能为其提供所需支持的供应商的情况下，发起人同意仅与供应公司进行所需服务或产品的采购交易，假如发起人在一个时期（这个时期与贷款或租赁的期限有一定关系）内需要最低数量的该种服务或产品，那么这项同意就已足够。（需要注意的是，这不应被视作反竞争行为并受到质疑，尤其对国家发起的项目而言。）

（5）在安慰函中，母公司承诺密切监督子公司的管理，但对子公司履行合同义务不负有责任。正如本章前面讨论的那样，贷款人通常毫不重视这种类型的安慰函。

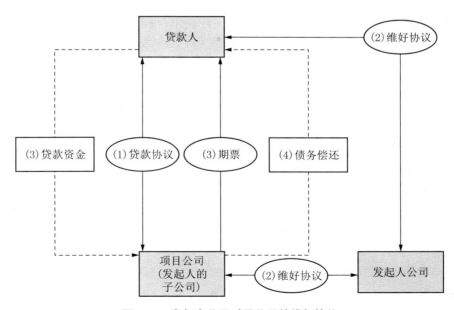

图 12.5　发起人公司对子公司的维好协议

注：（1）项目公司与贷款人签订贷款协议。（2）发起人与项目公司签订维好协议，发起人也与贷款人签订对项目公司的维好协议。（3）项目公司签署期票并将之交付给贷款人，贷款人向项目公司支付贷款资金。（4）项目公司向贷款人偿还债务。

资料来源：此图由弗兰克·J.法博齐和彼得·K.内维特制作。

（6）与某个其他合同或贷款协议相关的交叉违约条款，发起人不允许这些其他合同被违反，它们还受到依赖安慰函的贷款人的控制。

当一家或多家合资方与一家信用较弱的合资方共同参与项目时，贷款人可能会相信，由于项目的性质及项目对信用较强的合资方的重要性，信用较强的合资方不能放弃项目，而不得不在任何信用较弱的合资方不能履行义务的情况下，对其义务提供支持。然而，这也不是没有风险的。

政府可以提供补助，以及不是担保但其性质足以提供信用支持的承诺。价格支持是间接担保。例如，一些国家的太阳能开发和核能生产要求政府对生产提供长期的价格保证。

公用事业委员会会收取服务成本费，这样产品的实际成本能够被融入公用事业价格，这将为交易提供信用支持，假如这种收费不能被对政治敏感的委员会朝令夕改的话。

外国政府可以通过对一些事务（如汇率变动、在该国内可允许的企业经营方法、对项目的国家资源配置、提供基础设施支持和税收）的政策的肯定和承认来为项目提供支持。

2020年5月，出现了一个有趣且相关的法庭案例，该案件涉及维好协议的性质和可执行性。如下文进一步简要描述的那样，这有几个重要影响。

2012—2013年间，一些由中国公司发行的债券通过离岸子公司被出售给中国的非居民投资者，交易具有境内母公司的维好协议的支持。背后的逻辑是：提高债券的信用评级从而使之更具吸引力。其他所使用的结构包括一种形式的股权权益购买承诺（与本章后面讨论的"卖权"协议相似），它被称为"维好契约"。其中一些债券从知名的信用评级机构那里获得了评级，随着基金管理人试图将中国资产纳入其资产类别组合，这些债券形成了其投资组合的一部分。在2017年得到放宽的法规允许境内公司对其离岸子公司的负债提供担保以前，这些形式的融资是存在的。彭博新闻提到的一项估计提出，目前市场上可能仍有高达1 201亿美元的此类债券结构。①

在最近的案例中，北大方正集团———一家在多个不同领域拥有利益的集团———的子公司在具备北大方正集团的维好协议的情况下发行了债券。然而，情况发生了恶化，集团于2020年进入接管程序（与美国的第11章破产相似），并在等待债权的"确认"（如今已被拒绝）。这个事件触发了大约17亿美元的离岸持有的债券的交叉违约。债券持有人对母公司提出了一系列索偿，其中一些遭到了拒绝，其他债券持有人则在等待判决，由于随后还有仲裁程序和受到新冠肺炎疫情影响，判决可能会被推迟。投资者的问题在于：其对母公司资产的索偿权优先顺序很有可能是基于境内的。假如它们加入一般债权人池，那么可能需要等待很长时间，并且得到的偿付比例将低于100％。然而，假如债权人可以基于协议建立优先顺序，那么它们的处境将会更佳。在本书撰写之时，这仍是一个热议的话题，但在2020年11月报道的另一个案例的判决中，上海金融法院维持了2018年8月香港法院的一项判决，强制执行了"维好"协议。②这些案例说明的是：在这样的支持下，索偿权的可执行性存在不确定性。

---

① "What 'Keepwell' Means in Case of China Bond Default"，Bloomberg News，14 May 2020，于2020年11月5日更新。

② 在本书撰写之时，多种新闻来源报道了这个案例，但书面判决似乎无法找到。

由交叉违约条款的隐含担保支持的合资公司贷款

发起人公司需要一家工厂以向其供应特定产品,并希望在资产负债表外为工厂融资。发起人不希望签订照付不议合同。一家合资公司与运营公司一起成立,运营公司拥有运营拟议工厂所需的独特技术技能,但财务资源有限。发起人和运营公司各持50%的合资公司股份。

发起人和运营公司对合资公司进行名义上的资本出资。它们安排了对合资公司的贷款,所含的条款规定:运营公司同意在贷款无论出于何种原因违约的情况下,向贷款人交还合资公司10%的股份。贷款人拥有将该股份出售给发起人公司的"卖权",发起人公司也同意在贷款的整个存续期内,它会保留证明其在合资项目中50%权益的股份。

贷款协议的其他条款确保了在贷款的整个期限内,发起人50%股份的所有权都持续有效,因此,贷款人向发起人出售任何股份都将赋予发起人项目控制权,并要求其将违约贷款记录在资产负债表中。

发起人还有其他包含交叉违约条款的长期贷款协议,这些条款规定在发起人控制的任何公司发生贷款违约的情况下,贷款协议的标的贷款亦发生违约。假如发起人持有50%以上的合资公司股份,那么合资公司符合这个定义。合资公司的贷款人依赖的假设是:发起人将会支持合资公司,而不是允许其长期贷款协议发生违约。典型的项目可能会包括任何加工厂或设施。

* 所得税。所得税优惠将会流向合资公司。

* 债务利率、对资产负债表的影响和贷款的契约条款。债务利率建立在以下事项的可能性的基础之上:发起人公司会承担项目公司债务,而不是允许贷款发生违约。项目自身的价值会帮助支持债务利率。只要发起人对项目公司没有控制权,合资公司获得的贷款将记录在资产负债表外。合资公司获得的贷款将处于发起人公司的贷款契约条款的限制范围以外,除非违约发生并且贷款人将项目的股份出售给发起人。

* 变体。税收优惠也许能更好地被第三方租赁公司,或与合资公司签订设施的杠杆租赁协议的发起人使用。在发起人提供租赁的情况下,还会产生就会计目的而言关于控制的其他问题。

* 有利之处。发起人避免了对项目贷款的直接担保;项目贷款记录在资产负债表外,并且处于发起人的贷款契约条款之外;发起人的资本得以保全,可用于其他用途;可以取得运营项目工厂所需的专业技术知识。

* 不利之处。发起人所提供的支持的间接性质可能会导致较高的债务利率;可能必须向一家非100%拥有的子公司提供信用支持。

由第三方担保人支持的项目融资

从筹办人/发起人的角度而言,理想的项目情况是:项目公司由发起人拥有,项目的建设或运营能够提供发起人所需的服务、产品或盈利机会,并且是直接融资或通过第三方的担保融资的。图12.6显示了一个例子。

* 项目的信用和债务利率。信用是担保人和项目公司的信用。债务利率是第三方担保人的债务利率。

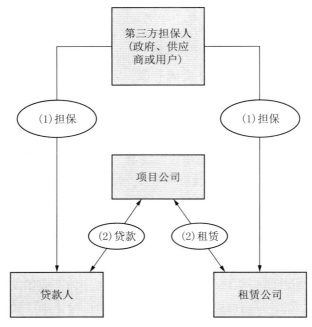

图 12.6 第三方担保人

注:(1)不拥有或控制项目公司的第三方担保人加入担保协议,为项目公司的贷款债务和/或租赁债务提供担保。(2)基于这项担保,贷款人和/或租赁公司分别与项目公司签订贷款或租赁协议。

资料来源:此图由弗兰克·J.法博齐和彼得·K.内维特制作。

● 项目所有人的资产负债表和贷款契约条款。对项目所有人资产负债表的影响与债务相同,除非是采取了特别步骤来避免这个结果。发起人/所有人也许不希望在项目尚有高额未偿债务时就持有大量股权,因为债务将会显示在所有人的资产负债表中。所有人也许会在开发阶段持有少量权益,然后通过长期管理合同控制项目,并在未来通过认股权证和期权实现大量权益。假如贷款是直接负债,那么贷款对发起人/所有人的贷款契约条款的影响亦与债务相同。所有人也许能够通过使用一家不受限制的子公司持有所有权或使用劣后级债务或借取无追索贷款,来避免这种结果。所有人可以使用长期管理合同来维持控制权。

● 担保人或发起人的目标。政府和国际机构受到出口国或用户所在国的经济、政治和社会需求的推动。

● 私人公司的获利途径。建设担保人或发起人的现有运营(即便是由第三方所有的)所需的项目(如码头、存储设施、铁路或管道);确保石油、天然气、矿石、半成品或农产品的供应来源(对这种类型的担保有更详尽的单独描述);出售项目使用的产品;出售与项目相关的服务;在完工后向项目出售服务或产品;收购项目的股权。

第三方担保人的例子:

● 项目所使用的产品的美国和外国制造商;
● 项目生产或提供的产品或服务的用户;
● 项目所使用的服务或产品的供应商;
● 一家在项目建成中有相关利益的美国政府机构;
● 一家或多家在项目建成中有相关利益的东道国政府机构,包括中央银行;

- 在项目建成中有相关利益的美国州政府机构；
- 支持项目所用产品的出口的外国政府出口机构和国家利益机构；
- 世界银行；
- 区域性开发银行（AfDB、ADB、IDB、EBRD）。

对非担保人的所有人和第三方发起人的有利之处

表12.2列举了这些有利之处。

表12.2　对非担保人的所有人和第三方发起人的有利和不利之处

有利之处
- 假如借款人是独立的子公司，则贷款是无追索的
- 项目可被记录在资产负债表外，并且处于贷款契约条款的限制范围以外
- 资本得以保全，可用于其他用途
- 信用来源得以保全，可用于其他用途
- 在无须要求发起人使用其信用支持项目的情况下建成所需的设施
- 由于担保人的信用，借款成本可能会降低
- 假如项目位于外国，那么在缺乏东道国、国际机构或美国政府机构的担保的情况下，项目可能难以获得融资，但此类担保在防止项目的国有化或征用方面向贷款人提供了安慰（东道国政府也许会试图逃避偿还银行贷款，但不能承受破坏其在国际机构、美国进出口银行和其他进出口银行的信誉的后果）

不利之处
- 发起人缺乏对设施的控制权
- 假如所有人对获得担保的公司持有50%的控股权，那么债务必须显示在其资产负债表中

资料来源：此表由弗兰克·J.法博齐和彼得·K.内维特制作。

对防范国有化、征用及政治风险的直接和间接担保

　　世界上的大量矿产资源都位于发展中国家，而这些国家有时缺乏令潜在贷款人或投资者满意的政治稳定性。此类矿产的用户（及其财务顾问）面临着筹集开发这些重要的供应来源所需资本的问题。在外国项目的持有、运营和融资中涉及的政治风险可有多种表现形式。表12.3列举了在这种外国项目的融资中存在的风险。其中一些风险可用几种方法解决和防范，正如表12.4显示的那样。然而，在政治不稳定的情况下，承担上任政府的义务和承诺不是必然的。表12.5描述了其他更为微妙的政治风险防范措施。

表12.3　外国项目的融资风险

（1）征用、国有化或没收。
（2）货币：
- 货币的可兑换性；
- 货币的贬值；
- 货币方面的进口限制；
- 对股息和资本分配的出口货币限制或征税；
- 对债务偿还的出口货币限制或征税。

（3）对财产、项目、生产或收入的征税的提高，进口或出口税的提高。
（4）劳动力：
- 当地劳动力的可获得性；
- 进口劳动力的工作许可；
- 与当地工会交往的能力。

(5) 资源:
- 当地供应、材料、机器和产品的可获得性和价格;
- 项目的本地资源配置,如电力、天然气、石油和煤炭;
- 公路、码头、铁路、机场和运输工具的可获得性;
- 进口所需材料、机器和原料的能力。

(6) 对产品的出口限制或征税,政治禁运。

(7) 警察和财产保护。

(8) 当地政府通过许可制度、管制、税收制度、警方和国民卫队进行的干涉或骚扰。

(9) 可以干涉项目的当地和联邦政府监管机构,如劳动力和资源分配机构及环境保护机构。

(10) 合同的可执行性。假如一个国家缺乏有效的法律和法院制度,那么建立该制度以执行合同和提供防范不正当索偿的保护显然十分重要。这包括在法院作出有利的判决后,在外国法院制度下收取损害赔偿的能力。如今,原苏东国家的潜在市场中的投资机遇十分具有吸引力,但却受制于在收取索赔、支付股息和执行合伙或合资合同方面的不确定性。

(11) 工作人员的安全。项目不能在没有良好管理的情况下运营。勒索和对人身安全的威胁,以及绑架高级管理人员或其家庭成员索取赎金,在一些发展中国家已成为投资的严重阻碍。东道国必须能够并愿意保护项目公司及其工作人员免遭犯罪活动的伤害。

(12) 恐怖主义。外国项目对于寻求发表政治声明的恐怖分子来说是具有吸引力的目标。当战争风险的保险可以取得时,恐怖主义行为也应在保险承保范围以内。还可以取得政治暴力保险,以应对这种或有事件。

(13) 因战争、革命或叛乱造成的损失。

资料来源:此表由弗兰克·J.法博齐和彼得·K.内维特制作。

表 12.4　解决和防范政治风险的方法

(1) 与东道国政府签订覆盖前述风险的特许协议或谅解备忘录。这种特许协议在其时限方面应包含确定的日期。

(2) 东道国政府对征用或国有化的担保。

(3) 东道国的中央银行的担保可能会提供防范多种风险(包括货币和外汇限制)的保护。

(4) 公司也许能够取得美国国际开发金融公司(US International Development Finance Corporation,DFC)或其他政府机构对征用、国有化、没收,或因战争、革命、叛乱造成的损失的保险。

(5) 私人保险公司提供的对政治风险的保险。

资料来源:此表由弗兰克·J.法博齐和彼得·K.内维特制作。

表 12.5　更微妙的政治风险防范措施

(1) 多国发起。项目贷款由一家国际机构(如世界银行、EBRD 或其他区域性开发银行)的担保或参与提供支持。(发展中国家也许会愿意将项目国有化,从而导致来自美国、日本或欧洲金融机构的贷款发生违约,但蓄意导致国际机构债务违约,从而失去该机构或类似机构的经济支持是愚蠢的。)

(2) 项目贷款由美国、日本或欧洲进出口银行的担保和/或参与提供支持。(发展中国家也许会愿意将项目国有化,从而导致来自金融机构的贷款发生违约,如果不愚蠢的话,它不愿对来自一个大国的政府机构的贷款违约,因为这会导致它失去其他外国来源的资助,并且还有严重的外交后果。)

(3) 使用来自各个工业国家的多家政府出口机构的各种贷款和/或担保。考虑因素与进出口银行贷款违约情形下的考虑因素相同。

(4) 使用有较多国际银行参与的项目贷款,其中一些参与者对债务人或担保人提供其他贷款,并且存在交叉违约条款。(发展中国家也许会愿意使项目对来自美国银行的贷款违约,但不太可能拒绝向众多国际银行偿还应付金额从而破坏其国际信誉。)

（5）使来自东道国的国民以投资者或联合贷款人的角色大量参与项目。

（6）使有影响力的外国银行和投资者对项目进行投资。

（7）使世界银行、EBRD 或其他区域性开发银行参与投资。尽管投资金额可能较小，但是可以采取用国际机构的多数表决来决定交易的结构，从而平衡了发起人与东道国投资者的利益，两者都没有单独的多数控制权。

（8）联合融资——在该贷款中，私人银团将其对外国项目的贷款与世界银行、EBRD 或其他区域性开发银行对同一项目的贷款紧密联合起来。私人银团贷款项下的还款被支付给作为托收代理人的世界银行、EBRD 或其他区域性开发银行。商业贷款人要求获得的项目财务报告亦被发送给世界银行或 EBRD。还款日期被设定为与多边贷款的还款日期相同。在商业银行贷款未获偿付的情况下，世界银行或 EBRD 的贷款包含交叉违约条款。这项安排给借款人带来了相当大的压力，它们必须赋予私人银团贷款与多边机构贷款相同的偿还优先顺序。

（9）补充融资——EBRD 或其他区域性开发银行发起的银团贷款。它未将商业银行贷款与开发银行贷款分离开来，而是由 EBRD 或其他区域性开发银行发放一笔大额贷款，然后将部分贷款以无追索权的方式出售给商业银团。然而，任何对商业银行贷款部分的违约都实际上是对 EBRD 或其他区域性开发银行贷款的违约。因此，商业银行的还款优先顺序与 EBRD 或其他区域性开发银行相同。

资料来源：此表由弗兰克·J.法博齐和彼得·K.内维特制作。

进出口银行的融资和贷款担保计划

美国进出口银行[①]在同类机构中最先提供直接融资和贷款担保计划，为在母国以外的项目中使用的美国制造产品的成本和安装提供资金，换言之，将美国产品的出口最大化。

许多国家都采用美国进出口银行模式以支持其制造业基地：国家进出口银行的角色是促进本国产品的出口，但不以放弃审慎的贷款实践为代价。进出口银行必须在其支持的每一笔交易中看到对贷款偿还的合理保证。所考虑的因素为买方的信用资质、买方所在国和出口商的履约能力。尽管进出口银行的目的是鼓励出口，但它们不愿意承担因不审慎行为导致的信用风险。假如借款人不是实力较强的公司，银行可能会要求一家负有责任的银行、东道国银行或东道国政府提供担保。这会导致融资成本增加，增加的金额为担保费（如有）。

几家国家进出口银行已成立了单独的项目融资部门，为依赖现金流偿还债务的项目提供融资。

船运公司用无追索贷款为购买外国旗舰融资

一家信贷有限并且资本获取能力有限的船运公司发起人，希望基于船舶抵押品和租约，用无追索贷款为购买一艘外国建造的外国旗舰融资。船舶的所有权是由发起人全资拥有的子公司持有的。造船厂融资、造船厂担保或外国出口信贷计划可能会提供相当可观的支持来源。这种外部融资可以环绕造船厂融资，或者是独家融资并且必须由船舶的第一顺位抵押权

---

① 不幸的是，尽管美国进出口银行已活跃了 82 年并拥有难以置信的业绩记录，它于 2015 年经历了历史性的"权力失效"。它于 2015 年末被重新授权经营至 2019 年，然后又被特朗普总统授权在 2019—2026 年间开展业务，可参见 https://www.exim.gov/news/president-donald-j-trump-signs-historic-seven-year-long-term-reauthorization-exim-0。

提供担保(它们在环绕结构*中劣后于造船厂)。

与一家信用优良的主体签订的含绝对责任条款**(该条款提供了足够的现金流以偿还债务和支付运营成本)的长期光船租约，可为可能高达80%的融资提供信用支持，尽管这个结构如今较不常见。

船运公司从一家信用优良的主体获得了含15年的绝对责任义务的光船租约，租约提供了足够的现金流以偿还债务、支付所有的运营费用并提供一个应急基金。租约必须包含应对运营成本和税收(包括可能的预扣税)上升的足够保护。支付义务是无条件的，不因船舶不能运营、劳动争议或船舶所有人不能履约而免除。在船舶完全毁损的情况下，支付义务仍将持续，直至保险理赔金支付为止(租船保险)。因此，租船方的支付义务支持了交易，信贷决策是围绕租船方在15年的预测期内的支付能力作出的，显然还对该时期内的租船市场和租船方(租赁主体)作出了假设。这仅是出借的资产价值的比例已从前数年兴奋期的100%甚至110%(还包含了第一年的利息)降低下来的一个原因。

资金来源包括国际银团和国际债券市场。美国保险公司可用于发放离岸贷款的金额十分有限。

在国际债券市场的情形下，抵押品由第一顺位船舶抵押权(由受托人为票据或债券持有人的利益持有)、租约的转让及根据租约获取租金的权利组成。国际银团通常是代理贷款安排的，代理人持有相同的抵押品。

● 债务利率、资产负债表和契约条款。债务利率将略高于租船方的债务利率。在可以使用的情况下，国际债券市场是固定利率的。银团贷款通常是浮动利率的，尽管偶尔是固定利率的。通常，母公司的资产负债表外融资是通过以下方式实现的：通过一家不受限制的子公司持有船舶的所有权，并将贷款设计为对母公司是无追索的。

表12.6总结了船运公司用无追索贷款为购买外国旗舰融资的有利之处和不利之处。

表12.6　船运公司用无追索贷款为购买外国旗舰融资的有利之处和不利之处

有利之处
● 假如借款人是一家独立的子公司，贷款对发起人可以是无追索的
● 假如贷款被设计为对发起人是无追索的，贷款可能会处于发起人的贷款契约条款(它们限制了其债务或租赁)的限制范围以外
● 资本得以保全，可用于其他用途
● 项目可能因缺乏外部信用支持而无法用其他方法获得融资
不利之处
● 借款成本较高
● 借款将作为债务出现在合并资产负债表中(然而，外国旗舰船运公司很少公布或依赖合并资产负债表)

资料来源：此表由弗兰克·J.法博齐和彼得·K.内维特制作。

尽管船运市场已出现产能过剩，并且其他问题已导致融资供给主体向亚洲银行转移，但

---

* 环绕贷款(wrap-around loan)是一种类型的卖方融资——卖方(造船厂)向买方提供贷款用于购买船舶，但环绕贷款的独特之处是有两个贷款人——卖方和原始融资中的贷款人。环绕贷款被视作劣后级抵押贷款，是与原始贷款同时存在的额外贷款——两者都是以船舶作为抵押品提供担保的。——译者注

** 在财产租赁协议中，绝对责任条款(hell-or-high water clause)要求承租人继续支付全额租金，即便租赁物不合适、有缺陷或毁损。——译者注

交易仍在达成。前面描述的模式也已被调整用于其他行业，如海上钻井平台融资、飞机融资，甚至是酒店或其他房地产融资。

照付不议合同、最低物料通过量合同和出售或支付合同

照付不议合同

照付不议合同是间接担保。照付不议合同（实际上是合同中的照付不议条款）是无条件的合同义务，买方必须在未来以固定或最低价格购买固定或最低数量的产品、货物或服务，并为此定期支付价款。[①]这项义务要么是不可撤销的，要么仅能在另一方同意或某个可能性极小的或有事件发生的情况下予以撤销。假如贷款人依赖照付不议合同来获得贷款还款，那么支付金额必须同时满足项目或设施（它们将提供合同约定的服务或产品）融资债务的偿还，以及项目的固定和变动的运营费用的支付。支付最低价款的义务是无条件的，无论服务实际上是否提供或产品实际上是否交付，买方都必须支付价款。由于设施运营成本的上升，这些付款通常可能会逐渐增加。

照付不议的义务可能会采取多种形式。一种方法是足以偿还债务的最低付款加上支付所交付或履行的产品或服务的价款。另一种方法是规定某个最低数额的服务或产品的价款，无论它们是否交付，如果支付的款项超过要求，则可抵免未来的付款义务。

照付不议义务人的付款义务的无条件性质是绝对的，不受设施彻底毁损、不可抗力、核爆炸、没收、谴责等的限制。义务是付款，即"绝对责任"（无条件的）。

合同通常规定照付不议义务人向受托人支付款项，后者将债务还款直接支付给债权人，从而确保了在供应商资不抵债或破产的情况下，债权人有权获得这些付款。对于有外国市场和贷款人的借款人而言，照付不议义务人可能会向借款人所在国以外的受托人支付款项。

照付不议义务人可以通过保留在供应商不能履约的情况下接管项目的权利，来保护其利益。任何这种接管都是以照付不议义务人承担或偿还项目融资债务为条件的。通过照付不议合同融资的典型项目可能是煤矿、炼油厂、重整装置、石化厂、码头、管道、配电系统、发电厂和热电厂。

本章后面将讨论典型的煤炭照付不议合同可能会包含的条款。

最低物料通过量合同、设施使用协议或服务成本费

当项目的目的是提供服务时，如通过管道传输产品，那么传输服务的长期照付不议合同被称为"最低物料通过量合同"。

最低物料通过量合同可以采取多种形式。然而，当这种合同用于支持设施或管道的融资时，为服务定期支付款项的义务在贷款期限内是无条件的，并被贷款人视作一种有保证的收入来源。义务人必须付款，无论其使用了服务与否。这种类型的义务有时亦称设施使用协

---

① 美国财务会计准则委员会（Financial Accounting Standards Board，FASB）发布的财务会计准则第 47 号（FAS 47）将照付不议合同定义为："照付不议合同。购买方与出售方之间的协议，它规定了购买方定期支付指定金额以换取产品或服务。即使购买方未接收合同约定的产品或服务，它也必须支付指定最低金额的价款。"参见 Statement of Financial Accounting Standards No.47，March 1981，p.11，www.fasb.org/fas47.pdf。这个定义已被会计准则 ASC 606（与国际财务报告准则 IFRS 15 是一致的）更新，形成了新的收入确认准则。

议、服务成本费或差额补足协议。①

出售或支付合同

出售或支付合同(供应或支付合同)是能源、原料或产品的供应商向项目提供的,项目需要在长时期内以可预测的价格获得有保证的上述能源、原料或产品的供应,以满足生产成本目标。根据这些协议,出售或支付合同的义务人必须要么供应能源、原料或产品,要么向项目公司支付从另一个来源获取能源、原料或产品所发生的成本差额。

提货与付款合同②

提货与付款合同和照付不议合同相似,但有一个十分重要的区别:前者不是无论产品或服务是否交付,都必须为之付款的无条件义务。

相反,提货与付款合同是仅在产品或服务交付的情况下为之付款的义务。例如,它是在煤炭被运送至铁路站点时的支付义务,或是能源被运送至围栏(即厂区)时的支付义务,或是石油被运送至码头边的支付义务。

尽管长期提货与付款义务可能有助于为项目融资提供支持,但由于支付义务不是无条件(绝对责任)的,该义务不等同于担保,对贷款人而言无足轻重。然而,假如在项目和提供服务过程中的其他风险可通过一家强大运营商的承诺和保险覆盖,那么提货与付款合同和这种义务的组合可能会为项目提供足够的信用支持,以使贷款人对信用风险感到放心。

照付不议合同和提货与付款合同的混淆已导致许多潜在的项目融资在开始前即已失败了。提货与付款合同比照付不议合同更易通过谈判取得。因此,发起人或筹办人有时会在提货与付款合同能为设施的融资贷款提供足够安全性的错误印象下,对这种合同进行谈判。在一些情形下,假如发起人或筹办人最初就激进地采取照付不议路径的话,照付不议合同也是可以通过谈判取得的。

一些筹办人会与其银行家辩论,前者称无条件的照付不议合同是不存在的,这是一个充满法律争论的领域。然而,照付不议合同有无数个例子,尽管这个结构在某些行业可能会比在其他行业更为罕见,但随着近年来产品和服务的用户寻求各种方法和手段为项目取得融资,它已越来越多地被使用。

需要即接受合同

另一种甚至比提货与付款合同远更不理想的合同是需要即接受合同,它将供应商置于用户需求的支配之下。

与船舶租约的比较

将长期照付不议合同或最低物料通过量合同与长期光船租约进行比较,能够使我们更好

---

① 财务会计准则委员会(FASB 47)对最低物料通过量合同的定义如下:"最低物料通过量合同。运输人(加工人)与运输设施(如石油、天然气管道、船舶)或制造设施的所有人签订的协议,它规定运输人(加工人)必须定期支付指定金额以换取产品的运输(加工)。运输人(加工人)有义务在每个时期提供指定最低数量的待运输(待加工)物料,即便它未提供合同约定的数量,也必须支付现金款项。"

② 提供即接受合同是这种合同的一个变体。

地认识前两种合同。这种交易相当常见。多年以来,有许多船舶都基于这种租约获得了融资。在这种长期船舶租约中,租船方有绝对责任的支付义务,因此就贷款人的目的而言,租约等价于担保。(绝对责任条款起源于无条件的船舶租约。)

还值得注意的是,一些长期的定期租船义务不包含绝对条款。在这些合同中,租船方仅在服务得以提供的情况下付款。因此,租约仅仅等价于提供即接受合同,然而,声誉和财务状况良好的船舶运营商在取得足够保险的情况下,也许能基于这种合同获得融资。

受到特别监督的公用事业公司的照付不议合同义务

一些公用事业委员会影响了其管辖范围内的公用事业公司在长期供应合同项下担任可靠的照付不议义务人的能力,它们在现货市场提供更有利的定价时任意取消了公用事业公司签订的长期供应合同。

基于这些经验,贷款人不会将这种公用事业公司签订的照付不议合同视作无条件的支付义务(等价于为长期贷款提供的担保和足够的支持)。

在这种情形下,解决方案也许是让公用事业委员会无条件地同意不会取消合同,并取得美国州检察官表示这种安排具有约束力的意见。

管道公司的照付不议义务

近年来,由于产品(尤其是天然气)价格的大幅波动,照付不议合同受到了检验。在许多情形下出现了单方面违约现象,受害方面临多年的诉讼,更无须说被切断了与合同违约方未来的业务往来。实际上,许多合同违约的问题都已得到解决,尽管有些仍悬而未决。无须说,这些纠纷对试图依赖照付不议合同的贷款人而言不是鼓舞人心的。

由照付不议合同支持的项目融资的例子

一家公用事业公司正在建造发电厂,要求获得长期的煤炭供应。它可以自行收购矿产并建造一个矿井,但它已拥有沉重的债务,并面临着未来新增发电设施的资本支出。

在考察了其他选择后,公用事业公司与一家煤炭运营商签订了长期照付不议合同,后者将照付不议合同用作矿井建设融资的担保。

- 费率基础、税收、信用和债务利率。照付不议义务将影响发起人的信用资质,因为它将显示为长期负债。为服务或产品支付的金额显然是单独的成本。就所得税义务而言,供应商会申请折旧扣除。为煤炭生产商的矿井融资提供信用支持的基础是照付不议合同当事方的信用和合同。债务利率取决于照付不议发起人的信用评级及照付不议所使用的债务工具的形式。
- 资产负债表和贷款契约条款。供应商可以利用发起人的照付不议合同为下列事务提供支持:银行信用额度、租赁、优先级债务、劣后级债务、由第一顺位抵押权担保的票据、分期付款销售合同。这些直接债务将与供应商在照付不议合同项下的义务一起,显示在其资产负债表或资产负债表的脚注中。由照付不议合同担保的借款将作为债务出现在采矿项目公司的资产负债表中,并且根据银行可能要求的任何额外支持,可能会进入母公司的财务报表中,即便只是在脚注中。然而,假如债务是无追索的,或者项目由一家不受限制的子公司持有,并且供应商不是当事方或担保人,那么贷款契约条款的限制可被避免。照付不议义务可以不在限制债务或租赁的贷款契约条款的范围之内。在发起人的资产负债表方面,照付不议合同构成了间接债务。它被视作供应义务或租金承诺,在资产负债表脚注中的承诺和或有负债部分披露。

● 项目的完工。对通过照付不议合同融资的项目的建设完工担保，通常是由来自发起人或某个第三方的完工担保提供的。完工担保覆盖了成本超支，它保证项目将在特定时限内完工并按照指定规格运行。完工担保对建设贷款人和定期贷款人都是有效的。

表 12.7 描述了照付不议合同的有利之处和不利之处。图 12.7 展示了一个例子。

表 12.7　照付不议合同的有利之处和不利之处

有利之处
● 照付不议合同对发起人信用的负面影响要小于担保的负面影响
● 相对其他预付款的有利之处在于预付款会立即对发起人的现金和资产负债表产生影响，而当项目规模过大时，预付款金额可能会超出发起人可以处理或有能力提供的范围
● 发起人的照付不议义务不作为债务出现在资产负债表中，但仍能提供必要的信用支持
● 发起人的照付不议义务处于限制债务或租赁的贷款契约条款的范围以外
● 供应商也许能够通过一家使用照付不议合同支持借款的子公司进行无追索借款，从而将借款记录在资产负债表外
● 为制定费率的目的将费用成本和服务成本分离开来
● 在无外部信用支持的情况下，项目可能难以获得融资
不利之处
● 照付不议合同会导致略微更高的借款成本
● 发起人缺乏对设施的绝对控制权
● 照付不议合同作为间接负债显示在发起人（也是义务人）的资产负债表脚注中
● 交易十分复杂

资料来源：此表由弗兰克·J.法博齐和彼得·K.内维特制作。

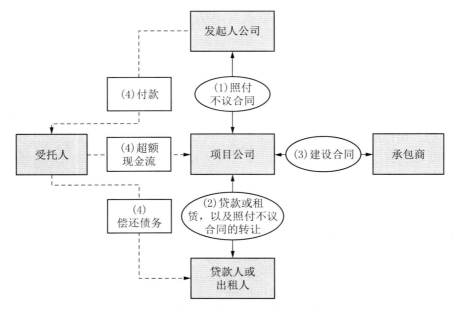

图 12.7　使用照付不议合同的项目融资

注：(1)发起人公司与项目签订照付不议合同。(2)项目公司与贷款人或出租人安排贷款或租赁，并将照付不议合同作为担保品转让给贷款人或出租人，或代表它们行事的担保受托人。(3)贷款或租赁的资金用于为不动产的建设提供融资。(4)照付不议合同的款项被支付给受托人，受托人进而向一家或多家贷款人或出租人偿还债务；任何超额现金流都被支付给项目公司。

资料来源：此图由弗兰克·J.法博齐和彼得·K.内维特制作。

由用户的最低物料通过量合同支持的管道项目融资

一家信贷有限的高杠杆管道公司试图为管道项目融资,它可以基于向贷款人转让来自(寻求运输产品的)发起人的最低物料通过量合同来安排借款。

根据最低物料通过量合同,一组管道发起人加入长期合同,以固定价格(由公式确定)定期通过管道运输某个最低数量的天然气、石油或精炼产品,总金额足以支付债务还款和管道的运营费用。每家发起人都无条件地有义务在每个时期内运输某个最低数量的物料。假如任何发起人在某个时期内未能运输,那么该发起人仍必须为最低的运输量付款。在某个特定时期内付款但未运输的发起人,可以获得对超出未来运输量义务的未来运输量的抵免。

假如其他收入足以偿还债务和支付运营费用,那么在某个时期未运输物料的发起人也许不会被要求付款。然而,假如收入不足以偿还债务和支付运营费用,那么联合发起人无条件地有义务按照持股比例补足差额。根据历史的使用情况等因素,所有人之间的差额补足义务可能会有所不同。然而,发起人有无条件的义务提供足够的收入以支付运营费用和向管道债权人支付还款。在一家发起人资不抵债的情况下,其他发起人有责任承担资不抵债的发起人的义务。发起人在最低物料通过量合同中的义务通常是具有连带责任性质的。典型的项目可能包括管道、炼油厂的重整装置或配电系统。

- 费率基础、税收和信用。项目的成本被包含在项目公司的基数中,如果适用的话。发起人公司的服务成本是单独分开的,通常根据核定的费率结构被转移给消费者。在所得税方面,管道公司会申请折旧扣除。发起人的义务为项目提供了支持。债务利率是由发起人的信用资质决定的。

- 资产负债表和贷款契约条款。假如项目融资借款被构建为劣后级债务或无追索贷款,或由不受限制的子公司担当借款人,那么管道公司可以避免优先级债务和租赁的限制。最低物料通过量合同构成了长期服务合同,可以不在限制债务或租赁的契约条款的范围之内。它构成了间接债务,在资产负债表脚注中的承诺和或有负债部分披露。

- 变体。用船舶为公用事业公司运输天然气或石油的运输合同,可以包含最低物料通过量合同的许多特征,包括可为制定费率目的清晰地分离服务成本。这种合同可用于支持为提供这种运输所用的一艘或多艘船舶的融资。

- 项目的完工。对通过最低物料通过量合同融资的项目的建设完工担保,通常是由来自发起人或某个第三方的完工担保提供的。完工担保覆盖了成本超支,它保证项目将在特定时限内完工并按照指定规格运行。完工担保对建设贷款人和定期贷款人都是有效的。

表12.8描述了由用户的最低物料通过量合同支持的管道项目融资的有利之处和不利之处。图12.8提供了一个用最低物料通过量合同支持借款的例子。

长期照付不议合同或出售或支付合同的条款

煤炭的长期照付不议合同是在项目融资中所使用的各种原料或服务的典型照付不议合同。这种合同一般可被描述为以预定的价格(价格可以随着时间上升)和固定的时间间隔购买特定最低数量煤炭的长期合同。

卖方通常有动机签订这种合同,以提供有保证的收入现金流,这些现金流可为矿井的建设或扩建提供资金。

表 12.8　由用户的最低物料通过量合同支持的管道项目融资的有利之处和不利之处

有利之处
- 除了脚注外,义务可以记录在资产负债表外
- 义务在限制债务或租赁的贷款契约条款的范围以外
- 资本得以保全,可用于其他用途
- 通过组合和集中财务资源和技术技能,可以实现大型项目的规模效应
- 在发起人(也是参与人)无须支付项目的全部成本的情况下建成基本设施
- 可以为制定费率目的对成本进行分离
- 信用来源得以保全,可用于其他目的

不利之处
- 借款成本较高
- 缺乏对设施的绝对控制权

资料来源:此表由弗兰克·J.法博齐和彼得·K.内维特制作。

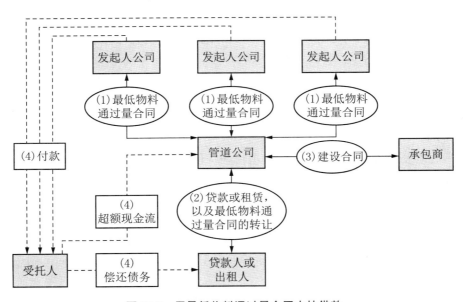

图 12.8　用最低物料通过量合同支持借款

注:(1)三家发起人公司与管道公司签订最低物料通过量合同。(2)管道公司与贷款人或出租人签订贷款或租赁协议,并将最低物料通过量合同作为担保品转让给贷款人或出租人(或代表它们行事的担保受托人)。(3)贷款资金被用于建设管道。(4)最低物料通过量合同项下的款项被支付给受托人,受托人用这些付款偿还债务并将超额现金流支付给管道公司。

资料来源:此图由弗兰克·J.法博齐和彼得·K.内维特制作。

这种合同十分复杂,反映了买方和卖方必须纳入考虑的多种因素和关注点。买方和卖方有不同的目标。卖方希望获取有保证的收入来源。买方希望以合理的价格获取有保证的原料供应。卖方预期在协议期限内实现合理的利润。因此,长期煤炭供应协议的谈判旨在平衡这些不同的目标。

建设—拥有—转让或建设—拥有—经营交易

建设—拥有—转让（build，own and transfer，BOT）和建设—拥有—经营（build，own and operate，BOO）类型的结构已在全球各地的多个项目中得到了推广。BOT 和 BOO 结构是本章前面讨论的照付不议合同或最低物料通过量合同的变体。图 12.9 用图形说明了 BOT 和 BOO 合同的结构。BOOT 交易是建设—拥有—经营—转让交易，它是 BOT 交易的一个变体。《项目融资：分析和构建项目》含有对 BOT、BOO 和 BOOT 的原则的讨论，我们在该讨论中纳入了政府和社会资本合作，因为这也是使用上述结构的地方。

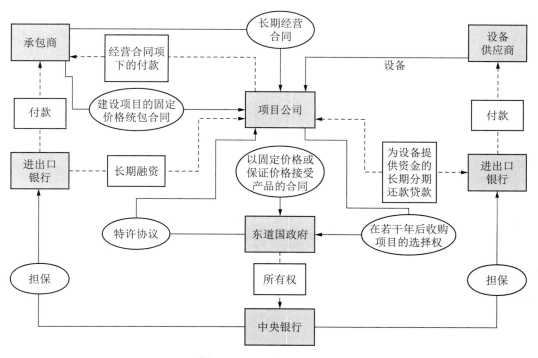

图 12.9　BOT 和 BOO 交易

资料来源：此图由弗兰克·J.法博齐和彼得·K.内维特制作。

作为支持机制的卖权和买权

如果不提及卖权和买权结构的话，任何对担保的讨论都是不完整的。正如第 16 章解释的那样，卖权和买权属于期权，在期权合约执行时提供支持机制。因此，这些机制可以指定它们的有效时期（如直至满足完工检验标准）及它们的有效条件（如果未支付一笔本金还款）。在此背景下，卖权是以预先指定的价格将贷款出售给预先指定的另一方的权利，只要条件得以满足，对手方有购买贷款的合同义务。买权是购买贷款的权利。因此，我们可以看到假如存在利率下降或信用评级上升——市场所要求的利差下降——的预期，那么买权也许会对发起人的母公司有用。相比之下，卖权在贷款行将违约并且发起人不希望触发交叉违约条款的情况下对贷款人具有价值。我们可以对项目融资结构中的"卖权"与备用信用证支持结构的要素进行比较。一个重大差别是:"卖权"可以不要求文件证明,而仅需要本金未予支付。

由于卖权和买权结构利用了这种金融工具的会计处理方法,并且在某些情形下会导致义务消失,它们变得广受欢迎。然而,监管机构对利益相关者的透明度需求十分敏感,因此随着监管和会计准则的收紧,使用这种工具的可能性可能会变得更为有限。

13

租赁的一般原则和租赁的类型

引言

租赁的证据已在最早已知的包含合同法的法律文本之———在古巴比伦(公元前1792—前1750年)实行的汉谟拉比法典中被发现,其中提到了向第三方提供的农业用地租赁。如今,租赁不仅包含汉谟拉比及其手下的官员认识到的要素,而且还成为了一种严重依赖于对不同税收规则的理解的十分复杂的融资方式。这也是一个对如今在伊斯兰金融形式中广泛使用的技术进行应用的丰富领域。成功的租赁要求人们对所涉及的所有司法辖区的税收和会计规则具有最新的专业理解。

本章和下一章只能为一般原则和所观察到的历史实践提供指导。对于根据IFRS的要求应用国际会计准则的公司而言,规则在不断发生变化。新准则IFRS 16——租赁的准则——于2019年1月1日生效,因此我们将在本章末尾对之进行评价。通常与租赁相关的好处是税收优惠(取决于税率),与政治变化挂钩的经济的持续不确定性,可能会继续使这个领域(随着已经历结构性问题的西方国家试图促进经济增长)因预期的税收制度变化而变得更加复杂。因此,在两个关于租赁的章节中,我们强调了我们认为有用的范例和可能会为未来结构的创造性发展提供思路的例子。

随着章节的展开将会变得清晰的是,租赁是一个复杂的领域,脚注提供了进一步的信息来源。尽管任何租赁涉及的文件总量是令人生畏的,但单个文件十分直截了当,并非特别复杂。因此,对于愿意费时理解此类交易和为之进行谈判的发起人而言,租赁已成为一个实用的融资选择。在合适的情形下,这种交易的回报是极具吸引力的融资成本。

怀特克拉克集团(White Clarke Group)制作的《2020年全球租赁报告》(*2020 Global Leasing Report*)[①]证实:有三个地区主导了全球租赁市场,即北美、欧洲和亚洲,其中亚洲表现出非凡增长,尤其是在中国。最大的单一市场仍是美国,继之以中国、英国和德国,然后是

---

① 参见 www.whiteclarkegroup.com。

日本。然而，请记住这包含了所有租赁，而不仅仅是与项目融资相关的。随着飞机制造商持有充足的订货单并且市场对租赁飞机呈现出旺盛需求，这是一个具有吸引力的领域，正如2019年私募股权公司科尔伯格·克拉维斯·罗伯茨（Kohlberg Kravis Roberts）与一家货机和商用飞机的租赁公司一起承诺的10亿美元投资表明的那样。[①]

什么是租赁？

"租赁"这一术语有多种不同的含义，不同形式的租赁的定义有时是一般化的或交替使用的。新的IFRS会计准则回到了合同基础和用益权（使用另一方所有的物品并从中获利的权利）的历史理念上。它并非专注于租赁本身，相反，合同及合同精神是关键驱动力，资产被称为标的资产——我们将在本书后面的章节中再次看到这个术语，它也被用在风险管理和衍生工具中。

在新的会计准则中，租赁被定义为："（a）给予客户在一段时期内使用资产（标的资产）的权利并换取对价的合同。"（IFRS 16 附录 A）

租赁专注于资产的所有权与使用的分离，以及任何利益从所有者向使用者的转移，如税收优惠。在不改变资产的情况下暂时使用或享受资产的好处被称为用益权，这个法律术语在考虑本章后面讨论的伊斯兰金融的基础时十分重要，并且是租赁理念的基础。

在历史上，租赁产生的原因如下：设备的价格过于昂贵以致不能预先购买，如果使用贷款结构，所有权将被转移给新的所有人，且被作为抵押品重新转让给资金提供方；而在使用租赁的情况下，资产的所有权仍归设备提供方所有，而不是属于终端使用者。出租人（其现金流有足够的吸收能力使其获益于税收减免的金额和发生时间）享有的税收优惠以降低购买资产使用权（租赁）的成本的形式，被转移给承租人。

当政府希望通过对新的设备购买提供大量资本税收减免来支持某些行业时，租赁业务得到了扩张，最初是支持设备购买（如消费者的资本物件），或支持专业资本物件的建造和使用（如由美国政府建造和使用）。这被拓宽至为特定行业提供支持（例如，使用美国交通部海运管理局第十一款贷款担保计划为美国建造并悬挂美国旗帜的船舶提供资金），并进入了以下领域：公司利用其税务状况吸收特定设备的资本税收减免，并通过拥有设备和将之出租给其他公司增强现金流。符合逻辑的下一步进展是跨境租赁或双重所有权租赁，它们利用不同税务管辖区域的税收减免，我们将在下一章进一步讨论它们。

在项目融资的背景下，租赁可被用于为项目的设备和设施提供资金，从而与无数种项目融资结构一起使用。因此，了解"背景"下的租赁知识对理解其在多种形式的项目融资中的使用潜力至关重要。因此，举例而言，尽管优化楼宇和房地产租赁的规则可能不同于设备租赁使用的规则，但用于为项目的房地产部分提供融资的项目融资结构和原则，通常可用于设计一揽子项目融资计划来为资本设备提供资金，根据不同的背景，这些可能会包含租赁元素，也可能不会。

---

① 参见阿尔塔瓦尔（Altavair）的网站（www.altavair.com）。

不同形式的租赁

租赁有多种一般类型,市场参与者需要仔细检查每个司法辖区的规则,以确定是否所有这些形式的租赁都得到承认并且有效,以及它们在会计和税收方面是如何处理的。我们有数种考察种类丰富的租赁的方法。美国新近的杠杆租赁会计处理方法的变化通常会使承租人将这些租赁归类为经营性租赁或融资租赁,出租人为会计目的可基于原始交易日期沿用先前方法,而不受新规则的影响。根据 FASB 的会计准则汇编第 842 号主题(新准则),新的杠杆租赁不能进行特殊的会计处理,因此在本章中未包含对它们的单独讨论。总的来说,市场参与者应征求对最新处理方法的专家建议。

依据税收待遇来考察租赁,它们通常按以下方式分类:

(1)非税收导向型租赁,可称为租赁,包括有条件销售租赁和租购租赁。这些通常是在(举例而言)购买汽车和个人计算机时提供的租赁。它们可能会包含在租赁到期时以一笔名义金额购买设备的选择权。

(2)税收导向型真实租赁,它们进而被划分为两个子类别:

● 单一投资者租赁(亦称直接租赁),出租人承担了用于购买租赁设备的全部资金的风险。图 13.1 说明了这点。

● 杠杆租赁,在交易起始时,出租人提供了购买租赁设备所需的部分资金,并以无追索的方式借取所需资金的余额。规则在发生变化,因此本书未讨论这些租赁,但交易流量的减少似乎也反映出这个方法不像以前那样突出了。

(3)期末租金调整条款租赁(terminal rental adjustment clause lease,TRAC lease)在租赁成立时固定了残余价值,从而固定了购买价格。在这种形式中,租赁的运作机制与真实租赁相同,因此可以利用税收优惠。在租赁到期时,存在四种选择:

● 购买;

● 延长租期以覆盖残余金额;

● 返还设备并在设备出售时获取超出残余金额的超额部分;

● 更替设备,并用超出残余金额的超额价值部分抵消下一笔租赁的租金。

TRAC 租赁被用于机动车量和拖车,对用途设有特定限制。

(4)伊斯兰租赁。

(5)跨境租赁。

(6)合成租赁。

区分上述介绍中前三种类型的租赁可依据的一个主要特征是承租人拥有的购买选择权的形式。

● 在真实租赁中,租期短于租赁设备的经济寿命,承租人在租赁到期时只有以公平市场价值购买租赁设备的选择权。因此,出租人被视作租赁设备的真正所有人。

● 在有条件销售租赁中,在租赁到期时,要么承租人拥有以名义的固定价格购买租赁设备的选择权,要么租约自动将所有权转移给承租人。

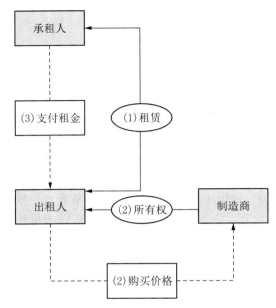

图 13.1　非杠杆租赁（直接租赁）

注：(1)出租人与承租人签订租赁协议。(2)出租人为租赁设备支付购买价格并获取设备的所有权。(3)租赁启动，承租人开始向出租人支付租金。

资料来源：此图由弗兰克·J.法博齐和彼得·K.内维特制作。

- TRAC租赁是一种特殊的对于道路车辆的租赁，保留了真实租赁的特征，尽管这类租赁给予了承租人等价于固定价格购买选择权的条件并给予了出租人出售选择权。

传统上，租赁亦被划分为经营性租赁和融资租赁。经营性租赁通常具有将资产的使用反映在利润表中，而不是出现在资产负债表中的好处。因此，关键的财务比率（如所用资本的回报率）可得到增强。确实，"美化"陷入困境的资产负债表的一个方法（它出现于大学讲授的多个财务案例中）是将高价值资产（如楼宇）进行售后回租。这能够立即注入资本，并用它来换取未来的现金流出。从长期而言，这个策略可能基于以下观点：资产市场过热并且（举例而言）房产价格将会下跌，因此资产能够以低于出售价的价格购回。会计准则的变化旨在使租赁资产及其影响对利益相关者而言更为透明。

不同类型的出租人

项目融资所涉及的出租人有三个主要类别：

- 为项目提供真实租赁和有条件销售租赁的第三方租赁公司；
- 在对项目出售设备中有相关利益的供应商，它们提供租赁融资以促使出售交易的达成；
- 发起人或在项目完工中有相关利益的参与方，它们提供租赁以将之作为向项目转移资本的一种方式。

有条件销售租赁或非税收导向型租赁

设备的分期偿还融资有时是通过一种叫作有条件销售租赁的工具实现的。

有条件销售租赁（或非税收导向型租赁）通常要么给予承租人廉价购买选择权或续约选择权（它们并非基于选择权执行时的公平市场价值），要么要求承租人在租赁结束时以固定价格购买设备，正如我们先前在描述不同形式的租赁时讨论的那样。这种类型的交易被税务机关视为有条件销售或有担保品的贷款，而不是真实租赁。因此，这种交易将所有权的所有税务影响都转移给了承租人，不会导致真实租赁情形下（在此情形下出租人可以申请税收优惠）的租金付款的降低。

一般而言，非税收导向型租赁的承租人被视为拥有法定所有权，并且就税务目的而言被视为所有人。然而，情况并非总是如此，因为一些法院认为出于法律目的对真实租赁的检验要比出于税务目的进行的真实租赁检验更为宽松。例如，在美国，就税务目的而言，有条件销售租赁包括期限超过租赁财产原始使用寿命的 80% 的租赁，或租约到期时租赁财产公平市场价值的估计低于原始成本的 20% 的租赁。在某些情况下，这种情形下，就法律目的而言，出租人可能会被视为所有人。

有条件销售租赁项下的承租人将财产视为自有的，为税务目的对财产计提折旧，并为税务目的扣除租金付款中的利息部分。有条件销售租赁项下的出租人将交易视为贷款，不能提供真实租赁情形下的低租金费率，因为出租人不能保留作为所有人享有的折旧方面的税收优惠。

供应商提供的设备融资通常采取有条件销售租赁的形式。大多数美国以外的租赁都被设计为与有条件销售租赁相似的方式，尽管税务影响可能不同，市场参与者需要征求专家意见。

真实租赁或作为一揽子销售融资的一部分的租赁

资本设备的购买、拥有和使用涉及下列现金流：

（1）由设备将会产生的现金流组成的经营性现金流；

（2）与税务所有人身份相关的现金流，由折旧的税前扣除组成（在某些情况下，还可以获得一项或多项税收抵免）；

（3）还本付息的融资现金流，其中利息费用可进行税前扣除。

税收导向型租赁，即真实租赁，将这些现金流组合起来并重新分配给能够最有效地使用现金流的当事方，为承租人和出租人创造价值。

在美国境内的设施和设备的项目融资中的大幅成本节省，可以通过使用税收导向型租赁来实现，其中出租人申请和保留作为资产所有人可以享有的税收优惠。出租人以降低租金的形式，将加速成本回收修正系统（Modified Accelerated Cost Recovery System，MACRS）项下的大部分税收折旧扣除转移给承租人。这种类型的租赁就税务目的而言叫作真实租赁。出租人申请折旧扣除，承租人则将全额租金作为费用扣除。真实租赁中的出租人在租赁期满时拥有租赁设备，可以授予承租人以公平市场价值购买租赁设备的选择权。

交易方的意图（正如事实表明的那样）是确定交易构成真实租赁还是有条件销售或贷款的关键检验。正如前面指出的那样，基于公平市场价值的购买选择权（而不是以名义价格购买的选择权）强烈表明了出租人开展租赁，而不是有条件销售或贷款的意图。检验的标准是：出租人在租赁财产中的利益是否为具有所有权属性的所有人权益，而不仅仅是债权人在租赁财产中的担保权益。

假如表 13.1 中显示的所有标准都得到满足，那么租赁一般符合真实租赁的条件。随时了解最新的可能会影响税收扣除的法规至关重要，因此交易方在规划交易前需要专业知识和充分的研究。

表 13.1　划归为真实租赁的标准

(1) 在租赁起始时，对租赁期满时的租赁财产公平市场价值的预测等于或超过租赁财产的原始成本的 20%（不包括前端费用、通货膨胀和出租人的任何搬移成本）
(2) 在租赁起始时，租赁财产预计在初始租期期末能够保留满足以下两个条件的使用寿命：超出设备的原始估计使用寿命的 20%，以及至少一年以上
(3) 承租人不拥有以低于其当时公平市场价值的价格购买或释放租赁财产的权利
(4) 出租人不拥有导致承租人以固定价格购买租赁财产的权利
(5) 在整个租赁存续期间，出租人拥有至少等于租赁财产成本的 20% 的最低无条件"风险"投资
(6) 除了交易可以带来的税收优惠外，出租人可以证明交易是以营利为目的的。
(7) 承租人未对租赁财产购买价款的任何部分进行出资，并且未出借与出租人购买租赁财产相关的任何债务或为该等债务提供担保

资料来源：此表由弗兰克·J. 法博齐和彼得·K. 内维特制作。

真实租赁的运作机制

承租人首先决定其所需要的设备，然后决定供应设备的制造商或承包商。承租人在开始时会在形式销售合同中进一步规定其需要的任何特殊特征或设计规格，以及关于售后保证、担保、交付、安装和服务的条款。承租人还会对价格进行谈判。

在指定设备和条款后，承租人与出资人签订租赁协议。

承租人会与出租人就下列事项进行谈判：租赁期限，租金，任何资本化成本，租赁是否应包含销售税、交付和安装费用，以及其他可选择的考虑因素。

在租约签署后，承租人将销售合同项下的购买权利转让给出租人，后者完全按照承租人指定的方式购买设备。在财产交付、检验并由承租人正式接受后，出租人支付设备购买价格，租约开始生效。出租人获取的租金付款是净额，因此税收、服务费、保险费和维修费由承租人负责承担。

主要的优势是成本低

使用真实租赁为项目的设备购置提供资金的主要优势是能够获得经济利益，该经济利益

来自间接地实现税收优惠（如果不使用真实租赁的话，经济利益将会消失）。假如项目不能产生足够的税收义务以充分利用加速折旧扣除，拥有新设备的成本实际上将会更高。在这些条件下，租赁是成本较低的选择，因为出租人会利用购买设备产生的税收优惠，并通过较低的租金付款将大部分税收优惠转移给承租人的项目。

损失残值的合理化

在真实租赁中，项目承租人必须将在整个租赁期限内实现的较低租赁成本与租赁到期时租赁资产的残值的损失相权衡。如果使用折现现金流量分析方法来评估税收和发生时间的影响，残值损失的现时价值将会相对应计现金流产生的利益大为降低，因为损失的实现被推迟到未来的某个时期。在绝对意义上，假如租赁期限构成了资产经济寿命的很大部分，并且续约选择权允许承租人继续控制资产，那么放弃残值的未来价值微不足道。

TRAC 租赁

本章开头提到了这些租赁。TRAC 租赁（定义见前文）的名称源自这种租约包含 TRAC 的事实。在结构合理的情况下，TRAC 租赁可以为承租人提供真实税收导向型租赁的费率，即便租约包含 TRAC。TRAC 租赁发生于美国，但其形式亦出现在其他地方，正如本节末尾提到的那样。

符合 TRAC 租赁条件的设备

TRAC 租赁用于为贸易和企业经营所用的机动车辆提供资金。尽管关于这个主题的法规并不是完全清晰的，但机动车辆这一术语很可能仅包含获得高速公路使用牌照的机动车辆。根据这个定义，卡车、载重牵引车和拖车、小汽车和公共汽车等机动车辆符合 TRAC 租赁的条件。另一方面，农用拖拉机、建筑设备和叉车等车辆可能不符合 TRAC 租赁的条件。

TRAC 的定义

TRAC 允许或要求对租金进行向上或向下调整，以弥补租赁机动车辆在出售或处置时的预测价值与实际价值的差额。

TRAC 租赁的运作机制

在典型的 TRAC 租约签署时，承租人和出租人就一个月租金及在租赁可被终止的各个协定日期的租赁机动车辆的预测残值表达成协议。当承租人终止租赁时，被终止的机动车辆的价值是通过以下方式确定的：由向第三方的公平转售交易确定，或由承租人与出租人协定，或通过独立评估确定。假如终止时的价值低于协定的预测价值，承租人将向出租人支付差额。假如终止时的设备价值高于协定的预测价值，那么根据租赁协议的条款，承租人可以保留全部或部分差额。

TRAC 租赁有时被称为开放式租赁，因为在租赁到期时承租人的义务是开放式的。然而，正如前面指出的那样，假如租赁设备的价值高于预测的残值，那么承租人拥有收益潜力。尽管如此，在美国，在起草 TRAC 租约并希望阐明根据当地州法律不同当事方在破产情形下的权利时，必须尤其谨慎地确定该州的法律是否包含"TRAC 中性"条款，以防将 TRAC 租赁当作变相的融资选择。

除 TRAC 条款外，TRAC 租赁必须符合真实租赁的条件

TRAC 租赁必须符合美国国家税务局对真实租赁的常规要求。预测的终止价值依赖于租赁协议的存续期长度，因此作为指示性数字，4 年的协议可能会有 20% 的残值，5 年的协议可能有 10% 的残值。

TRAC 租赁的有利之处

TRAC 租赁为车辆承租人提供了真实租赁租金费率的好处，并同时保护承租人避免损失潜在的残值上行收益。TRAC 租赁还鼓励出租人在为租金定价时将可观的残值纳入考虑，因为出租人受到了 TRAC 对防范残值下行损失风险的保护。因此，在美国，TRAC 租赁为承租人使用城际或州际公路车辆的租赁提供了十分具有吸引力的成本。TRAC 租赁可以在资产负债表内，也可以在资产负债表外。

一个修正后的 TRAC 计划被称为分拆 TRAC(split TRAC)，它使出租人能够承担部分残值，租赁可被归类为经营性租赁。

TRAC 结构亦在其他国家使用——个人合同购买(personal contract purchase，PCP)是一种在英国受到欢迎的 TRAC，并涉及在租赁期满时以汽车进行交易，以换取一辆新车。假如市场价值超过折抵物价值(对比残值)，那么就可以创建"权益"用于下一辆车的租赁。PCP贷款可以证券化，这引起了一些投资者的担忧，因为合同并非总是与财务实力最强的受益人签订的，可能会受到销售人员激励的影响。由于市场接近饱和以及来自电动汽车的颠覆性变革对残值造成的影响，人们怀疑这个市场还将受到进一步的挑战。[①]

伊斯兰租赁

一种最有趣的潜在资本来源是伊斯兰租赁。简而言之，根据对伊斯兰法律的严格解释，利息是受到禁止的。然而，融资租赁不受禁止。

---

① Jonathan Eley，"Are the Wheels about to Fall Off Car Finance?"，*Financial Times*，March 24，2017.

根据伊斯兰法律,伊斯兰教教法是对《古兰经》中规定的规则的编纂。伊斯兰教教法涵盖了财产权、合同和职业道德,以及人权和国家的角色。私有财产、自由经营和利润的概念是可接受和允许的。

伊斯兰金融法律禁止利巴或利息。与风险、劳动或服务没有关联的固定货币资本回报是不被允许的。一些穆斯林学者也在争论利巴指的是利息还是高利贷。犹太教和基督教(包括《旧约》和《新约》)也禁止利巴,但这个术语被有进取心的宗教学者解释为指称"高利贷",而不是"利息"。在伊斯兰教到来以前,租用的做法在阿拉伯半岛十分普遍,自先知时代起即被纳入了伊斯兰教教法的原则范围以内。"用益权"的理念及资产的所有权与使用权分离(前面提到了这点)的理念,是大部分伊斯兰金融体系的支柱。租赁合同(或伊贾拉,正如租赁合同被称呼的那样)用于资产、劳力和服务的租用。近年来,伊贾拉交易结构已被发展成融资租赁(Ijara wa Iktina),如今至少有三种形式的公认伊贾拉:

(1) Ijara wa Iktina 与其相关形式 ijara muntahia bitamleek,其中承租人可以在租赁到期时拥有资产。对出售或购买资产的协定是可选择且无约束力的,不包含在租赁合同中,并且价格不能预先予以固定;

(2) 经营性伊贾拉,它不承诺出售或购买资产;

(3) ijara mawsufa fi al dhimma,它是一种远期协议或负有责任的租赁。这是一种用于建设融资的可赎回租赁协议,以使用伊斯兰债券(定义见第 8 章)提供的资金在建设项目完工时或分阶段置换出项目的原有融资。它与一种形式的伊兹尼尔(建设或委托合同)相关联。

表 13.2 列举了伊斯兰融资租赁的一般要求。

表 13.2　伊斯兰融资租赁的一般要求

(1) 租赁必须涵盖具体的设备
(2) 在租赁期间出租人拥有设备
(3) 租赁有固定期限,在租赁期间承租人有不间断地使用设备的权利
(4) 在理论上,承租人没有购买选择权;残值风险可通过单独的合同被转移给承租人;承租人可以提前支付以购买资产
(5) 一般而言,出租人会提供保险,承租人负责维护租赁设备
(6) 在理论上,租赁费率必须是固定的,但可以包含租金调整,这可能会使租赁费率看上去更像是浮动利率

资料来源:此表由弗兰克·J. 法博齐和彼得·K. 内维特制作。

伊斯兰租赁的交易量正在上升,私人投资者已悄然加入了一些大型资产(如船舶)的跨境伊斯兰租赁交易。由于对赚取利息的限制禁止伊斯兰投资者参与银团贷款,伊斯兰租赁有潜力通过一个被称为 Sukuk al-Ijara 的结构(这个结构运用了售后回租理念,并将之与伊斯兰债券关联起来)成为重要的资金来源。与所有伊斯兰交易相同,资产必须拥有清晰的用益权,并且该用益权(而非所有权)被转让给承租人,一旦资产出售后,所有权仍归属于受托人。后者对与所有权相关的任何负债及与使用权向承租人转移(风险得到了转移)相关的负债承担责任。在起始时,租金付款的金额和支付时间是固定的,每笔付款就伊斯兰教教法的目的而言都被视作单独的租赁。

有几个不同的角色进入几个关键的合同流程中,尤其是发起人或受益人,以及特殊目的载体和提供资金的团队(通常为一个持有伊斯兰债券的群体)。

- 出售和购买协议标志着所识别资产的所有权的转移（通常为向特殊目的载体转移），并为发起人创建了资金流。
- 伊贾拉协议将资产从（特殊目的载体）受托人手中回租给发起人并赋予其资产的占有权和使用权，同时在与伊斯兰债券期限相关的共同协定的期限内，生成租金收入，向投资者（和受托人）提供回报。租金付款定期支付给受托人（作为出租人），每笔付款的金额都等于该时期内应支付给伊斯兰债券持有人的定期分配，是用共同协定的固定利率计算或与 LIBOR 等（适用于交易采用的货币的）参考利率挂钩的。受托人然后向投资者（伊斯兰债券持有人）支付回报。
- 服务代理协议使受托人能够将运营费用和义务转回给发起人。服务费用的支付顺序为：任何补充租金具有第一优先权，任何额外的金额都被添加至（在购买承诺函或出售承诺函项下应付的）执行价格中。
- 购买承诺函允许受托人将资产回售给发起人，以在交易期满或违约事件发生时偿付所有未偿金额。
- 出售承诺函允许发起人在特定情形下以所有未偿金额从受托人手中买回资产。
- 可能还会有可选的资产替代协议。

合成租赁

真实设备租赁吸引承租人的一个方面是租赁义务的资产负债表外处理。对许多承租人（尤其是那些能够利用与设备所有权相关的税收优惠的）而言，真实设备租赁的缺陷之一是它们可能会在真实租赁终止时蒙受损失，以及可能必须从出租人手中购买设备。

合成租赁是应这种需求开发的，它们不仅能使承租人可对租赁义务进行资产负债表外处理，而且还能保护承租人在租赁终止时购买租赁设备残值的成本。在合成租赁的情况下，设备所有权的税收优惠是由承租人申请的。合成租赁的利率大致等于承租人的类似期限的债务利率。

合成租赁是资产负债表外租赁，其中承租人保留了与所有权相关的税收优惠。这种合成租赁是用以下租赁协议设计的：设备或房地产的使用者或所有人担任"承租人"，投资者担任"出租人"，协议的签订方式满足 FASB 第 13 号和相关会计准则定义的经营性租赁的条件。这种合成租赁对大量使用资本设备的公司而言具有吸引力。合成租赁还可能对需要房地产以提供服务的公司具有吸引力，如超市、餐饮公司，以及其他为扩张业务（通过购买新门店或有兴趣购买现有租赁门店）寻求中期融资的连锁店。然而，与设备的合成租赁相比，房地产的合成租赁适用更为严格的会计准则，它们在美国的重要性已有所降低。

新会计准则将如何影响租赁

我们在撰写本节时运用了我们当时所知的各种信息，这是在 2019 年 1 月新准则生效以前,因此应被谨慎对待。尽管主要的国际准则是 IFRS 16,但 FASB 在 ASC 842 中完全效仿了这种处理方式,采取这些方法的其他司法辖区也有可能会步其后尘。对所谓的小公司和非营利组织(英国的 FRS 102)及某些形式的政府和社会资本合作可有豁免。准则不限于 IFRS 16,IFRS 15(来自客户合同的收入)和 IFRIC 12(服务特许安排)仅是其他一些需要考虑的准则中的一部分。

关键的财务报告影响是对承租人而言的。正如我们先前所说的那样,租赁可被划分为经营性租赁和融资(或资本)租赁。准则的变化反映了标的资产而非其使用,这意味着许多经营性租赁结构如今会对特殊目的载体的财务报表产生影响,在存在控制问题的情况下,也可能会影响母公司的财务报表。关键词似乎是判断,因此这也为仔细检查审计主体的方法提供了一些空间。

主要变化是就财务报告目的而言在确认使用权的情况下将合同的租赁成分与非租赁成分进行分离(从而与用益权的理念平行)。IFRS 16 确认了由两个部分组成的检验:

(a)资产的有益使用(无论是独立使用,还是与承租人可以很容易取得的其他产品和服务组合使用)是有益于承租人的。

(b)标的资产不依赖于合同中的其他标的资产,亦不与它们高度相关。

这也突出了服务与租赁的区别。在服务中,出租人(供应商)控制资产及其使用;而在租赁中,承租人(客户)控制资产及其使用,并且该使用在一段时期内是专有的。租赁中有被识别的资产。服务合同不必以与租赁相同的方式报告在财务报表中,但具体案例的澄清需征求专业建议。

在新的定义中,租赁期限、淘汰和残值风险等问题如今被纳入考虑。资产被指定为使用权资产,租赁负债被定义为合同项下所要求的付款的折现值,包括修复成本和直接成本。在考虑租赁期限时,可选择的续约期也必须被纳入考虑,其中包含与选择权的执行相关的判断因素。假如租赁付款是基于任何形式的参考指标或重新确定的,那么必须对租赁进行再评估,尽管这应仅限于在承租人控制范围以外的重大事件或情形变化。短期租赁(短于 12 个月)和低价物品(全新时价格低于 5 000 美元)也可予以豁免。假如低价物品与其他资产是相互依存的,那么它们不符合豁免条件。

这一过程从基于成本对使用权资产进行初始衡量开始,成本包含对租赁负债的初始衡量、所支付的租赁付款或在租约起始日前支付的租赁付款减去所收到的租赁激励、承租人产生的所有初始直接成本,以及估算的承租人因设备的拆卸、移除和修复等产生的未来成本。租赁付款然后以租赁隐含的利率或承租人的增量借款利率被加以折现。租赁隐含的利率被定义为,使租赁付款与没有保证的残值之和的现时价值,等于标的资产的公允价值与出租人的所有初始直接成本之和的利率。外国货币的租赁是以该外汇的融资利率折现的。[①]

在租赁期开始后,使用权资产是用一个成本模型衡量的,除非它是投资性不动产或一类重新估价的不动产厂房和设备,新准则详尽规定了这些情形下的特殊处理。成本模型考虑了所有的累计折旧、减值损失及对租赁负债的重新衡量。租赁负债因任何利息而增加(利率为在租赁负债的初始衡量中所使用的折现率),并因任何租赁付款而减少,利润表包含租赁负债

---

① 德勤提供了关于 IFRS 16 的详尽指南,参见 *Leases:A Guide to IFRS 16*,June 2016,https://www2.deloitte.com/content/dam/Deloitte/sg/Documents/audit/sea-audit-IFRS-16-guide.pdf。

的利息项目,以及任何尚未包含在该时期的租赁负债衡量中的变动租赁付款。由这项计算产生的资产在随后数年中摊销。

这种影响将在用以考察公司健康状况的众多财务比率的显著变化中显现出来。它还会影响贷款人通过贷款契约条款用于控制公司状况的财务比率。因此,尽早采用新准则是至关重要的。在国家税法与会计准则存在差异的情况下,也可能会存在一定影响,这里亦应注意征求专家建议。

不可避免的是,本书不能阐述准则变化可能会导致的所有不同的可能性,尤其是因为对新准则的详尽应用的决策正在制定之中。

14

国际租赁

引言

租赁是在全球各地广泛使用的一种设备融资方法。长久以来船舶租赁被用作融资或项目融资的一种方法。大多数国家都引进了现代设备租赁作为计算机大型主机和外围设备的供应商融资,并迅速扩展至一般设备租赁领域。在本章中,我们将讨论跨国或跨境租赁,并考察在过去以租赁而闻名的一些司法辖区的最新进展。会计准则的变化与许多金融市场的剧变、迅速扩张的经济体(如中国)的持续经济增长及新技术(如在伊斯兰金融中发展的新技术)一起,正在改变租赁在项目融资中的使用、所开展的租赁业务的组合及资金提供者的范围。

跨国租赁或跨境租赁

跨国租赁是指一个国家的出租人对实际位于另一个国家的财产进行出租,从而租金是从财产所在国向该出租人支付的。

跨国租赁在历史上已被用于船舶、飞机、铁道机车车辆、驳船、卡车、集装箱和类似的移动资产,它们按其固有性质在国家之间流动。这种租赁亦被用于海上钻井平台和驳船设施等资产。然而,由于下列阻碍跨国租赁的因素,其他类型的跨国租赁交易量不大。

- 租金的预扣所得税有时是基于租金总额计算的(如加拿大)。
- 驻 A 国的出租人可能需要缴纳 B 国的当地财产税、所得税或特许经营税。此外,租赁财产的存在可能会使驻 A 国的出租人的其他贷款活动需要缴纳承租人所在国家(B 国)的税收。
- 承租人作为本地居民公司取得的进口限制豁免,可能不适用于出租人。

- 与设备所有权相关的合法避税手段通常大幅减少或不可避税。

- 跨国租赁的管理和文件记录涉及的一般管理费用要高于出租人所在国的租赁。信用更难以分析。可执行性的不确定性加大。所有权文件较不清晰。（亦见第 12 章讨论的政治风险。）

- 出租人一般要求租金以与其提供融资相同的货币支付，这可能与承租人的需求或希冀不相匹配。

- 外汇限制阻碍了跨境租赁。

双重所有权租赁

与跨国租赁相关的是"双重所有权"（double dip）税收导向型租赁的概念，它利用了与多个国家的设备所有权相关的税收优惠所带来的效益提高。双重所有权这一术语是指在同一笔设备购买中使用双重避税手段。

"双重租赁"利用了两个所涉及的国家在确定税收所有权方面的税法上的不一致。一笔租赁交易可能会因出租人可以在一个国家（A 国）申请与设备所有权相关的税收优惠而符合真实租赁条件，但在另一个国家（B 国）则被认为是有条件销售。在第二个国家（B 国）符合有条件销售资格的真实租赁项下的承租人，于是可以作为所有人/使用人，或甚至作为在"后续"租赁中相对于承租人/使用人的出租人，在第二个国家（B 国）申请与设备所有权相关的税收优惠。

租赁作为真实租赁或有条件销售（或租购协议）的特征差异通常可以用交易实质，而不是交易形式来解释。

例如，美国基于交易实质并通过考虑多个特征来决定交易是否符合真实租赁（出租人可以申请与设备所有权相关的税收优惠）的条件。在美国，如果出租人拥有可在实质上表明其是真实所有人的财产所有权，那么该出租人被认为是真实所有人。

与美国相比，许多其他国家严格基于法律上的所有权或交易是否符合一个严格定义的准则（交易可在该准则内构建），来决定真实租赁或有条件销售（或租购协议）的地位。英国和某些遵从英国法律传统的国家，通常将法律上的所有权和税收所有权视为完全相同的，因此固定价格购买权（具有合理的执行预期）被当作有条件销售或租购协议。然而，必须指出的是，决定租赁交易是属于真实租赁还是有条件销售的规则正在不断受到审查。因此，应咨询税务顾问以确定判断真实租赁或有条件销售资格的最新标准。随着税收制度继续协调一致，双重所有权租赁的机会变得越来越难以找到。图 14.1 提供了一个历史上的例子以作参考。

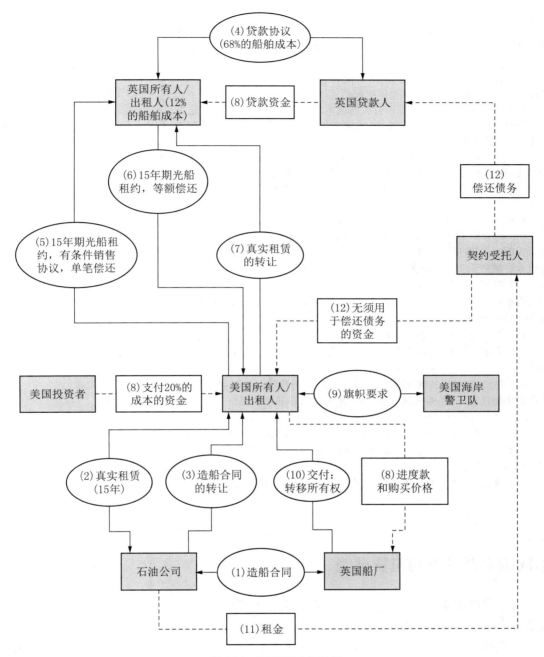

图 14.1　双重所有权租赁

注:(1) 石油公司与英国的一家船厂签订造船合同。石油公司将支付 100％的建造进度款,并有权根据这份合同将交付权转让给第三方。

(2) 美国的真实租赁:石油公司邀请一家美国公司(美国所有人/出租人)担任轮船所有人,用于美国税务目的和美国轮船文件记录目的。美国所有人/出租人确保为 20％的轮船成本从美国投资者获取融资。美国投资者实际上是杠杆租赁的投资者,有权获得美国税收优惠。美国所有人/出租人将轮船以光船出租给石油公司,租期为 15 年,获取的资金总额等于轮船成本的 100％。租赁付款在 15 年内等额支付。

(3) 供资协议:美国所有人/出租人与石油公司签订供资协议。造船合同被转让给美国所有人/出租人,后者同意为造船合同项下的建造进度款和交付款提供 100％的资金,以换取从船厂取得的接受交付权和所有权。

（4）一家英国公司（英国所有人/出租人）为英国税务目的受邀担任轮船所有人。英国所有人从英国贷款人那里获得了80％的轮船成本的85％的融资。英国所有人自己准备好为80％的轮船成本提供15％的资金。

（5）有条件销售协议:美国所有人/出租人与英国所有人/出租人签订有条件销售协议,根据这份协议,美国所有人/出租人将轮船以光船出租给英国所有人/出租人。

● 有条件销售协议对英国所有人的成本等于轮船成本的80％。这个金额是由英国所有人/出租人在轮船交付给美国所有人/出租人时100％预先支付的。英国所有人/出租人在美国所有人/出租人需要时向其提供资金,以支付供资协议项下的建造款。

● 有条件销售协议规定在25年后,或在英国所有人/出租人对美国所有人/出租人的融资租赁（见下文的描述）提前终止时,美国所有人/出租人将所有权转移给英国所有人/出租人。

（6）英国融资租赁:融资租赁对美国所有人/出租人的成本等于轮船成本的80％,成本要在15年内偿还。

● 在15年期末,融资租赁可以名义成本续期10年。

● 在融资租赁终止后,英国所有人/出租人委任美国所有人/出租人将轮船出售给第三方。英国所有人/出租人将向美国所有人/出租人支付净销售收入的97.5％作为租金回扣或销售佣金,但需扣除美国所有人/出租人在融资租赁项下所欠的金额。

（7）担保品:美国所有人/出租人将真实租赁（包含应付租金）转让给英国所有人/出租人,以作为履行英国融资租赁义务的担保品。租赁和应付租金又进而被转让给英国贷款人,以作为英国所有人贷款的担保品[在第（4）项中描述]。

● 英国参与者在轮船中拥有担保权益。

（8）英国贷款人、英国所有人/出租人和美国所有人/出租人提供资金用于支付进度款和最终的船舶购买价款。

（9）轮船的旗帜:美国所有人/出租人向美国海岸警卫队提交轮船为一艘美国轮船的记录。在15年的有条件销售协议期末,轮船必须撤下旗帜,所有权将转移给英国所有人/出租人。

（10）交付:所有权从船厂转移给美国所有人/出租人。

（11）美国所有人/出租人与石油公司的租赁开始运行,石油公司向契约受托人支付租金。

（12）契约受托人偿还英国债务,并将无须用于偿还债务的租金分配给美国所有人/出租人。

（13）美国投资者和英国所有人/出租人提交税表并申请与设备所有权相关的税收优惠。

资料来源:此图由弗兰克·J.法博齐和彼得·K.内维特制作。

不同国家背景下的租赁举例

为了使租赁成为有效的融资选择,我们需要阐明交易所涉及的国家法律制度中的多个重要概念。

重要的是,一家机构可以通过使用资产（而不是拥有资产）赚取利润,法律上的所有权与经济上的所有权的分离需要得以明确。我们还需要明确将风险配置给能够最好地管理、控制、吸收它们的参与方的清晰机制。这通常是通过一个发展完善的保险市场实现的。

在考虑旨在支持国内或跨国租赁活动发展的本地法律和税收规则的不同要求时,需要考虑和厘清下列领域,并且最好在适用于该笔交易的商业法典中体现它们:

● 租赁活动的监管;

● 交易的初始成本;

● 资产的所有权;

- 税务问题；
- 租赁到期时的问题。

租赁活动的监管

第一个问题是，租赁活动是否属于金融服务行业并受到与金融服务相关的监管框架的约束。这可能会扼杀发展中经济体的新租赁公司或租赁活动，因为与租赁收入相比，与符合金融服务法律法规相关的代理成本可能相对较高。

交易的初始成本

假如设备是从海外供应商租赁的，并且不存在任何形式的外汇管制程序，那么双方需要就汇付定金和任何租赁款项所需的适当许可进行谈判。记录和商定这些许可的时间可能会导致一些延迟。此外可能还有其他安排费和报销的律师费等，所有这些可能都需要事先协定，难度在于最终金额可能不是已知的，在交易细节存在不确定性的情况下，专业人士不太可能同意对收费设定上限。假如存在提前还款账户可用于缓冲租赁付款（正如在其他项目贷款中存在的那样），这也需要获得准许，尤其是在这些资金以海外货币持有或处于 A 国和 B 国以外的情况下（又回到了我们的例子中）。

资产的所有权

假如出租人是一家外国主体，那么法律需要明确表示国家境内的资产可以由非国民主体拥有，并且在问题出现时，这些主体能够执行所有权的权利。

- 适当的抵押权、留置权或押记是否可以登记？
- 出租人或贷款人可以收回资产吗？
- 在破产情形下会发生什么——假如破产方是出租人，那么租赁是否能不通过取消抵押品赎回权程序而移交给另一方？
- 假如承租人破产，出租人能否收回资产？
- 在当地法律下资产所有权是否附有任何特殊负债？
- 贷款契约条款的概念和维护资产的责任是否在该国的商法中有很好的体现？

这些问题适用于所有的项目融资，在出租人拥有资产的情况下尤其重要。

税务问题

需要明确的税费有进口关税、运送费、海关手续费等，以及与初始购买和任何租赁付款相关的增值税。

- 租赁付款是否能吸引任何税收扣除？
- 是否允许加速折旧？
- 是否有与外部汇款相关的预扣税？

租赁到期时的问题

商法和税法需要认识到可能会在租赁到期时发生的以下情况:

- 存在以低廉价格或名义价格购买租赁资产的权利;
- 存在以公平市场价格购买租赁资产的权利;
- 存在以名义租金付款对租赁进行续期的权利(所谓的廉价续期选择权);
- 存在以公平市场租金对租赁进行续期的权利;
- 存在将设备返还给出租人的权利。

与上述最后三点相关的另一个考虑是设备在租赁到期时的命运。

- 设备的所有权是否自动转移给了承租人?
- 是否有任何未来的负债会回溯到出租人身上?
- 这对在不同司法辖区存在的不同类型的租赁有何影响?

这个列表在考虑公允市场价值的情况下,探究了购买权的存在,但我们还需要从期权理论及纳入以预定金额购买设备的权利是否会导致期权价值高估(假如此类设备的二手市场不受限制的话)的角度,来看待权利与义务的差别。

一些不同租赁方法的例子

我们举例说明了在以下国家和地区的不同租赁方法。

法国

租借购买是一种承租人拥有以残值购买设备的选择权的租赁交易。这是预先确定的,并将所支付的租金付款纳入考虑。这些交易与为商业目的购买设备或不动产相关。租借购买提供方通常是银行,公司受到下列严格监管措施的管辖:

- 特定的授权必须提交给信贷机构委员会;
- 从法兰西银行取得金融公司的地位;
- 其他特定义务,包括最低资本、谨慎的财务比率及法国银行监管委员会的监督。

银行和金融公司可为各种类型的设备开展租借购买业务及其他类型的租赁业务。在法国前殖民地开展法国杠杆租赁活动的做法已被质疑为一种形式的补贴,因此受到了欧盟的询问。

法国税收法典的第 39C 条已被应用于航运和其他高价物件。它仅考虑新资产(有 24 个月的交付后窗口期的船舶除外)。法国的租赁税收优惠不能由个人取得,这是与在其他国家存在的合伙结构的一个差别。

单一投资者税收租赁使特殊目的载体出租人能够用加速折旧产生的损失抵消集团的利润,并在租赁付款结构中将这些优惠转移给承租人。这些租赁还包含了购买选择权。

为单笔交易组成的银行池可以创建一个经济利益组织(groupement d'intérêt économique, GIE)——单一目的租赁公司。例如,一家 GIE 购买了一架飞机并同时将之租赁给一家航空公司,从而符合加速税收折旧扣除的条件。GIE 的成员需要在租赁交易期一半左右的时间内负有纳税义务,才能使用加速折旧扣除。GIE 结构在非洲法语国家也十分常见,在这些国家中,GIE 结构可被用于微型租赁,以作为一种支持经济发展的机制。

此外还有一种"税收透明合伙公司"或集体名义公司形式的租赁结构。租赁资产需要位于法国或欧盟,假如能够移动的话,需要在法国运营或登记。"在法国运营"这一要求意味着,需要在税收年度的三分之二以上的时间在指定的地理位置使用资产。在这种合伙结构中,有可能会允许在成员层面对损失进行税前扣除,但与在所有这些情形下相同,我们需要关注规则。

银行还构建了法国的经营性租赁,以利用与中国和土耳其等国家的有利的双重征税协定,并将税收优惠转移给承租人,尤其是航空公司。

爱尔兰

在爱尔兰的最近一次经济低迷以前,不断增长的跨国租赁业务(尤其是围绕飞机租赁的业务)已经发展起来。具有吸引力的公司税收制度与大量的双重征税协定,以及对在爱尔兰境外支付的租赁付款不预扣所得税的做法一起,使爱尔兰成为一个十分具有吸引力的租赁地。具体而言,2011 年与新加坡签署的双重征税协定为远东公司提供了进入欧洲的通道,尤其是航空公司。

在爱尔兰创建的专业知识中心如今面临着多项挑战:国内市场低迷和本地税收的提高可能会导致专家工作者转移至其他中心;范围更广的全球经济低迷可能会导致空中旅行的减少,从而导致飞机收回数量的增加。尽管在过去,美国支持在爱尔兰设立租赁公司——尤其是通过 2004 年的《美国创造就业法案》(American Jobs Creation Act)——这些就业机会很可能会流回至美国。至此为止,多家租赁公司正在有序出售,而未发生重大破产,这些租赁公司都是在 2010—2011 年金融风暴中陷入困境的大型金融公司的子公司。中国的租赁公司及其他一些其他租赁公司已在爱尔兰设立,因为 2011 年的爱尔兰《金融法案》(Finance Act)亦给予了航空发动机有利的待遇。爱尔兰面临的挑战是跨国租赁市场的相对较为容易的流动性,以及已对飞机活动造成影响的新冠肺炎疫情的挑战。

日本

在历史上,日本拥有一个十分活跃的租赁市场,尤其是对于飞机等高价物件的租赁而言。自 20 世纪 90 年代中期起,这在很大程度上局限于日本经营性租赁(Japanese operating lease, JOL),历史上的杠杆租赁结构(如幕府租赁)消失了。在 21 世纪初期,税收法规发生了变化,自此经营性租赁的重要性有所下降。

JOL 可被描述为以下经营性租赁:资产风险由出租人——日本投资者或权益提供者——承担,它们然后对交易的其余部分采用杠杆,但能够使用与飞机折旧相关的税收优惠。租赁付款总额不能超过出租人的资产购买成本的 90%。一种变体是含购买权的 JOL,它具有固定价格购买选择权。

JOL 因日本税收法规的变化而产生,这些法规与日本杠杆租赁投资者及是否能够对跨境交易申请折旧相关,使杠杆租赁结构较不具有吸引力。航空公司(日本租赁方案的主要使用者)支持 JOL 结构,因为作为经营性租赁,飞机资产处于资产负债表外。出租人仍可以使用和转移税收优惠,因此交易的定价具有吸引力。2005 年发生的主要立法变化要求投资者为了将税收优惠最优化,必须积极参与交易,并积极承担飞机残值的一些风险敞口。这是对投资者往年更为被动的立场的重大改变,并导致了多家投资者退出市场。它还有效地排除了低价购买协议和充分偿付租赁[*]。

JOL 是 10—12 年期交易,相对较不灵活。对租赁条款的变更需要日本投资者团体的批准,任何变更都需要通知这些投资者和征求其意见,并且需要给予它们足够的时间以满足投资者和航空公司的要求。投资者在租赁期间能够赚取固定收入,并有可能在租赁到期飞机被处置时实现资本利得。

根据 2007 年的税务改革,一些租赁可被视为销售,假如(举例而言)以下条件之一得以满足的话:

- 在租赁到期时,资产所有权以名义金额转让给承租人;
- 承租人拥有在租赁到期时以低廉的购买价格购买资产的选择权;
- 租赁资产是为承租人的业务需求专门配置的。

在 2007 年的税务改革变化中,还定义了"融资租赁"。这些租赁是不可撤销的,在租赁运行期间承租人有义务承担成本。在这些情形下,承租人被当作资产的购买者,因此可以申请折旧。租赁到期时的购买通常是名义上的。

一般而言,日本的租赁交易都集中于知名的公司,尤其是在飞机行业中。

中国

中国于 20 世纪 80 年代中期首次引进了融资租赁,最近已扩展至大额项目(如工厂设备,包括轮船和飞机)和家用汽车的租赁。尽管重点是境内租赁,但跨境租赁也在缓慢扩张。交易受到国家的信贷限制政策及对境内银行海外活动的监管的约束。境内租赁法律已逐步颁布,并导致了一些不一致,后面段落中提到的《外商投资租赁业务管理办法》和《金融租赁公司管理办法》试图解决这些不一致问题。

中国使用两个体系,它们如下所示:

(1)中国银行业监督管理委员会体系。租赁公司采用一个叫作融资租赁公司的正式结构。《金融租赁公司管理办法》允许融资租赁公司参与比以前范围更广的活动,但这意味着它们如今被纳入涵盖金融机构的监管框架,并被要求持有最低 1 亿元人民币的资本。

(2)商务部体系。2005 年,商务部通过了《外商投资租赁业务管理办法》,它允许外国投资者投资融资租赁公司,持股比例最高可达 100%,但与中国银行业监督管理委员会体系形成对比的是,外商投资融资租赁公司不被视为金融机构,其注册资本不能低于 1 000 万美元。商

---

* 在充分偿付租赁中,出租人的服务仅限于提供资产融资,承租人支付所有其他成本,包括维护费用和税收,并拥有在租赁到期时以名义价格购买资产的选择权。——译者注

务部实施了第二次"试点改革"制度 *，它允许最低注册资本为 1.7 亿元人民币的境内非金融机构开展租赁业务。

许多中国境内出租人利用"信任关系"来构建离岸公司资格的授予。由于境内融资租赁一间不得在没有各种政府批准的情况下成立全资拥有的离岸租赁公司，因此只有在取得批准后（包括对在离岸公司中注入资本的许可，在股东贷款的情况下，需要国家外汇管理局给予发放贷款所需的外汇额度），才能顺利地成立这种公司。

外国资产也可能受到进口许可证的约束，并可能适用进口关税。境内主体为建立租赁杠杆举借外国债务也需要各种政府批准。不同租赁付款的预扣税处理最近发生了一些变化，需要最新的专家建议。

融资租赁和经营性租赁如今通过中国人民银行征信中心的线上系统登记，这项信息的获取需要查询人作为系统成员进行注册。

2020 年初，租赁领域的监管机构（中国银行保险监督管理委员会）公布了以下计划：设定融资租赁公司的非核心业务资产上限为 40%，并通过限定风险资产总额不得超过净资产的 8 倍来对风险资产进行限制。融资租赁公司对单一公司的全部融资租赁业务余额不得超过净资产的 30%，对单一集团的全部融资租赁业务余额不得超过净资产的 50%。这些变化预期将在两年内分阶段实施，是对行业中所存在问题的反应。

在中国，随着经济的持续发展，租赁仍是一个正在成长的领域。大量的新飞机已被预订，中国香港据称被定位为新加坡和爱尔兰的竞争对手。大量的规则仍处于调整状态，因此我们强烈建议听取专家建议。

澳大利亚

澳大利亚已发展了技术十分复杂的租赁活动，这些活动使用了直接租赁、杠杆租赁和跨境租赁。澳大利亚政府放宽了"特许权使用费"的定义以剔除设备租赁付款，但随着其他司法辖区修改税收协定及预扣税的继续使用，澳大利亚保持竞争力所面临的挑战，限制了来自澳大利亚的跨境租赁。

非洲

在非洲，许多国家正在发展境内租赁。南非拥有一个发展完善的租赁行业，包括税收导向型租赁。

美洲

在美洲，加拿大和墨西哥有大量的租赁活动，包括税收导向型租赁。加拿大和墨西哥都对美国跨境租赁项下支付的租金预扣所得税。钱到钱的租赁（money-over-money leasing）**

---

　*　即《商务部、国家税务局关于融资租赁的有关通知》。——译者注
　**　租赁业内对融资租赁的俗称。——译者注

在整个南美洲开展,尤其是在巴西、智利和哥伦比亚。

中东

近年来,中东的伊斯兰租赁在外国和中东地区均有发展。伊斯兰法律禁止收取贷款利息。这阻止了中东富有的机构和个人获得投资机会,如银团贷款。在伊斯兰法律下,某些租赁是得到允许的,因此可能有一个庞大的资金池会考虑租赁交易。第 13 章讨论了伊斯兰租赁。

伊斯兰租赁

最有趣的潜在资本来源之一是伊斯兰租赁。简而言之,根据对伊斯兰法律的严格解释,利息是受禁止的,正如上一章讨论的那样。然而,融资租赁未受禁止。

根据美国或英国标准,境内或跨境的伊斯兰租赁交易量并不庞大。然而,私人投资者已悄然加入了一些大型资产(如船舶)的跨境伊斯兰租赁。由于对赚取利息的限制禁止了伊斯兰投资者参与银团贷款,伊斯兰租赁有望成为一个重要的资金来源。

伊斯兰金融在第 8 章中有所涉及。

15

风险管理概观

引言

成功项目的一个关键组成部分是风险管理。这项活动不仅在控制项目运营时十分关键，而且也是潜在贷款人在评估项目发起人管理项目的能力时仔细考察的要素。在本质上，它是贷款人所称的管理质量。

风险的类型

项目的风险管理从项目发起人对相关风险的识别开始，然后转到风险保留决策。这个决策是指项目发起人选择如何管理其所识别的风险。项目发起人对于已识别风险可以从下列行动方案中选择其一：

- 保留风险；
- 中和风险；
- 转移风险。

每种已识别风险都可用不同的方式处理。

保留风险

项目发起人必须开展对预期收益和预期成本的分析，以评估应保留哪些已识别风险。将所有待保留的已识别项目风险综合起来即得到项目的保留风险。由于保留风险对项目现金流的潜在不利影响，项目发起人必须决定是否对一项保留风险提供资金。

假如发起人仅在损失实现时，对保留风险的已识别潜在损失提供资金，那么我们称存在无供资的保留风险。假如项目发起人设置了现金账户或其他供资来源，并可以从中提款以弥补所保留的已识别风险的估算损失，那么我们称项目管理人具有有供资的保留风险。风险金融这一术语被用于描述保留风险的管理。

中和风险

当项目发起人选择不保留一项已识别风险时，它可以中和风险或转移风险。在不向第三方转移风险的情况下，减轻已识别风险的预期损失的风险管理策略叫作中和风险。这种风险管理策略涉及下列方面：

- 实施计划以降低已识别风险发生的概率；
- 采取行动方案以在已识别风险实现的情况下降低损失的严重程度。

项目的一些已识别风险的风险中和策略，可能是其运营所处的行业或影响项目的财务因素的自然结果。

- 项目的商业风险。假设一家项目公司预期年产量为若干单位，但因设备故障导致的生产中断估计会使年收入减少 1 000 万—2 000 万欧元，这个金额相对于为满足运营费用和融资费用所需的现金流量十分可观。项目公司可以引入经改进的生产工艺，以降低潜在收入损失的上限。

- 项目的财务风险。假设一家在欧元区以外运营的项目公司具有欧元现金流入和现金流出。因此，这家项目公司存在货币风险。但这种风险具有抵消倾向，因为现金流入具有欧元相对项目公司的当地货币贬值的风险敞口，而现金流出则具有欧元相对项目公司的当地货币升值的风险敞口。假如在某个特定时期内，预期的未来现金流入和流出分别为 2 000 万欧元和 1 400 万欧元，那么项目公司的净货币风险敞口为欧元相对当地货币贬值的 600 万欧元的风险敞口。也就是说，存在 1 400 万欧元的自然货币对冲。

转移风险

项目发起人可能会决定将特定的已识别风险转移给第三方。风险转移管理可通过下列方式实现：

- 使用与愿意承担项目公司已识别风险的第三方签订的合同；
- 将该风险嵌入结构性金融交易。

实现这点的工具包括：

- 传统保单；
- 贸易信用保险；
- 经济担保；
- 结构性融资；
- 衍生工具；
- 另类风险转移。

在本章中，我们将讨论项目发起人用于风险转移管理的每种工具。其中一些工具已在先前的章节中讨论，下一章将更详尽地讨论衍生工具。

传统保单

保险公司承保的传统保单——最古老的一种风险转移工具——规定,保险人同意在特定不利事件触发的情况下向被保险人支付款项。为了取得这种保护,被保险人向保险公司支付保费。项目公司可以取得的商业保单涵盖了类型广泛的财产,包括财产损害等行为、责任保险(如公众责任和建筑责任)、营业中断保险和政治风险保险。

我们将在第12章的基础上,在后续数节中再次简要地讨论政治风险保险。在讨论前必须指出的是,许多类型的保险与保险公司提供的其他形式的风险转移工具(担保)之间的差异有时十分细微。保险公司提供履约保函和建设完工保函。保险公司还提供对合同赔偿条款的担保。一些类型的保单(如政治风险保险和营业中断保险)等同于担保。

政治风险保险

当机构开展对其投资活动的风险评估时,一类不能轻易减轻的风险是在海外开展业务的风险——因立法变化、战争、征用等产生的现金流风险。为了管理现金流对这些类别的潜在事件的脆弱性,项目发起人和供应商通常会首先寄望政府来源的政治风险保险(作为出口支持机制)。

作为一个例子,在美国,海外私人投资公司(Overseas Private Investment Corporation,OPIC)是作为一家政府机构创建的,目的是为"欠发达的友好国家和地区"的项目和建设提供保险和融资。它旨在通过鼓励美国的私人投资进入这些国家和地区,促进发展中经济体的经济发展。其他工业国家也有类似的政府机构提供政治风险保险(通常是作为其提供的出口保险的一部分)。OPIC的活动如今是美国国际开发金融公司(DFC)的一部分,后者囊括了美国国际开发署(US Agency for International Development,USAID)的开发援助分支机构与美国政府的保险分支机构。

政治风险保险可以从私营公司或政府来源取得。可以取得的私营保险的保险范围和金额会随着时间发生变化。一般而言,保险费率高昂并且可以取得的保险金额十分有限。然而,私营保险公司提供政治风险保险的意愿正在增强,项目在需要时应考察此类保险的可获得性和条款。

对各种政府机构所提供的政治风险保险的具体形式的讨论在本章范围之外,本章着重于所应考虑的一般风险及可能可取得的保险形式。作为说明,我们将描述DFC计划。

作为范例的DFC保险计划

多边DFC为在欠发达的友好国家和地区的合格项目中有资格的美国投资者提供保险,防止因特定政治风险导致的损失。没有任何要求规定被保险的投资项目必须是美国投资者拥有或控制的项目。然而,法律要求保险仅能向有资格的投资者签发。因此,DFC可能会为有资格的投资者在外国利益方控制的项目中的投资提供保险，但被保险的仅是投资，而不是整个项目。

DFC 的政策是为符合 DFC 网站[①]上列举的下列标准的新投资项目提供保险：

- 在环境上和社会上是可持续的；
- 尊重劳动者的权利；
- 对美国经济没有负面影响；
- 鼓励正面的东道国开发效应。

DFC 目前承保的风险被划分为以下类别：

- 货币不可兑换；
- 征用和其他形式的非法政府干涉；
- 投标、履约、预付款和其他担保范围；
- 政治暴力；
- 再保险；
- 资本市场违约。

DFC 计划可被用于为美国投资者、贷款人、承包商、出口商和非政府组织在 160 多个国家和地区的私人投资提供保险，它们已被确定为欠发达的友好国家和地区，并且与美国签有运作 DFC 计划的协议。DFC 在收到索取请求后可提供合格国家和地区的清单。

- 货币不可兑换。DFC 的货币不可兑换保险旨在确保利润、资本、本金和利息，以及其他合格汇款（如服务协议项下的付款及技术协助费）能够根据在保险签发时有效的外汇兑换法规和实践惯例所允许的可兑换程度，继续得以转换为美元。使被保险人有权通过 DFC 将本地货币兑换为美元的障碍可以是主动的（例如，政府当局基于限制性更强的新法规拒绝被保险人获得外汇），也可以是被动的（例如，政府当局在收到外汇申请后未能在指定时期内采取行动）。保险还可提供对不利的歧视性汇率的保护，但显然这不是为了提供对外汇贬值的保护。

- 征用保险。这些保险合同定义了可保险的征用行动事件，不仅包括典型的项目国有化和夺取财产，而且还包括构成蚕食性征用的多种情形。这些包含合同条款的废除、否认和损害。

由于在中立国进行仲裁是首选的纠纷解决机制，因此，对于美国债务和股权投资者而言，越来越重要的是针对仲裁裁决未能履行和拒绝司法的保险，这种保险可以为被保险人提供防范东道国政府对仲裁裁决拒付的保护。

- 投标、履约、预付款和其他担保范围。代表美国的商品和服务出口商或美国承包商签发的以外国政府购买人为受益人的担保可被承保，以防范外国政府不当要求担保（wrongful calling）的风险。

- 政治暴力。DFC 为战争、革命和暴动（战争保险范围）以及恐怖主义情形下，因项目东道国发生的战争行为引起的损失提供了补偿。DFC 不要求正式的宣战。保险承保范围延伸至在战争、革命和暴动期间因阻碍、打击或防御敌对行动导致的损失。承保范围还有可能包括因内乱（包括政治驱动的恐怖主义和蓄意破坏）产生的损失、撤离费用、因政治暴力使项目暂被放弃导致的损失，以及因被保险的设施以外的特定地点（如铁路支线和发电厂）发生破坏

---

① 网址为 www.dfc.gov。

导致的损失。保险的标的是有形资产的破坏和业务收入的损失。

- 再保险。DFC 为有牌照的美国和国际保险公司提供特定交易的再保险安排。

私营部门保险范围

在政治风险保险和相关的国内情报及外派员工培训方面，一个私营部门的市场也在蓬勃发展。后者已从通常与前军事人员相关的小型咨询公司成长起来，这些公司在客户的个人保护和安全服务要求更多安保人员的支持时，进入了这个领域。其中一些主体还在特定情形下提供额外的支持，例如，在人质被绑架或需要撤离时。

政治风险保险商通常是经纪商，它们可以对保险方案进行量身定制以满足特殊情形，并与各个保险市场的承保商进行直接谈判。与商业相关的项目可能仅是其保险组合的一部分，组合还可能包含为客户（如商品经纪商、银行和承包商，以及制造商、分销商和零售商）的合同和资产组合提供的政治风险保险。通常，一家运营良好的私营部门提供商可能隶属于一个庞大的保险集团，肯定拥有一个全球网络来有效提供信息。政治和经济情报服务可能会与风险保险服务捆绑在一起或作为其补充。专家行业情报亦可能取得。意料之中的是，在过去十年中，这个领域发生了大量的合并，大型信息和情报集团对保险集团的一体化价值链模式形成了挑战，后者在传统上同时提供了保险和信息。

与对专业自保公司*的讨论相关的是，对于船舶所有人，还存在已成立的战争风险保险俱乐部，如希腊战争险公司（Hellenic War Risks），它们互相提供保险，但如今正在考虑如何管理日益严重的海盗威胁，这是一种形式更新的资产征用。

贸易信用保险

贸易信用保险或出口保险对客户因以下原因不能付款的风险提供了保险：资不抵债、破产、逾期拖欠（即在一段指定的拖欠期后未能付款）。正如第 11 章解释的那样，这些保单——由私营保险公司和政府出口信贷机构提供——可被量身定制，以覆盖因交付前成本、已预付货款的商品未能交付，以及另一方不能承兑信用证导致的外国销售的损失。尽管我们在上一节的传统保险部分讨论了政治风险保险，但我们可以认为它实际上是一种形式的贸易信用保险。

经济担保

经济担保规定在下列条件得到满足时，保险商应向保单受益人支付款项：被保险的经济

---

* 自保公司是指由工商企业和金融集团持有 100% 股权的保险子公司，主要从事为母公司和成员公司提供降低风险的保险业务。——译者注

义务产生了损失，以及损失归因于一个特定的导致违约的事件。对被保险的损失的付款可以等于损失全额，也可以是损失的部分金额。

经济担保可被划分为：纯粹的经济担保和经济担保保函（亦称综合保险）。这两种形式的经济担保的区别在于保单受益人的身份，在纯粹的经济担保中，保单受益人为信用保护购买方。而在经济担保保函的情形下，保单受益人不是信用保护购买方，而是第三方。在项目融资的情形下，信用保护购买方是已向第三方签发经济义务的项目公司。

我们在第 12 章中进行了对经济担保更详尽的讨论。

结构性融资

Fabozzi、Davis 和 Choudhry（2006）将结构性融资定义如下：

……在资产发起人或所有人（无论它们是关心获取资金、流动性、转移风险还是其他需求）的要求不能由现有的现成产品或工具满足的情况下使用的技术。因而为了满足这项要求，现有的产品和技术必须被加工成量身定制的产品或程序。因此，结构性融资是一种灵活的金融工程工具。[①]

在结构性融资交易中使用的工具包括：

- 证券化；
- 租赁；
- 结构性票据。

注意上述定义中使用结构性融资的两个关键动机：获取资金和转移风险。

在这里，我们将讨论局限于对证券化及其潜在用途，以及可在项目融资中使用的结构性票据的解释。第 13 章和第 14 章讨论了租赁。

证券化

证券化是以下过程：（1）资产汇聚成资产池；（2）创建由资产池支持的不同债券级别；（3）将资产池的信用风险与发起人的信用风险分离开来。让我们逐一考察证券化的这三个方面。

在证券化中可被汇聚成资产池并用作抵押品的资产可以是现有资产/现有应收账款，或未来资产/应收账款。这个区别十分关键。证券化的基础原理是：作为证券化抵押品的资产池不需要额外的工作或操作努力，即可产生履行负债义务所需的现金流。一个很好的例子是项目公司所制造设备的销售应收账款的证券化。设备的生产和销售已经完成。资产是应收账款。在这些应收账款汇聚成池后，应收账款收入在款项收到时被收集，然后用于偿还负债。

相比之下，在涉及未来产生的资产/应收账款的证券化中——被称为未来现金流证券化——应收账款尚未产生。Fabozzi 和 Kothari（2008）用以下文字解释了哪些类型的未来现

---

① Frank J. Fabozzi, Hal Davis and Moorad Choudhry, *Introduction to Structured Finance*, Hoboken: John Wiley & Sons, 2006, p.1.

金流可被证券化：

> 未来现金流证券化的基本前提是存在一个可以在未来产生现金流的框架，来自这种框架的现金流是证券化的候选对象。假如框架本身并不存在，投资者将会在梦里承担风险敞口，它们的权利可能不如有担保品的贷款。

> 例如，假如存在奶牛，但牛奶不存在，那么牛奶可被证券化，因为无论谁拥有奶牛都能够从它们身上产出牛奶。假如牛奶和奶牛都不存在，那么牛奶不是恰当的证券化候选对象。[1]

在墨西哥通过未来公路收费款项的证券化为收费公路融资是未来现金流证券化的一个例子。

一旦资产汇聚为资产池后，下一步是创建待发行的债券级别（或层级）。这个阶段被称为构建交易，涉及确定资本结构（即债券级别的优先顺序），并基于对每个债券级别所寻求的目标评级来决定所需的信用增级金额。信用增级需要被用于吸收资产池违约所导致的损失。

证券化结构中有两种形式的信用增级：外部信用增级和内部信用增级。[2]外部信用增级是第三方提供的担保。它包含单一险种保险和信用证。在 2007 年的美国次贷危机以前，前者是一种受欢迎的信用增级形式。近年来很少有结构附带单一险种保险。

内部信用增级涉及创建一个资本结构，其中不同债券级别对资产池所产生的现金流的分配具有不同的优先顺序，对资产池产生的损失的分配同样如此。结果是劣后级债券为级别更优先的债券提供信用支持，需要利用超额利差——资产池利率与所发行的负债的加权资金成本的差额——来吸收损失，以及利用价值超出负债的抵押品吸收损失（超额抵押）。

现有资产所需的信用增级与未来资产的信用增级有很大不同。在现有资产作为资产池的情况下，评级机构可以估计违约概率，因为资产池中的借款人是已知的。相比之下，在未来现金流的情况下，我们必须评估未来借款人的信用品质，以及未来不能产生足够的销售额以创建规模足够大的资产池来支持负债的概率。

为处于生产开始前的早期阶段的项目进行融资是未来现金流的证券化。由此产生的问题是：项目发起人为何希望开展未来现金流的证券化。与现有资产证券化相关的好处（如其在风险管理中的运用和资金成本的降低）通常不适用于某些类型的未来现金流证券化。证券化中的风险管理意味着与所发起的资产相关的风险被转移给了另一方。这不会发生于未来现金流的证券化，因为在证券化发起时没有资产可以转移。因此，归因于证券化过程第三个阶段（在下一段落中讨论）的资金成本的潜在降低将无法实现，也就是说，项目公司的信用风险不能与资产池的信用风险相分离，因为后者尚不存在。

证券化的第三个阶段是将资产池的信用风险与项目公司的信用风险分离开来。这里的好处是，资产池被合法转移给另一个实体——特殊目的实体（special purpose entity，SPE，也称特殊目的载体，即 SPV）——以换取现金，正是这个实体拥有资产池并发行不同级别的债券。有利之处是，债权人仅需要考察资产池的信用，而不是项目公司的。因此，在恰当构建的证券化中，项目公司的破产将意味着项目公司的债权人对已出售给特殊目的实体的资产池没有索偿权。我们再次指出，某些类型的未来现金流证券化（应收账款尚未创建）并不会带来这

---

① Frank J. Fabozzi and Vinod Kothari, *Introduction to Securitization*, Hoboken: John Wiley & Sons, 2008, p.188. 应该指出的是，在我们的"牛奶和奶牛"例子中，投资者承担了奶牛可以产出牛奶并且未被挤干的风险。

② 关于对各种形式的信用增级的进一步解释，参见 Fabozzi 和 Kothari（2008）的第 5 章。

种好处。

结构性票据

结构性票据是一种在发行时与衍生工具关联的信用债券。可被用于风险控制目的的结构性票据的两个例子是商品关联票据和信用关联票据。在商品关联票据中,所支付的利率与某个商品的表现挂钩。原理是:假如项目公司的收入依赖于其所生产的商品的价格,那么项目公司可以通过将利率与该商品的价格挂钩,来保护其资金成本。在信用关联票据中,利率或到期价值与资产池的表现挂钩。信用关联票据是一种形式的信用衍生工具。

衍生工具

项目发起人可以利用一些资本市场产品来转移保险公司或其他金融机构不会轻易承保的风险。这种风险包含与汇率、资金成本和商品价格的不利变化相关的风险。可被用于提供这种保护的资本市场工具叫作衍生工具。

衍生工具是一种其价值从某项标的资产或某个参考利率衍生而来的合同。一些合同赋予了衍生工具交易方购买或出售一项金融资产、货币或商品的义务或选择权。衍生工具的例子包括期权合约、期货合约、远期合约、上限和下限协议,以及互换协议。此外,还有可被嵌入融资工具的衍生工具。两个例子是可赎回债券和信用关联票据。在后面的章节中,我们将不仅描述不同类型的衍生工具,而且讨论为控制特定板块的风险所创建的量身定制的产品。

衍生工具的存在为控制与项目相关的各种风险提供了机会。可被降低或减轻的风险与融资风险、收入风险和运营风险相关。由于这个原因,风险控制不是项目融资中的单独活动,而是与融资活动整合在一起,从而也与项目的杠杆程度相融合。贷款人会关注项目的风险。用于消除或减轻这种风险的合同将为贷款人提供更大安慰,并将带来更有利的借款条件和提高杠杆的潜力。

人们通常声称,在因监管和/或资本市场限制而存在瑕疵的全球金融市场中,可以产生降低项目资金成本的机会。通常发生的是,这些为说服项目发起人使用特定衍生工具而向它们作出的承诺毫无根据,掩盖了发起人应该关注的风险。真正的受益人是衍生工具销售人员及其公司,而不是发起人。数起广为人知的涉及衍生工具使用的金融惨剧已导致一些项目融资领域的参与者回避使用它们。在美国市政收入项目的融资中无须使用的各种类型的利率互换是一个绝佳的例子。然而,这些惨剧不是衍生工具本身的结果。它们是对衍生工具的风险/回报特征缺乏了解的结果,或者更常见的是,是因不恰当地利用衍生工具对利率、商品价格或汇率进行对赌而非控制风险导致的。

风险共担型衍生工具与保险型衍生工具

衍生工具可被宽泛地划分为风险共担安排和保险安排。在风险共担安排中,协议双方试图通过放弃与有利价格变化相关的潜在好处来消除风险。风险共担型衍生工具——亦称"线性收益衍生工具"和"对称收益衍生工具"——包括期货、远期和互换合约。承购协议 * 和差价合同等其他契约协议属于风险共担型衍生工具的类别。期货和远期合约是第 16 章的主题，其中我们会讨论承购协议和差价合同。互换是第 17 章的主题。

衍生工具的另一个大类由保险型安排组成。在这种类型的安排中，一方向对手方支付费用以对特定风险进行保险。它可以对将在未来出售的商品的价格下降或将在未来购买的商品的价格上升的风险进行保险。或者，它的目的可以是防范不利的利率或汇率变化的风险。保险型衍生工具被称为"非线性收益衍生工具"或"非对称收益衍生工具"。这些类型的工具包括期权及上限合约和下限合约，是第 17 章的主题。

交易所交易衍生工具与场外衍生工具

衍生工具亦可基于它们是在有组织的交易所还是在场外市场交易来划分。期货和挂牌的期权在有组织的交易所交易，它们被称为交易所交易衍生工具。交易所交易衍生工具的优势在于：它们有标准化的合约，对手风险（或信用风险）极低。对手风险十分关键。对交易所交易衍生工具而言，一旦双方交易后，交易所（或相关的清算所）就成为每个卖方的买方，以及每个买方的卖方。双方都依靠交易所履行合同条款。这也意味着双方可以在无须对手同意的情况下自由地对头寸进行平仓。典型的交易所交易衍生工具的劣势在于：它们的存续期通常较短，一般不超过 2.5 年。这使它们在防范项目发起人关注的长期风险方面用处有限。

在场外市场中，衍生工具的条款是由双方（通常为项目发起人和金融机构）谈判而定的。因此，场外衍生工具是由项目发起人量身定制的。量身定制的条款将建立在项目发起人试图防范的风险之上。一个关键的合同条款是协议的期限长度。处于运营阶段的项目发起人可能会试图防范利率风险或商品价格风险等。

场外衍生工具的这种量身定制特征是相对期限较短的交易所交易衍生工具的一个主要优势。此外，量身定制还使项目发起人能够创建符合特定领域需求的衍生工具。

然而，场外衍生工具有双重劣势。首先，由于对手通常是金融机构，项目发起人具有对手风险敞口。对手的违约可能会对项目的经济效益造成灾难性的影响。最佳的例子是 2008 年雷曼兄弟公司的崩溃，根据估计，该银行在 6 120 份 ISDA 主协议项下的未偿名义金额约为 35 万亿美元，代表 906 000 笔衍生工具交易。①其次，场外衍生工具不具有流动性。衍生工具头寸的平仓不能像在交易所交易衍生工具的情形下那样，通过简单地建立衍生工具的相反头寸即可实现。相反，合同规定了关于头寸平仓的条款。

场外衍生工具包括远期合约、互换合约，以及上限合约和下限合约。我们将在下一章中描述远期合约，并在第 17 章和第 18 章中描述后三种合约。

---

* 指与买卖双方交易相关的具有法律约束力的合约。协议通常指定产品的购买价格和交付日期，即便协议是在产品生产和生产设施动工前达成的。承购协议通常通过对未来收入和产品需求的承诺和证明，来帮助卖方公司为未来的建设、扩建项目或新设备获取融资。——译者注

① Rosalind Z. Wiggins and Andrew Metrick，"The Lehman Brothers Bankruptcy G：The Special Case of Derivatives"，*Journal of Finance*，1(1)，2019，pp.150—171.第 17 章会解释名义金额的含义。

另类风险转移

另类风险转移涉及创建产品以转移公司所识别的、不能由传统保险处理的日益复杂的风险。这些产品综合了传统保险和资本市场工具的要素，以实现对风险转移问题的量身定制的解决方案。由于这个原因，另类风险转移有时被称为"结构性保险"和"基于保险的投资银行业务"。

例如，在可再生能源领域，一项 2011 年题为"可再生能源的风险管理"（Managing Risk in Renewable Energy）的研究报告了在可再生能源领域，尽管传统保险是最常用的风险转移机制，但越来越多的开发商正在考虑使用另类风险转移工具和金融衍生工具，以降低由灾难性事件（如飓风）导致的风险。[1]

可被项目发起人使用的三种形式的另类风险转移工具为：衍生工具型协议、保险关联票据，以及或有保险。

衍生工具型协议

我们先前简要描述了衍生工具，在下一章中，我们将更详尽地描述在交易所交易的期货和期权。在第 18 章中，我们将描述场外衍生工具。在该章中，我们还将讨论实质上是衍生工具的协议。它们包括或有交易套期保值、承购协议和差价合同。

保险关联票据

人寿保险公司及财产和意外伤害保险公司能够绕过传统的再保险市场，通过在资本市场发行证券为防范损失进行再保险。它们的做法是发行保险关联票据，这种票据更普遍地被称为灾难关联债券。然而，使用资本市场将保险风险转移至资本市场的公司并不局限于保险公司。项目公司等非保险主体也可以为相同目的创建保险关联票据。

为了理解灾难债券是如何构建的，我们将使用一个实际的案例：玛利亚再保险有限公司（Mariah Re Ltd.）。[2]债券是由一家财产和意外伤害保险公司——美国家庭共同保险公司（American Family Mutual Insurance Company，AFMI）发行的，该公司试图转移美国可能会遭受强雷暴和龙卷风的保险风险。具体而言，它为 AFMI 提供了最高达 1 亿美元的损失保护，假如实际损失超过 8.25 亿美元的话（这个阈值被称为债券的附着点）。尽管这笔交易的目的不是项目融资，而是被财产和意外伤害保险公司用于转移保险风险，但这个结构适用于试图转移风险的项目发起人。这笔交易的当事方是玛利亚再保险有限公司（特殊目的载体）、债

---

[1]　Aviva Freudmann, Economist Intelligence Unit, "Managing Risk in Renewable Energy", *The Economist*, November 29, 2011.

[2]　这个案例及其描述取自 Andy Polacek, "Catastrophe Bonds: A Primer and Retrospective", *Chicago Fed Letter*, No. 405, 2018。

券发行人 AFMI 和灾难债券的投资者。该特殊目的载体是 AFMI(发行人)与债券投资者的中介,它实际发行债券并获取了发行收益。债券的期限为三年,息票率为 6.25%,到期值为 1 亿美元。该特殊目的载体然后将发行收入投资于一个抵押账户,此账户投资于美国财政证券货币市场基金。AFMI 每年向该特殊目的载体支付 625 万美元,这笔资金又继而被用于向投资者支付利息。除了每年向投资者支付的 625 万美元外,美国国债货币市场基金的美元回报亦被支付给投资者。

投资者将承担最高达 1 亿美元的损失。让我们考虑无损失的情形。在这种情形下,投资于美国国债货币市场基金的 1 亿美元将在到期日清算并作为本金还款支付给投资者。然而,假如损失超过了 8.25 亿美元,那么任何最高达 1 亿美元的金额将按以下方式处理:假设超额损失为 X 美元,其中 X 低于 1 亿。那么,投资者将不会获得 1 亿美元(在三年期末应向其偿还的本金),只会获得 1 亿美元减去 X 美元的差额。清算收入中的 X 美元将由该特殊目的载体支付给 AFMI 以覆盖保险损失。[①]

或有保险

在第 16 章中,我们将讨论一种叫作期权的资本市场衍生工具。或有保险是一种另类风险转移工具,是保险公司赋予另一方在指定的未来日期加入保险合同的权利的期权。在未来日期加入的保险合同的条款是在或有保险的保单购买时指定的。[②]

---

① 在这个案例中实际发生的是:由于在 2011 年 4 月和 5 月美国发生了 983 起龙卷风,8.25 亿美元的损失阈值得到实现,所计算的保险损失为 1 亿美元。因此,投资者未获得任何本金,AFMI 弥补了 1 亿美元的损失。

② 关于对或有保险的更详尽的讨论,参见以下这本书的第 26 章:Christopher L. Culp, *Structured Finance and Insurance:The ART of Managing Capital and Risk*, Chicago, IL:John Wiley & Sons, 2006。

16

利用上市衍生工具控制风险

引言

正如上一章解释的那样，衍生工具是一种价值从某项其他事物衍生而来的合约，这项事物可以是金融工具的价格（如股票价格或债券价格）、商品价格、两个货币之间的汇率、金融指数（如股票指数或债券指数）的数值、利率或通货膨胀率。衍生工具的价值甚至还可以从一个地区的温度或降雨量衍生而来。作为衍生工具的价值衍生来源的"某项事物"在衍生工具行业中被简称为标的物，我们将在本章和后面两章中采用这个术语。

可以根据衍生工具是在交易所交易的还是在场外交易的，对它们进行分类。在上一章中，我们解释了在交易所交易的衍生工具和场外衍生工具的优势和劣势。在本章中，我们将着重讨论在交易所交易的衍生工具。根据定义，期货是在交易所交易的产品。然而，期权可以是在交易所交易的，也可以是场外产品。在下一章中，我们将讨论场外衍生工具，包括场外期权。

还可以将衍生工具分为风险共担安排和保险安排。正如上一章解释的那样，在风险共担安排中，协议双方试图通过放弃与有利价格变化相关的潜在利益来消除风险。期货是风险分担工具。相比之下，期权是保险安排。

本章的关注点是在交易所交易的期货和期权。尽管这些衍生工具消除了对手风险，但它们不能根据项目发起人的特定需求量身定制。在第 18 章中，我们会讨论类型广泛的定制化衍生工具，以及尽管未标记为"衍生工具"，但实质上是衍生工具的那些产品。

期货合约

期货合约是交易所创建的标准化产品。期货合约是买方（卖方）与地位稳固的交易所或其清算所签订的协议,其中买方(卖方)可以在一个指定的时期末以指定价格接受(交付)某件物品。双方同意在未来交易的价格被称为期货价格。双方必须交易的指定日期被称为清算日或交割日。

市场上有金融期货、商品期货,甚至天气期货。金融期货可被划分为股指期货、利率期货和货币期货。在项目融资中,利率期货可被用于防范短期资金成本的风险,货币期货则可被用于防范短期的汇率波动。对于作为项目运营的原料或项目产出(所销售的产品)的商品,商品期货合约可被用于控制其不利的短期价格变化的风险。天气期货可被用于控制多种类型的风险,尤其是能源生产商面临的风险。注意,我们在描述所防范的风险时强调了它们是"短期"的。这是由于它们不是为防范与项目的运营和长期融资相关的长期风险进行套期保值的有效工具。在本质上,我们在下一章中描述的互换在经济上等价于期货(和远期合约)的组合,由于互换可以是长期的,它们在为防范项目相关风险进行的套期保值方面更为有效。

期货的交易机制

期货合约有一个交割日或交割月份。这意味着在合约交割月份的某个预定时间,合约将会终止交易,交易所为合约的交割确定一个价格。期货合约的一方有两个对头寸进行平仓的选择。

首先,头寸可以在交割日前平仓。为了这个目的,交易方可以对相同的合约建立相抵头寸。对于期货合约的买方而言,这意味着卖出相等数量的同一种期货合约;对期货合约的卖方而言,这意味着买入相等数量的同一种期货合约。另一个选择是等到交割日。在这个时候,购买期货合约的一方以协定价格接受标的物的交付。出售期货合约的一方通过以协定价格交付标的物对头寸进行平仓。仅以现金进行交割的期货合约被称为现金交割合约。

与每家期货交易所相关的是履行数项职能的清算所。其中一个职能是担保交易双方将会履约。在双方(即买方和卖方)交易后,清算所建立相反头寸并同意满足合约中规定的条款。由于清算所的作用,交易双方无须担心对手的经济实力或诚信,因为双方的关系已经终止。清算所以买家的身份介入每笔出售交易,并以卖家的身份介入每笔购买交易。因此,交易方可以自由地对头寸进行平仓而不涉及原始对手,亦无须担心原始对手违约的可能性。这是为何期货合约被定义为交易方与清算所(它与交易所相关)之间的协议的原因。除了担保职能外,清算所还使期货合约交易方在交割日前的头寸平仓更为简单。为上市衍生工具提供这种担保职能的主要清算所为美国期权清算公司(Options Clearing Corporation),以及芝加哥商品交易所集团(Chicago Mercantile Exchange Group,CME Group)的 CME 清算所(CME Clearing)和 CME 欧洲清算所(CME Clearing Europe)。

在初始建立期货合约头寸时,投资者必须按照交易所的规定对每份合约存入最低的美元金额。这个金额被称为初始保证金,是必需的合约保证金。随着期货合约价格的波动,投资者在头寸中的权益价值也会发生变化。在每个交易日末,交易所会确定期货合约的结算价格。这个价格被用于对投资者的头寸进行逐日盯市,因此头寸的任何收益或损失都反映在投资者的权益账户中。

维持保证金是投资者的权益可以下降到的最低水平(由交易所规定),假如因不利的价格变化,投资者的权益下降至这个水平以下,投资者将被要求缴纳额外的保证金。所缴纳的额外保证金被称为变动保证金,它是使账户中的权益恢复至初始保证金水平所必需的金额。投资者可以提取账户中的任何超额保证金。假如期货合约的一方被要求缴纳变动保证金,但未在指定时期内做到这点,那么期货头寸将被平仓。

用于为项目风险套期保值的期货合约

利率期货

两种可从交易所获得用于管理利率风险的利率期货合约为:管理短期利率的合约与管理中期和长期利率的合约。读者不要将之与前面提到的衍生工具的短期或长期期限混淆起来。某些利率期货合约可被用于防范短期利率的短期不利变化的风险,而其他利率期货合约可被用于防范长期利率的短期不利变化的风险。相比之下,利率互换(下一章的主题)可为防范长期利率或短期利率的不利变化提供长期保护。

两家交易利率期货合约的主要交易所是 CME 和纽约泛欧全球衍生工具交易所(NYSE Euronext)。CME 衍生工具的清算所是 CME 清算所。洲际交易所(Intercontinental Exchange,ICE)集团如今属于一个拥有多家交易所的更大的集团,这些交易所包括芝加哥证券交易所(Chicago Stock Exchange)、新加坡商品交易所(Singapore Mercantile Exchange)、国际石油交易所(International Petroleum Exchange)和纽约泛欧证券交易所。

这两家交易所为管理美元 Libor 风险敞口的目的交易的短期利率合约为欧洲美元期货合约,为管理短期欧元利率风险敞口的目的交易的工具是欧洲银行间同业拆放利率(Euribor)期货合约。纽约证券交易所伦敦国际金融期货交易所(NYSE Liffe)交易短期的金边债券期货和欧洲瑞士法郎存款期货,从而使投资者能够分别取得对英国和瑞士的短期利率的风险敞口。为控制对美国的中期和长期利率风险敞口而使用的期货合约为美国 2 年期、5 年期和 10 年期国债的期货,美国 30 年期国债的期货,以及美国超长期国债的期货,长期国债期货是为管理长期利率创建的合约。一些交易所为控制美国以外的中期和长期利率的利率风险敞口,提供利率期货产品。例如,NYSE Liffe 交易中期和长期的英国金边债券期货及日本政府债券期货。

货币期货

投资者可以取得在美国交易的主要货币的外汇期货合约,它们在 CME 旗下的国际货币市场(International Monetary Market,IMM)交易。在美国以外,货币期货在伦敦国际金融期货交易所(London International Financial Futures Exchange)、新加坡国际货币交易所(Singapore International Monetary Exchange)、多伦多期货交易所(Toronto Futures Exchange)、悉尼期货交易所(Sydney Futures Exchange)和新西兰期货交易所(New Zealand Futures Exchange)交易。

在 IMM 交易的期货合约的标的货币为英镑、日元、欧元、加拿大元、瑞士法郎和澳元。每种外国货币必须交割的金额根据具体货币有所不同。例如,每份英镑期货合约的交割标的物为 62 500 英镑,而每份日元期货合约的交割标的物为 1 250 万日元。货币期货合约的到期周期为 3 月、6 月、9 月和 12 月。最长期限为一年。因此,这些合约在为管理项目的长期外汇风险敞口进行的套期保值中作用有限。

大宗商品期货

顾名思义,大宗商品期货以一些类型的大宗商品为标的物。一个常用的大宗商品分类方法是硬商品和软商品。硬商品包括能源产品、贵金属产品和工业金属产品。通常,软商品是来自农业领域的依赖于天气的易腐商品,如谷物、大豆和牲畜(如牛和猪)。

能源衍生工具

能源项目的发起人可以取得类型广泛的交易所交易产品。例如,石油期货、丙烷期货和天然气期货的交易在数家交易所进行。对于其中每种商品,都有适合于特定项目的不同类型的标的物。例如,西得克萨斯中间基原油(West Texas Intermediary,WTI)、布伦特原油、取暖油期货和汽油期货。在每组商品中,根据不同的用途和最终目的地,将会存在多种选择,因此 WTI 和布伦特原油是轻质原油和低硫原油,而迪拜原油或法特油是含硫量较高的原油。根据其加工设置和所生产的产品,不同的炼油厂(最终的终端用户)将对原油有不同的偏好,因此合同的定价也会不同。对可再生能源项目的发起人而言,存在与风力相关的衍生工具、与电力相关的衍生工具及与太阳能相关的衍生工具。

天气期货

天气期货是基于指数的合约,它覆盖了在全球不同地理位置的类型广泛的各种天气事件。通过使天气事件成为一个指数产品,它也可以像其他商品那样交易。每个指数点都有一个相关的美元金额。与其他期货合约不同,天气期货没有实物交割,因此是现金交割合约。在太阳能项目开发中,它们可被用于控制气候风险和天气风险,这种风险是由电力生产的不利变化导致的,原因是在长时期内缺乏日照或太阳能电池板被雪覆盖。[1]

这些合约涵盖的气候天气条件可以包括升温、降温、降雨、降雪、飓风。期货合约采取的一个天气条件是与气温相关的条件。季节性的气温相关期货是以气温高于或低于一个基准水平度量的。作为一个例子,冬季气温期货基于实际气温比基准水平(65 ℉,18 ℃)低多少,并参考采暖度日(Heating Degree Day,HDD)指数。[2]HDD 指数衡量了日平均气温低于 65 ℉的累计度数。HDD 是按不同的地区提供的,相比之下,与夏季气温相关的期货基于实际气温比 65 ℉高多少,并参考冷却度日(Cooling Degree Day,CDD)指数。[3]

最初,这些合约是在场外交易的,但它们于 1999 年开始在 CME 交易。CME 天气期货在全球覆盖的地区为美国城市[4]和欧洲城市(阿姆斯特丹和伦敦)。

为了举例说明,让我们使用与冬季气温相关的期货。假设纽约市的日平均气温为 50 ℉,那么冬季天气衍生工具的日 HDD 值将为 65 减去 50,等于 15。假如日平均气温超过 65 ℉,那么 HDD 值将为 0。现在,我们可以从日 HDD 值转向月 HDD 指数值,后者是所有日 HDD 值的总和。一旦计算出月 HDD 指数值,合约的价值即可以确定。这是由 CME 通过为月 HDD 指数值的每一点提供一个美元价值做到的。CME 为每一点提供的价值为 20 美元。因

---

[1] Jon E. Worren, "Assessing the Risks in Solar Project Development", Renewable Energy World, February 8, 2012, https://www.renewableenergyworld.com/articles/2012/02/assessing-the-risks-in-solar-project-development.html.

[2] 冬季季节性期货覆盖 11 月—3 月和 12 月—2 月。

[3] 夏季季节性期货覆盖 5 月—9 月和 7 月—8 月。

[4] 包括亚特兰大、芝加哥、辛辛那提、达拉斯、拉斯维加斯、明尼阿波利斯、纽约和萨克拉门托。

此，假设月 HDD 指数值为 220，期货合约的价值将为 20 美元乘以 220，等于 4 400 美元。

使用期货和远期合约进行套期保值的一般原理

期货/远期市场的主要功能是将价格风险从套期保值者手中转移至投机者手中。也就是说，风险从那些愿意为规避风险支付代价的市场参与者手中，转移到了那些希望承担风险以获取收益的市场参与者手中。市场参与者不一定需要将所有风险都转移给另一方。市场参与者可能希望控制风险（即限制风险敞口）。

套期保值是风险控制的一个特例，其中市场参与者使用期货/远期合约来试图消除风险。这种情况下的套期保值是将期货交易用作未来现货市场交易的临时替代。套期保值头寸锁定了现货头寸的价值。只要现货价格和期货价格同向变化，一个头寸（无论是现货还是期货）上实现的任何损失都可与另一个头寸的利润相抵消。当利润与损失相等时，该套期保值被称为完美套期保值。在期货合约得到正确定价的市场中，完美套期保值应提供等于无风险利率的回报率。

与套期保值相关的风险

在实践中，套期保值并不是那么简单。套期保值的损失或利润取决于套期保值起始时和套期保值结束时现货价格（亦称即期价格）与期货价格之间的关系。现货价格减去期货价格的差额被称为基差：

$$基差＝现货价格－期货价格$$

假如期货合约是根据其理论价值定价的，那么我们可以证明现货价格减去期货价格的差额应等于持有成本。持有成本是为头寸融资的净成本。也就是说，它是融资利率减去从持有标的资产取得的现货收益率的差额。

套期保值者接受的风险是：基差将在套期保值结束时发生变化。这个风险被称为基差风险。因此，套期保值涉及用基差风险代替价格风险，也就是说，用基差可能会发生变化的风险代替现货价格可能会发生变化的风险。

当期货合约被用于为资产、货币或商品的头寸套期保值，而这些待套期保值以防范风险的头寸与期货的标的工具不完全相同时，这被称为交叉套期保值。交叉套期保值在许多套期保值应用中十分常见。交叉套期保值引入了另一种风险——期货合约标的物的价格变化也许不能准确地跟踪待套期保值以防范风险的资产、货币或商品的价格变化的风险。这种风险被称为交叉套期保值风险。因此，交叉套期保值的有效性将取决于：

（1）套期保值起始时和套期保值结束时标的物的现货价格与期货价格之间的关系；

（2）套期保值起始时和套期保值结束时待套期保值的资产、货币或商品的市场（现货）价值与期货合约标的物的现货价格之间的关系。

上述两项关系中的第二项至关重要，因此在交叉套期保值时，我们必须识别与被套期保值的期货合约具有高度价格相关性的合适现货市场工具。例如，假如项目的产品是一种矿物，且不是期货合约的标的物，那么（举例而言）用玉米期货进行套期保值不太可能实现套期保值目标。

空头套期保值和多头套期保值

为了执行空头套期保值，套期保值者卖出期货合约（同意交割）。因此，空头套期保值亦称卖出套期保值。通过建立空头套期保值，套期保值者固定了未来的现货价格，并将持有标的物的价格风险转移给了期货合约的买方。空头套期保值被用于防范资产、货币或商品的未来现货价格下跌的风险。因此，使用商品期货的空头套期保值将被用于项目的运营，以防范所售产品的价值下跌的风险。在利率期货合约的情况下，期货价格的下跌意味着利率的上升。

多头套期保值被用于防范将在未来某个时间从现货市场购买的资产、货币或商品发生价格上涨的风险。在多头套期保值中，套期保值者购买期货合约（同意接受交割）。多头套期保值亦称买入套期保值。

套期保值举例

为了举例说明套期保值，我们将提供几个取自传统大宗商品市场的数值例子。我们说明的原理同样适用于金融期货合约，但读者将更容易领会大宗商品的例子，而不涉及与金融期货合约相关的细枝末节。

假如一家矿业公司预期将在四个月后出售 1 000 盎司的黄金，一家珠宝公司的管理层则计划在四个月后购买 1 000 盎司的黄金。矿业公司和珠宝公司的管理层都希望在当前锁定价格。也就是说，他们希望消除四个月后与黄金相关的价格风险。黄金的现货价格目前为每盎司 1 652.40 美元。黄金的期货价格目前为 1 697.80 美元。每份期货合约的标的物为 100 盎司黄金。

由于矿业公司试图防范黄金价格下跌的风险，公司将开展空头套期保值。也就是说，公司将承诺以当前的期货价格交付黄金。矿业公司将出售 10 份期货合约。

珠宝公司的管理层试图防范黄金价格上升的风险。因此，公司将开展多头套期保值。也就是说，它将同意以期货价格接受黄金的交付。由于它试图防范 1 000 盎司黄金价格上升的风险，它将购买 10 份合约。

我们将在下面考察四个月后套期保值结束时各种黄金现货价格和期货价格的情景。

完美套期保值。假设在套期保值结束时，现货价格下跌至每盎司 1 604.20 美元，期货价格下跌至每盎司 1 649.60 美元。注意在这个情景下基差发生了什么变化。在套期保值起始时，基差为每盎司 −45.40 美元（＝1 652.40 美元 − 1 697.80 美元）。

当套期保值结束时，基差仍为每盎司 −45.40 美元（＝1 604.20 美元 − 1 649.60 美元）。

在套期保值时，黄金的现货市场价格为每盎司 1 652.40 美元，或 1 000 盎司 1 652 400 美元。在套期保值时出售的期货合约的价值为 1 697.80 美元。当套期保值在四个月后结束时，1 000 盎司黄金在现货市场中的价值为 1 604 200 美元（＝1 604.20 美元×1 000）。因此，矿业公司在现货市场中实现 48 200 美元的黄金价值跌幅。然而，期货价格下跌到了每盎司 1 649.60 美元，或所出售的期货合约的价值下跌到了 1 649 600 美元。因此，矿业公司在期货市场中实现了 48 200 美元的收益。最终结果是：期货市场中的收益与现货市场中的损失相匹配。因此，总体上，矿业公司未获得收益或受到损失。这是完美套期保值的一个例子。表 16.1 总结了这项套期保值的结果。

表 16.1 还总结了珠宝公司多头套期保值的结果。由于现货价格的下跌，珠宝公司将在现货市场中获得 48 200 美元的收益，但在期货市场中受到相同金额的损失。因此，该项套期保值也是完美套期保值。

这个情景说明了两个要点。首先,两家参与者都没有总体的收益或损失。原因在于:在套期保值结束时基差未发生变化。因此,假如基差未发生变化,那么有效的购买价格或出售价格实质上为套期保值设定时的现货价格。其次,注意若珠宝公司的管理层未开展套期保值,他们会处于更佳境地。黄金的成本将减少 48 200 美元。然而,这不应被诠释为错误决定的表现。管理层通常不从事黄金价格的投机业务,套期保值是用以防范未来业务成本上升的风险的标准做法。取得这种保护的代价是放弃可能会降临的意外之财。

表 16.1　锁定当前黄金价格的套期保值:现货价格下跌

假　　　设		
套期保值起始时的现货价格	每盎司 1 652.40 美元	
套期保值起始时的期货价格	每盎司 1 697.80 美元	
套期保值结束时的现货价格 *	每盎司 1 604.20 美元	
套期保值结束时的期货价格	每盎司 1 649.60 美元	
待套期保值的黄金盎司数	1 000	
每份期货合约的黄金盎司数	100	
用于套期保值的期货合约份数	10	
矿业公司的空头(卖出)套期保值		
现货市场	期货市场	黄金基差
在套期保值起始时		
1 000 盎司的价值	出售 10 份合约	
1 000×1 652.40 美元＝1 652 400 美元	10×100×1 697.80 美元＝1 697 800 美元	每盎司－45.40 美元
在套期保值结束时		
1 000 盎司的价值	购买 10 份合约	
1 000×1 604.20 美元＝1 604 200 美元	10×100×1 649.60 美元＝1 649 600 美元	每盎司－45.40 美元
现货市场损失＝48 200 美元	期货市场收益＝48 200 美元	
	总体收益或损失＝0 美元	
珠宝公司的多头(买入)套期保值		
现货市场	期货市场	黄金基差
在套期保值起始时		
1 000 盎司的价值	购买 10 份合约	
1 000×1 652.40 美元＝1 652 400 美元	10×100×1 697.80 美元＝1 697 800 美元	每盎司－45.40 美元
在套期保值结束时		
1 000 盎司的价值	出售 10 份合约	
1 000×1 604.20 美元＝1 604 200 美元	10×100×1 649.60 美元＝1 649 600 美元	每盎司－45.40 美元
现货市场收益＝48 200 美元	期货市场损失＝48 200 美元	
	总体收益或损失＝0 美元	

资料来源:此表由弗兰克·J. 法博齐制作。

假设在套期保值结束时,黄金的现货价格上升至每盎司 1 692.50 美元,期货价格上升至每盎司 1 737.90 美元。注意:基差仍保持于每盎司 45.40 美元的水平。由于基差未发生变化,有效的购买价格和出售价格将等于套期保值起始时的黄金价格。

---

　* 原文 cash price at time hedge is placed 有误,已修改。——译者注

在这种情景下,矿业公司将在现货市场实现收益,因为四个月后 1 000 盎司黄金的价值为 1 692 500 美元(= 1 692.50 美元×1 000)。与套期保值起始时的现货价值相比,这代表了 40 100 美元的收益。然而,矿业公司必须通过以 1 737 900 美元购买 10 份期货合约来对其期货市场头寸进行平仓,这个金额比合约出售时的价格高出了 40 100 美元。期货市场的损失抵消了现货市场的收益。表 16.2 总结了这项套期保值的结果。

珠宝公司在期货市场实现了 40 100 美元的收益,但必须在四个月后多支出 40 100 美元以在现货市场购买 1 000 盎司黄金。表 16.2 也总结了这项套期保值的结果。

注意,在这个情景中,珠宝公司的管理层通过使用套期保值节约了 40 100 美元。另一方面,如果矿业公司未开展套期保值,而是仅仅于四个月后在市场上出售其产品,那么它将处于更佳的境地。然而,必须强调的是,与珠宝公司的管理层相同,矿业公司的管理层也使用套期保值来防范现货市场中不可预见的不利价格变化的风险,这项保护的代价是放弃那些未开展套期保值的公司享有的有利价格变化。

表 16.2　锁定当前黄金价格的套期保值:现货价格上升

假　　设		
套期保值起始时的现货价格	每盎司 1 652.40 美元	
套期保值起始时的期货价格	每盎司 1 697.80 美元	
套期保值结束时的现货价格	每盎司 1 692.50 美元	
套期保值结束时的期货价格	每盎司 1 737.90 美元	
待套期保值的黄金盎司数	1 000	
每份期货合约的黄金盎司数	100	
用于套期保值的期货合约份数	10	
矿业公司的空头(卖出)套期保值		
现货市场	期货市场	黄金基差
在套期保值起始时		
1 000 盎司的价值	出售 10 份合约	
1 000×1 652.40 美元=1 652 400 美元	10×100×1 697.80 美元=1 697 800 美元	每盎司−45.40 美元
在套期保值结束时		
1 000 盎司的价值	购买 10 份合约	
1 000×1 692.50 美元=1 692 500 美元	10×100×1 737.90 美元= 1 737 900 美元	每盎司−45.40 美元
现货市场收益=40 100 美元	期货市场损失=40 100 美元	
	总体收益或损失=0 美元	
珠宝公司的多头(买入)套期保值		
现货市场	期货市场	黄金基差
在套期保值起始时		
1 000 盎司的价值	购买 10 份合约	
1 000×1 652.40 美元=1 652 400 美元	10×100×1 697.80 美元=1 697 800 美元	每盎司−45.40 美元
在套期保值结束时		
1 000 盎司的价值	出售 10 份合约	
1 000×1 692.50 美元=1 692 500 美元	10×100×1 737.90 美元=1 737 900 美元	每盎司−45.40 美元
现货市场损失=40 100 美元	期货市场收益=40 100 美元	
	总体收益或损失=0 美元	

资料来源:此表由弗兰克·J. 法博齐制作。

基差风险。在上述两个情景中,我们假设在四个月后套期保值结束时,基差未发生变化。没有理由说这种情况一定会发生。在现实世界中,基差在套期保值起始至套期保值结束期间会频繁发生变化。

假设黄金的现货价格下跌至每盎司 1 604.20 美元(与第一种情景相同),然而,进一步假设期货价格下降至每盎司 1 685.80 美元,而不是每盎司 1 649.60 美元。基差如今从每盎司－45.40 美元下降至每盎司－81.60 美元(＝1 604.20 美元－1 685.80 美元)。

表 16.3 总结了结果。对于空头套期保值而言,在现货市场中的 48 200 美元的损失仅由在期货市场中实现的 12 000 美元收益部分抵消,因此,套期保值带来了 36 200 美元的损失。

我们在这里需要指出几点。首先,假如矿业公司未开展套期保值,损失将为 48 200 美元,因为 1 000 盎司黄金的价值为 304 200 美元,而不是四个月前的 352 400 美元。尽管这不是完美套期保值,但 36 200 美元的损失低于在不开展套期保值情况下会发生的 48 200 美元的损失,这就是我们先前表示的套期保值用基差风险代替价格风险的含义。

表 16.3　套期保值:现货价格下降并且基差变大

假　　设		
套期保值起始时的现货价格	每盎司 1 652.40 美元	
套期保值起始时的期货价格	每盎司 1 697.80 美元	
套期保值结束时的现货价格	每盎司 1 604.20 美元	
套期保值结束时的期货价格	每盎司 1 685.80 美元	
待套期保值的黄金盎司数	1 000	
每份期货合约的黄金盎司数	100	
用于套期保值的期货合约份数	10	
矿业公司的空头(卖出)套期保值		
现货市场	期货市场	黄金基差
在套期保值起始时		
1 000 盎司的价值	出售 10 份合约	
1 000×1 652.40 美元＝1 652 400 美元	10×100×1 697.80 美元＝1 697 800 美元	每盎司－45.40 美元
在套期保值结束时		
1 000 盎司的价值	购买 10 份合约	
1 000×1 604.20 美元＝1 604 200 美元	10×100×1 685.80 美元＝1 685 800 美元	每盎司－81.60 美元
现货市场损失＝48 200 美元	期货市场收益＝12 000 美元	
	总体损失＝36 200 美元	
珠宝公司的多头(买入)套期保值		
现货市场	期货市场	黄金基差
在套期保值起始时		
1 000 盎司的价值	购买 10 份合约	
1 000×1 652.40 美元＝1 652 400 美元	10×100×1 697.80 美元＝1 697 800 美元	每盎司－45.40 美元
在套期保值结束时		
1 000 盎司的价值	出售 10 份合约	
1 000×1 604.20 美元＝1 604 200 美元	10×100×1 685.80 美元＝1 685 800 美元	每盎司－81.60 美元
现货市场收益＝48 200 美元	期货市场损失＝12 000 美元	
	总体收益＝36 200 美元	

资料来源:此表由弗兰克·J. 法博齐制作。

其次,从相反角度来看,珠宝公司的管理层面临着相同问题。一方获得的意外收益将导致另一方相等美元价值的意外损失。也就是说,参与者面临的是零和博弈,因为它们拥有完全相反的现货和期货头寸。因此,珠宝公司将从其多头(买入)套期保值实现 36 200 美元的总体收益。这项收益代表了在现货市场中 48 200 美元的收益和在期货市场中的 12 000 美元损失。

假设现货价格上升至每盎司 1 692.50 美元(与第二种情景相同),但基差扩大至每盎司 −81.60 美元。也就是说,在套期保值结束时(四个月后),期货价格上升到每盎司 1 774.10 美元。表 16.4 总结了这项套期保值的结果。作为多头套期保值的结果,珠宝公司将在期货市场中实现 76 300 美元的收益,但在现货市场中仅受到 40 100 美元的损失。因此,珠宝公司的总体收益为 36 200 美元。对矿业公司而言,总体损失为 36 200 美元。

表 16.4 套期保值:现货价格上升并且基差变大

假 设		
套期保值起始时的现货价格	每盎司 1 652.40 美元	
套期保值起始时的期货价格	每盎司 1 697.80 美元	
套期保值结束时的现货价格	每盎司 1 692.50 美元	
套期保值结束时的期货价格	每盎司 1 774.10 美元	
待套期保值的黄金盎司数	1 000	
每份期货合约的黄金盎司数	100	
用于套期保值的期货合约份数	10	
矿业公司的空头(卖出)套期保值		
现货市场	期货市场	黄金基差
在套期保值起始时		
1 000 盎司的价值	出售 10 份合约	
1 000×1 652.40 美元＝1 652 400 美元	10×100×1 697.80 美元＝1 697 800 美元	每盎司 −45.40 美元
在套期保值结束时		
1 000 盎司的价值	购买 10 份合约	
1 000×1 692.50 美元＝1 692 500 美元	10×100×1 774.10 美元＝ 1 774 100 美元	每盎司 −81.60 美元
现货市场收益＝40 100 美元	期货市场损失＝76 300 美元	
	总体损失＝36 200 美元	
珠宝公司的多头(买入)套期保值		
现货市场	期货市场	黄金基差
在套期保值起始时		
1 000 盎司的价值	购买 10 份合约	
1 000×1 652.40 美元＝1 652 400 美元	10×100×1 697.80 美元＝1 697 800 美元	每盎司 −45.40 美元
在套期保值结束时		
1 000 盎司的价值	出售 10 份合约	
1 000×1 692.50 美元＝1 692 500 美元	10×100×1 774.10 美元＝1 774 100 美元	每盎司 −81.60 美元
现货市场损失＝40 100 美元	期货市场收益＝76 300 美元	
	总体收益＝36 200 美元	

资料来源:此表由弗兰克·J. 法博齐制作。

在上述两个情景中,我们假设基差将会变大。我们可以证明假如基差缩小,结果将不是完美套期保值。

交叉套期保值。假设一家矿业公司发现了一种被冶金学家称为"顿巴克斯"(donbax)的稀有金属,并计划在四个月后出售 2 500 盎司的顿巴克斯,一家珠宝公司则希望在四个月后购买相同数量的顿巴克斯。双方都希望为防范价格风险而进行套期保值。然而,当前并不存在顿巴克斯期货或远期合约。双方都相信顿巴克斯的价格与黄金价格存在密切关系。具体而言,双方都相信顿巴克斯的现货价格将保持在黄金现货价格 40% 的水平。顿巴克斯的现货价格目前为每盎司 660.96 美元,黄金的现货价格目前为每盎司 1 652.40 美元。黄金的期货价格目前为每盎司 1 697.80 美元。

我们将考察各种情景以展示交叉套期保值的有效性。在每种情景下,黄金的基差保持不变,为每盎司 45.40 美元。我们作出这个假设的原因是使我们能够着重关注在两个时点——套期保值起始时和套期保值结束时——两个现货价格之间的关系的重要性。

在继续开展讨论前,我们必须先决定应将多少黄金期货合约用于交叉套期保值。在每盎司 660.96 美元的现货价格水平,2 500 盎司顿巴克斯的价值为 1 652 400 美元。为了使用黄金期货来保护顿巴克斯的价值,1 000 盎司黄金的现货价值(1 652.40 美元)必须被套期保值。由于每份黄金期货合约的标的物为 100 盎司,因此应使用 10 份黄金期货合约。

假设顿巴克斯和黄金的现货价格分别下降至每盎司 641.68 美元和每盎司 1 604.2 美元,黄金的期货价格下降至每盎司 1 649.60 美元。此外,假设在交叉套期保值结束时,交叉套期保值起始时的顿巴克斯现货价格与黄金现货价格之间的关系保持不变。也就是说,顿巴克斯的现货价格为黄金现货价格的 40%。黄金基差保持为每盎司一 45.40 美元不变。表 16.5 总结了空头和多头交叉套期保值的结果。

空头交叉套期保值在期货市场中产生了 48 200 美元的收益,与现货市场中的损失恰好抵消。多头交叉套期保值的情况相反。对于这个情景下的套期保值者而言,交叉套期保值未产生任何总体收益或损失。假如两种商品的现货价格上升相同比例并且基差不变,那么相同情况将会发生。

假设两种金属的现货价格下降,但顿巴克斯现货价格的下降比例超过了黄金现货价格的。例如,假设顿巴克斯的现货价格下降至每盎司 590.63 美元,而黄金的现货价格下降至每盎司 1 604.20 美元。黄金的期货价格下降至每盎司 1 649.60 美元,因而黄金基差未发生变化。

交叉套期保值结束时的顿巴克斯现货价格大约为黄金现货价格的 37%,而不是交叉套期保值构建时的 40%。表 16.6 显示了多头和空头交叉套期保值的结果。

我们从这些举例说明中可以清晰地看到,套期保值不像书本和大众刊物有时描述的那样简单。尽管由于期货合约标的物的基差相关风险,以及期货标的物的价格与待套期保值商品的价格之间的关联,交叉套期保值的结果可能是未知的,但开展在上述例子中使用的敏感性分析可为套期保值的相关风险提供深入见解。

**表 16.5　锁定顿巴克斯当前价格的交叉套期保值：
现货价格下降相同比例（同时黄金基差保持不变）**

假　设		
顿巴克斯价格		
套期保值起始时的现货价格	每盎司 660.96 美元	
套期保值结束时的现货价格	每盎司 641.68 美元	
黄金价格		
套期保值起始时的现货价格	每盎司 1 652.40 美元	
套期保值起始时的期货价格	每盎司 1 697.80 美元	
套期保值结束时的现货价格	每盎司 1 604.20 美元	
套期保值结束时的期货价格	每盎司 1 649.60 美元	
待套期保值的顿巴克斯盎司数	2 500	
待套期保值的黄金盎司数（假设顿巴克斯与黄金的现货价格比率为 0.4）	1 000	
每份黄金期货合约的盎司数	100	
用于套期保值的黄金期货合约份数	10	
矿业公司的空头（卖出）交叉套期保值		
现货市场	期货市场	黄金基差
在套期保值起始时		
2 500 盎司的价值	出售 10 份合约	
2 500×660.96 美元＝1 652 400 美元	10×100×1 697.80 美元＝1 697 800 美元	每盎司－45.40 美元
在套期保值结束时		
2 500 盎司的价值	购买 10 份合约	
2 500×641.68 美元＝1 604 200 美元	10×100×1 649.60 美元＝1 649 600 美元	每盎司－45.40 美元
现货市场损失＝48 200 美元	期货市场收益＝48 200 美元	
	总体收益或损失＝0 美元	
珠宝公司的多头（买入）交叉套期保值		
现货市场	期货市场	黄金基差
在套期保值起始时		
2 500 盎司的价值	购买 10 份合约	
2 500×660.96 美元＝1 652 400 美元	10×100×1 697.80 美元＝1 697 800 美元	每盎司－45.40 美元
在套期保值结束时		
2 500 盎司的价值	出售 10 份合约	
2 500×641.68 美元＝1 604 200 美元	10×100×1 649.60 美元＝1 649 600 美元	每盎司－45.40 美元
现货市场收益＝48 200 美元	期货市场损失＝48 200 美元	
	总体收益或损失＝0 美元	

资料来源：此表由弗兰克·J. 法博齐制作。

表 16.6　交叉套期保值:待套期保值的大宗商品的现货价格下降比例
大于用于套期保值的期货的下降比例(同时黄金基差保持不变)

假　　设	
顿巴克斯价格	
套期保值起始时的现货价格	每盎司 660.96 美元
套期保值结束时的现货价格	每盎司 590.63 美元
黄金价格	
套期保值起始时的现货价格	每盎司 1 652.40 美元
套期保值起始时的期货价格	每盎司 1 697.80 美元
套期保值结束时的现货价格	每盎司 1 604.20 美元
套期保值结束时的期货价格	每盎司 1 649.60 美元
待套期保值的顿巴克斯盎司数	2 500
待套期保值的黄金盎司数(假设顿巴克斯与黄金的现货价格比率为 0.4)	1 000
每份黄金期货合约的盎司数	100
用于套期保值的黄金期货合约份数	10

矿业公司的空头(卖出)交叉套期保值

现货市场	期货市场	黄金基差
在套期保值起始时		
2 500 盎司的价值	出售 10 份合约	
2 500×660.96 美元=1 652 400 美元	10×100×1 697.80 美元=1 697 800 美元	每盎司−45.40 美元
在套期保值结束时		
2 500 盎司的价值	购买 10 份合约	
2 500×590.63 美元=1 476 575 美元	10×100×1 649.60 美元=1 649 600 美元	每盎司−45.40 美元
现货市场损失=175 825 美元	期货市场收益=48 200 美元	
	总体损失=151 625 美元	

珠宝公司的多头(买入)交叉套期保值

现货市场	期货市场	黄金基差
在套期保值起始时		
2 500 盎司的价值	购买 10 份合约	
2 500×660.96 美元=1 652 400 美元	10×100×1 697.80 美元=1 697 800 美元	每盎司−45.40 美元
在套期保值结束时		
2 500 盎司的价值	出售 10 份合约	
2 500×690.63 美元=1 476 575 美元	10×100×1 649.60 美元=1 649 600 美元	每盎司−45.40 美元
现货市场收益=175 825 美元	期货市场损失=48 200 美元	
	总体收益=151 625 美元	

资料来源:此表由弗兰克·J. 法博齐制作。

交易所交易期权

在期货中,合约双方愿意为了消除与不利结果相关的风险,放弃资金成本、汇率或商品价格的有利变化。这种风险共担安排中的任何一方都不需要支付费用或保险型保费来诱使另一方提供保护。相比之下,保险型衍生工具为愿意向另一方支付不可回收的款项以取得保护的那一方提供保护。寻求保险型保护的合约方试图保留与有利变化相关的潜在收益。提供保护的合约方仅获得寻求保护的合约方支付的款项,而没有任何其他收益。

保险型衍生工具可被项目发起人用于:

- 对未来的资金成本设置一个上限或范围;
- 为一种货币的未来汇率提供一个下限或范围;
- 为一种货币的未来汇率提供一个上限或范围;
- 为一种待在未来出售的商品的价格提供一个下限或范围;
- 为一种待在未来购买的商品的价格提供一个上限或范围。

我们在本章中的关注点是可被项目发起人使用并在交易所交易的保险型衍生工具。一个与使用此类衍生工具相关的重要问题是保护成本。用文献的术语表述,这意味着期权合约的定价或估值。这个课题在本章的范围之外。在这方面,有许多知名的期权定价模型,而且期权定价文献对基础模型进行了无数的改进和修正。[①]在这里,我们仅指出以下几点。实证研究显示,这些交易所交易期权在市场中的定价是有效的。也就是说,在交易所交易的期权是公平定价的。在复杂的场外期权(我们将在后面数章中讨论它们)的情况下,可能会存在因建模风险或不恰当的假设而导致的定价错误,因此我们强烈建议项目发起人在没有内部的衍生工具专家的情况下,聘请一家专门从事估值的公司来提供服务。

有一些交易所交易期权与本章前面描述的期货具有相同标的物。

期权的描述和机制

在期权合约中,期权出售者赋予了期权购买者在指定时期内(或在指定日期)以指定价格从其购买或向其出售标的物的权利,而非义务。出售者赋予了购买者这项权利以换取一定金额的资金,这个金额被称为期权价格或期权权利金。购买或出售标的物的价格叫作执行价格。期权在此日后失效的日期叫作到期日。

当期权出售者赋予购买者从出售者购买标的物的权利时,它被称为看涨期权或买权。当期权购买者有权向出售者出售标的物时,期权被称为看跌期权或卖权。期权根据期权购买者可以执行期权的时间进行分类。期权的这个特征被称为"执行风格"。大多数期权允许在到期日或到期日前的任何时候(含到期日)执行期权。仅可以在到期日执行的期权被称为欧式期权,可以在到期日前的任何时候(含到期日)执行的期权被称为美式期权。由于这两种执行风格的期权可能不足以满足终端使用者的需求,银行可以为客户创建量身定制的期权。最常见的一种非标准执行风格可能是百慕大期权。这种期权使期权购买者能够在期权期限内的指定日期执行期权。

为风险控制目的使用期权的期权购买者是在为防范标的物的不利变化风险而寻求保护。它可以是(正如先前提到的那样)利率、汇率或大宗商品价格。期权的出售者在本质上是保险

---

① 基础期权定价模型是布莱克-斯科尔斯模型(Black-Scholes model)。衍生工具教科书提供了对其他定价模型的描述。

人。因此，为了诱使期权出售者加入交易，期权购买者必须以费用的形式向期权出售者支付补偿。

这个补偿通常被称为期权价格或期权权利金。期权购买者可能损失的最大金额为期权价格。期权出售者能够实现的最大利润也是期权价格。期权购买者有巨大的收益潜力，而期权出售者有重大的损失风险。

买权为期权购买者提供了一个可以购买标的物的最高价格（执行价格）。例如，假如项目公司需要一种商品用于当前和未来的生产，商品的当前价格为每单位 20 欧元，那么拥有基于该商品执行价格为每单位 22 欧元的买权（假如它存在的话）意味着，假如在期权到期日商品价格高于每单位 22 欧元，那么其必须支付的最高价格为每单位 22 欧元。卖权为期权购买者提供了一个可以出售标的物的最低价格（执行价格）。因此，试图控制原料价格和产成品价格的项目公司可以使用卖权和买权。成本等于期权价格。实际上，对于买权和卖权而言，前者的有效最高价格是执行价格加期权价格，后者的最低价格为执行价格减去期权价格。此外，正如第 12 章解释的那样，卖权和买权可被用作一种形式的担保。

期权与期货合约的差异

与期货合约不同，期权合约的一方没有交易的义务。具体而言，期权购买者有交易的权利，而非义务。期权出售者确实有履约义务。在期货合约的情况下，买方和卖方都有履约义务。当然，期货购买者不向出售者支付任何款项以使其接受义务，而期权购买者则向出售者支付期权价格。

因此，两种合约的风险/回报特征亦不相同。在用美元交易的期货合约的情况下，合约购买者在期货合约的价格上升时实现一美元对一美元的收益，并在期货合约的价格下降时蒙受一美元对一美元的损失。对于期货合约的出售者而言，相反情况将会发生。期权不提供这种对称的风险/回报关系。期权购买者能够损失的最大金额为期权价格。尽管期权购买者保留了所有潜在利益，但收益总是必须减去期权价格的金额。出售者能够实现的最大利润为期权价格，这与重大的损失风险相抵消。由于套期保值者可以利用期货来防范对称风险，并利用期权来防范不对称风险，上述区别极其重要。

在交易所交易的期货期权

期权可基于现货工具或期货合约。标的工具是债务工具、货币或大宗商品的交易所交易期权，被称为实物期权。最具流动性的利率、货币和大宗商品的交易所交易期权是基于期货合约的期权，被称为期货期权。

基于期货合约的期权赋予购买者在期权期限内的任何时间以指定价格从出售者购买或向出售者出售指定期货合约的权利。假如期货期权为买权，那么购买者有权以执行价格购买指定的期货合约。也就是说，购买者有权取得指定期货合约的期货多头头寸。假如购买者执行买权，那么出售者将取得期货合约的相应空头头寸。

基于期货合约的卖权赋予期权购买者以执行价格将指定期货合约出售给期权出售者的权利。也就是说，期权购买者有权取得指定期货合约的空头头寸。假如卖权得以执行，期权出售者将取得指定期货合约的相应多头头寸。

期货期权的交易机制

由于期货期权的交易方会在期权执行时取得期货合约的头寸,因此需要知道期货价格是多少。也就是说,需要明确,多头头寸持有者应为期货合约的标的工具支付什么价格,以及空头头寸的持有者应以什么价格出售期货合约的标的工具。

在执行时,期货合约的期货价格将被设定为与执行价格相等。然后,双方的头寸立即基于当时现行的期货价格逐日盯市。因此,双方的期货头寸将为现行的期货价格。与此同时,期权购买者将从期权出售者那里获得执行期权的经济收益。在期货买权的情况下,期权出售者必须向期权购买者支付现行期货价格减去执行价格的差额。在期货卖权的情况下,期权出售者必须向卖权持有者支付执行价格减去现行期货价格的差额。

例如,假设投资者购买了基于某种期货合约的买权,执行价格为 85。我们还假设期货价格为 95,并且购买者执行了买权。在执行时,买权购买者以 85 的价格取得了期货合约的多头头寸,买权出售者则以 85 的价格取得了期货合约的相应空头头寸。交易所立即对购买者和出售者的期货头寸进行逐日盯市。由于现行期货价格为 95,而执行价格为 85,因此期货多头头寸(买权购买者的头寸)将获得 10 的收益,而期货空头头寸(买权出售者的头寸)将蒙受 10 的损失。买权出售者向交易所支付 10,买权购买者从交易所获取 10。买权购买者如今拥有价格为 95 的期货多头头寸,能够以 95 的价格对期货头寸进行平仓或保留期货多头头寸。假如买权购买者采取的是前一种行动,那么它可以 95 的现行期货价格卖出期货合约。平仓不会产生任何收益或损失。总体而言,买权购买者获得了 10 的收益。假如买权购买者选择持有期货多头头寸,那么它将面临与持有期货多头头寸相同的风险和回报。但它仍从买权的执行中获得了 10 的收益。

相反,假设期货期权是卖权而非买权,现行期货价格为 60 而非 95。假如卖权的购买者执行期权,购买者将以 85 的价格拥有期货合约的空头头寸,期权出售者将以 85 的价格拥有期货合约的多头头寸。交易所以当时 60 的现行期货价格对头寸进行逐日盯市,使卖权购买者获得 25 的收益,卖权出售者则损失了相同金额。卖权购买者如今拥有了期货空头头寸,它可通过以 60 的现行期货价格买入期货合约对期货的空头头寸进行平仓,或保留期货空头头寸。在两种情形下,卖权购买者都从卖权的执行中获得了 25 的收益。

17

通过风险共担型衍生工具控制风险：互换

引言

互换是双方(叫作对手)同意定期交换付款的协议。双方的交换基于一个合约指定的名义本金金额之上。

互换有四种类型：
- 利率互换；
- 货币互换；
- 商品互换；
- 权益互换。

从我们观察到的现象来看，除了权益互换外，它们都已在项目融资中采用。[①]

互换不是一种新的衍生工具。相反，它可被分解为一揽子远期合约(我们在上一章中描述了它们)的组合。尽管互换不过是一揽子远期合约的组合，但由于数个原因，它不是一种赘余的合约。

首先，在许多含有远期和期货合约的市场中，最长的期限不会延展至典型互换的期限。其次，互换是更有效的实现风险控制目标的工具。这是指项目公司可以在单笔交易中有效地建立起等价于一揽子远期合约组合的收益结构。而项目公司对每笔远期合约都必须进行单独的谈判。最后，互换市场的流动性自 1981 年市场成立以来已有了发展，互换如今比许多远期合约(尤其是长期的远期合约)更具流动性。互换市场的发展起因于公司、金融机构、投资组合管理人和政府对管理利率、汇率和大宗商品价格的波动性风险敞口的需求。

---

① 另一种被称为"互换"的衍生工具是信用违约互换(credit default swap，CDS)，其中，收益的支付取决于信用事件的发生。这种类型的互换应更恰当地被归类为期权型衍生工具。尽管至此为止其在项目融资中的使用有限，但我们会在下一章末尾简要描述它们。

普通利率互换

我们从所有互换中最简单的一种开始:普通利率互换。在这种类型的互换中,两个对手同意基于指定的利率条款和名义本金金额(或简称为名义金额)交换付款。事实上,双方交换的唯一款项是利息付款,而不是名义金额。在普通的利率互换中,一方同意在合约期限内的指定日期向另一方支付固定利率款项。这一方被称为固定利率支付方或浮动利率获取方。另一方同意基于参考利率支付利率款项,因此,这一方被称为浮动利率支付方或固定利率获取方。市场采用的惯例是,仅根据它们是支付固定利率还是获取固定利率来指称它们。

在利率互换中,交换的款项可以基于类型广泛的浮动利率,这个浮动利率在合同中被称为参考利率。参考利率的期限可以是任何常用期限,如每日、每月、每季或每半年。现有合同中最常用的参考利率是 Libor,尽管其他参考利率亦有使用(例如,有担保隔夜融资利率、美国国库券利率、商业票据利率、大额存单利率、最惠利率和美国联邦基金利率)。①固定利率款项被称为互换利率。互换利率为某个基准加上一个利差,美元利率互换的基准通常是期限与互换期限相等的美国国债的收益率。利差被称为互换利差。已经逐渐形成的利率互换报价惯例是:互换交易商将浮动利率设定为与参考利率相等,然后对适用的互换利率进行报价。

作为对普通利率互换的举例说明,假设项目发起人作为固定利率支付方加入了以下普通利率互换交易:

名义金额:1 亿美元。

参考利率:3 个月期 Libor。

互换利率:4%。

支付频率:每季一次。

互换期限:10 年。

对于这笔 10 年期互换,项目发起人将在未来 10 年内每季获取 3 个月期 Libor。我们通过假设每季支付的款项都相同来简化这个例子。正如后面将要解释的那样,付款的计算将取决于季度内的天数。因此,假如 3 个月期 Libor 为 3%,互换付款将为 3%(参考利率)乘以 1 亿美元(名义金额)再除以 4(因为付款是每季发生的)。也就是说,项目发起人(它是固定利率支付方,因此是浮动利率获取方)获取的浮动利率款项为 75 万美元。由于互换利率为 4%,项目发起人支付的款项为 4%(互换利率)乘以 1 亿美元(名义金额)再除以 4,等于 100 万美元。互换付款被净额轧差,从而项目发起人将支付 250 000 美元。假如 3 个月期 Libor 是 5%而非 3%,那么项目发起人将获取 125 万美元并支付 100 万美元,从而获得 25 万美元的净收款。

---

① Libor 是一种受管理的利率,已被发现受到了操纵。由于与这个利率相关的丑闻,美国联邦储备银行于 2014 年组建的替代参考利率委员会推荐了一个 Libor 的替代方案。最初的过渡期应于 2021 年末完成,但已被延长至 2023 年年中,该委员会推荐的参考利率为有担保隔夜融资利率。

应用

下面是项目发起人如何能够利用普通利率互换的一个基本例子。假设项目发起人试图寻求期限为 10 年的 5 亿美元固定利率融资。假设项目发起人有以下两个融资选择:

固定利率融资:利率为 4.75% 的 10 年期固定利率债券。

浮动利率融资:利率为 3 个月期 Libor 加 60 个基点的 10 年期浮动利率债券。

我们进一步假设项目发起人可以使用我们上一个例子中的 10 年期普通利率互换(4% 的互换利率)。让我们考察项目发起人在发行浮动利率债券并同时作为固定利率支付方加入互换交易(名义金额为 5 亿美元)的情况下的融资成本。项目发起人每季支付下列款项:

浮动利率债券的支付义务:3 个月期 Libor 加 60 个基点。

互换的支付义务:4%。

项目发起人从互换获取款项的利率为 3 个月期 Libor。令 L 表示 3 个月期 Libor,于是对付款进行净额轧差后取得:

$$(L+0.006)+0.040-L=0.046=4.6\%$$

因此,通过发行浮动利率债券并加入互换交易实现的 10 年期固定利率融资的成本为 4.6%,比发行利率为 4.75% 的 10 年期固定利率债券低 15 个基点。

尽管我们可以看到这个融资组合可以节省 15 个基点的融资成本,但项目发起人面临着信用风险。项目发起人必须面临对手风险,因此必须评估潜在的成本节省是否足以补偿对手风险。更具体而言,假如互换对手破产,项目发起人仍必须继续支付浮动利率债券的利息。因此,假如未来的参考利率上升,从而导致浮动利率债券的利息增加,那么融资成本将会上升。

互换利率的计算

现在,让我们考察互换利率是如何计算的。在利率互换启动时,双方同意在未来交换利息付款,没有任何一方需要预先支付款项。这意味着互换条件必须使得双方的付款现金流的现时价值相等。另一个表达方法是:固定利率支付方的付款现金流的现时价值必须等于固定利率支付方获取的款项的现时价值。现金流等值是计算互换利率的原理。

在固定利率一边,一旦互换利率确定后,固定利率支付方必须支付的互换款项的计算是已知的。相比之下,浮动利率付款不是已知的,因为它们取决于参考利率在重设日的水平。对基于 Libor 的互换而言,上一章中提及的欧洲美元期货合约可被用于确定 3 个月期

Libor 的远期（或未来）利率。有了基于 3 个月期 Libor 的远期利率的现金流后，互换利率是能够使固定利率一边支付款项的现时价值与浮动利率一边支付款项的现时价值相等的利率。

用于折现所有现金流的适当利率是理论即期利率。每笔现金流都应以独特的折现率折现，这些折现率可从远期利率取得。根据欧洲美元期货合约得出的 3 个月期 Libor 的远期利率，可被用于取得理论即期利率。

这个程序可用一个例子说明。

互换期限：3 年期互换。

名义金额：100 万美元。

固定利率获取方：实际/360 天计数基础，每季付款。

浮动利率获取方：3 个月期 Libor，实际/360 天计数基础，每季付款并每季重设利率。

在互换市场中，"实际/360 计数基础"是一个描述如何计算某一时期内的浮动利率和固定利率的利息的市场惯例。在实践中，除了在英镑、澳元、新西兰元和港元的情况下（这些货币采用的是实际/365 的日计数惯例），固定利率一边的日计数惯例是 30/360。在我们的例子中，我们将使用 30/360 计数惯例。

表 17.1 显示了为我们的虚拟互换计算互换利率所涉及的步骤和计算。①第 1 列列举了季度期数。我们假设存在交割日与每个时期对应的欧洲美元期货合约。第 2 列显示了每一种假设的欧洲美元期货合约在每个时期内的天数。第 3 列显示了每份合约的期货价格。对于欧洲美元期货合约，未来的 3 个月期 Libor 是通过 100 减去期货价格求得的。第 4 列显示了这些远期利率。

用以折现现金流（付款）的折现率正是从远期利率计算而来的。第 5 列显示了每个时期的折现因子（即基于即期利率的 1 美元的现时价值），该列的注释提供了计算公式。第 6 列显示了浮动利率现金流，它是通过将远期利率乘以名义本金金额求得的。然而，如第 6 列的注释所示，远期利率必须按付款期内的天数来调整。这些数值代表了固定利率获取方支付的款项和固定利率支付方获取的款项。第 7 列显示了利用第 5 列显示的折现因子得出的每笔现金流的现时价值。浮动现金流的现时价值为 140 531 美元。

为了使除利息付款外双方没有任何其他的付款交换，互换利率的设定必须使得固定现金流的现时价值等于相同数值，即 140 531 美元。这可以用公式求得。在我们的虚拟互换中，互换利率为 4.988%。第 8 列显示了现金流。在确定固定现金流时，每笔现金流都必须按日计数惯例来调整，正如第 8 列的注释显示的那样。使用第 5 列中的折现因子，固定现金流的现时价值等于 140 531 美元。这证实了互换利率为 4.988%，因为它是使浮动现金流和固定现金流的现时价值相等的利率。在有了互换利率后，就可以确定互换利差。例如，由于这是一笔 3 年期的互换，3 年期新上市国债利率将被用作基准。假如该债券的收益率为 4.588%，那么互换利差将为 40 个基点。所有互换的互换利率计算都遵循相同的原理：将现金流的现时价值等同起来。

---

① 由于在使用电子表格时，中间计算有四舍五入，表 17.1 中的一些计算与文中解释的计算不完全一致。

表 17.1　三年期虚拟互换的互换利率计算

1	2	3	4	5	6	7	8	9
时期数	日计数	期货价格	远期利率	折现因子	浮动现金流	浮动现金流的现时价值	固定现金流	以 4.988% 折现的固定现金流的现时价值
1	91		4.05	1.000 00				
2	90	95.85	4.15	0.989 98	10 125	10 024	12 469	12 344
3	91	95.45	4.55	0.979 70	10 490	10 277	12 607	12 351
4	91	95.28	4.72	0.968 56	11 501	11 140	12 607	12 211
5	91	95.10	4.90	0.957 14	11 931	11 420	12 607	12 067
6	94	94.97	5.03	0.945 05	12 794	12 091	13 023	12 307
7	91	94.85	5.15	0.933 18	12 715	11 865	12 607	11 765
8	90	94.75	5.25	0.921 32	12 875	11 862	12 469	11 488
9	91	94.60	5.40	0.909 25	13 271	12 067	12 607	11 463
10	91	94.50	5.50	0.897 01	13 650	12 244	12 607	11 309
11	91	94.35	5.65	0.884 71	13 903	12 300	12 607	11 154
12	93	94.24	5.76	0.871 98	14 596	12 727	12 885	11 235
13	91	94.10	5.79	0.859 47	14 560	12 514	12 607	10 836
总和						140 531		140 531

注：

名义金额：100 万美元。

固定利率获取方：30/360 日计数基础；每季付款。

浮动利率获取方：3 个月期 Libor；实际/360 日计数基础；每季付款和重设利率。

第 2 列：日计数是指该时期内的天数。

第 3 列：欧洲美元期货的期货价格。

第 4 列：Libor 的远期利率是从欧洲美元期货合约的期货价格求得的，计算方式为 100.00−期货价格。

第 5 列：折现因子的计算方法为，上一个时期的折现因子/[1＋（上一个时期的远期利率×时期内的天数/360）]，其中，"时期内的天数"可见第 2 列。

第 6 列：浮动现金流是通过将远期利率乘以名义金额，并按付款期内的天数调整求得的。即，（上一个时期的远期利率×时期内的天数/360）×名义金额。

第 7 列：浮动现金流的现时价值，计算方式为，第 5 列×第 6 列。

第 8 列：这一列是基于互换利率的猜测值，采用试错法求得的。在确定固定现金流时，必须按照日计数调整现金流，方法为，（假设的互换利率×时期内的天数/360）×名义金额。计算中的假设互换利率为 4.988%，结果证明这是实际的互换利率。

第 9 列：固定现金流的现时价值，计算方法为，第 5 列×第 8 列。

资料来源：此表由弗兰克·J.法博齐制作。

互换的估值

利率互换的价值受到市场利率变化的影响。这是由于市场利率的变化会导致互换浮动利率一边的现金流发生变化。利率互换的价值为互换两边的现金流现时价值的差额。从当前欧洲美元期货合约得出的 3 个月期 Libor 远期利率被用于：计算浮动现金流，以及确定用以计算现金流现时价值的折现因子。

为了举例说明这点，考虑用于展示如何计算互换利率的 3 年期互换。假设一年以后，利率发生了变化。表 17.2 的第 3 列显示了每种假设的欧洲美元期货合约的假定现行期货价格。基于这些假设的期货价格，第 4 列和第 5 列分别显示了对应的远期利率和折现因子。第 6 列显示了基于第 4 列中的远期利率的浮动现金流，第 7 列显示了用第 5 列中的折现因子得出的浮动现金流的现时价值。浮动现金流的现时价值为 114 859 美元。这意味着固定利率获取方已同意支付价值 114 859 美元的款项，固定利率支付方将获取具有这个价值的现金流。

固定利率一边的付款将会继续，因为互换利率在互换的剩余两年期限内是固定不变的。第 8 列给出了固定现金流，第 9 列显示了基于第 5 列中的折现因子得出的现时价值。固定现金流的现时价值为 95 016 美元。这意味着固定利率支付方已同意支付价值为 95 016 美元的款项，固定利率获取方将获得具有这个价值的现金流。

固定利率支付方将获得现时价值为 114 859 美元的浮动现金流，并支付现时价值为 95 016 美元的固定现金流。这两个现时价值的差额（即 19 843 美元）为互换的价值。固定利率支付方将获得的净价值为正数，因为它将获得的金额的现时价值超过了它将支付的金额的现时价值。

固定利率获取方将支付现时价值为 114 859 美元的浮动现金流，并获取现时价值为 95 016 美元的固定现金流。与以上情况相同，这两个现时价值的差额（即 19 843 美元）为互换的价值。固定利率获取方将获得的净价值为负数，因为它将获得的金额的现时价值低于它将支付的金额的现时价值。

表 17.2 确定互换的价值

1	2	3	4	5	6	7	8	9
时期数	日计数	期货价格	远期利率	折现因子	浮动现金流	浮动现金流的现时价值	固定现金流	固定现金流的现时价值
1	91		5.25	1.000 000				
2	94	94.27	5.73	0.987 045	13 708	13 531	13 023	12 854
3	91	94.22	5.78	0.972 953	14 484	14 092	12 607	12 266
4	90	94.00	6.00	0.958 942	14 450	13 857	12 469	11 957
5	91	93.85	6.15	0.944 615	15 167	14 327	12 607	11 909
6	91	93.75	6.25	0.929 686	15 546	14 453	12 607	11 721
7	91	93.54	6.46	0.915 227	15 799	14 459	12 607	11 539
8	93	93.25	6.75	0.900 681	16 688	15 031	12 885	11 605
9	91	93.15	6.85	0.885 571	17 063	15 110	12 607	11 165
总和						114 859		95 016

注：两年期互换。

名义金额：100 万美元。

固定利率获取方：互换利率为 4.988%；实际/360 日计数基础；每季付款。

浮动利率获取方：3 个月期 Libor；实际/360 日计数基础；每季付款和重设利率。

浮动现金流的现时价值：114 859 美元。

固定现金流的现时价值：95 016 美元。

互换价值：19 843 美元。

资料来源：此表由弗兰克·J.法博齐制作。

非普通利率互换

非普通互换或个性化互换已应借款人和贷款人的需求逐渐发展起来，下一节会描述其中一些互换。其中一种变体是基于互换的期权，或更普遍地被称为"互换期权"。由于它是一种期权，我们将对其的讨论推迟至下一章。

注意，无论非普通利率互换属于何种类型，前面提到的估值程序都是适用的。

摊还型、增长型和过山车型互换

在普通互换中，名义本金金额在互换期限内不发生变化。因此，它有时被称为子弹型互换（bullet swap）。相比之下，在摊还型、增长型和过山车型互换中，名义本金金额会在互换期限内发生变化。

在摊还型互换中，名义本金金额在互换期限内以预定的方式减少。增长型互换可在需要供资的负债随着时间增长的情况下使用。它是名义本金金额随着时间以预定方式上升的互换。已经承诺为项目向客户提供金额随着时间上升的贷款的贷款机构可以使用增长型互换。在过山车型互换中，根据借款人的现金流结构，名义本金金额在不同时期上升或下降。

零息票互换

在零息票互换中，固定利率支付方在互换到期日前不支付任何款项，但在定期的支付日获取浮动利率款项。这种类型的互换使浮动利率支付方承担了巨大的对手风险敞口，因为该方定期支付款项，但在互换到期日前不能获得任何款项。

基础利率互换

在基础利率互换中，双方基于不同的货币市场指标交换浮动利率付款。

远期利率互换

远期利率互换不过是基于利率互换的远期合约。互换的条款在当前设定，但双方同意在未来的指定日期启动互换。

货币互换

在货币互换中，双方同意在交易时用指定金额（名义金额）的一种货币换取另一种货币，并在互换到期时返还在交易时交换的原始金额。与不需要交换名义金额的利率互换相比,在货币互换中,存在名义金额的交换。

从事项目融资的公司应关注货币互换,因为汇率的变化可能会侵蚀或消除利润。尽管短期的套期保值技术可被用于管理短期风险敞口,但这个策略不能防范在项目融资中遭遇的长期货币风险敞口问题。在项目融资中对货币互换的需求还可能源自以下原因:项目可以获得的贷款所使用的货币不同于项目将从产品或服务的销售产生的货币。当项目可以获得有补贴、定价具有吸引力的出口融资,但融资所使用的货币不是项目能够产生的货币时,这种情况通常会发生。

大多数货币互换交易的目标是降低外汇风险。然而,在许多项目融资情形下,互换可能尤其有用,包括以下情况:

- 利息费用。在某些情形下,可以通过使用互换筹集外币资金来减少利息费用。
- 一种外币贷款不能很容易地取得。互换可被用于以合理的利率取得外币贷款。
- 被冻结货币的使用。当发起人公司拥有因外汇管制货币被冻结的资金时,互换交易可以通过向另一家需要这种资金的公司贷出或出售这些资金,来提供一个利用这些资金的机制。

无论多重货币互换是基于简单的息差(交换借款),还是以一个存在溢价或折价的远期汇率的形式开展的,基础定价参数保持不变:

(1)货币之间的特定期限的息差;

(2)对不同市场的各种看法和不同市场中资金的可获得性;

(3)互换是根据公司的税收、现金流和会计要求量身定制的,这提供了一定程度的灵活性,市场参与者可能会愿意为这种灵活性支付一定的超出公众市场利率的溢价。

交叉货币利率互换

交叉货币利率互换综合了单一货币利率互换和货币互换的特征。这些互换可以是固定对浮动的,其中一方将一种货币的固定利率融资转换为另一种货币的浮动利率融资。或者,它们也可以是不同货币的固定对固定或浮动对浮动的互换。

例如,假设一家在法国注册的项目发起人希望在美国建造工厂,并需要 X 万美元的资金。假设以下情况成立:

- 项目发起人的融资目标是 X 万美元的 4 年期固定利率融资。
- 项目发起人不能进入美国资本市场(也就是说,它不能在美国发行固定利率美元债券)。
- 根据现行欧元/美元汇率,X 万美元等价于 Y 万欧元。
- 项目发起人可以通过在欧洲债券市场发行固定利率债券取得 Y 万欧元。

在美国,项目发起人可以从一家美国银行取得 X 万美元的 4 年期浮动利率贷款。

以下是交叉货币利率互换如何被项目发起人用以实现其取得 4 年期固定利率美元融资的融资目标的:

(1)它在欧洲债券市场发行 4 年期固定利率债券以筹集 Y 万欧元。

（2）它加入互换协议,在互换起始时将 Y 万欧元转换成 X 万美元。

（3）在互换期限内,项目发起人同意按以下方式交换利息付款:用美元支付固定利息款项,以及获取与 Libor 挂钩的浮动利率款项。

（4）在互换期限届满时用 X 万美元换取 Y 万欧元。

通过上述的第 2 步和第 4 步,项目发起人消除了 4 年期间(即互换期限内)的货币风险。通过对第 3 步中的付款进行净额轧差,项目发起人实现了其取得 4 年期固定利率美元融资的融资目标。图 17.1 提供了该笔互换的款项支付简图。当然,在这个例子中,融资成本取决于互换条款。

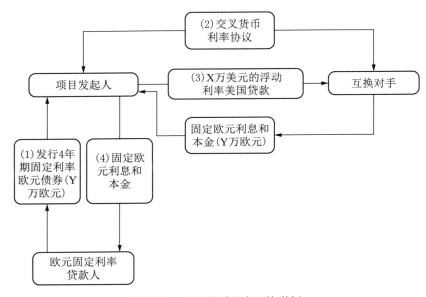

图 17.1　交叉货币利率互换举例

资料来源:此图由弗兰克·J.法博齐制作。

大宗商品互换

为防范项目的产成品或原料的长期价格风险,可以利用大宗商品互换市场进行套期保值。在大宗商品互换中,对手之间的付款交换基于某个特定大宗商品(如石油)的价值。在支付日的款项交换如下:一方同意为指定数量的商品支付固定价格,对手同意在该日期支付商品的即期价格。

大宗商品互换有数种类型,在控制运营风险中最常用的是固定-浮动互换。我们已经讨论了涉及固定利率支付方和浮动利率支付方的普通利率互换。浮动利率一边的参考利率为某个参考利率。在固定-浮动大宗商品互换中,商品价格被用于确定双方的付款金额。交易中存在一个固定价格支付方和一个浮动价格支付方。

固定-浮动大宗商品互换的条款涉及下列事项:

- 名义金额或参考数量；
- 固定价格；
- 浮动价格；
- 参考价格；
- 定价期；
- 互换的期限。

参考价格被用于确定商品的浮动价格。互换的交易文件规定了定价来源或计算方法。定价期是确定双方付款的时期。固定价格支付方的付款是通过将固定价格乘以参考数量得出的。浮动价格支付方在定价期内必须支付的款项是通过将浮动价格（根据参考价格指定）乘以参考数量确定的。

例如，假设一个涉及原油销售的项目的发起人加入了一笔两年期固定—浮动大宗商品互换，其中它是浮动价格支付方，具体条款如下：

参考数量：每月 100 000 桶的 WTI 原油。

固定价格：每桶 99.00 美元。

浮动价格：定价期期间的参考价格的算术平均值。

参考价格：即期 CME 的 WTI 期货合约的每日官方结算价格。

定价期：互换覆盖的 24 个月。

假设某个定价月份的参考价格为每桶 96.00 美元。这意味着项目发起人（浮动价格支付方）必须支付 9 600 000 美元（＝96.00 美元×100 000）。项目发起人从固定价格支付方获得的款项（每月的金额都相同）为 9 900 000 美元（＝99.00 美元×100 000）。在对付款进行净额轧差后，项目发起人将在当月获取 300 000 美元。假如某个定价月份的参考价格为每桶 102.00 美元，那么项目发起人将会支付 300 000 美元。

18

利用量身定制的衍生工具和协议控制风险

引言

我们在第 16 章中描述的交易所交易衍生工具(或上市衍生工具)是标准化产品。正如在上一章中解释的那样,尽管互换是场外衍生工具,但它被划分为普通互换和量身定制的互换。在本章中,我们将讨论其他量身定制的衍生工具,以及实质上是衍生工具的协议。我们在本章中描述的复合期权、远期启动期权、障碍期权、回望期权和平均价期权是常见的异型期权。利率协议包括上限合约、下限合约、领子期权、互换期权和远期利率协议。实质上是衍生工具型产品的定制协议为或有交易套期保值、承购协议和差价合同。在本章末尾,我们将简要描述信用违约互换。银行家使用这些衍生工具,但我们尚不了解项目发起人对它们的使用情况。[①]

异型期权

在第 16 章中,我们描述了交易所交易期权的标准合同条款。在这里,我们将描述一些简单的场外期权变体(如在执行风格方面),以及一些涉及收益支付的变体。标准(或普通)期权的一个简单变体的例子是百慕大期权。这种期权与标准期权的唯一差异是执行风格。有一些更为复杂的期权具有使其估值更为困难的特征。这些期权通常被称为异型期权。其中一些期权为投机者提供了可能产生更大收益潜力的特征。我们在这里的关注点是这些变体如何能有助于项目发起人控制风险,而不是用于投机目的。

---

① 参见 Shuai Li, Dulcy Abraham and Hubo Cai, "Infrastructure Financing with Project Bond and Credit Default Swap under Public-Private Partnerships", *International Journal of Project Finance*, 35, 2017, pp.406—419。

以下是五个项目发起人可能会用以取得更大风险管理能力的异型期权的例子：复合期权、远期启动期权、障碍期权、回望期权和平均价期权。

复合期权

标准的卖权和买权提供的风险控制保护会延展至一个预定的指定时期。这段时期内的标准期权最终会执行或到期失效（期权在此时价值为零）。复合期权——亦称分割费用期权或上升有效期权——赋予了购买人在执行日购买期权的权利，也就是说，它在本质上是"基于期权的期权"。

复合期权可以通过使项目发起人能够在购买额外的期权保护前拥有评估市场情况的时间，来限制损失风险。在其最基本的形式中，复合期权赋予了项目发起人购买某个标的物的市场窗口的机会。在窗口期到期时，期权购买者可以通过支付另一笔期权权利金来延长保护期。

为购买另一种期权的权利支付的第一笔期权权利金被称为前置期权权利金。这部分期权（即前置期权权利金覆盖的期权）的到期日被称为窗口日。购买者可以通过支付另一笔叫作后端费用的费用，在窗口日执行这一期权。

远期启动期权

在远期启动期权中，期权购买者在现今为将于指定的未来日期启动的期权支付期权价格。期权的执行价格通常不是预先指定的，而是在期权起始时指定的。合同规定了执行价格的确定方式。

障碍期权

在障碍期权中，期权购买者在现今为期权支付期权价格，一旦标的物突破指定价格，该期权将会生效或终止。障碍期权有四种类型：下降入局期权、上升入局期权、下降出局期权和上升出局期权。前两者在障碍被突破时生效，因此被称为敲入期权。后两者通常被称为敲出期权，期权在障碍突破时终止。在期权成立时，障碍价格被设定成高于或低于现行价格。"上升"意味着障碍高于现行价格，"下降"意味着障碍低于现行价格。通常，障碍期权被设计成远期启动期权。

回望期权

回望期权是期权购买者有权取得期权期限内标的物（如利率、汇率或商品价格）的最有利价值的期权。

例如，考虑一种在第 0 天美元对日元的汇率为 1 美元兑 78 日元时成立的购买日元的两个月期回望货币买权。假设在下一日（第 1 天），汇率变化至 1 美元兑 80 日元。期权购买者有权以 1 美元兑换 80 日元。假设在第 2 天，汇率变化至 1 美元兑 79 日元。期权购买者仍有权以 1 美元兑换 80 日元。无论汇率在 60 天内发生什么，期权购买者都能以当时最高的美元兑日元汇率(等价于最低的日元价格)执行期权。

平均价期权

平均价期权亦称亚洲期权,其收益为标的物的执行价格与期权期限内标的物平均价格的差额。在买权的情况下,假如标的物的平均价格高于执行价格,那么期权出售者必须向期权购买者支付款项。付款金额为:

$$平均价买权的收益＝(平均价格－执行价格)×标的物单位数$$

在卖权的情况下,假如标的物的执行价格高于平均价格,那么期权出售者必须向期权购买者支付以下金额的款项:

$$平均价卖权的收益＝(执行价格－平均价格)×标的物单位数$$

利率协议

上限合约和下限合约

上限合约是双方之间的协议,其中一方在收取预先支付的权利金后,同意在标的物(即指定的价格或利率)高于执行水平的情况下向另一方支付补偿。当一方同意在标的物低于执行水平的情况下向另一方支付补偿时,协议被称为下限合约。

上限合约和下限合约的条款包含:

(1) 标的物的指定;

(2) 设定上限或下限的执行水平;

(3) 协议的期限;

(4) 结算频率;

(5) 名义本金金额。

在上限合约和下限合约中,购买者预先支付一笔费用,这笔费用代表了购买者可能会损失的最高金额和协议出售者能够赚取的最高金额。仅有一方必须履约,即上限合约或下限合约的出售者。假如标的物上升超过执行水平,上限合约的购买者将会获益,因为出售者必须向购买者支付补偿。假如标的物下降跌破执行水平,下限合约的购买者将会获益,因为出售者必须向购买者支付补偿。这些合约等价于一揽子期权的组合。

例如,考虑利率上限合约。假设项目发起人从银行购买利率上限合约,条款如下:

(1) 参考利率为 3 个月期 Libor;

(2) 执行利率为 3%;

(3) 协议期限为 5 年;

(4) 每 3 个月结算一次;

(5) 名义金额为 2 000 万美元。

根据这份协议,在未来 5 年的每个季度,只要该时期内的 3 个月期 Libor 超过 3%,银行就必须在指定日期向项目公司支付款项。支付金额等于 3 个月期 Libor 与 3% 的差额乘以名义金额的美元价值再除以 4。[①]

领子期权

标准期权、上限合约和下限合约可被组合起来以创建领子期权。这是通过以下两者之一做到的:

- 购买买权并出售卖权;
- 购买上限合约并出售下限合约。

领子期权提供了一个保护的覆盖范围。

创建领子期权的动机是通过牺牲标的物价值的有利变化带来的收益,来降低取得保护的成本。例如,假设项目发起人试图防范能源成本上升的风险。当然,项目发起人可以购买上限合约(或买权),这会有效地为其必须支付的能源价格设置最高价格[执行价格加上限合约的费用(或买权价格)]。然而,为了降低这个最高价格,项目发起人可以出售下限合约(或卖权),因为所获取的收入会降低购买保护的成本。相应的代价是,项目发起人将不能在价格跌破下限合约或卖权的执行价格的情况下获益。

远期利率协议

远期利率协议是双方(其中一方是交易商公司——商业银行或投资银行)之间量身定制的协议,双方同意在指定的未来日期交换基于参考利率和名义本金金额的资金。名义本金金额是作为支付基准的金额,但没有任何本金的交换。

为了举例说明远期利率协议,假设一家工业公司与一家银行加入了以下名义本金金额为 1 亿美元的 6 个月期远期利率协议:假如 6 个月后的 3 个月期 Libor 超过 5%,银行将向工业公司支付由以下公式确定的金额:

$$(6 个月后的 3 个月期 Libor - 0.05) \times 100\ 000\ 000 \text{ 美元} \times 0.25$$

例如,假设 6 个月后的 3 个月期 Libor 为 8%,那么工业公司将获取:

$$(0.08 - 0.05) \times 100\ 000\ 000 \text{ 美元} \times 0.25 = 750\ 000 \text{ 美元}$$

假如 6 个月后的 3 个月期 Libor 低于 5%,那么工业公司将向银行支付基于相同公式计算出的金额的资金。

项目发起人为了防范利率风险,可以利用远期利率协议通过锁定利率进行套期保值。

互换期权

在上一章中,我们讨论了互换。基于互换的期权——更常见地被称为互换期权——是一

[①] 实际上,支付金额是基于日计数惯例调整的。

种有效地赋予此期权的购买者终止互换的权利的协议。与任何期权合约相同,互换期权的购买者需要为这项特权支付一笔费用。

让我们考察项目发起人利用互换期权管理风险的动机。假设项目公司加入了一笔四年期的商品互换,它同意以固定价格互换其生产的产品。假设由于某种原因,项目公司在运营两年后不能产出其在互换协议中同意交付的数量。项目公司将不得不进入该产品的现货市场购买交付所需的数量。显然,假如项目公司同意在互换交易中接受的现货市场价格超过了互换协议规定的价格,那么它将蒙受损失。互换期权使项目公司能够加入一笔有效地终止互换的交易,从而控制了项目公司不能生产交付所需数量的风险。

互换期权市场的一个主要部分源自以控制资金成本为目的的利率互换期权。典型的标的物是我们在上一章中描述的普通利率互换。互换期权可以是支付方互换期权或获取方互换期权。在支付方互换期权中,期权购买者有权加入一笔其在交易中支付固定利率并获取浮动利率的利率互换。获取方互换期权的购买者有权加入一笔其在交易中支付浮动利率并获取固定利率的利率互换。互换期权可以有美式或欧式执行条款。

在描述互换期权时,市场已形成了以下惯例。假设在互换期权中,距期权到期日的年数被标记为 A,在期权被执行的情况下互换期限的年数被标记为 B,那么互换期权被称为"A×B"互换期权或"A 变成 B"互换期权。

以控制风险为目的的衍生工具型协议

有一些双方签订的协议实质上是衍生工具,尽管未如此标记。项目发起人使用的三种最常见的此类协议为或有交易套期保值、承购协议和差价合同。

或有交易套期保值

在项目融资中,或有交易套期保值的使用有所增加,项目发起人会在达成一笔交易前使用这种工具。更具体而言,它是项目发起人在一旦中标从而需要融资时使用的工具。或有交易套期保值的条款在交易达成后生效。在交易未能在协议指定的日期前完成的情况下,双方的义务将会终止,任何一方都无须承担责任。这种工具在交易预期(例如,因监管批准导致的项目完工日期的不确定性)将于未来数月后达成的情况下使用。过去,或有交易套期保值在项目融资中被用于控制货币风险。然而,如今或有交易套期保值的使用更为频繁,以在发起人担心交易达成后的利率将会上升时锁定利率。一些项目发起人已出于相同原因使用这种类型的套期保值工具来锁定电价。

与在合同实施时要求支付一笔费用的期权不同,或有交易套期保值不需要预先支付费用。相反,这种工具是与在上一章中描述的利率互换一起使用的。或有交易套期保值的这个特征使之受到了发起人的欢迎。

发起人使用或有交易套期保值时必须关注的是,根据美国一般公认会计准则(US

GAAP)和 IFRS,其是否符合套期保值会计处理的条件。①根据现行准则,或有交易套期保值不符合套期保值会计处理的条件,因此必须逐日盯市。当这种工具被用于大型交易时,逐日盯市可能会引起利润的巨大波动。有一个规则可以使或有交易套期保值交易符合套期保值会计处理的条件。这个规则允许在判断或有交易发生的概率达到临界点(界限为 80%)的情况下进行套期保值会计处理。这意味着在使用或有交易套期保值为发行债券时的利率套期保值的情况下,债券实际发行的概率必须至少为 80%。

承购协议

在承购协议中,项目发起人(出售方)与客户(承购方)达成一笔协议,出售方同意以预定价格向承购方出售指定数量的产品。协议的构建使得在合约到期日前,双方仅能在极其有限的情况下终止合约。尽管承购协议与远期协议相似,但存在几个差异:

- 在远期协议中,双方都有履约义务;在承购协议中,必须交换的数额取决于产量。
- 远期合约的期限通常比承购协议的期限短。
- 远期合约确实有一定的流动性,而承购协议基本上完全没有流动性。

在下面各节中,我们提供了两个使用承购协议的例子。

恩纳康公司的承购协议

恩纳康公司(Enerkem Inc.)的总部位于加拿大魁北克省,它利用自有的热化学技术将城市固体废弃物转换成甲醇、乙醇和其他化学中间产品(形成日常用品)。它在阿尔伯塔省的埃德蒙顿市建造其首个商业生产工厂。作为其项目融资的一部分,2011 年 9 月,该公司通过新闻发布宣告它已就新工厂将生产的甲醇的销售与梅赛尼斯公司(Methanex Corporation)签订承购协议。梅赛尼斯公司是全球最大的甲醇供应商。恩纳康公司的联合创建人和执行董事长特别提到了承购协议的以下方面:

> 能够进入梅赛尼斯公司全球分销网络,加上我们从不可回收的废弃物生产甲醇的能力,代表了恩纳康公司在其商业活动开发中的一个恰逢其时的机会。②

帕拉丁能源公司的承购协议

我们的第二个例子是帕拉丁能源公司(Paladin Energy),它是一家总部设于得克萨斯州达拉斯市的铀矿开采公司。这个例子不仅是对承购协议的说明,而且还是关于这种协议可能会出现差错的警告。帕拉丁决定通过严重依赖债务的方式,为其非洲的开采作业提供融资。它最初筹集了 4 亿—5 亿美元的资金启动其开采作业,到 2012 年已有 9 亿美元的债务。

在其项目之一——朗格尔·海因里希(Langer Heinrich)第三期扩建——接近完工时,该公司为其矿产的销售与位于美国的三家新客户签订了承购协议。与其一家客户——法国电

---

① Ross Lancaster,"Derivatives: Deal-Contingent Hedgers Set Sights on Infrastructure", *Global Capital*, January 3, 2018, https://www.globalcapital.com/article/b16bf8slw39z3d/derivatives-dealcontingent-hedgers-set-sights-on-infrastructure.

② "Enerkem Strikes Deal to Supply Methanol from Edmonton Plant to Methanex Corp.", *The Canadian Press*, September 14, 2011, https://globalnews.ca/news/154668/enerkem-strikes-deal-to-supply-methanol-from-edmonton-plant-to-methanex-corp.

力公司(Électricité de France，一家大型公用事业公司)——的协议包含以下条款：①

- 协议的期限为 6 年(2019—2024 年)；
- 帕拉丁将每年向该公用事业公司提供 1 373 万磅铀，每年为 230 万磅；
- 1 373 万磅铀的购买价格将为交付日的现行市场价格，但对铀价设有限制(下限和上限)，还有每年价格上调的条款；
- 帕拉丁获得 2 亿美元的现金预付款。

帕拉丁将从其现有的非洲开采作业或未来开采项目获得铀。协议还有一个额外条款。该公用事业公司将取得帕拉丁的加拿大拉布拉多省米其林项目的 60.1％以上股权的担保权益。这项担保权益是为帕拉丁获得的 2 亿美元预付款提供的。

因此，2012 年的协议规定了铀的远期出售，但除了协议规定的价格下限和价格上调外，协议未提供任何防范铀价在未来下跌的风险的办法。2016 年 11 月，铀的即期价格从协议签订时的每磅 34.70 美元下降至每磅 18.50 美元，价格降幅达 37％。(在承购协议签订时的最高价格为 2007 年的每磅 136 美元。)

由于价格的下跌，帕拉丁基本上停止了其在非洲东南部国家马拉维的卡耶莱凯拉矿井的作业。此外，帕拉丁还剥离了其对朗格尔·海因里希矿井的所有权，仅保留了 51％的股份。因此，帕拉丁不能生产足够的铀来满足其按协议规定必须交付的数量。具体而言，它仅能交付 200 万磅左右，低于协议要求的 230 万磅。法国电力公司要求帕拉丁提供额外的抵押品，额外抵押品数量的确定将由独立的专家评估完成。现实情况是帕拉丁难以履行其因借款导致的沉重债务，以及对 2 亿美元(其从该公用事业公司取得的预付款)的偿还义务。[2017 年，其对法国电力公司的债务变成了 2.782 亿美元的流动负债(被标记为预收收入)。②]

2016 年末，帕拉丁向得克萨斯州北部破产法院申请了第 11 章破产＊。③在毕马威准备的《破产管理人向债权人的报告》中，三个导致破产的原因是：(1)严重依赖于债务融资；(2)铀价急剧下跌；(3)缺乏防御铀价下跌的套期保值和承诺协议。事实上，第三个原因看上去并不完全正确。尽管防范未来铀价风险的套期保值确实不存在，但导致破产的原因是该公司不能履行其承购协议——因缺乏防范未来铀价风险的套期保值。2018 年 2 月 8 日，帕拉丁倒闭了。

差价合同

在差价合同中，双方同意在交割日交换标的资产的初始价格与期终价格的差额。差价合

---

① 参见"Paladin Announces Off-Take Contract"，*World Nuclear News*，August 16，2012，http://www.world-nuclear-news.org/Articles/Paladin-announces-off-take-contract；"Paladin Partner Seeks More Security for ＄200m Pre-payment"，*Mining World*，February 2017，p.12；Tess Ingram，"Paladin Energy：From Market Hero to Administration"，*Financial Review*，July 7，2017，https://www.afr.com/business/mining/uranium/paladin-energy-from-market-hero-to-administration-20170706-gx6a84。

② KPMG，"Administrator's Report to Creditors"，November 17，2017，https://home.kpmg.com/au/pdf/paladin/paladin-circular-creditors-administrators-report-30-nov-2017.pdf. 这是遵照澳大利亚《2001 年公司法》的第 439A(4)节，根据《2016 年破产实务规则》(IPR)的第 75—225(3)条规定与澳大利亚重组破产和周转机构(ARITA)的准则委托出具的报告，它总结了破产管理人对公司事务的初步考察和对债权人所拥有的选择的描述。

＊ 第 11 章破产是基于《美国破产法》第 11 章的重组破产案件。第 11 章破产的主要目的是给有大量债务的企业实体和个人重组财务的机会。——译者注

③ https://www.bloomberg.com/research/stocks/private/snapshot.asp?privcapId＝235178968.

同的初始价格或加入价格被称为执行价格，期终价格为合同定义的参考价格。标的资产可以是金融工具、货币或大宗商品。差价合同是现金交割合约。同意在参考价格低于执行价格时支付款项的一方被称为"合同多头方"主体。假如参考价格高于执行价格，合同的多头方将从对手方获取款项。同意在参考价格高于执行价格时支付款项的一方被称为合同空头方，它在交割价格低于执行价格时获取款项。差价合同的交割日期可以远在 15 年以后。

例如，假设在 2019 年 9 月 8 日，投资者 L 和 S 加入了一笔购买 1 000 桶布伦特原油的 1 年期差价合同，交割日为 2020 年 9 月 8 日。假设在 2019 年 9 月 8 日，即期价格为每桶 61.86 美元。这是我们假设的合同的执行价格。在这笔虚拟的差价合同中，投资者 L 为合同的多头方，投资者 S 为合同的空头方。假如在 2020 年 9 月 8 日布伦特原油的价格低于每桶 61.86 美元，那么投资者 L 将向投资者 S 支付款项；假如在 2020 年 9 月 8 日布伦特原油的价格高于每桶 61.86 美元，那么投资者 L 将从投资者 S 那里获取款项。收益为两个价格的差额乘以本例中的 1 000，因为差价合同要求的是这一桶数的布伦特原油。假设在 2020 年 9 月 8 日，参考价格为每桶 42.02 美元。由此，投资者 L 必须向投资者 S 支付 19 840 美元，等于两个价格的差额（19.84 美元）乘以 1 000。

作为鼓励可再生能源开发的方法之一，中央和地方政府已使用了差价合同。例如，在英国，采用差价合同是政府试图支持低碳发电的主要方法。差价合同为合格开发商提供了防范能源价格不利变化的保护。协议是由开发商与一家政府拥有的公司——低碳合同公司（Low Carbon Contracts Company，LCCC）——即对手方签订的。LCCC 负责基于拍卖签发合同和支付款项。协议的期限为 15 年。执行价格为反映特定类型低碳技术的投资成本的电价，参考价格为英国电力市场平均价格的一个度量。[①]

在美国，许多州都已使用差价合同促进州内可再生能源的开发。在本质上，它们是通过使用差价合同设定批发电价做到这点的。数起能源公司提起的诉讼已对州政府提出了质疑，因为政府以能源公司违反了联邦法规为由要求它们使用差价合同。在 2014 年 3 月的一个新泽西州案件（PPL Energy Plus v. Solomon）中，美国第三巡回上诉法院判决州政府不得设定或改变批发电价；在 2014 年的一个马里兰州案件（PPL Energy Plus v. Nazarian）中，美国第四巡回上诉法院也作出同样的判决。这限制了州对差价合同的使用。[②]2016 年 4 月，美国最高法院维持了第四巡回上诉法院对马里兰州案件的判决。[③]

信用违约互换

信用衍生工具是为了在双方之间转移一项或多项标的资产的信用风险敞口而设计的金

---

① "Policy Paper：Contracts for Difference"，更新于 2019 年 1 月 11 日，https://www.gov.uk/government/publications/contracts-for-difference/contract-for-difference。

② "Begging to Differ：Federal Courts Strike Down State Contract-for-Difference Schemes"，*Green Energy Institute*，October 14，2014，https://law.lclark.edu/live/news/28263-begging-to-differ-federal-courts-strike-down-state。

③ Rich Heidhorn Jr.，"Supreme Court Rejects MD Subsidy for CPV Plant"，*RTO Insider*，April 19，2016，https://www.rtoinsider.com/supreme-court-maryland-psc-ferc-cpv-25296/。

融工具。项目发起人可能有机会使用信用衍生工具以转移项目公司产生的有信用风险的资产,或用合成方法创建一种可降低其融资成本的融资工具。然而,目前尚无关于项目发起人为上述两个目的使用信用衍生工具的报告。

信用衍生工具包括信用违约互换、资产互换、总收益率互换、信用关联票据、信用利差期权和信用利差远期合约。至此为止,最受欢迎的信用衍生工具为信用违约互换,它们有两个种类:单一名称信用违约互换和信用违约互换指数。前者更有可能被项目发起人在创建合成融资工具时使用。然而,银行已使用信用违约互换转移其项目贷款资产组合的信用风险。首先,我们描述什么是单一名称信用违约互换。

信用违约互换的机制

信用违约互换可能是一种最简单的转移信用风险的信用衍生工具。信用违约互换是一种场外工具,因此存在对手风险。国际互换与衍生工具协会(International Swaps and Derivatives Association,ISDA)为信用违约互换交易制定了标准化文件。文件指定了参考债务,它是作为保护对象的特定债务。

交易有两个对手方:保护购买方和保护出售方。前者向后者支付一笔费用(互换权利金),以换取在参考债务发生某个事件的情况下获得付款的权利。保护购买方在信用违约互换期限内定期支付互换权利金(通常为每季支付)。然而,假如在信用违约互换期限内某个信用事件发生,那么付款将会停止。正如后面将要解释的那样,信用违约互换文件会对信用事件进行定义。一旦信用事件发生后,单一名称信用违约互换的运作机制如下:保护购买方支付直至信用事件发生日的应计互换权利金,无须进一步支付其他款项。保护出售方必须为信用事件导致的损失向保护购买方支付补偿。信用违约互换文件详细规定了损失的确定方法和如何向保护购买方付款的方法。

信用违约互换文件的最重要的部分是合同双方协定的对每个信用事件的定义,信用事件将会触发保护出售方向保护购买方付款。ISDA 提供了对信用事件的定义,自 ISDA 在《1999年 ISDA 信用衍生工具定义》中首次发布定义以来,不同类型的信用事件已经随着时间发生变化。该文件提供了八个可能信用事件的列表,这些事件试图捕捉每种可能会导致参考债务的信用品质或价值下降的情形。这些事件为:

- 破产;
- 兼并时的信用事件;
- 交叉加速;
- 交叉违约;
- 信用评级下调;
- 未能支付;
- 拒绝履约;
- 重组。

信用违约互换交易方可以纳入所有这些信用事件,或仅选择那些它们认为最相关的事件。

这些定义后续得到了补充和修正。早期对定义的补充涉及所有信用事件中最有争议的一种——重组。这种类型的信用事件对寻求信用保护的贷款人有利,因为它们可以对客户的贷款进行重组，并同时根据重组的定义为此获得补偿。为了补充相关定义，《2003 年 ISDA 信用衍生工具定义》产生了，它提供了四个重组的定义：(1)未发生重组；(2)完全重组，在可交割的参考债务方面没有修订；(3)修订重组(通常在北美使用)；(4)再修订重组(处理了在欧洲市场产生的问题)。ISDA 还提供了具体针对市政债务的定义。

银行对信用违约互换的使用

银行可以在其资产组合中保留项目贷款，也可以在希望剥离信用风险敞口时出售贷款。对于银行拥有的项目贷款组合，转移信用风险可以通过两种方法之一完成。第一，银行可以将银行贷款组合出售给第三方——特殊目的载体，后者可以利用证券化技术将贷款用作抵押品发行债券。于是特殊目的载体可以发行对项目贷款池的现金流具有不同优先受偿顺序的债券。所创建的结构叫作贷款抵押债券。

实现信用风险转移的第二种方法是采用合成方法。用合成方法转移信用风险的一个有利之处是它无须出售项目贷款即可完成。这个方法可能会带来法律层面的好处，因为出售项目贷款可能需要借款人的允许，或者在不同的国家之间转移贷款可能存在困难。风险转移是通过银行签订单一名称信用违约互换来实现的，其中，银行是保护购买方，特定项目贷款为参考债务。或者，银行可以创建合成的贷款抵押债券，它们不向特殊目的载体出售项目贷款组合，而是加入基于项目贷款组合的信用违约互换交易。

19

ESG 对项目融资的影响

引言

正在影响本书提到的所有金融工具的一个变化是，在提供项目融资时，人们越来越意识到"做正确的事"的重要性。尽管在过去，许多利益相关者因没有"话语权"而被剥夺了权利——它们对项目提出主张的权力、合法性和紧迫性通常被忽略或轻视。在关于利益相关者的那章中，我们强调了协商和认识到项目期限内不同时点的不同利益相关者立场的重要性。然而，除此之外还有通过公众对与 ESG 因素相关的合规性的监督，将"做正确的事"正式化。不可避免的是，一种新形式的合规行业已就此发展起来，随之出现的是 ESG 基准、ESG 审计及企业关于从事 ESG 的冗长声明。

ESG 建立于企业社会责任、社会责任投资和道德投资等先前的倡议之上，尽管大多数公开数据集中于投资者，但项目方也有考虑最佳 ESG 实践的强烈义务。在如今即时社交媒体的世界中，管理 ESG 形象是维持项目，从而维持项目发起人作为负责任的推动者的形象的一个组成部分。然而，谁来评估 ESG 合规？它仅是勾选框吗？存在一刀切的情况吗？

在三个 ESG 标题中，每个标题都包含许多因素清单——这是导致不同形式的评估、审查和评判成倍增加的问题之一。一些标题标准如下所示：

环境方面：

- 最佳的环境管理实践。
- 认识到气候变化因素对项目的影响。
- 最佳的开采和加工路线。
- 认识到环境的可持续性。

社会方面：

- 认识到人类利益相关者的权利和对他们的义务，以及他们的责任。
- 动物福利，包括野生动物问题。

- 认识到多样化的重要性与利用本地经济获取相关商品和服务来源的要求。
- 消费者保护。

公司治理方面：

- 在关键决策中代表所有利益相关者，并且有公正的支持机制（如需）。
- 清晰的管理和法律制度及合同，在起始时就规定好公平的纠纷处理程序。
- 对任何放弃或分享的权利支付的公平补偿。
- 公平和透明的雇员及高级管理层薪酬方案。
- 道德行为。

这也与赤道原则——在第 2 章中讨论的评估和管理项目的环境及社会风险的风险管理框架——具有清晰的关联。这与"愿望清单"十分相似，许多较长期的项目可能是在人们对这些理想不太关注的时期内构想和完成的。这种项目可能会收获苦果，正如我们可以从本章描述的一些例子中看到的那样。所有各方都希望得到的是透明度和公平。新进入的公司还需要存续期的保障和政治上的稳定性。

此处涉及两组平行的许可：正式的经营许可和社会的经营许可。当地社区的居民会希望得到他们认为将改善自己和子女生活的公平待遇。他们不是可一概而论的群体，他们也许不拥有项目将占据的土地。回顾本书开头的章节及对于权力、合法性和紧迫性的考虑，项目的接受者通过结果有利性、实质公正和程序公正来追求合法性。本书配套册《项目融资：分析和构建项目》开头的案例说明了这是如何做到的。

为了进一步探索这点，本章被划分为三个专题案例，每个案例分别代表 ESG 的一个字母，我们从项目发起人或融资提供人（或两者兼而有之）的角度对之进行讨论。对关于什么是最佳实践的新兴方法的所有方面的讨论在本书范围之外，但这项讨论将有助于这个领域的思考。

环境问题案例

2020 年 5 月，两个与项目相关的事件成为新闻头条：在俄罗斯诺里尔斯克发生的柴油泄漏和澳大利亚原住民圣地的破坏。尽管这两个事件不明显相关，但从项目发起人的视角说明了 ESG 问题。我们在这里将柴油泄漏案例作为环境问题进行讨论，并在下一节中将圣地的破坏当作一个社会问题案例。

在第一个柴油泄漏案例中，似乎是燃料贮存箱因为地面变暖、北极永冻土层融化和土壤沉降被破坏。因此，这是气候变化导致的意外后果。该项目是一个燃煤火力发电厂，它将柴油用作备用燃料——这并非罕见现象。项目地处北极圈之上，在封闭的诺里尔斯克附近，这个城市是不对外国人士开放的几个地点之一。因此，信息并不能广泛取得，但项目靠近全球最大的镍、铜和钯矿床之一。泄漏事件如今威胁到了该地区鸟类、鱼类和哺乳动物的生存。

与开采和精炼活动相关的公司是诺镍公司［Nornickel，先前被称为诺里尔斯克镍业公司（Norilsk Nickel）］——一家俄罗斯的全球性开采和冶炼公司，其股票在莫斯科和圣彼得堡的交易所上市,并且是几个主要股市指数的成分股。①公司开展了多项高调的环境活动,包括将人员迁离其运营所在的污染程度较高的城市(这种污染是苏联时代留下的,生产和精炼活动涉及高浓度的硫基污染物)。至此为止,诺镍公司在截至 2020 年的过去 5 年中创造了所有多元化矿业公司中最高的股东回报,并实行慷慨的股息政策。

2014 年的一项检查似乎显示柴油贮存箱的底部遭到了腐蚀,公司被命令清理和修复贮存箱。这个层次的运营是由母公司的下级子公司控制的,无论是出于何种原因,这项工作没有完成,导致了 17 500 吨柴油泄漏至当地的河流和地下水位中。进一步的潜在问题发生于 2020 年 6 月,从附近选矿厂设施的集水坑溢出的回收废水被泵送至附近的河流中——这违反了工厂的操作规程。事态升级至国家层面,普京总统公开谴责了弗拉基米尔·波塔宁(Vladmir Potanin)——公司最大的股东和全国最富有的个人——未能在泄漏发生前对贮存箱进行升级。清理预计将花费 15 亿美元并耗时 10 年,成本将由公司支付。此外,2020 年 7 月,俄联邦自然资源利用监督局(Federal Service for Supervision of Natural Resources)——俄罗斯的环境监管机构——要求公司支付 1 480 亿卢布(大约 20 亿美元)的破坏赔偿。其中一个重大挑战是:矿厂地处偏远地区,使得获取紧急服务和其他服务十分困难。矿厂在长达 30 年的时间内未出现任何运营问题,但与苏联解体后许多前国有公司遇到的情况相同,股东不愿投资和对设备进行现代化更新。根据一家俄罗斯调查委员会的调查结果,贮存箱于 2018 年启用,取得了适当的许可证。②

随着气候影响地质并破坏地表的稳定,这个案例可能会成为其他案例的先驱者。它还提示了在最佳实践可能发生显著变化、劳动力选择有限和存在文化自满的领域出现这种问题的可能性。一些人员如今已被逮捕。

社会问题案例

第二个案例研究——澳大利亚原住民圣地的破坏——发生于不同文化发生碰撞之时,协议的双方可能会对一方视为共识的问题采取不同的方法。在这个案例中,所涉及的圣地有大约 46 000 年的历史,被炸药摧毁,因此没有恢复原状的明显可能性。

与故事有关的是铁矿厂布莱克曼 4(Brockman 4),以及其在一个叫作皮尔巴拉的矿藏丰富的澳大利亚地区的扩建。RTZ 公司已于 2013 年从西澳大利亚州政府取得摧毁两处岩石掩体以扩建其项目的许可。公司于 2014 年开展了考古调查(如今被视为最佳实践),从而发现了该遗址的年代和重要性——人类持续居住最久的地方之一。无数的文物得以发现,据称如今仍继续由公司所有。

在澳大利亚(与在其他国家相同),本地原住民团体对如今被考虑用于矿业项目的土地主张居住权和所有权是一个敏感问题。在过去,审查许可一定是开展项目所必需的,并且这些许可并不总是容易取得,这使得项目的时间安排甚至可行性具有不确定性。在这个具体案例

---

① 诺镍公司的 ADR 在纽约和伦敦的证券交易所交易。

② 这并非诺镍公司首次出现环境问题。挪威的主权财富基金已禁止将诺镍公司作为持仓的候选对象。

中,一个叫作普图·昆蒂·库拉玛和皮尼库拉(Puutu Kunti Kurrama and Pinikurra, PKKP)原住民公司的团体主张原住民所有权,RTZ 根据参与协议在澳大利亚原住民领土矿产开发方面与这家公司拥有长期关系。适用法律——《1972 年原住民遗产法》(Aboriginal Heritage Act of 1972)——受到审查,本预计于 2014 年根据拟议的修正法案发生变更,但随着 2016 年议会的解散,这未得以实施。

在这个与北极柴油泄漏案例相对应的故事中,爆炸物的安放和场地的爆炸似乎是由西澳大利亚州原住民事务部长所描述的因不承认遗产价值的立法导致的"可怕的后果"。①RTZ 已经道歉,并在试图修复与 PKKP 的关系。然而,此案有了进一步发展,RTZ 的主要投资者安本资产管理公司(Aberdeen Asset Management)表示:"这提出了关于做合法的事情与做正确的事情的问题。这确实似乎是合法的,但破坏具有如此巨大文化意义的事物是正确的吗?"②它不是唯一一家对该公司表示担忧的公司。自这些事件后,RTZ 的首席执行官和三位其他高级管理人员已经辞职。将与重要的澳大利亚原住民群体进行文化沟通的职能迁移至项目团队之外的内部程序也得到了改变。这个案例对所有的大型矿业公司及其治理可能都有意义深远的影响。

公司治理问题案例

东南安纳托利亚项目(在土耳其被称为 GAP)本预计于 2010 年前提供 21 座水坝、17 家水力发电厂和土耳其 22% 的电力。它还涉及幼发拉底河和底格里斯河的上游部分,它们是美索不达米亚和现代伊拉克被昵称为"新月沃地"的基础,并且在传统上被视作最早文明的发源地。水权是政治家越来越感兴趣的领域,尤其对于缺水地区及上游水坝可能会对下游地区的那些国家的经济造成深远影响的项目而言。这个地区的历史重要性及大量考古遗址和重要陵墓(并非全部都已挖掘)的存在进一步增加了复杂性。

两个项目都是一个位于土耳其东南部的规模更大的拟议项目(东南安纳托利亚项目)的一部分,靠近叙利亚和伊拉克的边境。通过在幼发拉底河和底格里斯河的上游筑坝堵住河水流向这两个国家,人们希望可以在土耳其境内发电并储水和用水灌溉,从而提高生活水平,并有助于改善这个容易发生政治动荡的地区的社会稳定。人们还希望解决因用水不卫生和疾病传播产生的问题。其中伊利苏水坝预计就能控制底格里斯河流向下游叙利亚和伊拉克的 50% 的水流,但这两个国家的代表表示,土耳其在规划水坝时未征询他们的意见。

幼发拉底河上的比累西克水坝始建于 1985 年,并在 2000 年竣工。它是通过前大通银行(如今为摩根大通银行)牵头的银团信贷安排融资的。这种项目通常是由股权和长期债务融资的组合融资的,其中长期债务融资由银行提供,但由出口信贷机构和多边机构承保(出口信贷机构协助位于东道国以外的生产商销售设备和机器),此外还包含境内债券。一揽子融资

---

① Tara Hamid,"Rio Tinto to Review Plans for Aboriginal Site",*Australian Mining*, June 1, 2020.

② Nick Toscano,"Rio Tinto Feels More Heat on Cave Blast as Investor Pressure Rises",*Sydney Morning Herald*, June 3, 2020.

计划的复杂性通常要求任命一家独立的财务顾问以开展协调。

比累西克——一家 672 兆瓦的水力发电厂——是通过 BOT 机制融资的，其中运营公司纳入了多家非土耳其的建筑公司、发电公司和配电公司作为股东，大部分股份都是由外部公司持有的。项目与土耳其的国有控股公司 TEAS［此后被分解为三家主体：发电主体(EUAS)、输电主体(TEIAS) 和批发售电主体(TETAS)］签订了本地电力的 15 年期承购协议，但该主体仅持有项目公司 30％ 的股权。项目的杠杆程度很高，超过 80％ 的融资是以债务形式提供的，75％ 是由出口信贷机构担保的。银行债务有两个层级，一个层级是由出口信贷机构担保的层级，另一个层级涉及承担土耳其国家风险。在 1993 年协议签署时共有 6 家安排行，银团由 46 家银行组成，尽管这个数字在项目期间已显著得到了精简。

这些数字很好地例证了管理银团的复杂性，以及政府重组计划如何也能要求做出变更和取得一致意见，因而不出意外的是，交易花费了很长时间才得以达成。比累西克的项目总价值在协议签署时估计为 16 亿美元左右。Gama Enerji 公司——它持有项目 20％ 的股权——是由 IFC 和 IFC 全球基础设施基金部分拥有的，EBRD 于 2015 年公开宣布它正在考虑对其开展重大投资(1.05 亿美元)。然而，持股比例从 27％ 降至 20.5％，以及 Tenaga National Berhad 公司(马来西亚最大的电力公司)作为持有 Gama Enerji 公司的 30％ 股权的股东的进入，使这项投资的可能性降低，尽管 IFC 的存在应能使任何未来的再融资都更为顺畅。

水坝的建设于 1996 年开始，并花费了 5 年时间，2000 年开业，2002 年试运营。为建筑水坝被淹没的地区有 6 000 名正式重新安置的居民，他们获得了补偿。然而，对这些资金进行审慎投资和使用对于村民来说是困难的，他们祖祖辈辈都仅知道农村生活。一个家庭就根据强制购买土地的补偿计划所支付的利息金额，向欧洲人权法院提出诉讼。2010 年的判决给予了这个家庭一些赔偿，但并非原始的全部索偿金额，因为并非所有索偿都得到了认可。一些游说团体提出，生活受到影响的前居民数量高达 30 000 人，其中包括被强制撤离的家庭、在无事先通知的情况下发现家中进水而不得不舍弃房屋的家庭，以及尤其是没有文件证明土地所有权的家庭。

比累西克项目还包括对泽乌玛的考虑，这是亚历山大大帝军队的一名指挥官在幼发拉底河流域建立的一个定居点，成为了从古希腊罗马到古代波斯帝国的一个交叉点，是一个重要且具有战略地位的城市。这些文明的遗迹(包括马赛克)一直是该地区旅游收入和文物盗窃收入的来源，对农业收入提供了补充。毁损的马赛克被重新安置在附近的大型城市加济安泰普的新博物馆中，遍布全球的宣传运动拯救了马赛克，并使得为挖掘附近没有被洪水淹没的建筑提供资金，以支持水坝和发电成为可能。

"水政治"是政府间谈判的一个新兴领域，这些项目位于两个冲突地区附近，临近三个国家的库尔德族的家园，项目导致淹没古老的村庄、迁移人口(有推测显示后来的项目未提供其他的替代住房或土地)，以及通过水淹来进行破坏的情况引发了争议。

在伊拉克和叙利亚政府提出反对后，比累西克项目受到了一定的推迟，公开报道显示令状发送给了承包商、建筑公司与其银行。但是，后续项目真的会吸取教训吗？

伊利苏水坝在竣工后预计将成为底格里斯河最大的水利工程，将由一个最大容量为 104 亿立方米和表面面积为 313 平方千米的水库组成。发电站将有 1 200 兆瓦的生产能力，预计每年能够生产 3 800 吉瓦时的电力。这意味着生活在将被部分或完全淹没的定居点的 19 600 名人员需要迁移。

在伊利苏项目酝酿并于 1997 年正式规划进入 GAP 项目时，九家出口信贷机构预计将为参与项目的不同公司——来自奥地利、德国、意大利、日本、葡萄牙、瑞典、瑞士、英国和美国——提供支持。然而，项目受到了一个非政府组织联盟的反对，它主张项目不符合国家标准和准则。至 20 世纪末，水坝项目变得越来越具有争议，参与机构受到了为这些项目制定提供经济担保的标准的压力。出口信贷机构是大型基础设施项目的最大的公共贷款人，它们提供投资担保、政治风险保险和出口信贷，其机构文化在保密和支持国家商业利益方面类似于银行。1999 年，OECD 敦促出口信贷机构为对环境具有敏感性的项目制定通用方法，该方法得到了八国集团联合公报声明的支持（在该声明中，八国集团政府表示它们将"在 OECD 内部致力于为出口信贷机构制定环境准则"），并随后以"通用方法"的形式提供了建议。预期是：项目将符合东道国的环境标准，假如有更严格的国际标准（由世界银行集团和区域性开发银行定义的）作为项目的基准，那么将适用这些国际标准。

伊利苏项目位于土耳其的库尔德族中心地带。继 20 世纪 70 年代后期库尔德工人党（Kurdistan Workers' Party，PKK）复兴后，党派存在漫长而血腥的内部斗争史。在 1999—2004 年间处于停火状态，但此后敌对情况再次出现，暴力活动升级并发生了一场轰炸。在 2009—2010 年间，另一次停火（第六次）持续了不到一年的时间。据称 PKK 和当地的同情者反对水坝项目，因为他们视之为来自安卡拉的占领和军事化。

项目有监督条款，并且必须提供可公开取得的环境影响评估报告（在最终承诺投入项目的 30 个公历日前提供）。在此之外，世界银行的水坝委员会于 2000 年提供了一份报告，报告旨在保障权利、减少出现冲突的风险和降低总体成本，尤其是确保在任何项目准备工作开始前与将重新安置的人员达成清晰的安排并设置独立的纠纷解决程序，此外还有与水坝相关的多项其他运营政策、指令和备忘录，这些措施所需的资金亦由世界银行提供。

伊利苏项目的环境影响评估报告于 2001 年完成，它确定了 17 800 个在完全蓄水区可以主张征用或重新安置权利的人员，另外 10 400 人将符合农田被淹，但房屋不会遭到破坏的条件。这个数字显著高于原始估计。为出口信贷担保部开展的对重新安置行动计划的社会审查于 2020 年完成，在此时点尚无任何重新安置计划到位。2006 年，土耳其政府估计有 61 620 人将离开家园或损失相关的财产。其他估计显示这个数字可能甚至更高，基于 2000 年的人口普查，人们认为有多达 70 000 人将受到项目的影响。

此外，位于哈桑凯伊夫的一个重要定居地已有 2000 年的居住历史，它在法蒂玛人将阿尔图克·土库曼（Artuqid Turkmen）的家族驱逐出耶路撒冷后，成为了阿尔图克·土库曼王朝于 11 世纪和 12 世纪的首都。其统治的遗迹对研究早期伊斯兰历史的学者十分重要，它们分散在该区域的各个地方，包括旧底格里斯河大桥的遗迹，这座大桥贯穿了整个奥斯曼帝国的历史，并于 17 世纪后期倒塌。

至 2002 年，继大量反对该项目的运动后，投标小组中的两家主要公司和来自九个国家的原始出口信贷机构团队退出了项目。由德国、瑞士和奥地利的利益相关团体组成的新联盟于 2004 年重新启动了这个项目。水坝于 2006 年开始建设，预计将于 2016 年竣工，出口信贷机构和其他提供方同意在项目符合各种国际标准的情况下，为项目出资。2008 年 12 月，资金再次暂停，资金方宣布了 180 天的暂停期，以确保项目符合大量的国际标准，标准的数量据称超过 150 个，其中有 30 个出口信贷机构提供资金的先决条件有待满足。

待满足的标准包括向叙利亚和伊拉克提供关于水坝项目的信息，以及对伊利苏下游的最低流量(但不适用于边境外)的保证。根据一份 2007 年的独立报告,项目方似乎未提供这项信息,尽管这存在异议。这份报告包含一些国际法专家的法律意见,它提出,瑞士和奥地利的出口信贷机构忽略征求所有河岸方的意见并继续出资可能会成为先例,这很"危险",出口信贷机构可能"会被认为助长了违反国际法的行为"。至 2009 年,由于标准仍未得到满足,资金再次遭到切断。

新近赢得竞选连任的土耳其总理致力于基础设施项目投资,并宣称土耳其将使用国内或其他国际资金确保项目的顺利进行。项目于 2010 年重新启动,资金是由国内资金和上一个联盟中的奥地利成员提供的,奥地利的出口信贷机构取消了对暂停向项目供应涡轮机的限制。新村庄的建设正在进行之中,哈桑凯伊夫的主要部分预计都将迁移。底格里斯河的改道始于 2012 年。2014 年,有报告称项目完成了 60%,哈桑凯伊夫的重新安置完成了 73%,工程预计将于 2015 年末完成。

2014 年,经过近 30 年的战争,PKK 与安卡拉政府的谈判破裂,东南部的项目成为目标,必须暂停建设。在一个库尔德人团体绑架了两名分包商后,工人辞职并且工程停止了。据说在地面上有军事力量出现。就在工程重新启动后,即发生了对伊利苏水坝的补给车队的袭击,随后据称一名工人在家庭成员收到恐吓信后于家中遭到 PPK 杀害。

进一步的报告显示,2015 年 6 月,一系列纠纷和五名工人被解雇导致了三人受伤。被赋予现场安保任务的主体——土耳其军队——与 PPK 和当地居民的关系依然高度紧张,进入项目现场变得十分困难。2016 年 11 月,据一名政府消息人士报道,项目已大约完成 85%,尽管这似乎未包含各种接入和外围基础设施,如公路和桥梁。重新安置房的定价据称高于补偿金水平(这可能会把人们转移到城市),并且安置房的质量很差。例如,特定的群体(单身男性和单身女性)无法获得新住房。随着重要的历史遗迹被重新安置于新的博物馆和考古公园,人们提出了对依赖遗产旅游的经济将受到严重破坏的担忧。人们对文物和拟议的重新安置的争议仍在继续,其中在讨论一个陵墓的重新安置时提到了荷兰政府,并主张此事超出了(前面提到的)OECD 通用方法准则(荷兰专业承包商驳斥了这个主张)。人们认为这个案例将澄清 OECD 对涉及重新安置关键历史遗迹的未来项目的规则。[①]珍贵的历史遗迹最近已被转移至远离淹水区域的"公园",水坝在 2020 年间蓄水,并于 2020 年 12 月达到满负荷能量产能。

在这个十分具有争议性的案例中,两个水坝项目都经历了项目管理中的困难,但需要在其所处的时代和政治环境的背景下看待它们。它们说明了利益相关者的定义和参与,以及各方进行诚实的风险评估(包括在资金方的担忧被忽视的情况下对获取资金的不利影响)的必要性。继 PKK 代表与安卡拉政府的关系改变后,伊利苏水坝成为一个在政治上极具敏感性的项目,并且是土耳其地区以及这个地区以外的政治议程的一部分。从事此类项目的融资提供人需要理解这种风险,但其中一些风险本来是可以通过分析先前的比累西克水坝项目,并通过从过去的管理难点和成功之处吸取教训而预见的。然而,许多比累西克项目的参与者已经离开,他们的机构发生了合并或不复存在,随之而来的是公司经验记忆的丧失。

假如我们应用 ESG 标准,可以看到为何出口资金提供方不愿参与伊利苏项目。作为关键利益相关者的居民因失去了他们的生活、工作、收入及文化遗产而感到不满。其他非政府组织担心古老的历史遗迹被破坏,但它们不在这个国家。尽管有此背景,但土耳其政府认为

---

① 然而,各方未能达成协议。

一个处于压力之下的区域需要拥有可靠的供水来源，并且政府需要在一个靠近棘手的边境地区的区域确认其主权和控制权。因此，在本案例中，ESG 中的环境和社会问题导致了项目的财务问题，但公司治理问题也使得项目难以获得支持。

我们可以得出什么一般结论？[①]

第一个教训是：它有力地提醒了我们项目一般不是短期的，无论是项目的建设还是后续运营都会持续相当长的时间。因此，未来规划包含人们对各种类型的项目及其利益相关者的态度的变化的规划。尽管在过去，展示项目发起人的实力是可以接受的，但现今情况已非如此。

第二个教训是：ESG 的三个部分之间没有清晰的划分——它们是重叠的，这使评估成为一个"混乱的问题"。随着公司争先恐后地在 ESG 合规竞技场建立自己的声誉，不同的度量将成倍增加，并且所有各方的成本都会上升。这些合规成本被加入项目成本，可能会使许多未来项目的可行性降低。

第三个教训是：对所有利益相关者都被告知尽可能完善的信息，并理解协议性质的要求越来越高。假如存在疑问，那么要求把事情详细地解释清楚。在未确保谈判人员能够胜任（不是因其职务隐含的胜任）的情况下遣派其参与谈判，会在项目遭遇问题时增加各方的未来成本。不幸的是，这似乎是几乎在全球普遍存在的当地政府的特征。法律有不同的形式：国际的对超国家的，正式的对非正式的。假如计划发生变更，那么各方都需要清晰的文字记录——偏离文字记录将会导致崩溃，变更是需要通过谈判和沟通达成的，而不是强加的。

第四个教训是：项目方有责任检查所履行的工作的标准并保留良好的最新记录。许多项目的较长期限意味着项目方需要保留最新的、可靠的、易于获得和可读性强的图纸档案和其他报告，随着技术的变化，这是一笔持续发生的费用，但亦十分重要，甚至可能是必不可少的。

第五个教训是：项目复杂性会随着协议当事方和所参与的文化的数量上升而上升，并且会因在本国境外开展业务产生的复杂性而上升。水坝案例展示了当外部价值观被强加于内部认知上时会发生什么。在所有情形下，项目都会受制于政治影响，这些影响可能是十分短期的，远远短于项目的期限。

第六个教训是：需要结合当地背景考察补偿的支付。假如习俗和惯例规定所有的资金收入是在一个家庭或宗族中分享的，那么每个收受方都不太可能收到足够的金额以投资新的收入来源。通货膨胀会推高当地的土地价格，从而影响了同类商品或服务购买。

第七个教训是：环境影响评估是由一组利益相关者付费的，但评估后果是由另一组利益相关者"背负"的。

ESG 可能会长驻于此，尽管它可能会进一步发展。"美德信号"和利益相关者压力的结果

---

① 下面这本书提供了对一个开采项目中的问题的强大法律描述，世界银行意外地介入了项目，其中一些结论也来自这个案例研究。David Szablowski, *Transnational Law and Local Struggles：Mining Communities and the World Bank*, Portland, OR：Hart Publishing, 2007.

正在重塑贷款人和投资者的资金配置方向。尽管"道德投资"曾一度是更边缘化的投资形式，并被标记为提供较差的回报，但它已变得更为主流。

20世纪70年代后期和80年代那些LASMO的股东和债务持有人就询问了尼尼安油田平台附近的海洋生物的健康状况，公司亦高度重视安全性和泄漏问题，他们远远地超越了其时代！

最后一个案例研究——天狼星公司——涉及ESG方面的问题，但面临着一组不同的挑战，这些特征将我们带回到了项目融资的基础，让我们意识到现金流、资产基础和风险管理的重要性。

20

天狼星公司：一颗陨落的明星[*]

引言

我们在本书开头提供的案例研究显示了一家小公司 LASMO 是如何利用项目融资技术来维持一个大型自然资源开发项目的少数股份的。风险资本可以采取以下形式：股权、权益"激励"及债务。当这家公司于 1976 年寻求融资时，金融市场远不如现在发达，当时的投资者数量也少得多。一般而言，个人投资者并不富有，没有多少人持有股份，由于其高风险状况和流动性的缺乏，投资者不愿作为股权投资者参与类似于 LASMO 的风险企业。随着本书的进展，我们考察了管理层的项目计划在解决风险管理问题方面的进展。此外，新近机构投资者和零售投资者愿意投资于 ESG 项目，这扩大了类似于 LASMO 的项目的资本供应。

我们选择了另一个与 LASMO 具有相似之处的新近案例研究以结束本书，从而考察在40 年间可能发生了什么变化。本案例的格式遵循 LASMO 案例。正如我们将看到的那样，天狼星公司的结局十分相似，因为两家公司都处于自然资源行业并且后续被另一家公司收购，但项目的结局相当不同。假如我们考虑项目的差异方式并将之与我们在本书中提供的一些检查清单关联起来，读者可以看到我们讨论的项目结构、资金来源和风险管理技术是永不过时的，一个好项目确实需要一个稳健的商业计划！

项目是什么？

我们的故事从澳大利亚前花旗银行矿业融资专业人士克里斯·弗雷泽（Chris Fraser）移

---

* 本章包含了威廉·莫顿提供的关于地质学和波尔比矿井（Boulby mine）的内容。莫顿先生是坎本矿业学校（Camborne School of Mines）的在读生。他从杜伦大学（Durham University）获得了地球科学学位，其最后一年的项目是绘制波尔比矿井的地质图，该矿井位于天狼星公司拥有的伍德史密斯矿井（Woodsmith mine）附近。

居英国（其出生地）的时候开始。他至此为止的经验在于由大型矿业公司支持的大型项目，最近为一家大型澳大利亚铁矿公司——福特斯库金属集团有限公司（Fortescue Metals Group Ltd.）——提供了大额融资。与许多银行家相同，他希望在他已于澳大利亚建立的联系人网络的支持下开发自己的项目。

在发现一个北约克郡的有趣项目后，弗雷泽先生开始在两位当地地质学家的帮助下考察项目的潜力。2010 年，36 岁的他成立了 York Potash 公司，以开发他认为具有商业潜力的庞大的杂卤石矿藏。这家公司被天狼星勘探公司（Sirius Exploration plc）收购，并通过于 2011 年发行价值 2 500 万英镑的股票更名为天狼星矿业公司（Sirius Mineral plc）。这笔股权融资赋予了新的天狼星公司使用英国股票市场的通道。天狼星勘探公司的股份在英国的小公司板市场公开交易（LON：SXX），并与美国的大型铜矿公司菲尔普斯·道奇［Phelps Dodge，它自身于 2007 年被矿业巨头自由港—麦克莫兰公司（Freeport-McMoRan）收购］一起，拥有在马其顿的矿业权益。天狼星勘探公司通过在澳大利亚和北达科他州筹集的股权资金进行了一系列收购，从金属领域转向钾盐领域，但管理层预期约克郡的矿藏是能够产生一家大型的成功公司的存在。

吸引人的部分原因是在 13 英里以外的波尔比的另一个钾盐工作矿井的存在。在历史上，波尔比矿井于 1969 年开始运营，当时 ICI（被称为帝国化学工业集团的前英国大型化工集团）与英美资源集团（Anglo American plc）一起，获得了开采许可证。第一批钾盐生产于 1973 年，公司于 2002 年被以色列化学有限公司（Israel Chemicals Ltd.，ICL）收购。ICL 于 1948 年由以色列政府在以色列独立后设立，目的是从死海提取矿物。在经历了私有化和数次重组后，ICL 如今由一个显赫的以色列航运家族的成员间接持股 48%，是全球最大的化肥公司之一。2020 年夏季，ICL 英国公司的波尔比矿井网站描述其自身为"全球首个并且唯一的钾盐矿井"。[1]确实，随着公司的高级管理层团队重新组建以专注于钾盐，天狼星公司从 ICL 英国波尔比矿井挖走了数名高级管理人员。

为了将地质学家的报告转换为现金流，天狼星公司于 2016 年通过机构配售和公开发售股份筹集了资金。在此之前，在 2011—2016 年间，一系列为收购目的开展的股份发行和一些配股扩大了资产基础并筹集了一些现金。然而，为了开发大型矿井，公司需要更多的资金。待融资的项目将位于一个对环境敏感的地区，并包含竖井和地下隧道，以将物料运输至提兹港——英国东北部的一个大型港口——进行加工和出口。与 LASMO 不同，天狼星公司是"孤军奋战"。它不属于一个拥有现有行业专业知识的大型财团的一部分。天狼星公司的使命是成为"新的钾盐巨头"，正如其 2011 年年报封面的标语宣布的那样。[2]

宏观环境

自 LASMO 于 20 世纪 70 年代的筹资时期以来，英国的许多事物都已发生了变化。接连

---

① 参见 ICL 波尔比网站，https://www.icl-uk.uk/。
② 参见天狼星矿业公司网站，如今参见英美资源集团的伍德史密斯项目网站，https://uk.angloamerican.com/the-woodsmith-project。

不断的政府私有化计划和个人财富的普遍增长扩大了股东群体,并引发了对通过购买股份进行直接股权投资的意识。股票市场已经扩大,包含一个为小规模高风险公司成立的单独股票市场(叫作另类投资市场,Alternative Investment Market,AIM)。许多个人可以看到其退休后的国家养老金供给将不足以维持生活水准,因此投资于一系列金融产品和直接持有股份变为了更常见的现象。AIM(或次级市场)包含数家承诺提供更高回报(尽管风险也更高)的自然资源公司,并吸引了海外公司在英国上市。为了支持投资者,对有关自然资源资产的报表及资产的核算方式的更严苛的要求,使这个板块更加受到投资者的欢迎。

然而,天狼星公司则完全不同。它不仅是一家新的不同寻常的单一产品矿业公司(而不是一家普通的化肥或农用化学品公司),而且还承诺以一种革命性的方式,通过使用新化肥产品来促进粮食作物生长。此外,公司用各种专家报告来支持这项声明,其年报和筹资文件中包含了这些报告,其中还强调了食品安全。

在历史上,作物轮作确保了土壤能够再生以保持肥沃和支持良好的作物产量。随着城市的扩建和新住房需求的上升,全球人口的增加已导致对可用于种植粮食的可耕种土地的数量的压力。这对属于特定栖息地的土地也造成了压力,这些土地包括雨林和其他已被转换为农业用途的生态和环境敏感地区。从系统性的角度来看,这具有数个后果——随着森林被砍伐(通常是通过焚烧)产生的气候变化效应;由于过度施肥(径流进入水系统)导致的污染及与英国的硝酸盐化肥相关的污染;为了提高产量和抵抗疾病增加转基因作物的种植,但也存在着与单一栽培相关的风险;大型农业耕作(它们通常由偏远的群体控制)对传统农耕者及拥有当地历史知识的群体的替代。所有这些都与上一章中提到的 ESG 问题相关。当今的农业链可能会包含种子提供商和作物购买者的一体化,这在一定程度上剥夺了农民的权利,使之成为具有确定的现金流回报的过程管理者。在西方国家,农业耕作是由先进技术支持的,使农田制图、最优作物维护和收获时机选择成为可能,并伴有对机器设备的大量投资。

土壤富集通常利用动物和植物副产品(如粪便和海藻)来提高营养水平和支持成长。营养素有三种主要的关键类型——氮、磷和钾,次级营养素包括硫、镁和钙。在其他微量营养素中,钼、锌、硼和铜为水溶性盐,而铁则需要更复杂的表现形式,以管理 pH 值(酸度水平度量)和其他当地的土壤情况。微量营养素通常是因土壤和种植物而异的,如甜菜使用硼[①],豆类使用钴[②],缺乏营养素会导致作物受损和不可销售。

在传统上,通过更集约化的农耕来处理受到更大“压力”的土地所需要的化肥可被分类为氮基肥、磷基肥和钾基肥,这三种化肥的混合物也可以使用。

氮基肥是以氨作为原料合成生产的,最为人所知的是硝酸盐肥料或尿素,但也有一些天然硝酸盐矿床可以开采,如在智利的阿塔卡马沙漠中的。磷基肥是从以矿物盐的方式含有磷的矿物中提取的。尽管能够以粉末的形式直接对土壤施用这种矿物肥料,但通常它是经硫酸处理后溶解的,这可以添加重要的硫营养素。钾基肥以钾盐(钾基矿物的混合)的方式出现,通常是与氯化钠(普通食盐)一起出现的。

---

① 参见雅苒公司(Yara)网站,https://www.yara.co.uk/crop-nutrition/sugar-beet/nutrient-deficiencies-sugar-beet/boron-deficiency-sugar-beet/。

② 参见 https://agro.bio/en/kobalt-co。

化肥可以固体或溶液状态被施用于土壤，化肥市场上越来越大的一个部分是缓释或控释化肥，它们是以尿素衍生物的形式出现的，可以避免通过过度吸收肥料对种植造成破坏。

全球人口的增长和全球财富的增加使得对大规模种植农作物和农业的需求的上升，这将许多国家的种植业结构从小农民和土地所有者转换成大型的农业综合企业，后者利用需要化肥的范围经济和规模经济。根据 Mordor Intelligence 公司的评估，2019 年全球化肥市场的价值在 1 558 亿美元左右，其在 2024 年前的年增长率预测大约为 4%。[①]需求预计将集中于亚太地区，总体的趋势是转向微量营养素和量身定制的化肥解决方案。[②]

钾基化肥（钾肥）

2011 年（天狼星公司股份的起始年份），在英国可以找到的唯一的钾肥前身是钾盐石，一种钾盐和氯化钠的混合物，后者在冬天亦可被用作路盐。据英国地质调查局（British Geological Survey，BGS）估计，英国大约 90% 的产量被用作化肥，其中 95% 是与上述其他关键营养素的一部分（如氮、磷或硫）混合或复合在一起的。[③]在全球，仅有少数大型生产来源，它们主要位于白俄罗斯、加拿大、俄罗斯和以色列。至 2009 年，全球的矿物产量已下降至 1993 年以来的最低水平。截至 2019 年，四家公司控制了大约三分之二的全球钾盐产量——JSC Belaruskali（白俄罗斯）、PJSC Urakali（俄罗斯）、The Mosaic Company 和 Nutrient Ltd.（加拿大），它们的年产量大约为 6 500 万吨，还有进一步"可取得的"500 万吨/年的产量。[④]钾盐价格已在下降，但 2020 年夏季末白俄罗斯的不稳定造成了价格的略微上涨。

钾基化肥被划分为两类：硫酸钾（SOP）和碳酸钾铵（MOP）。天狼星公司的开发项目正在考虑开发的复盐化肥将增加第三个价格较高的类别。

SOP 具有水溶性并且几乎不含氯，使之适合于对该元素敏感的作物。它可以通过曼海姆工艺和盐水混合方法合成生产，前者的代价更高昂，由于其生产成本更高，因此它是高价产品。

含氯化钾的 MOP 是使用更广泛的钾基化肥，尽管它需要更仔细的管理以避免作物受损。MOP 是开采的。MOP 的产量十分集中——七家公司的产量占了全球供应的 84%[⑤]，市场供应过剩，随着新项目的投产，价格预计还会进一步下跌。

从 AIM 公司支持的四个钾盐项目中可以看出，使钾盐矿井能够投产是一个漫长而缓慢的过程，这些项目可追溯至与天狼星公司相近的年代。勘探技术已经改进，从早期北海时代

① 参见 Mordor Intelligence 公司的年度化肥预测报告，https://www.mordorintelligence.com/。

② "Fertilizer Market—Share, Growth, Trends, and Forecast（2020—2025）"，https://www.researchandmarkets.com/research/95hmt2/the_worldwide?w=5.

③ "Mineral Planning Factsheet Potash—British Geological Survey"，http://www.bgs.ac.uk.

④ "Belarus Potash：Sow What?"，*Financial Times*，August 19，2020.

⑤ HIS Markit，"Potash Fertilizer and Market Analysis"，https://agribusiness.ihsmarkit.com/sectors/fertilizers/potash.html.

在相对原始的计算机屏幕上查看灰色的波浪线发展至如今在更小更快的机器上对自然资源体进行现代的彩色 3D 和 4D 地震建模。通过 Excel 或其他自有的财务建模软件包，可以更容易地开展财务建模，这也支持了决策程序。

矿井开采需要水、电和适当的运输基础设施，这些都必须在需要时可以取得。这要求当地社区、政府以及其他国营、半国营企业、私营特许机构的支持，由其建设和管理这些设施或允许矿业公司开展这些行动。在购买外国设备的情况下，海外出口信贷机构也可能会参与其中，例如，在加拿大萨斯喀彻温省的图加斯科（Tugaske）项目中，Euler Hermes 公司基于对 Gensource 公司（项目开发人）提供的德国设计和制造设备财团，为贷款人提供了出口保险。对于我们下面将讨论的达纳基尔（Danakil）①项目中的铁路和公路，科威特［通过科威特阿拉伯经济发展基金（Kuwait Fund for Arab Economic Development，KFAED）］正在建造从吉布提通往埃塞俄比亚边境的公路。埃塞俄比亚正在建造项目工地另一边的公路。中国正在建造塔朱拉港口和从亚的斯亚贝巴至吉布提的铁路。

Danakali 公司正在开发的在厄立特里亚国的克鲁里（Collui）项目是一家"50：50"合资公司的项目，预计将被开发成露天矿。另一个合作伙伴是厄立特里亚国家矿业公司（Eritrean National Mining Company）。克鲁里项目位于阿法尔地区的达纳基尔洼地或达纳基尔河谷，横跨埃塞俄比亚和厄立特里亚，是一个矿盐丰富的前火山活动地区，但也是全球最炎热和最不适宜居住的地区之一。克鲁里项目计划将同时生产 MOP 和 SOP。项目预计于 2022 年投产，具有非洲进出口银行和非洲金融公司（Africa Finance Corporation，AFC）的支持，出口融资是由南非出口信贷保险公司提供的。项目与欧洲化工公司（Eurochem，一家总部设于瑞士的大型化肥公司）签有 10 年期承诺合同，后者将购买项目的第一模块生产的 100％的 SOP。②尽管储量报告是于 2012 年完成的，但直至 2020 年 7 月，克鲁里项目才从厄立特里亚国政府获得了继续开发的批准。这项许可延伸至将项目用作支持融资的担保品。③AFC 已将完成第二层融资的期限延长至 2020 年 11 月。④生产预计将于 2022 年启动，但第二层融资遭遇的困难可能会导致投产的延迟。

另一个附近的钾盐项目是由埃塞俄比亚的 Circum Minerals 公司私有的，但也位于阿法尔地区（达纳基尔地区的一部分）。这将使矿物通过新的铁路线被运输至位于吉布提塔朱拉市的新的特殊目的"钾盐港"，铁路线将覆盖 790 千米距离的路程，矿物最初将由卡车运输（已于 2017 年获得许可证，当时预计将于 2021 年投入使用）。在此案例中，Circum Minerals 公司（一家私营公司）持有项目 100％的股权，Plinian Capital 公司负责运营矿井。⑤公司网站声称其正在开发全世界成本最低的生产 SOP 和 MOP 的钾盐矿井。非洲第一矿业有限公司（Premier African Minerals Ltd.）——一家在 AIM 上市的生产钨和锂的公司——在英属维京群岛注册，持有 Circum Minerals 公司大约 2％的股权（500 万股）。2019 年，它表示了剥离其对 Circum Minerals 公司的投资（据称账面价值为 630 万美元）以偿还债务的意向。截至 2020 年 9 月，这并未发生。然而，Circum Minerals 公司聘请了一家咨询公司更新可行

---

① 我们使用这个拼写，但还有其他拼写方式，因为这个阿拉伯字母可被翻译为"k"或"kh"。
②③④ 参见 Danakali 网站，https://www.danakali.com.au。
⑤ 在本书撰写之时，Circum Minerals 公司的网站未经认证。访问网站的风险由用户承担。一些信息可见其一家股东的网站：https://www.premierafricanminerals.com/。

性研究,并聘请顾问讨论正在谈判之中的一揽子项目融资计划。认股权的发行亦在讨论之中。

第三家小型上市公司——Allana Potash 公司——已经在同一达纳基尔洼地的达罗尔区通过谈判取得了三项特许权,后来又获得第四项。Allana Potash 公司是这个地区的第一家公司,拥有 IFC、利宝金属与矿业公司(Liberty Metals and Mining)的支持,后者隶属于利宝互助保险集团(Liberty Mutual Group,一家大型美国保险集团)。Allana Potash 公司的策略是成为全球成本最低的生产商。①继与 ICL(波尔比项目的拥有者)建立战略合作伙伴关系,并在其为达纳基尔的采矿项目筹集必需的 6.42 亿美元的项目融资过程中遭遇挑战后,Allana Potash 公司于 2015 年同意被 ICL 收购。ICL 在当地税收申诉上遭遇了进一步的挑战,此后 ICL 于 2016 年终止了项目。这个案件于 2017 年提交联合国贸易和发展会议仲裁,截至 2020 年 9 月据报告仍处于未决状态。②目前这个项目据报告已被埃塞俄比亚政府接管。

最后,雅苒公司[前身为挪威海德鲁公司(Norsk Hydro)]——一家大型挪威化肥公司——也与埃塞俄比亚政府签订了开发一个主要生产 SOP 的矿井的协议。这预计是通过地下盐水提取完成的,并通过公路被运输至塔朱拉。项目开发公司雅苒达罗尔公司(Yara Dallol)由雅苒公司持有 51.8% 的股份,利宝金属与矿业公司持有 25% 的股份,XLR 资本公司持有 23.2% 的股份。项目成本估算为 7.4 亿美元。③雅苒公司 2019 年的年报表示项目正在开发之中。挪威海德鲁公司应能在公司层面为这项开发融资(慕名贷款),但雅苒公司在该项投资中的权益是通过子公司持有的,并且项目还有其他股东,因此这可能更加困难。

这四个项目说明了在澳大利亚、加拿大和英国等地以外的钾盐开采公司遇到的挑战,这些地区的审批环境可能同样复杂,但可能有更多的基础设施,尤其是运输通道和电力,以及更为成熟的授予开发许可证的程序。这些项目还说明了小型公司为第一次投产筹集资金有多么困难,即便是在使用较低级的技术(如使用露天采矿与太阳能蒸发)取得可销售的化肥的情况下。

因此,人们对天狼星项目的到来感到非常兴奋。项目所处的地区不仅尤其美丽,受到环境保护(北约克沼泽地),而且还有很高的失业率。来自英国这个区域的人被视为勤俭、工作努力和善于创新的。股份的发行和项目在这个地区得到了广泛讨论。在其首次开展主要的资金筹集活动的时点,公司没有任何收入来源,而是只有亏损历史——对于一家新成立的初级矿业公司而言并非是不同寻常的。

自 LASMO 时代以来的其他重要变化包括互联网通信的增长和社交媒体的使用。互联网上的群体讨论各种公司不再是非同寻常的,而且通常不受监管。对冲基金和私募股权投资公司也是新参与者。不仅衍生工具得到了更为普遍的使用,而且高速交易策略亦是如此,但卖空股份可能会导致价格更迅速地下降,因此市场的波动性变得更大了。

关键问题是:矿体的证据;新的高价钾盐产品市场事实上的建立;产品在天狼星公司认为

① "Allana Potash Aims to be the World's Lowest Cost Produce", CEO Clip Video, Vancouver, British Columbia, newsfilecorp.com,March 26,2014.

② ICL Europe vs. Ethiopia, https://investmentpolicy.unctad.org/investment-dispute-settlement.

③ Kaleyesus Bekele, "A Colossal Potash Mine Project in the Making", *The Reporter*, November 25,2017.

合理的高定价水平的可售性；从多家不同的政府当局获得规划许可来建造和开发矿井。这些挑战无一是微不足道的，需要相当大的财务弹性。

项目的开发和设计

继 2011 年 York Potash 公司的收购后，天狼星公司推进了其所主张的矿产的勘探和开发。授予勘探许可证的地区为北约克郡和北海下方的 600 平方千米，但不到惠特比和斯卡伯勒下方，以尽可能减小对居住地区的影响。（斯卡伯勒和惠特比都是英国东海岸的度假胜地。）

在天狼星公司 2011 年的年报中（发布日期为收购的三个月后），一份合资格人报告（Competent Person's Report，CPR）[①]向投资者提供了澳大利亚矿产储量联合委员会（Joint Ore Reserves Committee of Australia）[②]认定的两个不同的原地勘探目标，估计的储量为 33 亿—60 亿吨的含量为 67％—94％的杂卤石（19％—27％的 K_2SO_4）和 3.3 亿—4 亿吨的氯化钾。2011 年的合资格人报告第 6 页的脚注强调了数字的概念性，并继续写道"我们没有进行足够的勘探来定义矿产上的矿物资源，我们也不能确定进一步的勘探是否会在矿产上发现可按 AIM 标准报告的矿物资源[③]"。

除了大量与区域地质相关的历史报告外，York Potash 公司还分析了超过 97 000 米的钻井数据作为其调查的一部分。[④]

第一期开发的初步预可行性研究于 2012 年发布，2013 年的首次储量报告显示了极好的范围，最终可行性研究（Definitive Feasibility Study，DFS）于 2016 年发布（对此的评论构成了 2016 年向股东提供的配售及公开发售文件中的 CPR 的一部分）。

2016 年的最终可行性研究显示前景可期，它表示初始产能为 1 000 万吨/年，并有可能达到 2 000 万吨/年，这是由高产量、低成本的批量开采支持的，矿物与产成品的比率为 1∶1。初始调查还允许在地下作业开始后进一步确定资源。在从油气勘探过程中的钻孔及从波尔比的（ICL）钾盐、岩盐和杂卤石矿井的开发过程中取得的现有知识的基础上，天狼星公司于 2011 年 7 月开始勘探钻井。钾盐已在 1939 年的油气勘探过程中发现，20 世纪 50 年代间又进行了进一步的勘探，但被宣布矿物埋藏太深，开采不具有经济意义。1962 年，人们考虑使用盐的溶液萃取方案，但再次被认为不具有经济意义。直至 1968 年，约克郡的第一个钾盐矿井才开始建设，它于 1973 年开始投产，并于 1976 年全面投产（生产人为 ICI）。[⑤]

在任何开采发生前，项目公司必须与居住在含矿岩层上方的 400 名左右住房和土地所有

---

① CPR 是经核准的专家报告，该报告是自然资源公司的公开交易中所必需的。

② 澳大利亚矿产储备联合委员会的标准与加拿大 NI 43-101 或 SAMREC 一起，已成为采矿行业报告储量的官方准则。它们通常被认为是可互换的。

③ "矿物资源是地壳中或地壳上集中或出现的具有经济利益的固体物质，其形式、等级、质量和数量使得最终的经济开采具有合理前景。"

④ 天狼星公司的 York Potash 公司收购新闻稿和 2011 年年报。

⑤ British Geological Survey（2011），Mineral Profiles：Potash（Report）. Keyworth, Nottinghamshire：British Geological Survey.

者签订准入协议和其他协议。这个地区的大部分是私有土地，其中包括皇冠地产和兰卡斯特公爵领地（英国王室财产）拥有的，然而散落在整个北约克郡各处的农民也需要被说服。与石油和天然气不同，在英国，矿权属于土地所有者。皇冠地产和公爵领地支持这项倡议，因为它们看到了这可能会给地区和国家带来的好处，随着它们站到项目一边，较小的利益相关者也加入了阵营。接受度总体而言是正面的，许多人欢迎"买旧绳子的钱"[①]，项目公司向每个土地所有者支付了一笔初始的小额资金，以在一个较短期限内租用矿权，并且有权在所有人都报名后购买矿权。天狼星公司承诺对来自土地使用者的钾盐的收入支付2.5%的土地使用费，所支付的价格在1平方千米的区域内取平均数，以更均匀地考虑到岩层厚度和质量的变化。当时，弗雷泽考虑到ICL收购其他土地所有者的矿权以阻止项目的可能性是一个足够的威胁，因此获取矿权的过程是完全保密的。[②]

然而，获得矿井的规划许可绝非易事，受到了当地居民的激烈反对。在"上帝之国"（God's Own Country）[③]中心地区的国家公园开发深井绝对不是一件轻松容易的事情，在地上运输杂卤石的初始计划很快被宣布是不可行的。北约克沼泽地规划主管克里斯·弗朗斯（Chris France）主张，项目的经济效益并没有超过其对环境的负面影响，并特别提到失去"宁静"以及"荒野和偏僻感"。作为对当地居民和利益相关者的关注声音的回应，天狼星公司辩称项目对地区的经济效益将远远超过负面影响，尤其是在规划提案经过修订之后（它将矿产运输转移到了地下）。

天狼星公司表示，一旦实现全面生产后，项目将会创造1 000个以上的永久工作岗位，并承诺其中至少80%将留给提赛德、里代尔和斯卡伯勒的当地居民。由于当地大约40%的工作岗位是兼职的，并且14%的人口在申请国家补助，不出乎意料的是，工作岗位和投资的诱惑吸引了当地的支持。

总体而言，归功于经大量修正的规划申请与强劲的当地支持的组合，规划许可最终以8票对7票通过，继该决策后天狼星公司的股价从15便士上升到了21.5便士。

矿井的主要建筑地和入口位于惠特比以南大约6千米的地方，在北约克郡的斯奈顿索普村附近。建设始于2017年，建造了两个竖井。地表下100米处的井架将容纳两个1 500米深的竖井，一个用做通道，一个用于将开采的矿物产品提升至更高的高度。待开采的矿层有70米左右的厚度，覆盖了大约252平方千米的可开采面积。

DMC矿业服务有限公司（DMC Mining Services Ltd.）将建造竖井，它利用两个海瑞克竖井掘进机[④]向下挖掘，而不是传统的钻孔爆破法。这使矿井施工更加安全和更具可预测性，并且还具有使上方的工作能够同时进行的好处。通过排除爆炸物的使用，不仅与施工相关的噪声和危险减小了，而且对周围的母岩的破坏也可最小化，从而进一步加快了施工进度。

在2012年的初始规划申请中，天狼星公司计划建造一个埋地泥浆管道，从而能够以液体

---

① 英国对将某件无价值的东西转换为高于其认知价值的金钱的说法。

② Andrew Bounds，"Sirius Minerals and the Battle to Build Britain's Deepest Mine"，*Financial Times*，March 10，2017.

③ 这是约克郡人在描述其地区时使用的一个习语。

④ 这是一种形式的竖井施工，它使用悬挂式伸缩切割头一次移除一层材料，以每次推进1米为增量向下工作，而不是先爆破然后移除材料。

形式将杂卤石从矿井运输至提兹港进行加工和出口。然而，2013 年，公司最先推迟，然后撤回了申请，理由是需要重新评估管道的环境影响，并计划于 2014 年提交新的修正计划。2014 年，重新提交的规划包含一个 37 米的隧道系统，这是一个矿物运输系统（Mineral Transport System，MTS），它会将杂卤石从平均 250 米的深度运输至提兹港（矿物将在这里被进一步粉碎和最终生产）。MTS 将不是单一管道，而是有五个不同的部分，在三个通风井和辅助竖井处连接。规划中有两个交叉点，位于距矿井现场 8 千米和 24 千米的位置，第三个竖井没有转换点。为了进一步强调隧道对环境的益处，天狼星公司声明隧道将不会在住宅建筑下通过。

MTS 的建设自身也面临着挑战，如与现有的 ICL 波尔比矿井及与之相关的地下权利、住宅区域、废弃浅铁矿开采作业产生冲突的可能性，以及需要减少在北约克沼泽国家公园的中间竖井。幸运的是，人们发现隧道穿过一个地层——雷德卡泥岩（Redcar Mudstone，被认为是具有低渗透性和足够强度的合格地层，以避免大规模的混凝土衬砌）——能够解决这项挑战。归功于低渗透性、小规模断层和先前未曾有过开采作业，人们认为隧道掘进机将适合于隧道建设。

输送机的最终位置在提兹港的威尔顿（讽刺的是，它先前是 ICI 的主要场地），最终运输目的地是英国东北部的雷德卡散货码头。最初，赫尔港和伊明厄姆港这两个成熟的主要南部港口也被考虑进来，但隧道南向通过另一个对环境敏感的地区（约克郡丘陵）的方案遭到了拒绝，因为白垩基岩形式的含水层对这个地区非常重要，从而存在不可接受的环境风险。隧道南向还将要求建造额外的通道井和通风井，因而会导致更沉重的负担，代价显著高于较短的通向提兹港的隧道。由于项目资金紧张并需要尽可能节约，在当时提出的各种选择中，里程更短并且地质上更为简单的北向通往提兹港的隧道是自然的胜出者。

隧道施工将利用三个车道进行。第一个车道是从威尔顿至洛克伍德贝克的，它涉及 150 米的明挖回填、800 米的传统隧道挖掘和 11.9 千米的隧道掘进机向东南掘进。隧道挖掘于 2018 年 6 月开始动工。奥地利公司 STRAB AG 于 2018 年初获得了从威尔顿至洛克伍德贝克的 13 千米的第一个车道的首份设计、采购和施工总承包合同，随后又于 2018 年 11 月获得了 12 千米的第二个车道和第三个车道的合同。这两个车道将涉及地下另外两台隧道掘进机的施工。（截至 2020 年 7 月，计划中的 37 千米的矿物运输隧道已建成了 7.2 千米。[1]）

尽管隧道的原始规划详述了内径为 4.4 米左右，墙体厚度为 250 毫米，但后来被增加至 4.9 米的直径和 350 毫米的墙体厚度。直径的增加导致了隧道挖掘成本从 8.58 亿英镑上升至 14.6 亿英镑以上[2]，这是另一个项目成本显著超出最初建议的成本的例子。

全天候运行的隧道掘进计划以平均每天 18 米的速度推进。然而，无数地质上的不确定性可能会导致隧道施工的意外延迟和成本的增加，这些不确定性包括因地层挤压、坚硬的岩层或凝固导致刀盘过度磨损，或来自断层的高水流。

表 20.1 总结了这个项目的技术轨迹。

---

① Ros Snowdon, "Polyhalite Mine on the North Yorkshire Coast Plans to Increase Workforce", July 30, 2020, https://www.yorkshirepost.co.uk/business/polyhalite-mine-north-yorkshire-coast-plans-increase-workforce-2927957.

② Connor Ibbetson, "Strabag Yorkshire Mine Tunnelling Contract Extended", *New Civil Engineer*, November 12, 2018.

表 20.1 伍德史密斯项目的技术时间线

	2012 年预可行性研究[1]	2014 年首次储量报告[2]	2016 年最终可行性研究[3]	2016 年 AIM 和 2017 年 FTSE 准入 CPR[4]	2019 年认股权发行 CPR[5]
资源[6]（等价杂卤石）	181 300 万吨	228 000 万吨	228 000 万吨	228 000 万吨	228 000 万吨
储量[7]（等价杂卤石）	—	21 950 万吨	21 950 万吨	24 770 万吨	26 000 万吨
预期的颗粒产品价格[8]	每吨 150 美元	每吨 150 美元	初始价格为每吨 166 美元，整个期限内的平均价格为每吨 186 美元	每吨 130 美元—每吨 160 美元，然后为每吨 220 美元—每吨 230 美元	每吨 140 美元—每吨 220 美元[9]，然后为每吨 225 美元
预期的首期投产日[10]	2016 年下半年	2018 年	2021 年	2021 年末	2022 年开始
预期的全面投产日[11]	2018 年	—	2023 年	2024 年年中	2024 年
资本融资要求[12]	171 400 万美元（截至首期生产时）	—	356 500 万美元（291 000 万美元）	354 640 万美元	425 570 万美元（调整后为393 310 万美元）

注：(1) 潜在项目的早期分析。

(2) 基于澳大利亚矿产储备联合委员会报告准则的储量报告，从 2012 年的预可行性研究、2013 年的矿物资源报告和 2014 年的最终可行性研究编制而来。

(3) 最详尽的可行性研究决定了是否继续开展项目，并包含了详尽的成本和预测。

(4)—(5) 证券交易所（在本案例中为 AIM 和 FTSE 250）为矿业公司的准入要求的报告，报告提供了对公司及其目标的负责任和独立的意见。

(6) 潜在有价值矿物的总量——总吨数×纯度。

(7) 在法律上、经济上和技术上可行的矿物开采数量——总吨数×纯度。

(8) 预计可以在颗粒杂卤石市场实现的价值，价格为截至报告日的实际价格。

(9) 颗粒杂卤石预期价格的范围，来自合同销售和现货销售。

(10) 第一期杂卤石生产。

(11) 第二期杂卤石生产，初始为 1 000 万吨/年，如今为 2 000 万吨/年。

(12) 全面矿井运营和出口所需要的资本。

(13) 继承包商聘用后价格出现了下降。

(14) 价格的降低反映了通过矿井设备的租赁和外包节省的成本。

资料来源：此表根据来自天狼星矿业公司的新闻发布和报告的数据制作。

为杂卤石开发新市场

伍德史密斯项目不是英美资源集团在约克郡钾盐领域开展的第一次投资活动；正如我们已经提到的那样，ICI 与英美资源集团合作成立了 Cleveland Potash 有限公司，然后将其股份出售给了英美资源集团。2002 年，英美资源集团随后将这项"非核心"业务出售给了以色列公司 ICL。ICL 开始了杂卤石的商业生产，将之作为 Polysulphate®（硫酸钾钙镁）销售，并于

2010 年到达了比钾盐矿层深 150 米左右的杂卤石主矿层。商业开采于 2011 年开始。与伍德史密斯项目不同，来自波尔比矿井的蒸发岩产品是通过铁路运输的，随后通过特定的钾盐和岩盐码头从提兹港出口。

尽管如今 ICL 仍是唯一一家杂卤石生产商，并于 2017 年实现了 100 万吨/年的产量，但当伍德史密斯项目全面投产时，其市场份额将急剧下降。ICL 几乎没有空间将产量扩大至超过这个数量，按此速度矿井估计有 44 年的寿命。当天狼星公司的项目投产时，它将拥有 1 000 万吨/年的全面产量，ICL 将失去其市场主导地位。然而，杂卤石市场的规模和价值仍难以确定。确实，2011 年的天狼星公司年报表示："钾盐的价格下跌至使开发公司的任何一个或所有项目都不具有经济可行性的水平的风险是存在的。近年来，钾盐的价格呈现波动，我们预期价格在未来数年仍将如此。尽管公司预期钾盐价格不会下跌至使其项目不具有可行性的水平，但这种情况发生的风险是存在的，无论是在项目施工前还是项目处于运营期时。"

Polysulphate® 和英保地（Poly4）等钾肥/镁肥因其较低的氯含量和多种营养素成分，每单位氧化钾（K$_2$O）价格较高。在对氯的敏感性不是一个问题，和/或单独购买钾肥和镁肥价格更低的情况下，杂卤石可能不是最经济的营养素来源，因此不是普遍首选的化肥。同样值得指出的是，约克郡生产的杂卤石不是市场上唯一的低氯硫酸钾镁（SOPM）化肥，Mosaic 公司的 K-Mag® 和 Intrepid 公司的 Trio® 提供了类似的营养素成分。

全球对 SOPM 化肥的需求量也保持在低迷状态，2017 年的全球消费量估计为 170 万吨/年，ICL 的 Polysulphate® 占 45 万吨/年—46 万吨/年。随着波尔比矿井产量的增加，我们还无法确定，天狼星公司是否能够达到其英保地的全面产能，而不导致产品大量涌入市场使得项目不具有经济意义。天狼星公司声称，由于厚而相对纯净的矿层，它能以每吨 30 美元的相对较低的成本开采杂卤石。尽管如此，随着新生产的投产，向中国出口钾盐的行业基准价格从 2011 年的每吨 500 美元下降到了 2015 年的每吨 219 美元，降幅超过一半。①

天狼星公司为 2019 年的认股权发行文件委托编写了一份专家报告，它考察了"2025 年预计的杂卤石需求窗口"。这考虑了市场开发期间的折扣、竞争者的反应、市场的增长及使用价值。基于此，公司提出每吨 106/205 美元的价格将能支撑起 1 000 万吨/年的市场需求，每吨 142/169 美元的价格将能支撑起 2 000 万吨/年的市场需求——所有价格均为提兹港离岸价，并且是名义美元价格。与来自波尔比的当前市场规模估计相比，即便 1 000 万吨/年也是一个相当大的增长。最终，杂卤石将会实现的价格极有可能基于其各个成分的总和，对于仅需要其中一些成分的客户而言，这不太可能是一个经济的选择。

除了在坦桑尼亚等国家支持一些小型的战略性杂卤石试验场地以证明肥效概念外，天狼星公司还着手开展了一系列营销活动和签订其他协议，以确保产品的全球营销战略已经到位。表 20.2 总结和显示了 2019 年认股权发行时公司的签约情况，它展示了生产开始后公司会坚持的全球营销战略。

2018 年 9 月，《金融时报》（*Financial Times*）的记者采访了三家中国合作伙伴。尽管这些公司无疑雄心勃勃，但它们还处于发展早期，依赖于转向土豆生产的国家政策及转向有机

---

① Humphrey Knight，"Will Polyhalite Disrupt the Fertilizer Industry?"，CRU Knowledge and Insights，April 23，2018.

表 20.2　2019 年到位的销售和营销合同总结

签约时间	公 司	自首期商业生产起的期限	最大接受量（万吨/年）	地 区	评 论
2014 年（于 2015 年修正）	阿彻丹尼尔斯米德兰公司（Archer Daniels Midland）	7 年，可展期 25 年	2	北美	制定了销售和营销计划，与试点部门保持联系
2014 年	中美洲分销商	5 年	0.5	在中美洲排他，在某些南美国家不排他	制定了营销计划，继续与试点部门保持联系
2014 年	南美化肥分销商	7 年	0.45	在南美国家不排他	制定了营销计划，继续与试点部门保持联系
2015 年	华垦国际（隶属于中国国有企业）	7 年	0.5	除了四川省和云南省外，在中国其他省、区、市是排他的	制定了营销计划，继续与试点部门保持联系
2017 年	丰益国际（截至 2020 年 7 月，其 24.6% 的股权由阿彻丹尼尔斯米德兰公司持有，持股比例计划将降至 20%）	7 年	0.75，自第 5 年起有权增加至 1	在亚洲大部分地区是排他的	制定了营销计划，继续与试点部门保持联系
2018 年（后续在 2018 年修正）	ITL	7 年，可展期 3 年	0.35	在尼日利亚是排他的	制定了营销计划，继续与试点部门保持联系
2018 年	Eilseng	10 年	1.3	在中国的某些省、区、市是排他的	制定了营销计划，继续与试点部门保持联系
2018 年	YSA	10 年	0.8	在中国的某些省、区、市是排他的	制定了营销计划，继续与试点部门保持联系
2018 年（后续在 2018 年修正）	Cibra 集团	7 年	2.5	在多个南美国家是排他的，在其他国家有优先购买权	制定了营销计划，这还要求天狼星公司持有公司 30% 的股权
2019 年	BAST（Bay WA AG 的子公司）	10 年，可展期 2.5 年	2.5	在主要欧洲市场是排他的	将成立合资公司
未完成	中东购买商	7 年	0.15	在埃及、约旦、伊拉克和黎巴嫩是排他的	制定了营销计划，继续与试点部门保持联系
未完成	印度购买商	11 年，8 年后有中断条款，可展期 10 年	0.15	在印度是排他的	制定了营销计划
未完成的谅解备忘录	中东的国有化工和石化产品分销商	无信息	无信息	有排他性，但未指明	在卡塔尔成立合资公司，有分销协议

资料来源:此表根据 2019 年的天狼星公司认股权发行文件制作。

农业以管理因过度生产压力而受损的土地的趋势。天狼星公司的英保地化肥能够很好地切合这项新政策。尽管这听上去较为乐观,但天狼星公司在中国的历史包含先前与一家中国实体的协议,该协议导致了一场法律诉讼。这家中国公司在与价值 35 000 美元的幼苗相关的案件中败诉,协议随后被终止。

财务结构

在 2011 年(天狼星公司在此时成为一家钾盐公司)至 2015 年间,天狼星公司通过发行普通股筹集了权益资本。表 20.3 显示了每个发行日的股价及在每个阶段的开发的资本成本估计。

据此,2016 年,天狼星公司在 AIM 上发起股票配售并进行公开发行,其中包含了拟议矿井信息的首次详尽发布。表 20.3 展示了详细信息。

表 20.3 2011—2016 年在收购 York Potash 公司后天狼星公司的融资来源

	2011 年	2012 年	2013 年	2014 年	2015 年	2016 年
每股发行价格(英镑)	0.13	0.18	5.7—9.0*	12	7	20
筹资价值总额(百万英镑)	24.3	55	25	43+32(通过权证)	15	371
资本成本估计(百万美元)	不适用	1 700	1 000	2 000	不适用	2 500

注:* 第一层级为 1 000 万英镑,面值为 1 100 万英镑。后续的三个层级可由公司自行决定每隔 120 天激活一次,每个层级的最低金额为 100 万英镑(面值 110 万英镑),最高金额为 500 万英镑(面值 550 万英镑)。每批可转换证券的期限为 18 个月。每批可转换证券的转换价格可以由投资者从以下两者中选择:(1)在相关转换日期通知前的 10 个连续交易日内,投资者选择的 3 个每股日成交量加权平均价格的平均值的 92.5%;(2)19.5 便士(这是协议执行日前的 10 个连续交易日的每股日成交量加权平均价格的平均值的 120%)。但是,选项(2)仅适用于价值最高达 1 250 万英镑的可转换证券。投资者还可获得 6 000 000 份期权,执行期为期权发行日之后的 36 个月。期权将使投资者有权以 19.5 便士的执行价格用每份期权认购一股股票。

资料来源:此表根据 Investigate RNS 的新闻服务和公司年报制作。

天狼星公司在 2016 年决定采用三个融资来源:股份——通过股票配售和公开发行;可转换债券;与一家大型矿业实体签订的复杂的特许权使用费购买协议。在此时点,公司拥有 2 313 619 115 股缴足股款的普通股,所发行资本的名义价值为 5 784 048 英镑。进一步增加的将为 1 850 895 290 股普通股。在扣除所有其他费用后,预期筹集的股权资本为 3.52 亿英镑左右,它将与可转换债券的发行和特许权使用费融资①一起使用,三者构成第一阶段的开采融资,总额估计为 11 亿美元,总融资成本将增加 1 亿美元。这些资金将在未来三年内使用,用于支付现场准备、竖井挖掘、隧道挖洞及间接成本。表 20.4 展示了详细信息。第一阶段

---

① 参见天狼星公司 2016 年的股票配售文件。

融资筹集了 9 亿美元（2017 年募集说明书）。

表 20.4　第一阶段的融资

特　征	提　　要
融资	2016 年的首期融资 （1）公司配售股票和公开发行股票，筹集 3.52 亿英镑（净额） （2）发行可转换债券，金额为 4 亿美元，到期日为 2023 年 （3）特许权使用费融资，由 2.5 亿美元的特许权使用费购买和 5 000 万美元的特许权使用费股份认购组成 第二期（截至 2016 年） 此外，在此时点已经有了筹集更多资金的授权，金额为： （4）22 亿美元的项目融资安排 （5）40 万美元的应急融资安排
借款人	天狼星矿业公司（股权） 天狼星矿业金融有限公司［泽西岛（债券）］
保荐人	（1）股票发行方式：由摩根嘉诚公司（JP Morgan Cazenove）、Liberum、Shore Capital 和 WH Ireland 包销 （2）可转换债券的发行方式：由摩根嘉诚公司包销 （3）特许权使用费融资由汉考克勘探私营有限公司（Hancock Prospecting Pty Ltd，由澳大利亚矿业公司组成）旗下的公司承担 （4）—（5）第二阶段融资的委托书已由下列机构签署：加拿大出口发展局、荷兰商业银行、摩根大通、劳埃德银行、法国兴业银行及苏格兰皇家银行

资料来源：此表根据天狼星矿业公司 2016 年的发行文件制作。

融资决策

对于 LASMO 来说，不存在期货市场，因为北海布伦特基准原油的远期交易合约直至 1983 年才开始交易，远滞后于为尼尼安油田的权益开展融资的决策时点。然而，对天狼星公司而言，以现金交割的化肥期货在芝加哥期货交易所（Chicago Board of Trade，CBOT）交易——它是于 2011 年下半年引进的合约——因此这提供了一个十分不同的风险管理视角。对它们的快速浏览显示了这些合约大多是尿素期货，但它们仍可被用于交叉套期保值。套期保值策略似乎在现货合约与期货合约之间十分活跃，磷酸氢二铵（DAP）和尿素的互换合约的使用也得到了研究，尽管它们似乎不能像预期的那样成为成功的套期保值策略。[①]

---

① 　William Maples，Wade Brorsen and Xiaoli Etienne，"Hedging Effectiveness of Fertilizer Swaps"。2017 年 NCCC-134 应用商品价格分析、预测和市场风险管理会议上的报告，http://www.farmdoc.illinois.edu/nccc134。

第一阶段变为第二阶段

至 2017 年,天狼星公司的市值对 AIM 市场来说已经过大,因此被转移到了伦敦证券交易所的主板市场,构成了 FT 250 指数(由第 101 位至第 350 位市值最大的上市公司组成的指数)的一部分。这被记录在大型的募集说明书中,摩根嘉诚公司为保荐人。

事情似乎进展顺利,新闻报道表明项目在正确轨道上运行。然而,至 2019 年,由于取得规划许可方面的延误和项目的缓慢进展,天狼星公司需要采取行动解锁进一步的融资。当年 4 月,公司宣布筹集 38 亿美元的融资作为第二阶段融资的一部分,以解锁摩根大通提供的 25 亿美元循环信贷便利,正如表 20.5 显示的那样。

2019 年的第二次大型筹资认识到通过股票筹集足够的资金为项目提供融资可能是不可行的。因此,有人提议了分阶段策略,其中,可转换债券部分将在释放一揽子主要债务前先行完成。人们希望这将是首期生产和取得首笔现金流前的最后一次筹资。

表 20.5　第二阶段筹资模式

特　征	提　要
融资	(1) 公司配售股票和公开发行股票,筹集 4.25 亿美元(3.27 亿英镑) (2) 新的可转换债券,总额为 5.07 亿美元(3.89 亿英镑),分割为以下两部分: 　　a. 在已定义的第二阶段债务事件发生后,向公司释放的新可转换债券的发行,金额为 4 亿美元(3.07 亿英镑),到期日为 2023 年 　　b. 1.07 亿美元(8 200 万英镑)的非第三方保管的可转换债券,用于回购先前在第一阶段发行的债券 (3) 总额达 30 亿美元(23.2 亿英镑)的债务,分割为以下两个部分: 　　a. 5 亿美元(3.84 亿英镑)的优先级有担保债券(初始债券) 　　b. 大约 25 亿美元(19 亿英镑)的有担保循环信贷便利,随着继初始债券发行后优先级有担保债券的发行而减少 第二阶段债务事件被定义为发行全额初始债券(5 亿美元)并加入至少 25 亿美元的循环信贷便利
借款人	天狼星矿业公司(股权)和天狼星矿业金融有限公司[泽西岛(债券)]
保荐人	(1) 联合簿记人为摩根嘉诚公司和 Liberum,牵头经办人为 Shore Capital (2) 预计唯一簿记人摩根嘉诚公司亦是初始购买者(基于尽最大努力发行) (3) 摩根嘉诚公司已承诺在某些先决条件得到满足的情况下提供循环信贷便利(预计为银团信贷),终止时间为 2019 年 10 月

资料来源:此表根据天狼星矿业公司 2019 年的发行文件制作。

这个计划的先前一个版本于 2019 年 1 月提交,包含通过无担保债券筹集 5 亿—7.5 亿美元,从商业银行债务筹集 15 亿美元,以及从英国基础设施和项目管理局(Infrastructure and Projects Authority, IPA)担保的政府贷款筹集 8 亿—9 亿美元。由于公司更偏好表 20.5 显示的结构以考察商业债务路径,这个计划被搁置了。这项交易对现有股东十分艰难——以 15 便士的价格(比前一日的收盘价折价 32%)对已持有的每 22 股股票购买 1 股新股。随着认股权的发行,股权遭到了进一步的稀释(一名评论员估计为 40%),在债券转换时情况更甚。债务的定价未予以披露。公司筹集了全部股权，并被超额认购。

2019 年 5 月，可转换债券的募集说明书随后发布，其金额为 5.066 亿美元，定价为 5%，到期日为 2027 年，代表了一揽子融资方案中的第二部分。筹集了 4 亿美元，并在保管账户中持有，以待在第二阶段债务事件发生时释放。现有债券持有人继续将债券转换为股票。这就使得初始债券和项目融资的关键要素仍有待完成。

认股权发行文件十分直接地表明了 5 亿美元的初始债券设有"最大努力"承销安排，不是全额包销的，假如第二阶段债务事件未得以完成，公司将耗尽现金，需要进入清算或破产管理程序。

愈发清晰的是，由于更广泛的市场环境，初始债券（根据传言，债券将于 2019 年 7 月发行，定价为 13.5%，惠誉和标准普尔对其的评级为 B）的发行遇到了问题。成本进一步出现了上升，项目看上去不太稳定，甚至风险更大了。半年业绩预示着不确定的未来和越来越紧张的现金状况。

不可避免的是，股价下跌了。

怎么一切都这么糟糕！

第二阶段的融资只有在 5 亿美元的优先级初始债券由摩根大通全额发行的情况下才能得以完成。这部分融资十分关键，因为如果它未完成，第二阶段的债务融资将不能继续下去，整个项目都将被置于危险之中。然而，至 2019 年 8 月，问题明显存在，因此第一个动作是撤回债券的发行，并等到节日后再进行第二次尝试。此时，现金流已变得十分紧张，一些新闻评论甚至表示公司将于 9 月末用完资金并被迫进入破产管理程序。汉考克特许权使用费关联股权投资仅能在第二阶段融资成功的情况下才能继续进行。在此时点，股权投资者在承担大部分项目融资风险。

2019 年 10 月，随着股价的持续下跌，天狼星公司被从 FT 250 股票组合中剔除。

由于天狼星公司管理层仍然相信公司符合通过 IPA 计划从英国政府获得债务担保的资格，他们公开声明公司已完成了资格预审阶段。IPA 的设立目的主要是支持"对国家具有重大意义的"基础设施项目，事后来看，我们难以理解天狼星公司如何能成功地辩称它属于这个类别。资格预审仅是一个十分漫长和复杂的审批过程的前期步骤之一，尽管许多项目通过了资格预审，但只有极少项目获得资金，显然，管理层基于伍德史密斯矿井为具有国家战略重要性的项目（因为它有可能会创建一个新的化肥行业）的观点，认为其是符合资格的。尽管如此，英国政府的控制权于 2019 年 7 月发生了变化，对前任首相的政策的评估正在进行之中，2019 年下半年可能会举行大选，新政权中的部长们在其就任时审查了所有当前和拟议的政府费用支出。纵观 IPA 支持的项目的清单，无论是在项目开拓新市场，还是在项目与基础设施的联系如此之小方面，都没有什么能与天狼星公司相比。

作为另一个选择，公司可能会考虑另一种方法了解英国政府是否会因为项目地处高失业率地区附近，而拯救该项目的途径。公司提出了上诉，签署了请愿书，但未获成功。再次，必须理解的是，政府正处于过渡期，拯救像天狼星公司这样的项目会产生严重的长期影响，因为未来会有其他项目进一步地要求获得支持。天狼星公司的理由仍然是杂卤石市场的开发。

它已开展了多个项目支持杂卤石的优势，并取得了该化肥在投产后的承购协议。然而，引用一位分析师的评论，这个项目确实是"大胆"的，因为它具有的特征是：高风险，没有到位的增值产品分销网络，当前仅有的杂卤石供应来自竞争对手波尔比矿井。

天狼星公司董事会于 2019 年 9 月公布了对伍德史密斯杂卤石矿井的战略评估，包括寻找一家持少数股权的合作伙伴，以期望这会使项目更被市场（以及有可能政府）看好，从而解锁推动项目继续前进的第二阶段融资。尽管天狼星公司和其顾问摩根大通作出了努力，但这未能实现。至 2019 年末，随着公司开始耗尽现金，事情明显变得绝望了。

2020 年 1 月，天狼星公司接触的潜在合伙人之一——国际矿业巨头英美资源集团——提出以每股 0.55 英镑的价格收购天狼星公司的股票，对股权价值的评估为 4.049 亿英镑。这代表了高于天狼星公司股票的交易价值的溢价（继战略评估的新闻发布后股价出现了暴跌）。它对债券持有人作出了分别的安排，债券持有人可以转换债券或持有债券至期满。汉考克特许权使用费安排受到了保护，汉考克集团在 2016 年的原始交易条款项下购买天狼星公司股权的义务被解除了。

来自收集卖空信息的监管机构的数据显示，尽管空头头寸于 2019 年 7 月左右出现了下降，但这是继市场空头头寸达到略高于 9% 的股票的顶峰之后，在收购宣告前及以后也有几个较小的峰值。收购宣告后的峰值可能与媒体完整记录的对冲基金和其他投资者对价格过低、英美资源集团应提高价格的预期有关。英美资源集团持坚定态度，收购继续进行。

其他债务筹集选择也得到了考虑，但都未果。2019 年 12 月，一份 6.80 亿美元的"指示性、非约束性"条款清单得到提交，以涵盖初始工作范围，继英美资源集团的出价后，又立即产生了一个经修正的指示性、非约束性版本——这是英美资源集团在向股东分发的出价文件中描述的"备选债务提案"。这家集团身份的细节仍是保密的，但先决条件包括进一步的"大量新股"筹集、一些主要债权人的让步及地方政府的特定批准。天狼星公司董事会的意见是，这不会在公司耗尽现金并变得资不抵债前完成，因此拒绝了该方案，而倾向于英美资源集团的报价计划。

继这场收购后，天狼星公司作为一个实体基本上消失了。董事会和高级管理层至少在直至英美资源集团完成其自身对项目的战略评估前保留职位，战略评估的细节将在评估完成后公布（在 2021 年）。弗雷泽带着 130 万英镑离开，财务总监带走了将近 90 万英镑。这些付款由天狼星公司董事会批准，不包含对完成第二阶段融资的业绩奖励。许多小投资者蒙受了重大损失，他们将其养老金投资在他们认为将会有利于当地经济的项目中。

表 20.6 和表 20.7 重温了这个复杂项目的时间安排和不断变化的经济状况。表 20.6 提供了项目事件的时间线，而表 20.7 提供了在第一阶段和第二阶段呈交给股东的经济数据。英美资源集团收购的项目远远不是概念性的，数公里的隧道已经在威尔顿南部施工，在伍德史密斯矿井现场的工作也进展顺利，所有竖井建造所需的主要基础设施都已到位。然而，在矿物处理设施处的工作已经暂停，其他部门的工作也已减少，工作全面开展的唯一领域是从威尔顿出发的第一个车道。2020 年 8 月，在致当地居民的信函中，英美资源集团宣布了将洛克伍德贝克的竖井缩小至通风井（直径从 9 米缩小至 3.2 米），并重复使用目前正在威尔顿南部钻孔的隧道掘进机的计划。它将不使用钻孔爆破挖掘法，而是使用一个较小的钻机将竖井带到全程 360 米的深度。

表 20.6　天狼星公司伍德史密斯项目的时间线

日　　期	关键报告和事件
2020 年	
7 月	截至 2020 年 7 月，超过 7.2 千米的隧道已经建成
3 月	80.28％的股东投票支持收购
1 月	英美资源集团报价 4.05 亿英镑
2019 年	
4 月	从提兹港出发的南向隧道开始动工 第二阶段融资启动
2 月	第一架隧道掘进机运送至威尔顿工地 SRK 公司完成了 2019 年合资格人报告
2018 年	
9 月	矿物运输系统尺寸的修正导致项目成本上升了 4 亿—6 亿美元，股价下跌超过 10％，至 28.9 便士
6 月	STRAB AG 在提兹港动工，开始了南向第一车道的建设
2017 年	
5 月	建设在伍德史密斯矿井现场开始
4 月	SRK 公司完成了合资格人报告 天狼星公司被准入 AIM 股票市场
2016 年	
7 月	提兹港设施获得批准
5 月	可能储量报告上升至 2.8 亿吨，平均含量为 88.4％
3 月	完成最终可行性研究
2015 年	
12 月	所有主要规划均通过了司法审查窗口的审批
6 月	北约克沼泽国家公园管理局批准了矿井和矿物运输系统
4 月	雷德卡自治区议会批准了矿井、矿物运输系统和矿物处理设施
2014 年	
9 月	提交了修正的规划申请
2 月	宣布采用 MTS——排除了北约克沼泽国家公园的重大地上施工
2013 年	
9 月	首次储量报告——2.5 亿吨含量为 87.8％的杂卤石
7 月	结束钻井
5 月	资源增加——26.6 亿吨，8.2 亿吨被升级至指定类别
1 月	取得了离岸开采许可证
2012 年	
12 月	预可行性研究
11 月	资源估计增加至 22 亿吨
9 月	披露矿井位置，广泛的公众咨询显示了 91％的支持率，但也有大量反对
6 月	首次资源声明——13.5 亿吨杂卤石
2011 年	
7 月	勘探钻探开始，以补充现有数据
1 月	天狼星矿业公司收购 York Potash 公司

资料来源：Neil Hume，"Sirius Minerals Falls 11％ as North York Moors Mine Costs Climb"，*Financial Times*，September 6，2018；各种公司文件。

表 20.7　2016 年和 2019 年的项目经济数据

		2016 年 CPR	2019 年 CPR
净现时价值(百万美元)	6%	11 045	13 044
	8%	6 807	8 603
	10%	4 263	5 788
	12%	2 660	3 913
内部回报率(IRR)		20%	22.4%
项目期限内总收入(百万美元)		95 685	98 517
综合经营成本(百万美元)		(30 692)	(36 498)
资本成本(百万美元)		(3 782)	(3 276)
净项目现金流量(百万美元)		61 211	58 743
第一期预测产量		2 021	2 022

资料来源：此表根据公司提交的证券交易所文件制作。

由于新冠肺炎疫情的影响，英美资源集团宣布了重新安排资本支出的优先顺序[1]，然而在伍德史密斯的基本工作(在调整后的工作条件下)仍在继续。2020 年 8 月，英美资源集团报告称第一台竖井掘进机已经组装完毕，将于 2020 年末前开始建设辅助竖井。还有报告称，前井已接近完工，至 2020 年末项目将开挖 120 米的内竖井，并已准备好使用第二台竖井掘进机。[2] 2020 年 12 月，英美资源集团证实了项目尽管受到新冠肺炎疫情的影响，但仍进展有序，公司将于 2021 年投资 5 亿美元。[3]

吸取的教训

天狼星公司的故事在社交媒体上流传开来，与主流媒体和官方的证券交易所的报道一起上演。因此，这些信息渠道放大了信息的影响。据称股东在参加教堂会面、听到口头传言和浏览在线信息之后，对公司进行了投资。无论是否存在保护投资者的规则，但回头来看，许多投资者似乎显然不完全理解风险，或不过是令他们的"感情统治了他们的理智"。

天狼星公司发现了矿藏，本可以成功地从中获利，但它低估了在取得批准中存在的问题，这也许是因为管理层先前在澳大利亚的经历与此有很大的不同。公司承担了雄心勃勃的挑战，这不仅是一项巨大、新颖的工程壮举，而且还需要开发一个新市场(这个新市场需要差异化以证明高价的合理性)。公司使用的是相对较少的权益基础，其中包含了一些在天狼星公司独立存在的末期的具有攻击性的博弈行为。

---

[1]　Oliver Haill，"Sirius Minerals Owner Anglo American Keeps Woodsmith Mine Work Going"，April 23，2020，Proactive Investors 网站。

[2]　Claire Smith，"Anglo Changes Course on Woodsmith Intermediate Shaft Construction"，*Ground Engineering*，August 24，2020.

[3]　Pippa Luck，"Progress Made at Anglo American Woodsmith Polyhalite Mine"，*World Fertilizer*，December 17，2020.

来自相邻项目的教训似乎未被吸取——假如杂卤石是如此神奇的产品，那么为何一个农业是其经济关键组成部分的国家（以色列）的远更庞大的公司，未令其英国子公司开发这个新市场，从而享有先发优势？

主要的银行顾问是忠实的，但与市场观点不同。这家银行担任了协调角色，在第二阶段未提供贷款或包销。作为对市场的信号，尽管有些人对此认识不足，但这可能会不可避免地引起投资界的质疑。

董事会层面的人员流动和董事会的规模似乎高于平均水平，因此值得关注。

我们不能知道实际发生了什么，因为这个案例是基于第三方报告的内容撰写的，但显然，似乎有足够多的证据令投资者保持警惕。

后 记

　　我们在本书开头和末尾提供了两个案例研究，它们都要求对新市场和新技术带来的挑战采取创新的解决方案。两家公司的管理层都以不同的方式处理这个问题：LASMO 拥有可以利用其专业知识的合作伙伴；天狼星公司的管理团队在其他地方获得了成功，试图将他们的方法应用于在英国的新情况。书中有多个其他十分简短的项目融资实践案例，以及从业者考虑的传统结构（他们会重新创建这些结构，以适应具体的情况和需求）。本书展现了传统银行业务知识与更加专业的项目融资知识的混合。我们考察了利益相关者的重要性及 ESG 等领域日益增长的重要性，两者都会对一揽子融资计划的成功造成影响。我们希望在读者试图为发起人、融资提供人及东道国政府（在为了国家的共同利益开发重要的基础设施项目或开发自然资源时）所面临的日益困难的挑战创建解决方案时，本书的内容能够指引读者和启发读者。我们还祝读者一切顺利！

图书在版编目(CIP)数据

项目融资:金融工具和风险管理/(美)卡梅尔·
F.德·纳利克,(美)弗兰克·J.法博齐著;俞卓菁译
.—上海:格致出版社:上海人民出版社,2022.12
(高级金融学译丛.法博齐精选系列)
ISBN 978 - 7 - 5432 - 3405 - 5

Ⅰ.①项… Ⅱ.①卡… ②弗… ③俞… Ⅲ.①项目融
资-研究 Ⅳ.①F830.45

中国版本图书馆 CIP 数据核字(2022)第 230732 号

责任编辑 张宇溪 程 倩
封面设计 人马艺术设计·储平

高级金融学译丛
项目融资:金融工具和风险管理
[美]卡梅尔·F.德·纳利克 弗兰克·J.法博齐 著
俞卓菁 译

出 版 格致出版社
 上海人民出版社
 (201101 上海市闵行区号景路 159 弄 C 座)
发 行 上海人民出版社发行中心
印 刷 浙江临安曙光印务有限公司
开 本 787×1092 1/16
印 张 18.5
插 页 1
字 数 440,000
版 次 2022 年 12 月第 1 版
印 次 2022 年 12 月第 1 次印刷
ISBN 978 - 7 - 5432 - 3405 - 5/F·1472
定 价 85.00 元

本书根据 World Scientific Publishing 2021 年英文版译出

2022 年中文版专有出版权属格致出版社

本书授权只限在中国大陆地区发行

版权所有　翻版必究

上海市版权局著作权合同登记号：图字 09-2022-0263 号